KB048205

나도 루쉰의 유물이다

나도 루쉰의 유물이다 – 주안전

초판 1쇄 인쇄 2023년 4월 25일
초판 1쇄 발행 2023년 5월 2일

지은이 차오리화
옮긴이 김민정
기　획 노승현
펴낸이 정해종

펴낸곳 ㈜파람북
출판등록 2018년 4월 30일 제2018-000126호
주소 서울특별시 마포구 토정로 222 한국출판콘텐츠센터 303호
전자우편 info@parambook.co.kr **인스타그램** @param.book
페이스북 www.facebook.com/parambook/ **네이버 포스트** m.post.naver.com/parambook
대표전화 (편집) 02–2038–2633 (마케팅) 070–4353–0561

ISBN 979-11-92964-28-7　03990
책값은 뒤표지에 있습니다.

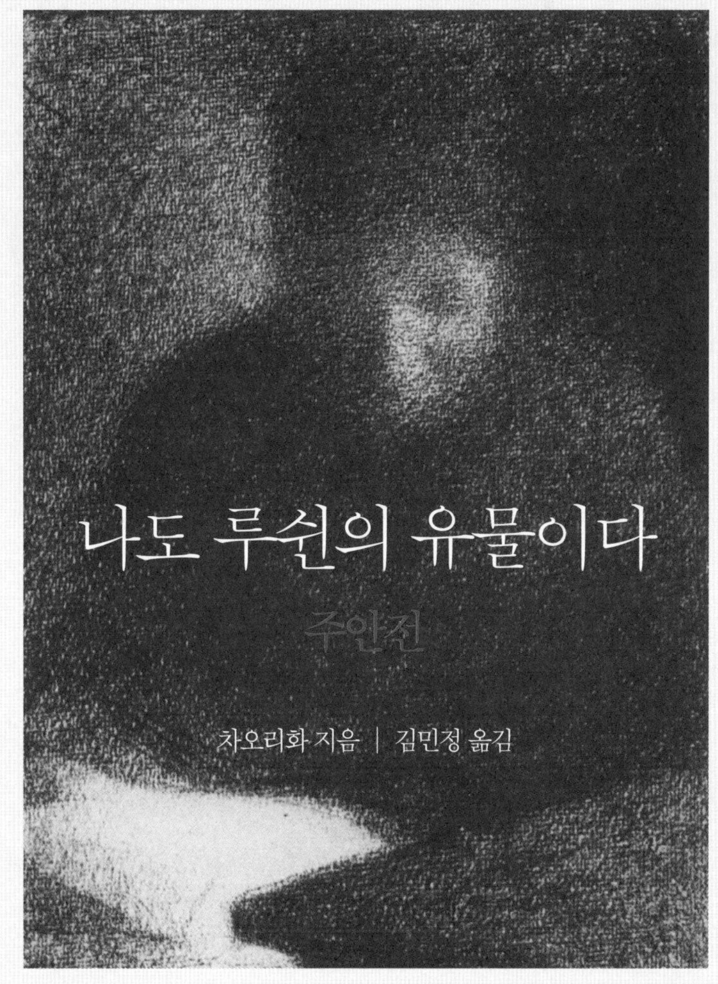

나도 루쉰의 유물이다

주안전

차오리화 지음 | 김민정 옮김

파람북

추천의 글

적막한 세상, 고독한 사람

천수위(陳漱渝)

세상은 떠들썩하고도 적막하다. 떠들썩한 세상에는 천지를 개벽하고 건곤(乾坤)을 움직이는 걸출한 인물들이 활약하고 있다. 이들은 인생행로에 깊숙한 발자국을 남기고, 역사의 페이지에 영민하고 용맹스러우며 힘찬 모습을 아로새긴다. 한편, 적막한 세상에도 땅강아지와 개미처럼 보잘것없는 사람들이 많이 살고 있다. 그들은 흔적도 없이 왔다가 흔적도 없이 가버리며 시간이 흘러감에 따라 먼지처럼 빠르게 대천세계(大千世界)에서 사라진다.

중국 다섯 개 왕조의 옛 도읍이었던 베이핑(北平)도 떠들썩해서 고관대작이 구름처럼 모여 있고, 그들이 타고 다니는 말이 곳곳에 널려있다. 하지만 베이핑 궁먼커우(宮門口) 시싼탸오(西三條) 골목은 떠들썩한 세상의 적막한 구석이다. 이곳은 연탄을 실어 나르는 차가 오가는 푸청먼(阜成門) 성벽 부근에 있으며 인력거꾼과 장인, 빈민이 뒤섞여 사는 곳이었다. 이 시싼탸오 21호의 작은 사합원(四合院)에 한 여성이 살고 있었다. 그녀는 몸집이 왜소하고 얼굴이 좁고 길었으며 광대뼈가 튀어나왔다. 전족(纏足)을 하고 있어서 걸을 때 조금씩 비틀비틀했다. 그녀는 명목상의 남편과 각방을 썼고 하루에 거의 세 마디만 나누었다. 아침에 일어나라고 부르면 '응' 하고 대답하고, 자기 전에 북쪽 방 통로의 중문을 닫을지 말지 물으면 '닫아라' 또는 '닫지 말아라'로 대답했다. 간혹 생활비를 요구하면 '얼마나 필요한가?' 하고 묻고는 달라는 대로 주었다. 되도록 불필요한 말을 줄이기 위해 명목상의 남편은 갈아입을 옷을 버들고리의 뚜껑 위에 놓고 자신의 침대 밑에 넣어두었다. 그녀는 하인을 시켜 깨끗이 세탁한 후 버들고리 안에 잘 개어놓고 위에 흰 천을 덮어 자신의 침실 문 옆에 두었다.[1] 이 여성은 바로 루쉰(魯迅)의 본처 주안(朱安)이다.

주안은 비운의 여성이었다. 나는 불교 철학을 잘 모르지만, 불교에서 말하는 탁세악고(濁世惡苦), 즉 "태어날 때 고통이요, 늙어서도 고통이며, 병은 극한 고통이요, 죽음도 극한 고통이라"《불설대승무량수경(佛說大乘無量壽經)》〈심득개명(心得開明)〉 제34)라는 말은 알고 있다. 이 밖에 '구하려 해도 얻지 못해 겪는 고통[求不得苦]'이 있다고 한다. 주안은 생애 69년 동안 정말 온갖 고통을 두루 맛보았다고 할 수 있다. 그녀는 평범한 관리 집안에서 태어났지만, 타고난 미모가 부족했으며 전족을 한 데다가 지적 교양이 부족했다. 이런 요인들로 인해 자연스레 여성으로서의 매력이 떨어졌다. 28세의 노처녀가 된 후에야 저우(周) 씨 집안으로 시집 가 루쉰과 남남처럼 지냈다. 루쉰의 어머니는 그녀가 아들을 하나 낳아 부부간의 정을 유지하기 바랐으나, 주안은 아주 솔직하게 대답했다. "어머님께서는 제게 아들이 없다고 불만이시지만, 큰선생님은 일 년 내내 나와 말도 섞지 않으시는데 어떻게 아들을 낳을 수 있겠어요?" 그녀는 정신적인 생활

1 옮긴이: 본문에 나오는 위팡(俞芳)의 회고와 다소 차이가 있다. 이 책의 195쪽.

이 결핍되었던 것처럼 물질적인 생활도 몹시 곤궁했다. 베이핑《세계일보(世界日報)》의 기자가 주안을 방문했을 때, 그녀가 먹고 있던 저녁 식사는 수숫가루로 만든 워터우(窩頭) 반쪽, 배춧국 한 사발과 작은 빨간 고추, 절인 배추, 삭힌 두부 몇 접시뿐이었다.

태어나는 고통[生苦]과 늙어가는 고통[老苦]보다 더 무서운 것이 병을 앓는 고통[病苦]이다. 나 역시 여든을 바라보는 노인으로서, 노인은 죽음을 두려워하지 않고 단지 덜 고통스럽고 존엄하게 죽기를 바란다는 것을 잘 알고 있다. 하지만 이런 소망은 주안에게 사치였던 것처럼 보인다. 주안이 어떤 질병으로 죽었는지는 확실히 모르지만, 그녀가 대필을 부탁한 편지를 보면 그녀는 신장병과 폐병을 앓았으며, 여러 해 동안 심각한 위장병을 앓았고, 게다가 혈액 순환이 잘 되지 않아 두 다리가 오랫동안 차갑고 무감각한 상태였다. 그야말로 살고 싶어도 살 수 없고 죽고 싶어도 죽지 못하는 상황이었다. '천고의 어려움 중에 죽는 것이 가장 어렵다'라는 옛말은 주안에게도 그대로 들어맞았다.

불교 철학에서 말하는 '구하려 해도 얻지 못해 겪는 고통'이 정확히 어떤 개념인지는 모르지만, 세속적인 관념으로 이해하면 소망과 현실의 충돌을 반영하는 게 아닐까? 인간의 소망이 분에 넘치거나 까탈스럽다면 '구하려 해도 얻지 못하는' 것이 정상이며 동정의 여지가 없다. 하지만 이런 소망이 정상적이고 가장 기본적인 인간의 욕구에 해당한다면, 아무리 노력해도 실현할 수 없는 것은 인간 세상의 비극을 초래한다. 예컨대, 주안이 정상적인 부부 생활을 원하는 것은 본래 심하게 비난할 수 없다. 그러나 그녀는 약혼부터 결혼까지 꼬박 7년이 미루어졌다. 루쉰 집안의 고용인 왕허자오(王鶴照)에 따르면, 신혼 이튿날부터 신랑은 서재에서 홀로 갔으며, 넷째 날에는 일본으로 돌아가 버렸다. 아내인 주안은 부부가 타지에 따로 떨어져 지내는 동안 당연히 서신을 주고받고 싶어 했지만, 그녀의 편지를 읽은 루쉰의 반응은 "꽤나 터무니없다"라는 것이었으며, 쉬광핑(許廣平)과 《먼 곳에서 온 편지(兩地書)》를 쓸 때와 같은 불꽃을 일으키지는 못했다. 주안은 임종 전에 쉬광핑에게 편지를 써서 자신의 영구(靈柩)를 상하이로 옮겨 루쉰과 합장하고 싶다고 했다. 정상적인 부부라면 이런 소망은 당연히 이해할 수 있고 들어주어야 한다. 그러나 주안에게 이는 쉬광핑이 찬성하지 않을 뿐만 아니라 다른 친척과 친구들도 타당하다고 여기지 않을 망상이었다. 결국 주안은 루쉰이 처음 묻혔던 상하이 만국공묘(萬國公墓)에도 시어머니가 잠들어 있는 베이징 반징촌(板井村) 묘지에도 묻히지 못했으며, 베이징 시즈먼(西直門) 밖의 보복사(保福寺) 묘지에 임시로 매장되었다. 문화대혁명 와중에 홍위병이 '네 가지 낡은 것을 타파하자[破四舊]'라며 주안의 무덤도 초토화시켜 지금은 그녀의 넋이 어디서 안식을 취하고 있는지 모른다. 주안은 임종 전에 자신이 죽은 후 7일마다 밥과 물을 올리고, 35일째 되는 날에는 스님을 청해 자신을 위해 경을 읽어달라는 부탁도 했다. 이는 과거의 일반적인 풍습으로 결코 지나친 것이 아니다. 다만 주안에게는 자손이 없어 그녀를 위해 열심히 향을 사르고 염불해줄 사람이 딱히 없을 것이다.

이것만 봐도 주안의 일생은 명실상부하게 비극적인 일생임을 알 수 있다. 생물적 존재로서 주안은 자연스레 생로병사의 과정을 거친다. 그러나 사회적 존재로서 그녀 생명의 의미는 과연 어디에 있을까? 생각건대, 그녀의 존재 가치는 주로 저우 씨 삼형제의 어머니를 살뜰히 모시는 것에 있었다. 저우 씨 삼형제는 모두 보통 인물이 아니었다. 루쉰과 저우쭤런

(周作人)이 중국 현대 문화사에서 차지하는 위상은 두말할 것도 없고, 저우젠런(周建人)도 생물학자이자 편집가, 번역가였으며 중화인민공화국 건국 이후에는 저장성(浙江省) 부성장과 인민대표대회 상무위원회 부위원장 등 요직을 역임했다. 주안은 저우 씨 집안에 시집간 후 37년 동안 몸과 마음을 다해 시어머니를 모셨으며, 아침저녁으로 문안 인사를 드리는 것 이외에 집안일을 돌보아야 했다. 집안에 고용인을 두었지만, 사오싱(紹興) 입맛의 요리를 만드는 것도 그녀의 일상적인 일이었다. 루쉰은 어머니께 사드리는 통속소설도 먼저 다 읽어볼 정도로 효도를 다했지만, 결국 상하이에 정착한 지 10년이 지나도록 서신으로만 끼니와 안부를 챙겼고, 그동안 겨우 두 차례 베이징에 가서 어머니를 찾아뵈었으며, 그나마도 다른 잡무로 바빴다. 저우쭤런은 1943년 5월에 〈선모행술(先母行述)〉을 지어 "성정이 대범하고 강직하시며, 확실한 주관이 있으셨다", "자신은 손해를 보더라도 남을 도우시고 독서를 하시며 스스로 마음을 달래셨다"와 같이 돌아가신 어머니의 미덕을 약술했지만, 일상생활에서는 효행의 기준과 거리가 멀어 보인다. 저우 씨 집안 사정에 밝은 사람들에 따르면, 저우쭤런은 형과 사이가 틀어진 후로는 형은 물론 어머니마저 보지 않으려 했다고 한다. 바다오완(八道灣)에 살 때 저우쭤런은 어머니에게 따로 식사를 준비하게 했으며, 어머니가 병이 났을 때도 좐타(磚塔) 골목으로 루쉰을 찾아가 진찰받게 했다. 루쉰이 상하이에 정착한 후, 어머니가 바다오완에서 저우쭤런과 함께 살기를 원치 않았던 것만 보아도 가족 관계의 단면을 엿볼 수 있다. 저우젠런은 저우 씨 형제 중 셋째로 어려서부터 몸이 허약해 병치레가 잦았고, 루쉰보다 먼저 상하이로 일자리를 찾으러 갔으며, 경제적으로 어려워서 어머니를 위해 힘을 쓰거나 돈을 쓰는 일에 실제적

인 어려움이 있었을 것이다. 노인은 '생활비'도 필요하지만 혈육이 가까이에서 보살펴주는 '생활'이 더욱 필요하다. 주안은 그녀가 살아온 세월 가운데 절반가량을 저우 씨 삼형제의 생모를 모시는 데 보냈으며, 그들의 걱정을 덜어줌으로써 각기 다른 분야에서 저마다 공헌할 수 있게 했다. 이런 관점에서 보면 주안이라는 존재의 사회적 가치를 과소평가할 수 없을 것이다. 쉬광핑이 상하이에 있는 동안 루쉰을 돌본 공로를 충분히 인정하며 위대한 인물 뒤의 '무명의 영웅'이라 일컫는다면, 주안이 37년 동안이나 루쉰의 어머니를 모신 것도 일종의 공적이 아니겠는가?

주안의 일생이 비극이라면 이 비극을 만든 사람은 누구인가? 이는 결코 복잡하고 심오한 문제가 아니며 이전 사람들의 공론이 이미 있다. 다만 최근 몇 년 동안 루쉰을 전복하고 해체하는 목소리가 너무 요란해 중화민국 법률에 따라 루쉰을 '중혼죄'로 판결하려는 사람이 있는가 하면, 1980년대 타이완 당국이 개정한 민법에 따라 루쉰을 '간통죄'로 판결하려는 사람도 있다. 비교적 온화한 비난으로는 루쉰이 가정에서 아내에게 '정신적 폭력'을 가했다는 것이다. 역사 진보의 논리를 거스르며 시비를 가린다면 그것은 장제스 정권이 제정한 '감란조례(勘亂條例)'에 따라 선배 혁명가를 '반란죄'로 판결하는 것과 무엇이 다른가? 사실 루쉰의 어머니 루뤠이(魯瑞)는 일정 부분 그 책임을 지고 있었다. 그녀는 서로 어울리지 않는 이 결혼이 큰아들에게 평생의 고통을 가져다주었다는 사실을 인정했으며, 이후 둘째 아들과 셋째 아들의 혼사에는 손을 떼고 상관하지 않았다. 루쉰의 미완성된 잡문 가운데 '모성애'를 논하는 내용이 있다. 루쉰은 모성애가 위대하지만 구시대의 모성애는 때로 맹목적이고 무섭다고 여겼다. 어머니는 어떤 문제에 관해서는 고정관념이 뿌리 깊게 박혀 있어서 엄청난 노력을 들여도 10분의 1, 2밖에 바꾸지 못했으며, 얼마 지나지 않아 옛날 버릇이 되살아나곤 했다. 하지만 루웨이의 생각과 방식은 당시만 해도 '괴짜'나 '이단'이 아니었으며, 일반인들의 보편적인 생각과 방식일 뿐이었다. 이로써 보건대, 주안의 비극을 초래한 근본 원인은 낡은 가족 제도와 윤리 관념임을 알 수 있다. 현대의 애정관은 둘이 서로 사랑하고 자유롭게 배우자를 선택하며 정신적인 소통을 주요 특징으로 한다. 그러나 중국 봉건 사회에서 의식화된 결혼의 특징은 '부모님의 명과 중매인의 말'이었다.

루쉰이 세상을 떠난 후, 누군가가 쉬광핑과 주안의 사이를 이간질하여 쉬광핑이 매주 루쉰에게 편지를 써서 루쉰과 주안의 관계를 파탄에 이르게 했다고 했다. 또, 쉬광핑이 주안과 《루쉰 전집(魯迅全集)》의 판권을 놓고 다투고 있으며 금전 때문에 루쉰과 결합한 것처럼 보인다고도 했다. 몹시 격분한 상황에서 쉬광핑은 1937년 《중류(中流)》 제1권 제11기에 〈사랑을 위하여(爲了愛)〉라는 백화시(白話詩)를 게재하여 신식 결혼과 구식 결혼의 본질적 차이를 밝혔다.

> 아담과 이브의 마음속에서
> 연애는 신성함과 결합한다.
> 장차 해방될 사회에서
> 연애는 다시
> 뜻이 같고 생각이 일치해야 결혼을 성사시킨다.
> 말이 통하지 않고,
> 지향하는 바가 다르고,

본디 한곳에 있지 않은데도

억지로 '천생배필'이라 말하는 것은

너의 일생을 더럽히려는 것이다.

따라서 애정 없는 결혼이 빚어내는 비극을 뿌리 뽑으려면, 근본적으로 구식 윤리 관념과 혼인 제도를 청산해야 하며 구식 결혼의 피해자를 가책해 그들이 이중으로 상처를 입게 하지 말아야 한다. 루쉰은 글에서 "사랑 없는 비애를 소리쳐야 하고, 사랑할 것이 없는 비애를 소리쳐야 한다"(〈수감록(隨感錄) 40〉[2])라며 인류가 정당한 행복을 누리는 데 방해가 되는 모든 낡은 제도, 낡은 관념, 낡은 관습을 타파할 것을 호소했다. 설령, 그것이 예로부터 위엄에 범접할 수 없는《삼분(三墳)》과《오전(五典)》, 송대 판본 서적 백 권[百宋]과 원대 판본 서적 천 권[千元], 천구(天球)와 하도(河圖), 금인(金人)과 옥불(玉佛)[3]이라 할지라도 말이다. 쉬광핑도 자신과 루쉰 사이에는 낡은 윤리에 저항하는 공통적인 사상적 기초가 있었으며, "무엇이 이해이고 시비이며 선악인지 알지 못한 채", "사랑을 향해 한마음 한뜻으로 질주"하기로 결심했다고 밝혔다. 루쉰과 쉬광핑이라는 이 두 명의 '동행자' 앞에서 주안은 확실히 스스로 빗대었던 달팽이처럼 천천히 오르려고 노력했지만, 결국 루쉰의 마음의 전당에 다가설 수 없었다.

앞에서 언급했듯이 주안은 구시대의 평범한 비극적인 인물이었으며,

---

2 옮긴이: 〈수감록 40〉의 우리말 번역은《루쉰 전집 제1권 무덤 · 열풍》, 루쉰전집번역위원회 옮김, 서울: 그린비출판사, 2010[2019]년, 460~463쪽 참고.

3 옮긴이: 〈문득 생각나는 것(5~6)〉,《루쉰 전집 제4권 화개집 · 화개집속편》, 루쉰전집번역위원회 옮김, 서울: 그린비출판사, 2014년, 74, 76쪽 참고.

다만 그녀가 신문화운동의 선봉적인 인물이었던 루쉰 집안에 시집을 갔기 때문에 세간의 특별한 관심을 받게 되었다. 주안이라는 고독한 사람을 '대중의 시선' 속으로 끌어들이는 것은 무슨 의미가 있을까? 현대 전기 이론에 따르면, 전기의 집필 대상은 카이사르나 나폴레옹, 칭기즈칸, 프리드리히 대제와 같은 인물에 한정되지 않는다. 제왕장상, 영웅호걸, 재자가인 이외에 보통 사람들의 인생 이야기도 시대의 단면을 잘 반영한다. 다양한 인간 군상의 개인사에 근거해야만 가장 진실하고 살아 숨 쉬는 인류 역사를 통합해낼 수 있다. 따라서 중국 현대 전기 문학의 창도자 후스(胡適)는 천두슈(陳獨秀), 차이위안페이(蔡元培), 량치차오(梁啓超)에게 자서전 집필을 독려했을 뿐만 아니라, 1919년 11월 30일에는 젊은 나이에 요절한 보통 지식 여성 리차오(李超)를 위해 자신이 직접 일대기를 저술했다. 주안을 위해 전기를 쓰는 것은 그 가운데서 무슨 영혼을 위한 닭고기 수프를 맛본다거나 격려와 가르침을 얻을 수 있는 일이 아니다. 그러나 주안과 같이 개성과 색깔이 뚜렷하면서 남의 이목을 끌지 않는 인물이야말로 "사랑 없는 결혼의 나쁜 결과"(〈수감록 40〉)를 반영할 수 있으며, 중국 여성사 · 윤리사를 연구하는 데 있어 살아 있는 표본이자 루쉰의 생애를 연구하는 데 더욱 직접적인 의미를 지닌다.

미녀가 다양한 연령대의 여성들을 통칭하는 말이 되어버린 오늘날, '미녀'라는 두 글자로 《나도 루쉰의 유물이다 — 주안전(朱安傳)》의 저자 차오리화(喬麗華) 박사를 지칭하는 것은 분명 그다지 정중하지 못하다. 차오 박사는 '재녀(才女)'라고 불러야 제 이름을 찾았다고 할 것이다. 나는 차오 박사와 수년간 루쉰의 친필 원고를 연구하고 쉬서우창(許壽裳)의 원고를 정리하는 일을 협업하여 그녀가 지식이 폭넓고 문필이 빼어나며 국내외 문학과 현 · 당대 문학을 두루 연구하고 있다는 것을 잘 알고 있다. 그녀의 재능은 각고의 연구에서 나온 것일 뿐만 아니라 타고난 소질도 있음을 인정해야 한다. 자질이 상대적으로 떨어지는 사람도 학문을 할 수 있지만, 소질에 각고의 노력까지 더해진다면 호랑이에게 날개를 달아주는 셈이다. 차오리화는《주안전》을 집필하면서 가장 컸던 어려움은 사료의 결핍이라고 이야기했다. "솜씨 좋은 아낙도 쌀 없이는 밥을 짓지 못한다"라는 말이 있지만, 독자들은 그녀가 현지답사와 방문 조사를 거쳐 구술 사료와 문자 사료, 실물 사료를 종합적으로 다듬어 만들어낸 것이 멀겋고 싱거운 국물 한 사발이 아니라 맛있는 요리 한 상이라는 것을 깨닫게 될 것이다. 그녀는 집필 과정에서 여성의 입장에 서서 여성의 운명에 주목하고 사고하고 싶다고 했다. 하지만 이 여성 작가는 이 역사와 전기 속에서 여전히 진실을 추구하는 공정한 입장을 견지하고 있으며, 일부 서구 여성주의자들의 편향을 보이지 않는다. 차오리화는 이론을 잘 알지만, 그녀가 이 전기에서 보여준 고증의 공력도 상당하다. 내가 가장 감탄한 것은 루쉰의 1914년 11월 26일 자 일기에 나온 "부인이 보낸 편지를 받았다"라는 사건에 대한 고증이다. 그해 11월 22일에 주안이 사오싱에서 베이징에 있는 루쉰에게 보낸 편지가 전혀 남아 있지 않기 때문에 루쉰이 왜 편지의 내용이 "꽤나 터무니없다"라고 질타했는지는 천고의 미스터리로 남았다. 어떤 전문가는 주안이 편지에서 루쉰에게 첩을 들이라고 권하였기 때문이라고 말한다. 하지만 그와 같은 견해는 추측에서 나왔을 뿐이며, 주안에게 그런 생각이 있었다고 해도 꼭 이 편지에 썼다고 보기는 어렵다. 차오리화는 저우쭤런이 그해 10월 30일과 11월 18일 자 일기에서 주안에 대해 쓴 두 가지 기록을 근거로 당시 주안 방에 백화사(白花

蛇) 한 마리가 출몰했다는 사실을 알았다. 민간에서는 종종 뱀을 음란한 것으로 간주하였기에, 주안은 저우쭤런에게 특별히 비희천(祕戲泉)(춘궁도(春宮圖)가 주조된 화폐)을 한 닢 사달라고 부탁해 액막이를 하고 루쉰에게 편지를 써서 자신의 정결함을 설명했다. 차오리화는 이러한 해석도 "추측"이라고 겸손하게 말했지만, 저우쭤런의 일기 및 사오싱의 민간 풍속을 근거로 하기 때문에, 이런 '추측'은 앞서 언급한 전문가의 추측보다 훨씬 사실에 가깝다. 이 한 가지 사례만 보더라도 그만큼 차오리화가 섭렵한 자료가 광범위하고 고증이 치밀함을 알 수 있다.

주지하듯, 개혁개방 이후 40여 년 동안 루쉰 연구는 장족의 발전을 이루었으며 체계가 완비되고 국제적인 영향을 끼치는 학문 분야를 형성했다. 하지만 지금은 난관에 봉착했다. 특히 인터넷 공간에서는 때로 심지어 사도(邪道)가 정도(正道)를 이기는[4] 기형적인 현상까지 나타났다. 따라서 《나도 루쉰의 유물이다 — 주안전》의 개정판은 루쉰 연구계에서 매우 반가운 일이다. 그것은 루쉰 연구에 뒤를 이을 사람이 있음을 상징하며, 엄밀한 학술 저작은 학문적 거품처럼 어떤 광원을 빌려 잠깐 빛나다가 눈 깜짝할 사이에 터져 없어지고 마는 것이 아니라 반드시 장구한 생명력을 지닐 수 있음을 증명한다.

이것으로 머리말을 삼는다.

---

4 옮긴이: 원문은 '邪不壓正'이나 저자와의 교신을 통해 '正不壓邪'로 바로잡는다.

개정판 서문

원래 주안은 주목하는 사람이 드문 주변적 인물일 뿐이라고 생각했는데, 이 전기가 출간 후에 예상외로 큰 반향을 불러일으킬 줄은 몰랐다. 최근 몇 년 동안 '주안'이 비교적 인기 있는 화제가 되어 다방면으로 사람들의 토론과 사고를 불러일으킨 것을 기쁘게 생각한다. 작년에 루쉰 선생 서거 80주기를 맞아 진르터우탸오(今日頭條)[5] 문화 채널에서 2016년 루쉰 문학 빅 데이터를 발표했는데, 그중 '루쉰과 가장 관련 있는 가족 구성원' 리스트에 주안의 이름이 올랐다.

이 책이 처음 출판된 지 거의 8년이 다 되어 가는데 그동안 메일과 독자들의 피드백을 꾸준히 받았다. 많은 독자가 여성의 입장에 서서 주안이라는 구식 여성에게 깊은 동정을 보내며 그를 위해 탄식하고 안타까워했다. 특히나 양장(楊絳) 선생님께서도 이 책을 눈여겨 봐주셨다는 것은 생각지도 못했던 일이다. 선생님께서는 신문에서 《주안전》의 소개를 보시

5 옮긴이: '오늘의 헤드라인'이라는 뜻을 가진 중국의 사용자 맞춤형 뉴스 제공 서비스 플랫폼을 말한다.

고 주정(朱正) 선생님께 보내시는 편지에서 내 책을 언급하시며 "나는 이것이 피눈물의 외침인 것 같아요"라고 말씀하셨다. 주정 선생님께서 내게 이 편지를 복사해주시며, 메일로 "이 열렬한 독자에게 거작을 한 권 선물해주실 의향이 있으신지요?"라고 농담처럼 물어보셨다. 나는 즉시 주정 선생님께서 알려주신 주소로 졸저를 부치며 후배로서 존경하는 마음을 담은 편지 한 통을 동봉했다. 책을 보낸 후에 나는 양장 선생님께서 답장해주시리라고는 생각해본 적이 없었다. 첸중수(錢鍾書) 선생의 부인이자 번역가이자 작가이신 양장 선생님께서는 고령이시라, 유명하지 않은 저자가 보내온 책을 몇 페이지라도 대충 넘겨보신다면 충분히 대단한 일이 아니겠는가? 그랬기에 어느 날 낯선 글씨체의 편지를 받고 무심결에 뜯어보았다가 낙관에 '양장'이라는 두 글자를 보고는 얼마나 놀랍고 기뻤는지 모른다. 양장 선생님께서는 이렇게 답장을 쓰셨다. "주안의 마지막 처절한 외침은 실로 가슴 아팠어요. '작은 두 발에 눈물 한 동이'라는 속담이 있지만, 그녀는 이 때문에 아무도 소중히 여기지 않는 '폐물'이 되었네요!" 양장 선생님께서는 여성의 운명에 주목하며 주안에 대해 깊은 동정을 드러내셨다.

이 책이 출판된 후, 루쉰 연구계의 많은 선배에게서 인정을 받았는데, 어떤 학자들은 주안이 루쉰에 끼친 영향이 지대하다고 지적했다. "위대한 인물의 탄생은 흔히 부득이한 사정에서 비롯한다. 루쉰 글의 풍격이 침울하고 과격하며 서투른 것도 주안이라는 배경과 관련이 있다. 그런 의미에서 주안은 루쉰을 이룩했다."(천단칭(陳丹青)의 말) 루쉰과 주안의 결혼 중 일부 문제를 둘러싸고 갖가지 의문을 제기하는 연구자도 있다. 어쨌든 루쉰 연구 분야에서 저우 씨 형제가 왜 반목했는지가 시종 풀리지 않는 수

수께끼인 것처럼, 루쉰과 주안의 관계도 끝이 없는 주제다.

물론 2009년 말에 《주안전》이 출간된 뒤, 꼼꼼한 독자분들이 당초 시간이 촉박해서 개별적인 부분을 자세하게 검토하지 못해 생긴 오류를 포함하여 책에 있는 문제점을 지적해주시기도 했다. 이번 개정판은 이러한 오류를 바로잡았으며, 더 중요한 것은 이 책에 필요한 수정과 보완을 할 수 있었다는 점이다.

이 책이 출판된 후, 예수쉐이(葉淑穗) 선생님은 내가 '버림받은 부인[棄婦]'이라는 단어로 주안의 결혼 후 상태를 묘사한 것에 대해 다른 의견을 주셨다. 그녀는 편지에 이렇게 썼다. "저는 루쉰이 주안을 좋아하지 않고 어머니께서 주신 선물로만 여기며 부양했을 뿐이라고 생각합니다. 하지만 그녀에 대한 루쉰의 태도는 그래도 시종 정중했습니다. 물론 루쉰의 속마음은 확실히 어쩔 수 없었지요. 그런데 루쉰은 버리지 않았기 때문에 '버림받은 부인'이라는 장제목을 쓰신 것을 보고 조금 납득이 가지 않았습니다. 루쉰은 이 결혼에 대해 감정적으로는 받아들이지 못했지만, 시종일관 인정했으며 일기에서도 그녀를 '부인[婦]'이라고 적었습니다. 이런 제 의견은 참고만 해주십시오."

예 선생님의 이 의견은 줄곧 내 마음속에 감돌고 있었다. 당초 '버림받은 부인'이라는 장제목을 썼던 것은 전적으로 내 직감에서 나온 것이라 할 만큼 감성적인 요소가 많았다. 나는 이 단어가 절대 지나치지 않다고 생각하지만 독자를 오도할 수도 있음은 인정해야 했다. 어느 해에 루쉰 세미나에 참석하러 외지에 갔다가 한 선생님을 만났는데, 그녀는 《주안전》이 주안을 지나치게 동정하여 루쉰을 폄하했다고 기탄없이 말했다. 이 선생님의 관점을 받아들일 수는 없지만, 나의 일부 단어 선택이 지나치게 감정적인 색채를 나타내어 사람들의 오해를 쉽게 부르지는 않았는지 스스로 되돌아보게 되었다. 그래서 이번에 '버림받은 부인 — 땅에 떨어진 달팽이'라는 장제목을 '심연 — 땅에 떨어진 달팽이'로 바꾸었다. '심연'이라는 단어는 나락으로 떨어진 주안의 비참한 처지를 나타내며, 자료로 말하되 지나친 설명은 하지 않는다는 이 책의 취지에도 부합한다.

예수쉐이 선생님은 또한 초판본 124쪽의 단체 사진에 관한 설명에서 한 가지 잘못을 지적해주셨다. 그녀는 내게 보낸 편지에서 "124쪽에 왼쪽에서 두 번째가 쉬셴쑤(許羨蘇)라고 하셨는데, 실제로는 왼쪽에서 네 번째가 쉬셴쑤입니다. 저는 이 일로 위징롄(俞景廉)과 토론한 적이 있습니다. 이에 대해 그가《루쉰 연구 자료(魯迅研究資料)》에 발표한 글이 있습니다."《루쉰 연구 월간(魯迅研究月刊)》을 보니 확실히 위징롄 선생님이 자신의 어머니 쉬셴쑤에 관해 쓴 글이 여러 편 실려 있었고, 예 선생님의 〈쉬셴쑤와 루쉰의 문물 — 쉬셴쑤의 루쉰박물관에서의 나날(許羨蘇與魯迅文物 — 記許羨蘇在魯迅博物館的日子里)〉과 같은 글도 있었다. 이는 어떤 의미에서 주안의 시싼탸오 생활에 대한 배경 자료를 제공한다. 예 선생님의 가르침에 매우 감사드린다.

이미 작고하신 가오신(高信) 선생님은 루쉰 연구계의 선배로서 이 전기를 보시고 저우쭤런의 외손주 양지창(楊吉昌)(저우징쯔(周靜子)의 아들)이 쓴 〈나의 외할아버지 저우쭤런을 추억하며(回憶我的外祖父周作人)〉라는 글을 열성적으로 보내주셨다. 글은 바다오완(八道灣) 11호의 상황을 비교적 자세하게 묘사하고 있는데, 그중에 〈큰외할머니〉라는 짧은 글의 내용은 다음과 같다.

큰외할아버지 루쉰의 본처인 주안은 루쉰의 어머니와 함께 살았다. 그녀들은 시싼탸오에서 얼마나 살았을까? 아마 가끔 바다오완에 들렀을지 모르지만, 나는 어릴 때 큰외할머니를 만나 깊은 인상을 받지는 못했다. 내 기억에 큰외할머니는 머리를 뒤로 빗어 넘겨 쪽을 지고 타원형의 얼굴, 뾰족한 턱, 작은 키에 구사회에서 흔히 볼 수 있었던 전족을 하고 있었다. 말하는 목소리가 아주 가늘고 자연스레 사오싱 사투리를 썼는데, 내가 봤을 때 예순 살쯤 되었을 것이다. 큰외할아버지는 내가 태어나기 전에 돌아가셔서 뵌 적이 없다.

큰외할머니는 주안을 가리킨다. 양지창의 이 글은 1995년《화산천지(華山天地)》에 실렸다. 가오신 선생은 이 글 앞에 〈글머리에(寫在前面)〉라는 글을 써서 양지창과 그 가족들의 사연을 설명하였다. 가오신 선생과 양지창의 글에서, 저우쭤런의 장녀 저우징쯔가 일본 유학에서 돌아온 수학 교사 양융팡(楊永芳)과 1935년에 결혼했으며, 차남 양지창은 1938년에 태어났다는 사실을 알 수 있다. 따라서 양지창은 루쉰을 본 적이 없지만 큰외할머니 주안은 본 적이 있다. 1949년 이후 양융팡이 시베이대학(西北大學) 수학과 교수로 부임하면서 저우징쯔도 그를 따라 시안(西安)으로 가서 주로 집안일을 했다. 그들의 자녀 양메이잉(楊美英)과 양지창은 모두 친링(秦嶺)발전소 학교에서 교편을 잡았다. 저우징쯔는 1984년경에 세상을 떠났다. 이 밖에도 양지창은 육촌 이모 저우쥐쯔(周鞠子)(저우젠런의 딸)가 1976년 탕산대지진(唐山大地震) 때 사망했다는 사실도 언급했다.

양지창의 회고는 주로 저우쭤런 가족의 이야기를 다루고 있지만, 주안과도 무관하지 않다. 가오신 선생에 따르면, 양지창이 저우징쯔의 결혼

사진 두 장을 보여준 적이 있는데, 두 장 다 주안이 찍혀 있었다고 한다. 가오신 선생은 이 두 장의 사진도 복사해주셨다. 사실상 루쉰과 저우쭤런은 반목했지만, 나중에 주안과 바다오완 11호의 왕래가 완전히 끊긴 것은 아니었다. 어떤 연구자는 새로 밝혀진 저우쭤런의 1939년 1월 9일 자 일기에 쓰인 "오후에 큰형수가 왔다"라는 내용에 주목했다. 여기에서 '큰형수'는 쉬광핑이 아니고 주안 여사임이 분명하다는 지적이다. 저우쭤런은 1월 1일에 바다오완 자택에서 자객의 습격을 받았다. "침입자의 습격을 받아 왼쪽 복부에 총을 맞았으나 스웨터 단추에 막혀서 박히지는 않았다. 치우(啓無)[6]는 왼쪽 가슴에 중상을 입었다. 인력거꾼 장싼(張三)은 총을 여러 발 맞아 그 자리에서 사망하고 샤오팡(小方)은 왼쪽 어깨에 관통상을 입었다." 저우쭤런의 피습 소식을 들은 후 주안 여사는 시간을 내어 병문안을 갔다.

나는 이 책에서 저우쭤런이 젊은 시절 사오싱에서 쓴 일기에 나오는 '큰형수'에 관한 기록을 인용했다. 사실 베이징으로 간 후에도 기록이 남아 있는데, 예컨대 1932년에 '큰형수'를 언급한 곳이 몇 군데 있다.

> 8월 16일 흐림. (……) 중원절(中元節)을 맞아 오시(午時)에 조상님께 제사를 지내기 위해 어머니와 큰형수가 왔다가 오후에 갔다.

> 9월 8일 맑음. 오전에 큰형수가 와서 페이셴(佩弦)에게 축하선물을 대신 전해

---

6 옮긴이: 선치우(沈啓無, 1902~1969)의 본명은 선양(沈鍚)이며, 자(字)가 치우다. 시인이자 학자로 위핑보(俞平伯), 페이밍(廢名), 장사오위안(江紹原)과 함께 저우쭤런의 4대 제자로 불린다.

달라고 부탁했다.

9월 19일 흐리고 비. (……) 큰형수가 왔다가 곧 갔다.

9월 21일 흐리고 비, 오후에 맑음. (……) 오후에 상무인서관에 책을 사러 갔다 (……) 큰형수가 왔다. (……)

이 일기를 통해 중원절과 같은 날에는 루쉰의 어머니와 주안이 바다오완에 가서 저우쭤런과 함께 조상님께 제사를 지냈으며, 페이셴 즉 주쯔칭(朱自清)에게 축하선물을 줄 때 주안도 저우쭤런에게 전해달라고 부탁했음을 알 수 있다. 그 밖에 9월에 저우젠런의 아들 펑싼(豊三)이 입원해 있는 동안 루뤠이와 주안이 여러 차례 바다오완을 찾았다. 자연스레 일기에는 저우쭤런과 하부토 노부코(羽太信子)가 시싼탸오로 어머니를 뵈러 갔다는 기록이 여러 번 나온다. 이는 아주 사소한 일이지만, 아는 사람이 많지 않기 때문에 이참에 여기에 몇 마디 적는다. 안타깝게도 저우쭤런 일기는 아직 전부 출판되지 않아 1934년 이전 부분만 볼 수 있다. 전부 영인되어 나온다면 저우 씨 형제와 저우 씨 가족 연구에 상당한 가치가 있을 것이다.

최근 몇 년 동안 인터넷에 주안에 관한 글이 계속 올라오는 가운데, 루보(陸波)의 〈보복사 다리 밑에서 역사의 작은 실마리를 찾아(在保福寺橋下, 尋找歷史的草蛇灰線)〉라는 글은 주안의 마지막 매장지 보복사(保福寺)에 관한 몇 가지 정황을 발굴했다. 루보의 글에 따르면, 명나라 때부터 중관촌(中關村)이라는 융딩허(永定河) 옛 물길의 저지대에 절을 짓기 시작했는데, 특히 명청 시대 환관들이 이 일대에 '의지(義地)', 즉 묘지를 매입하는 것을 선호했다. 나중에는 일반인들도 고개를 들면 바로 서산이 보이는 이곳에 묻히고 싶어 하면서 중관촌 일대는 사원과 무덤이 많은 구조로 변했다. 보복사는 명나라 정덕(正德) 11년(1516년)에 창건되었으며, 청대 도광(道光) 연간과 광서(光緒) 31년에 중건되었다. 청대 《일하구문고(日下舊聞考)》에는 "남쪽 하이뎬(海澱)에서 2리가량 동쪽에는 보복사가 있고, 둥류촌(東柳村)에는 장수사(長壽寺)와 관음암(觀音庵)이 있으며(…)"라는 기록이 있다. 민국 시기 작성된 사찰 통계에 다음과 같은 기록이 있다. "이 절은 보복사촌 64호에 있으며, 대지 2무(畝) 4리에 기와집 아홉 칸, 흙집 두 칸, 부속 기와집 한 칸이 있다. 그 밖에 진흙 불상 아홉 기, 철로 만든 오공(五供) 한 세트, 돌비석 두 개, 우물 하나, 가래나무 네 그루가 있다. 마을 공동 건설로 촌사무소와 초등학교에서 사용하고 있다. 원래는 내공선사(鼐公禪師)의 보탑(寶塔)이 있었으며, 1930년대에 절반이 무너져 내렸지만 아직도 향불이 남아 있다." 신중국 성립 초기 이 사원에는 보복사초등학교가 세워졌다. 보복사초등학교가 1958년 이전하면서 보복사는 그 역사적 소명을 다했다. 이를 통해 보복사는 1950년대 말에 폐사되었으며, 기껏 해도 '문화대혁명'을 넘기지 못했을 것이라고 판단할 수 있다.

또한, 루보는 글에서 항일전쟁 승리 후 보복사 묘지는 저우쭤런 일가의 사유재산이었기 때문에 1948년에 국민당 정부에게 몰수되었다고 언급했다. 1951년부터 중관촌 지역에서는 사회주의 과학 도시 건설 규획을 확정했다. 즉, 1950년대 초반에 대규모 묘지 철거가 시작된 것이다. 나는 주안의 무덤이 '문혁' 때 훼손되었다고 했는데, 이에 대해서는 좀 더 조사와 고증이 필요하며 훨씬 오래전에 훼손되었을 가능성도 배제할 수 없다. 이 역시 지엽적인 문제지만 구식 여성인 주안이 임종 전에 자신의 사후 처리에 대해 조심스럽게 당부했던 것을 감안하면 이와 같은 결말은 탄식을 자아낸다.

가정주부였던 주안은 루쉰의 사후에야 언론의 주목을 받았다. 초판본에서는《베이핑신보(北平晨報)》와《신민보(新民報)》등에 실린 관련 기사를 인용했으며,《세계일보(世界日報)》의 기사를 부록으로 수록했다. 사실 당시 일부 간행물에도 주안에 관한 보도가 실렸는데, 주로 다음의 몇몇 시기에 집중되고 있다.

첫째, 1936년 10월 루쉰이 사망한 지 얼마 되지 않아 상하이의 주간지《덴성(電聲)》등에 루쉰 사후 작품의 판권 문제에 관한 보도가 실렸다. 그중에는 사실에 부합하지 않는 내용도 있다는 점을 지적해야 할 것이다.

둘째, 1944년 9월부터 1945년까지 상하이의《문예춘추(文藝春秋)》,《잡지(雜志)》같은 간행물에 루쉰의 장서 매각 사건에 대한 보도가 실렸다.

셋째, 항일전쟁 승리 후 베이핑의 신문 이외에도 상하이의《하이광(海光)》,《콰이훠린(快活林)》,《지푸(吉普)》등도 주안의 생활상을 보도했다. 물론 일부 타블로이드 신문은 주안을 가십거리로 삼을 뿐이었다. 예컨대, 1946년 12월 1일 자《신상하이(新上海)》에 실린〈쉬광핑이 루쉰의 전처를 만나러 옛 수도에 가다(許廣平故都訪魯迅前妻)〉라는 글은 쉬광핑이 베이핑 시싼탸오에 간 것은 사실이지만, 그중 상당수는 억측에서 비롯된 찌라시 수법이다.

이번 개정판에서는 사료적 가치가 있는 기사 세 편을 선별 보완했다. 참고 문헌에도 이상의 기사 목록을 넣어 독자가 참고하게 했다. 이 밖에도 주안이 살았던 바다오완 11호, 좐타 골목과 시싼탸오 고거의 평면도 등이 추가되었다. 요컨대, 이번 개정증보판은 기본적으로 초판의 원래 모습을 유지하면서 부족한 점을 보완했으며, 그동안 내가 발견한 새로운 자료들을 독자들에게 보여줄 수 있어 마음의 짐을 벗었다고 할 수 있다.

끝으로, 이 책의 집필 과정에서 동종 업계 수많은 분들께 도움을 받았음을 밝히고자 한다. 특히 이 책에 실린 주안의 편지와 사진 절대다수는 베이징 루쉰박물관에 소장되어 있으며 그중 일부는 공개된 적이 없는 것이다. 이에 특별히 감사의 뜻을 표한다.

2017년 4월 상하이 훙커우(虹口)에서

차례

2부 땅에 떨어진 달팽이

서장

모든 고민과 절망의 몸부림 소리

2006년 4월 말의 어느 주말이었다. 나와 공동 집필자들은《루쉰과 그의 사오싱(魯迅和他的紹興)》이라는 책을 쓰는 데 영감을 얻기 위해 사오싱(紹興)을 찾았다. 사오싱 루쉰기념관 직원이 우리를 루쉰 고거(故居)의 이층 방으로 안내한 것은 그때였다. 그곳은 루쉰과 주안이 결혼했던 신방(新房)으로 평상시에는 개방하지 않았다. 일전에 여러 번 루쉰 고거를 방문했지만 이층 방에는 들어가 본 적이 없었다. 게다가 루쉰(魯迅)(1881~1936)이 식을 올린 신방이라니! 모종의 호기심을 안고 계단을 올랐다.

타이먼(臺門)[7] 안의 낡은 집은 대부분 채광이 어두웠지만 이 이층 방은 더욱 어두컴컴했다. 여러 해 동안 빈 채로 닫아놔서인지 으스스한 느낌마저 들었다. 실내의 진열품을 자세히 살펴보노라니, 무늬를 조각한 나

7 옮긴이: 타이먼(臺門)은 원래 가문의 위엄을 나타내기 위해 토대를 높이 쌓아 계단을 만들고 지붕을 크게 올린 대문을 말한다(우리나라의 솟을대문과 비슷하다고 볼 수 있다). 주로 사오싱 지방의 독특한 건축 양식을 가리키는데, 처음에는 신분 있는 사람의 집에 대한 존칭이었다가, 어느 정도 규모가 있고 폐쇄적이며 독립적인 집을 모두 '타이먼'이라 불렀다.

무침대, 옷장, 탁자와 의자 등 몇 개 되지 않는 가구들이 어둠 속에서 하나의 윤곽만을 드러내는 것 같았다. 이와 비교해서 벽과 가구에 커다랗게 붙어 있는 붉은 색의 쌍희 희(囍) 자가 유달리 눈길을 끌었다.

우리가 물었다. "이건 원래부터 있던 건가요?"

직원이 대답했다. "제작진이 영화 찍을 때 남긴 거예요."

그러면 그렇지, 이렇게나 오랜 세월이 흘렀는데 붉은 종이가 어떻게 아직 남아 있을 수 있겠는가? 그때의 크고 붉은 쌍희 희 자는 진즉 벽에서 떨어져 나갔고, 그때의 신랑 신부도 벌써 세상을 떠났다.

신방을 둘러보노라니, 화려하고 선명한 쌍희 희 자를 붙인다고 경사스러운 분위기가 나지는 않았다. 오히려 붉은색의 쌍희 희 자가 방안을 더욱 답답하고 처량하게 만들었다. 특히나 루쉰이 식을 올린 다음 날부터 다른 곳에서 자면서 주안을 독수공방하도록 내버려 두었다는 것에 생각이 미치자 이 크고 붉은 쌍희 희 자도 유난히 눈에 거슬리는 느낌이었다.

사실 이 방이 루쉰의 진짜 신방인지는 아주 확실치 않다. 1918년에 저우가 신타이먼(周家新臺門)은 성안의 부호 주랑셴(朱閬仙)(1873~1939)에게 팔렸고, 루쉰은 1919년에 온 가족을 데리고 베이징으로 이사했다. 1949년이 되어서야 정부에 환수되어 루쉰 고거가 되었다. 따라서 우리가 보았던 루쉰의 신방이라는 것도 역사적 장면의 복원일 뿐 당시 주안의 삶을 실제로 환원해 놓을 것일 수 없다. 그럼에도 불구하고 이 방에 들어서자 어두운 곳에 버려진 그림자를 실제로 느낄 수 있었다. 루쉰 곁에서 존재하며 배회했던 '주안'이라는 인물을 말이다.

루쉰의 본처인 주안은 사랑 없는 결혼 속에 씁쓸한 일생을 보냈다. 이는 꺼내자면 숨 막힐 것 같은 이야기다. 루쉰 본인도 주안 이야기를 잘 꺼내지 않았고, 그의 함구는 후세 사람들에게 풀리지 않는 수수께끼를 많이 남겼다. 물론 루쉰의 이 결혼에 관해서는 동시대를 살았던 그의 지인들이 쓴 회고록에 나타나 있다. 쉬서우창(許壽裳)(1883~1948), 쑨푸위안(孫伏園)(1894~1966), 위다푸(郁達夫)(1896~1945), 징유린(荊有麟)(1903~1951), 쉬셴쑤(許羨蘇)(1901~1986), 위팡(兪芳) 등은 자신의 회고록에서 루쉰과 주안의 유명무실한 부부 관계를 보고 들은 대로 묘사했다. 이런 묘사들을 보면 루쉰은 확실히 이 부인을 "어머니가 주신 선물"로만 여기고 부양의 책임을 다할 뿐이었다. 주안은 결혼 후 수십 년 동안 줄곧 '소박데기'라는 가엾은 처지에 놓였다.

루쉰은 주안에게 애정이 없었으며 두 사람은 남남처럼 지냈다. 그렇다고 해도 루쉰이 자기 곁의 이 처량하고 비참한 존재를 잊어도 된다는 뜻일까?

1935년, 루쉰은 《중국신문학대계(中國新文學大系)》 소설 2집 서문에서 링수화(凌叔華)(1900~1990)의 소설을 언급하며 "적당한 선에서 그치며 구식 가정의 유순한 여성을 묘사했다"라며 "세태의 일각인 명문세가의 정혼(精魂)"을 그려냈다고 칭찬했다.[8] 이 글을 쓰면서 머릿속에 주안의 모습이 떠오르진 않았을까?

〈죽음을 슬퍼하며(傷逝)〉를 읽을 때마다 나는 다음과 같이 차갑고 날카로운 문구에 깊은 감동을 받는다.

---

8 루쉰, 〈《중국신문학대계》 소설 2집 서문〉, 《루쉰 전집(魯迅全集)》 제6권, 인민문학출판사, 2005년, 258쪽. 이하 《루쉰 전집》의 인용은 모두 2005년 판본을 따른 것이다. (옮긴이: 우리말 번역은 《루쉰 전집 제8권 차개정잡문 · 차개정잡문 2집 · 차개정잡문 말편》, 루쉰전집번역위원회 옮김, 서울: 그린비출판사, 2015년, 323~355쪽 참고.)

주위는 광대한 공허와 죽음과 같은 정적이다. 사랑받지 못하고 죽은 사람들의 눈앞에 펼쳐진 암흑이 내게 뚜렷이 보이는 듯했다. 또 모든 고민과 절망의 몸부림 소리도 들리는 것 같았다.[9]

이 침통한 글에서 루쉰의 마음의 소리를 듣는 것만 같았다. 나는 그가 "사랑받지 못하고 죽은 사람들", 주안과 같은 이들의 불행을 결코 잊은 적이 없다고 생각한다. 설사 이것이 그를 고통스럽게 하는 문제라고 해도 그는 이 문제를 피하거나 감추는 게 아니라 드러내 보여야 했다. 물론 루쉰의 글에는 부인에 대한 언급이 거의 없지만, 그의 내면 깊은 곳에서는 잠시도 "사랑받지 못하는 사람들"과 "모든 고민과 절망의 몸부림 소리"를 잊은 적이 없었다. 그 소리에는 주안처럼 그와 특수한 관계에 있는 구식 여성의 소리도 분명히 포함되어 있었다. 그러나 루쉰 연구의 역사를 들추어보면, 주안은 늘 제자리를 찾을 수 없는 인물이었다.

루쉰이 세상을 떠난 뒤, 쉬서우창 등이 연보 작성에 착수했을 때 '주 여사'를 집어넣을 것인가 말 것인가의 문제가 논의되었다. 1937년 5월 3일에 쉬서우창이 쉬광핑(許廣平)(1898~1968)에게 보낸 편지에는 다음과 같이 쓰여 있다. "연보에 주 여사와의 혼인을 한 줄 언급하지 않을 수 없으니 제수씨께서는 양해해주시기 바랍니다." 이에 대해 쉬광핑은 다음과 같이 대답했다. "주 여사를 써넣는 것에 대해 쉬 선생께서 거듭 말씀하시는데, 사실 전 그렇게 도량이 작은 사람이 아닙니다. 설마 역사가의 안목이

9 《루쉰 전집》 제2권, 131쪽. (옮긴이: 우리말 번역은 〈죽음을 슬퍼하며 — 쥐안성(涓生)의 수기〉, 《루쉰 전집 제2권 외침 · 방황》, 루쉰전집번역위원회 옮김, 서울: 그린비출판사, 2010[2018]년, 345~372쪽 참고.)

옛 자취를 씻어버릴 수 있겠습니까?"[10] 이렇게 쉬서우창이 편찬한 〈연보(年譜)〉에는 지금 보기에 더없이 소중한 기록이 남게 되었다.

> 광서(光緖) 32년 병오(丙午)(1906년) 26세.
>
> 6월에 고향으로 돌아가 산인(山陰)의 주 여사와 혼인하다.
>
> 같은 달 일본으로 돌아가 도쿄에서 문예를 연구하며 의학 공부를 중단하다.

중화인민공화국 성립 후 루쉰이 '문학가 · 사상가 · 혁명가'로 규정되면서 주안의 지위가 어정쩡해졌다. 루쉰은 문학혁명의 선구이자, 외치는 자이자, 신문화운동의 기수였지만, 그의 혼인이 중매결혼이었던 것이다. 루쉰 세대에게 중매결혼은 보편적이었지만, 많은 사람들은 이것이 루쉰이 이미지를 훼손한다고 여겼다. 이 때문에 1949년 이후 루쉰 연구가 전례 없이 중시되며 연구자들이 자료 발굴과 정리 작업에 많은 공을 들였지만, 유독 주안만큼은 배제되어 관심을 끌지 못했다. 특히 극'좌'의 시대에 루쉰이 신단(神壇)에 오르며 우상으로 봉해지자 주안은 더욱 기피 대상이 되어 루쉰 연구의 금기(禁忌) 중 하나가 되었다. 모든 루쉰 전기에서 주안의 이름을 찾을 수 없었고, 아주 오랜 시간 동안 그녀는 사람들의 기억 속에서 거의 사라졌다.

주안이 수면 위로 떠 오른 것은 '문혁' 이후다. 루쉰 연구가 '인성화(人性化)'로 회귀함에 따라 적지 않은 연구자들이 역사의 옛 자취를 씻어버

---

10 쉬광핑, 〈「루쉰 연보」의 자초지종(「魯迅年譜」的經過)〉, 《쉬광핑 문집(許廣平文集)》 제2권, 장쑤문예출판사(江蘇文藝出版社), 1998년, 382쪽. 원래 1940년 9월 16일 상하이 《우주풍(宇宙風)》 을간(乙刊)에 수록.

리는 과거의 방식에 의문을 제기하고, 루쉰과 주안에 관한 사실들에 대해 흩어진 자료를 모으고 조사했다. 예컨대, 추스슝(裘士雄)의 〈루쉰과 주안 여사 및 그들의 혼인 문제(魯迅和朱安女士以及他倆的婚姻問題)〉(《사오싱 사전학보(紹興師專學報)》 1981년 제2기), 양즈화(楊志華)의 〈주지런과 주안 그리고 루쉰(朱吉人與朱安及魯迅)〉(《상하이 루쉰 연구(上海魯迅研究)》 제4기), 인궈차오(殷國超)의 〈루쉰과 주안(魯迅與朱安)〉(《중국현대문학연구총간(中國現代文學研究叢刊)》 1983년 제3기), 위이추(余一卒)의 〈주안 여사(朱安女士)〉(《루쉰 연구 자료(魯迅研究資料)》 제13집), 장쯔창(張自强)의 〈루쉰과 주안의 구식 혼인 체결 연대 고증(魯迅與朱安舊式婚姻締定年代考)〉(《기념과 연구(紀念與研究)》 제9기) 등은 모두 이 시기에 발표된 역작이다. 특히 1981년에 출판된 《루쉰 생애 사료 휘편(魯迅生平史料彙編)》 제1집은 '문혁' 후 루쉰 생애 사료 연구의 최신 성과를 반영한다. 이 책은 '루쉰 가족 구성원 및 주요 친족'이라는 표제 아래 '주안' 항목을 두어 큰 저항과 방해를 돌파했다. 이 항목은 400여 자에 불과하고 기존 관점을 그대로 유지했지만, 결국 주안이라는 존재를 인정했던 것이다.[11]

이로써 주안은 더 이상 금단 구역이 아니었다. 주안은 루쉰의 감정과 사상을 이해하는 중요한 열쇠이며, 루쉰의 일생에 '짙은 그림자'를 드리웠음을 인정하는 연구자가 점점 더 늘고 있다. 그러나 주안 같은 보잘것없는 인물을 좀 더 깊이 파고들어 연구할 가치가 있을까? 이 점에 대해서는 아직도 많은 연구자들이 의구심을 품는 것 같다. 지금까지 그녀에 관한

11 쉐쒜이즈(薛綏之)가 책임편집한 《루쉰 생애 사료 휘편(魯迅生平史料彙編)》 제1집, 톈진인민출판사(天津人民出版社), 1981년, 107쪽. 이 책에서 주안에 대한 소개는 주로 루쉰의 족숙(族叔) 저우관우(周冠五) 선생의 이야기와 천윈포(陳雲坡)의 표현을 인용했다.

전기가 한 권도 없었다는 사실이 이 모든 것을 말해준다.

물론 루쉰 연구에서 주안의 역사적 지위를 거슬러 올라가면, 일본 학자들의 이 분야에서의 연구를 무시할 수 없다. 1944년에 출판된 전기《루쉰(魯迅)》에서 다케우치 요시미(竹內好)(1910~1977)는 루쉰이 유학 시절 귀국하여 결혼한 문제에 대해 의문을 제기했다. 그는 쉬광핑과의 연애에 비해 주안과의 결혼이라는 실마리가 매우 모호하며, 루쉰 본인에게서도 아무런 설명을 얻지 못했음을 지적했다. 루쉰이 "이 사실을 어떻게 처리했는지"에 대해서는 "〈수감록 40〉 등을 재료로 삼아 공상을 조립하는 것은 가능하다. 그러나 그 공상은 상당히 틀린 것이 아닐까 하는 불안이 나를 떠나지 않는다."[12] 다케우치 요시미를 시작으로 일부 일본 학자들도 루쉰과 주안의 결혼에 대해 갖가지 추측을 제기했다. 오자키 호츠키(尾崎秀樹)(1928~1999)의 〈루쉰의 구식 결혼을 둘러싸고 — 가공의 연인들〉(《분가쿠(文學)》 1960년 5월 호), 마루오 츠네키(丸尾常喜)(1937~2008)의 〈주안과 쯔쥔〉(《사람과 귀신의 갈등 — 루쉰 소설 분석》에 수록), 다카키 도시에(高木壽江)의 〈루쉰의 결혼과 사랑〉(《루쉰의 벗 모임 회보》 제13기), 기시 요오코(岸陽子)(1934~)의 〈사랑과 증오를 넘어 — 루쉰 서거 후의 주안과 쉬광핑(《루쉰 세계(魯迅世界)》 2001년 제4기), 야마다 게이조오(山田敬三)(1937~)의 〈나도 루쉰의 유물이다 — 주안 여사에 관하여〉(《남강북조 논집 — 중국 문화의 전통과 현대》) 등의 논문은 모두 루쉰 배후에 있는 이 여성에게 지대한 관심을 보였다. 그중에는 날카로운 발견도 적지 않고 주관적

12 다케우치 요시미 지음,《루쉰》, 쑨거(孫歌) 편집, 리둥무(李冬木)·자오징화(趙京華)·쑨거 옮김,《근대의 초극(近代的超克)》, 싼롄서점(三聯書店), 2005년, 43쪽에 수록. (옮긴이: 우리말 번역은 다케우치 요시미 지음, 서광덕 옮김,《루쉰》, 서울: 문학과 지성사, 2011[1997]년, 55쪽 참고)

인 논단도 많아 주안이 주는 곤혹스러움의 깊이를 짐작케 한다.

다케우치 요시미 등과 마찬가지로 나 역시 루쉰을 연구하는 과정에서 주안이라는 인물에 대해 모종의 강렬한 호기심을 느꼈고 절실히 알고 싶었다. 루쉰의 일거수일투족 일언일행이 모두 우리의 관심 속에 있다고 한다면, 루쉰 주변의 한 여성, 전형적인 가정주부로서 주안에 대한 우리의 이해는 너무나도 적다! 〈고향(故鄕)〉에 나오는 '나'와 룬투(潤土) 사이에 "슬프게도 두터운 장벽으로 막혀" 있는 것처럼 우리와 그녀 사이에도 두터운 장벽이 있다.

많은 사람이 내게 주안이라는 테마는 쓰기 힘들다고 지적했다. 확실히 동시대의 엘리트 여성과는 달리 주안은 낫 놓고 기역 자도 모르며 집 밖으로 나가지 않는 구식 여성일 뿐이다. 추진(秋瑾)(1875~1907)처럼 역사책에 기록될 만한 호방한 행동도 없고, 후세 사람들이 음미하게 할 심정을 토로하는 규방 시문을 남기지도 않았다. 그녀에 관한 자료가 너무나도 적고 내 스스로도 준비가 한참 부족했지만, 그녀의 비참하고 왜곡된 일생은 시종 내 가슴을 짓눌렀다. 주안은 "나도 루쉰의 유물이라네!"라고 말한 적이 있다. 이 외침은 시종 내 가슴 속 깊은 곳에 남아 떨쳐버릴 수 없었다.

주안이 남긴 말은 많지 않지만 구구절절 감동적이고 의미심장하다. 어떤 연구자는 이렇게 지적했다. "나는 주안이 진정한 문제라고 생각한다. 앞으로 누군가 중국 여성사를 연구한다면, 이는 반드시 진지하게 다뤄야 할 대상이다."[13] 내 생각도 그렇다. 주안은 루쉰 연구의 조연이나 들러

---

13 장예쑹(張業松), 《문학수업과 문학연구(文學課堂與文學研究)》, 푸단대학출판사(復旦大學出版

리일 수만은 없다. 그녀는 루쉰 연구의 입장에서든, 여성 연구의 입장에서든, 잊혀서는 안 될 대상이다.

주안은 오랫동안 루쉰 연구에서 자리가 없었을 뿐만 아니라, 근현대 여성사에서도 마땅히 누려야 할 지위를 갖지 못했다. 우리는 이러한 '타자(她者)', 구식 여성의 축소판을 어떻게 다루어야 할지 알지 못했다. 그녀는 구식 중매결혼의 희생양이었고 죽을 때까지도 각성하지 못했다. 5 · 4 운동 이래, 신여성 '노라'는 일약 역사 무대 위의 주인공이 되었으며, 주안과 같은 '전족 여인', '구식 부인'은 낙오자의 대명사가 되어 말을 잃고 어정쩡한 신세에 처했다. 이는 비단 주안 한 사람만의 비극이 아니라, 그녀의 뒤에는 새 시대와 낡은 시대의 교체 속에서 역사로부터 버림받은 여성 군상이 있다. 그녀들은 역사의 홍수 속에서 목소리를 잃은 무리가 되었으며, "낱말 없는 언어도 침묵에 들었다."[14] 이와 같은 여성 집단에 대해 우리는 "그들의 불행을 슬퍼하면서도 그들이 싸우지 않음을 분노"[15]하는 것 말고는 그녀들의 마음의 소리를 경청하는 방식을 찾기 어려운 것 같으며, 그렇게 하는 사람도 드물다. 그러나 그녀들을 배제한 역사 서사는 불완전할 수밖에 없으며, 두께도 없다. 어쩌면 바로 그렇기 때문에 루쉰이 링수화 소설에 나오는 구식 여성의 고민의 목소리가 그처럼 미약함에도 불구하고 공명했는지도 모르겠다.

社), 2008년, 21쪽.

14 옮긴이: 〈무너지는 선의 떨림(頹敗線的顫動)〉, 《루쉰 전집 제3권 들풀 · 아침 꽃 저녁에 줍다 · 새로 쓴 옛날이야기》, 루쉰전집번역위원회 옮김, 서울: 그린비출판사, 2011[2015]년, 76~79쪽 참고.

15 옮긴이: 원문의 "哀其不幸, 怒其不爭"은 〈악마파 시의 힘(摩羅詩力說)〉이라는 평론에서 루쉰이 영국 시인 바이런을 논평하며 자각하지 못한 영국 동포들에 대한 그의 태도를 묘사한 말이다. 《루쉰 전집 제1권 무덤 · 열풍》, 106~182쪽 참고.

주안을 위한 전기를 써야겠다는 생각은 이렇게 생겼다. 지금 쓰기 시작하는 것이 시기상조인지 너무 늦은 건 아닌지 모르겠다. 내 생각에는 너무 늦은 것 같다. 주안이 세상을 떠난 지 60여 년이 흘렀고, 그녀와 접촉했던 사람들의 절대다수는 이미 세상에 없다. 특히 사오싱 거리를 걷다가 이미 많은 곳이 완전 딴판이 되었음을 알았을 때, 애써 주 씨 가문의 후손을 찾았는데도 빈손으로 돌아왔을 때, 애매모호한 자료들을 마주하고 속수무책으로 아무런 증인도 찾지 못했을 때, 너무 늦게 착수했음을 느꼈다! 그러나 다른 한편으로는 지금에서야 루쉰 곁에 있는 이 '잉여인'을 어두운 곳에서 불러내어 차분히 바라볼 수 있을지도 모른다.

1부

어머니의 선물

"이는 어머니가 내게 주신 선물이라네. 나는 그를 잘 부양할 뿐,
사랑 따위는 모르는 일이네."
— 루쉰

가정형편 — 딩자눙(丁家弄) 주 씨 댁

딩자눙을 찾아서

주안의 친정은 사오싱 시내의 딩자눙(丁家弄)에 있다. 그래서 그동안 한 번도 눈여겨보지 않았던 이 거리를 일부러 찾아갔다.

지도에서 보면 딩자눙은 사오싱 시내의 서쪽에 위치한다. 중화민국 성립 이전 사오싱부(紹興府) 성안은 남북으로 뻗은 푸허 강(府河)을 경계로 동쪽은 콰이지(會稽)에 속하고, 서쪽은 산인(山陰)이었는데 딩자눙은 산인현 관내에 속했다. 멀지 않은 곳에 있는 루쉰 집안의 저우가 타이먼(周家臺門)은 콰이지현에 속한다. 과거의 사오싱 성은 사면에 성벽을 쌓았고 사방에 모두 열 개의 성문이 있었다. 딩자눙은 쉐이펜문(水偏門) 일대에 있었으며, 동쪽으로는 쉐이거우잉(水溝營) 대로에 면해 있었기 때문에 사오싱 사람들은 종종 '쉐이거우잉의 딩자눙'이라고 불렀다. 이 밖에도 사오싱 토박이의 기억 속에 그것은 주위안리(竹園里)라는 현지말로도 불렀다.

딩자눙에 가기 전에 나는 먼저 사오싱 루쉰기념관의 노관장 추스슝(裘士雄) 선생께 문의했다. 그분은 주가 타이먼(朱家臺門)에 두 번 가보

청말의 사오싱부 도로 지도(일부). 주안의 친정 주가 타이먼은 서쪽으로 쉐이거우잉의 딩자눙과 인접했으며, 더우창팡(都昌坊) 어귀, 즉 둥창팡(東昌坊) 어귀의 저우가 신타이먼에서 멀지 않았다.

신 적이 있는데, 사오싱문리학원(紹興文理學院)[16] 근처에 있다고 하셨다. 1979년에 주 씨 댁의 거주자 천원환(陳文煥) 선생으로부터 주가 타이먼이 철거된다는 소식을 듣고, 그분도 헐리기 전에 서둘러 가보셨다고 했다. 그분 기억에 주안의 재당숙 주루친(朱鹿琴)의 가옥이 꽤 좋았는데, 돌로 만든 문병(門屛)에 마룻대와 들보는 네모반듯하고 원자재로 따져보건대 집안이 상당히 부유함을 알 수 있었다고 했다. 그 당시에 누군가가 집의 절반을 세 들어 살고 있었다. 애석하게도 지금은 전부 헐리고 딩샹빌라[丁香小區]가 되었다. 하지만 진흙 담벼락 골목 옆의 그 강은 아직 남아 있었다. 딩자눙은 현재 딩샹눙(丁向弄)이라고 부르는데, 사오싱에 딩자눙

16 옮긴이: 중국에서 학원(學院)은 대학(大學)에 비해 규모가 작은 특성화 대학이나 단과대학을 의미한다.

이 두 개라 이름을 바꾼 것이다.

묵었던 호텔이 마침 사오싱문리학원 옆이어서, 이튿날 아침 나는 캠퍼스를 가로질러 동쪽 문으로 나와 약 50미터를 걸어 오래전부터 와보고 싶었던 지금은 딩샹눙으로 이름이 바뀐 딩자눙을 찾았다. 이것은 길이 약 100~200미터의 동서로 난 거리로, 약 3~4미터 너비의 콘크리트길이었다. 양쪽으로는 4~5층짜리 신식 주택 단지가 있었고, 길 양쪽에 작은 가게들이 산재해 있어서 주변 환경이 다소 어수선해 보였다. 길가 작은 가게 주인의 말을 들으니, 자신이 어렸을 때는 딩자눙의 도로가 지금만큼 넓지 않았고, 6척가량의 석판을 가로로 깔았는데 대략 2미터 정도 너비였다고 했다. 그런데 여기에 주가 타이먼이 있었는지, 루쉰 본부인의 성이 주 씨였는지, 더군다나 그녀의 친정이 이곳에 있었는지는 알지 못했다.

딩샹빌라는 딩샹눙 23번지의 제법 고급스러운 주택단지로 당시 주가 타이먼의 그림자는 조금도 찾아볼 수 없었다. 이 역시 예상했던 바였으나 (사라진 그 타이먼을 위해 그리고 타이먼 안에 묻혀 알려지지 않은 이야기들로 인해) 그래도 좀 실망스럽고 허전했다. 주안은 태어나서 시집갈 때까지 거의 28년의 세월을 딩자눙 주가 타이먼의 두터운 담장 안에서 지냈다. 이 대저택 안의 사람들은 어떻게 살았을까? 어떤 애환이 있었을까? 나중의 고달픈 인생과 기구한 운명이 이곳과 어떤 내재된 연결고리를 갖고 있진 않을까? 주안이 시집가기 전의 생활을 알고 싶은 사람에게는 이와 같은 의문이 많지만, 이제는 추적할 방법이 없는 것 같다.

주가 타이먼의 방문에 대해 이 같은 인상만을 약간 얻는 줄 알았는데, 운 좋게 이튿날 사오싱문리학원에서 열린 루쉰 연구 30년 학술토론회에서 《향토기억록 — 루쉰의 지인이 기억하는 루쉰(鄕土憶錄 — 魯迅親友

이 거리가 바로 딩샹눙(원래의 딩자눙)으로 주가 타이먼이 있었던 곳이다. 지금은 딩샹빌라가 들어섰다. (2008년 11월 필자 촬영)

憶魯迅)》의 저자 저우푸탕(周芾棠) 선생을 만났다. 저우 선생은 이미 81세였지만 정신이 맑고 사고가 또렷했다. 과거 그는 루쉰의 지인들과 많은 인터뷰를 했으며, 수많은 기록을 남겼고, 주가 타이먼을 직접 답사한 적도 있었다. 그분께 주안에 대한 전기를 쓰고 싶다고 말하자, 흔쾌히 나와 함께 그곳의 옛집을 찾아 현장 취재를 할 수 있다고 하셨다.

저우 선생이 마지막으로 주가 타이먼을 찾았던 것은 2000년으로 그 후 8년 동안 딩자눙 일대가 적잖이 변했다. 우리는 먼저 근처의 주민위원회에 가서 주 씨 가문 후손에 대한 단서를 좀 들을 수 있기를 바랐다. 주말이었기 때문에 주민위원회 직원은 오후 두 시 반이 되어서야 출근했다. 그러나 홍보란 진열창을 보니 주민위원회 가운데 4명이 주 씨 성을 가진 것으로 보아 이 지역에서 주 씨 성이 적지 않은 비율을 차지하고 있음을 알 수 있었다.

저우 선생은 나이가 지긋해 보이는 주민들에게 매우 끈기 있게 상황을 물어보셨다. 이곳의 집은 철거되고 재건축된 적이 있었지만, 물어보니 적지 않은 수가 오래된 주민들이었다. 열성적인 위(俞) 선생은 올해 67세로, 어릴 적부터 루쉰 부인이 이 일대 사람이라는 말을 들었다고 했다. 그의 기억에 당시 남쪽의 딩자눙으로 나 있던 타이먼은 비교적 높고 컸으나, 북쪽의 니창눙(泥墻弄), 즉 하천 부두에 인접한 것은 모두 낡은 타이먼이었으며, 집이 얕고 한 채밖에 없었다고 했다. 이곳 주민들 대부분은 은종이 장사를 했다. 위 선생이 아는 것은 이뿐이었다. 그렇지만 그가 우리를 어떤 곳으로 데려갔는데, 원래의 하천 부두이자 물고기 갑문으로도 불리는 이곳은 온갖 개조를 겪은 딩자눙에서 유일하게 남아 있는 유적이었다. 나로서는 뜻밖의 수확이라 할 수 있었다.

원래 가오푸센터빌라[高富中心小區]와 딩샹빌라 사이에는 눈에 잘 띄지 않는 통로가 있었는데, 안으로 들어가면 계단이 나왔고 이를 내려가면 바로 하천 부두였다. 저우 선생은 이 계단을 보자 기억이 되살아났는데, 2000년에 그가 주가 타이먼에 왔을 때 대문이 바로 니창눙 이 자리에 있었던 걸 기억했다. 그에 따르면, 타이먼 안에는 뒷골목, 작은 뜨락, 꽃창살, 꽃병 그리고 우물이 하나 있었고, 안에 몇 채가 있었는지는 기억나지 않지만 집이 고풍스럽고 계단이 높아서 한눈에 봐도 대갓집이었다고 했다.

우리는 평평하게 깎인 이 슬레이트 계단 앞에서 오랫동안 살펴보았다. 이곳을 경계로 서쪽 타이먼은 대략 1992년 전후에 헐려서 지금은 가오푸빌라가 되었다. 동쪽이 원래 주가 타이먼이 있던 곳인데, 당시 주 씨 댁 거주자 천원환 선생의 회고에 따르면, "루쉰이 주 씨 댁 사위가 되어 살았던 집은 1979년 말까지 보존되었는데, 나중에 사오싱 지역 양곡 운반 자동차 정비소가 확장되면서 그곳과 주 씨 댁 대부분의 건물이 철거되었다."[17] 이것이 딩자눙의 옛 주택이 결국 완전히 헐리게 된 주요 원인이 아닐까 싶다. 루쉰이 살았던 집도 헐린 마당에 나머지는 더욱 남겨둘 가치가 없었을 것이다. 주 씨 댁이 완전히 철거된 것은 2003~2004년 전후로 지금의 딩샹빌라가 되었다. 주가 타이먼 후문 입구의 니창눙은 현재 새로 지은 빌라에 의해 가로막힌 채 동쪽 끝의 일부 통로만 남아있으며 골목 이름조차 없어졌다.

이 하천 부두만이 그대로다. 키 큰 건물들은 모두 철거되었고, 그것만이 당시의 풍경을 묵묵히 말해주고 있다. 예전에 사오싱 사람들은 외출할 때 대부분 배로 걸음을 대신하였다. 하천 부두는 배가 정박하는 곳이자 채소를 씻고 옷을 세탁하는 곳이었다. 위 선생은 우리에게 강기슭에 바싹 붙은 돌담을 가리켜 보였는데, 아래가 뚫려 있어 물이 집 안으로 통할 수 있었다. 옛날의 대갓집은 하천 부두가 집 안에 있었기 때문이다. 또한, 그는 맨 아래 돌판에 있는 둥근 구멍은 배를 묶어두기 위한 것이라고 알려주었다. 자세히 살펴보니 과연 돌판 위에 둥근 구멍이 있었다. 하천 부두 돌계단에 서서 바라보니 강물이 어둡고 침침했으며 몇몇 여자는 푸른 돌판에 쪼그리고 앉아 빨래에 몰두하고 있었다. 강 건너편에는 펑이차오(鳳儀橋)가 있는데, 사오싱에서 흔히 볼 수 있는 돌다리로 지금의 루쉰로(魯迅路)에 가로 놓여 있다. 거기서 더 북쪽으로 가면 창차오즈제(倉橋直街)

17 지산(稽山)(추스숑)의 〈루쉰과 주안 혼인 문제 사료 보충 설명(魯迅和朱安婚姻問題史料補敍)〉이라는 글 네 번째 부분. 주 씨 댁 거주자 천원환(陳文煥)의 회고에 의거, 《사오싱사전학보(紹興師專學報)》 1982년 제1기.

이 하천 부두는 온갖 개조를 겪은 딩자눙 일대에서 유일하게 남아 있는 유적이다. 예전에 사오싱 사람들은 외출할 때 배로 걸음을 대신하였으며, 지금도 주민들이 옷을 세탁하는 곳이다. (2009년 5월 필자 촬영)

사오싱 창차오즈제(倉橋直街).

강의 건너편에는 펑이차오(鳳儀橋)가 있는데, 지금은 도로에 의해 차단되었지만 다리의 모습은 여전하다. (2009년 5월 필자 촬영)

인데, 그곳에는 아직도 오래된 타이먼이 많이 남아 있었다.

위 선생은 열성적인 사람이었다. 그는 또 우리에게 가오푸빌라에 사는 여든 넘은 저우(周) 할머니를 찾아주었다. 저우 할머니는 딩샹눙에 원래 왕(王) 씨네, 주(朱) 씨네, 진(金) 씨네가 살았다고 했다. 주 씨네는 옛날에 관직에 있었는데, 원래는 집이 아주 크고 대문이 북향이며, 두 채의 삼층집이 있었는데 집은 돌담이고 안에는 노부인이 살고 있었다. 주 씨네 주인 이름은 주루친(朱鹿琴)인데, 주 씨네는 원래 결백했으나 토지 개혁 때 지주라는 낙인이 찍혀 삼구류(三九類)[18]로 몰리는 바람에 나라에 집을 몰

18 '문화대혁명' 이전에 '삼구류'라고 불렸던 사람은 지주, 부농, 반혁명분자, 불량분자, 우파 이외에 노동개조 석방자와 노동교화 석방자 등을 포함한다. '문혁' 초기에는 '흑오류(黑五類)'라는 말도 있었다. 《사오싱시지(紹興市志)》에 따르면, '문혁' 기간 동안 도시의 지식 청년들을 대거 동원하여 상

수당했다. 주 씨네 후손들은 농촌으로 갔다. 이곳을 철거할 때 주 씨네 손자와 두 자매가 와서 집을 요구했지만 명의가 사라져 집을 배분받지 못했다.

지팡이를 짚은 저우 할머니는 연세가 드신 데다 나 같은 외지 사람은 알아듣기 어려운 사오싱 사투리를 쓰셔서 위 선생의 통역에 기대어 겨우 대의를 알아차릴 뿐이었기에 자세한 사항은 캐묻지 못했다. 저우 할머니는 우리가 주 씨네 이야기에 관심이 있는 것을 보시고는 옆 동에 사는 왕자위(王嘉瑜)를 소개해주셨다. 그는 당시 주 씨네 거주자로 올해 77세였다. 본디 차 농장에서 일하다가 1959년부터 이곳에 살게 되었다. 원래는 주 씨네 집에 세를 살았는데, 나중에 부동산이 국유화되면서 국가가 집을 그에게 배분했다. 왕 선생의 아내 장궈잉(章國英)은 1960년에 시집올 당시 24세였는데, 집주인의 이름이 주루친이라는 것을 아직도 기억하고 있었다. 그들 둘은 모두 이곳의 터줏대감이었으며 어느 정도 교육 수준이 있었다. 그들이 지금 사는 집은 매우 비좁아 보였는데, 그들이 주가 타이먼에 살았을 때의 집은 훨씬 협소하지 않았을까 하는 생각이 들었다.

왕 선생에 따르면, 주가 타이먼에서 가장 인상 깊었던 것은 화원으로 벽에 '사시진락(四時眞樂)'이라는 네 글자가 새겨져 있었는데, 아쉽게도 '문화대혁명' 때 모두 훼손되었다고 한다. 길이 2미터 정도, 폭 1미터 남짓한 커다란 석지(石池)도 있었는데, 그는 집안의 3인용 소파를 가리키며 대략 그 정도 길이라고 했다. 저우푸탕 선생께서 석지에 대해 부연 설명을 해주셨는데, 석지는 물을 담는 것으로 사오싱 사람은 주로 세 가지 용

산하향(上山下鄕)시켰는데, 도시 주민들에게 "도시에서 놀고먹지 말고" 농촌으로 가 농업 노동에 참가하라고 호소했으며, 한 무리의 '오류(五類)' 분자와 '삼구류' 인원이 농촌으로 이송되었다.

도로 쓴다고 했다. 첫째는 하늘에서 내리는 물, 즉 빗물을 받아서 세탁물이나 채소를 씻을 수 있다. 물항아리처럼 말이다. 둘째는 화재 방지용으로, 불이 나면 석지의 물을 부어 끌 수 있다. 셋째는 물고기를 길러 환경을 미화할 수 있다. 루쉰 고거에서도 이러한 석지를 볼 수 있다.

왕 선생은 그가 입주했을 때 주 씨 댁 본채는 이미 소실(燒失)되었으며, 그는 곁채에 살아서 본채를 본 적이 없다고 회상했다. 당시 주 씨네에는 노부인과 열 살이 넘은 손자가 있었다. 노부인은 자주 모자를 썼으며 고생해본 적이 없었다. 아흔이 다 되었지만 먹성이 좋아서 갈치 먹는 모습을 자주 보았다고 했다. 노부인은 1964년이나 1965년쯤 돌아가셨는데, 어쨌든 1968년 이전이었다. 노부인의 이름은 핑자전(平家珍)이었다. 저우푸탕 선생은 노부인의 성을 듣고 사오싱의 유명 인사이자 동치(同治) 연간[19]의 진사(進士)였던 핑부칭(平步青)을 떠올렸다. 저우 선생은 사오싱에 핑씨 성이 많지 않기 때문에 핑자전은 핑부칭의 후손일 거라고 추측했다. 이 말이 사실이라면 이 노마님도 상당한 내력이 있는 사람이다. 핑자전의 손자는 주리(朱立)라고 하는데, '문혁' 후에 리주(浬渚)(지금의 란팅(蘭亭))으로 갔다고 하며, 지금은 상위(上虞)에 있다고도 했다. 타지 출신 거주자인 왕 선생 외에도 타이먼 안에는 시내에서 학생들을 가르쳤던 선사오(沈紹)라는 젊은 교사가 있었다. 그는 푸산중고등학교[阜山中學]에서 수학을 가르쳤는데 지금은 퇴직했다.

1949년 이후 주가 타이먼에는 주로 주루친 일가가 거주했던 것이 분명해 보인다. 주안의 친정 식구들은 일찌감치 이사했기 때문에 사람들은

19 옮긴이: 동치(同治)는 청나라 제10대 황제 목종(穆宗)의 연호로 1862~1874년을 지칭한다.

그들에 대한 기억이 별로 없었다. 주루친의 상황을 여기에서 간단히 언급하자면, 그의 이름은 주퉁쑨(朱桐蓀)(1890~1957)이고 자는 루친(鹿琴)으로 루쉰은 일기에 '주류친(朱六琴)'이라 썼다. 그는 젊었을 때 쉬시린(徐錫麟)(1873~1907)을 사사했고, 루쉰의 당숙 저우관우(周冠五)와 함께 사오싱부학당(紹興府學堂)을 졸업하고 막우(幕友)로 활동했다. 1949년 이후 주루친은 사오싱 딩자눙에서 한가로이 살았다. 주 씨 댁 거주자 천원환 선생에 따르면, "내가 알기로 주루친에게는 아들이 두세 명 있었어요. 막내아들은 항일전쟁 시기에 '평화군'[20]으로 있다가 나중에 저장성의 진화(金華)-샤오산(蕭山) 전선을 지키는 인민 항일 자위 지대(支隊)에 참여했는데, 해방 초 반혁명 분자를 숙청할 때 색출되었지요. 루친에게는 주리(朱力)(음차)라는 손자가 있었는데, 일찍이 상위(上虞)에 농업 지원을 했다가 지금은 어디에 있는지 모르겠군요."[21] 천원환의 기억은 내가 왕자위 선생에게 들은 것과 대체로 비슷했다. 그의 또 다른 기억에 따르면, 1949년 이후 주루친은 다음과 같이 탄식하며 말한 적이 있다고 했다. "루쉰이 정혼할 때 보내온 홍녹첩(紅綠帖: 과거 남녀 간에 혼담이 성립되면 서로 주고받는 증서)을 비롯해 그가 보낸 서찰 등등은 하나도 남아 있지 않아요. 루쉰은 옛날에 보통 사람과 마찬가지로 우리집에 놀러 오곤 했는데, 마오 주석이 영도하는 오늘날 인민들에게 이렇게나 존경받게 될 줄 누가 알았

20 옮긴이: 난징 국민당 정부가 항일전쟁 시기 조직한 군대로, 왕징웨이(汪精衛)가 "평화 · 반공 · 건국"을 표방했기에 평화건국군[和平建國軍]이라고도 부른다.

21 〈천원환이 이야기한 주안 친정 등의 상황(陳文煥談朱安母家等情況)〉, 추스슝 기록 정리(미간행 원고, 1990년 11월). 천원환은 주 씨네 일부 가옥의 매입자로, 1990년대까지도 주 씨네가 양도한 집에서 살았다.

주안의 친정집을 매입한 천 씨의 후손 천원환. 해방 후에도 줄곧 이곳에 머물며 주 씨 집안의 일화를 많이 알고 있었다. (1990년경 촬영, 추스숭 선생 제공)

겠습니까!" 확실히 루쉰이 단번에 신단의 우상이 된 것은 당시 주루친이 상상도 못 할 일이었다.

나는 왕 선생께 당시 주 씨 댁의 약도를 그려달라고 했다. 집의 구조가 좀 복잡했기에 이는 그에게 다소 난도가 높은 일이었다. 그의 설명에 따르면, 당시 드나드는 대문은 니창눙에 있었음을 알 수 있다. 계단을 올라가면 두 짝의 사죽문(絲竹門)이 있었는데, 보통은 한 짝 문만 열어놓고 다른 짝 문은 거의 열지 않았다. 본채는 이미 타버렸는데, 방은 주로 본채의 한쪽에 집중되어 있었다. 안에는 복도, 응접실, 뜰 등이 있었으며, 계단을 올라가면 또 방이 있었다. 펑자전과 주리는 가장 안쪽에 있는 작은 건물에서 살았다. 왕 선생께서 힘겹게 설명하시는 것을 듣노라니 주가 타이먼이 헐린 것이 더욱 안타까웠다.

황혼이 가까웠기에 우리는 왕자위의 집에서 나온 뒤 이번 취재를 마쳤다. 이곳 주민들이 이야기하는 주 씨 집안의 옛일은 지리멸렬하고, 주로 주안의 재당숙 주루친(朱鹿琴) 집안에 관한 것이었다. 그러나 나 같은 외지인으로서는 딩자눙과 관련된 토박이들을 이렇게나 많이 접할 수 있고, 그들이 아직 이 일대에 살고 있으며 주 씨 집안의 옛일이 그들의 기억 속에 어렴풋이 남아 있다는 것을 알게 되어 더욱 기뻤다. 이와 같은 이웃들의 추억을 통해 주가 타이먼의 역사는 내 눈앞에서 다른 방식으로 펼쳐졌다.

주가 타이먼(朱家臺門)

청말 당시 산인현(山陰縣) 딩자눙(丁家弄)의 주가 타이먼은 유복한 집이라 할 수 있었다. '타이먼'은 신경 써서 지은 옛날 사오싱의 대갓집 저택으로 주가 타이먼도 예외가 아니었다. 주가 타이먼은 앞으로는 딩자눙을 마주하고, 뒤로는 니창눙(泥墻弄)과 연결되어 있었으며, 안에는 현관 · 대청 · 뒤채 · 곁채 · 뜰 등이 있었고, 대청에 '효우당(孝友堂)'이라는 편액이 걸려 있었다. 이 밖에도 타이먼 안에는 서재 · 작은 화원 · 석지(石池) · 가묘(家廟) 등이 조성되어 있었다. 또한, 제자(題字: 기념으로 몇 자 적은 글)와 기둥에 붙은 대련을 수시로 볼 수 있어서 사대부 생활의 정취를 느낄 수 있었다.

주가 타이먼이 일반 타이먼과 다른 점은 어떤 가옥은 위아래 석판 세 개로 벽체를 만든 돌담으로 되어 있어 견고하면서도 화재를 예방한다는 것이었다. 사오싱에서는 석판 두 개로 담을 쌓으면 이미 부잣집으로 불릴 만한데, 석판 세 개로 담을 쌓으니 더욱 부유해 보였다. 주안의 재당숙 주루친은 이렇게 말한 적이 있다. "집을 이렇게 견고하고 정성 들여 지었던 까닭은 전당포를 열려고 했기 때문이지요." 한때 전당포를 차리려 했던 것을 보면 주 씨 집안에 어느 정도 자산이 있었음을 알 수 있다.[22]

1918년에 저우가 신타이먼(周家新臺門) 가옥을 매입한 주랑셴(朱閬仙)과 주안은 조상이 같으며, 본적은 사오싱 서곽문(西郭門) 밖의 바이양(白洋)이었다. 청대의 주증수(朱增修) 등이 편찬한《산인 바이양 주 씨 족보(山陰白洋朱氏宗譜)》[23]를 보면 바이양 주 씨는 송대 재신(宰臣) 주승비(朱勝非)(1082~1144)의 후예로, 주영일(朱榮一)을 시조로 받들고 대대로 번성하며 인재를 배출했다. 그중 가장 유명한 사람은 단연 명말의 저명한 정치가이자 군사가 주섭원(朱燮元)(1566~1638)이다. 그의 가장 큰 공적은 서남 지역을 수년 동안 어지럽힌 사숭명(奢崇明)(1561~1629)의 난을 평정한 것이며, 주섭원 본인과 그 후손은 대대로 금의위(錦衣衛: 명나라 황제의 직속 친위대이자 비밀경찰)를 장악했다. 이 밖에도 주순(朱純)(1417~1493), 주계원(朱啓元) 등과 같이 시문으로 이름난 명사들도 나왔다. 주 씨 후손들은 벼슬이나 장사 등으로 외지로 이주한 경우가 적지 않았는데, 족보에는 노대방(老大房) 제12대 주진공(朱振孔)(1656~1732)이 강희(康熙) 연간(1662~1722)에 처음 사오싱성으로 이주했다고 기록되어 있다. 그러나 이 족보는 주진공의 장남 주광건(朱光乾)의 후손만 기록되어 있을 뿐 나머지 네 아들은 모두 "고증하기 어렵다." 족보에는 딩자눙 주 씨 일파에 대한 기록이 없는데 성안으로 이주했기 때문으로 보인다.

---

22 추스슝, 〈루쉰과 주안 혼인 문제 사료 보충 설명〉 참고.

23 딩자눙 주 씨 집안의 본적이 산인(山陰) 바이양(白洋)이라는 것은 추스슝 선생이 주중화(朱仲華)의 구술에 근거해 알려준 것이다.

주안 친정집의 작은 뜨락. (1990년경 촬영, 추스슝 선생 제공)

주지런(朱吉人)은 다음과 같이 회상했다. "우리 주 씨 집안은 족보를 편찬한 적이 있는데, 파란 표지로 두 개의 등유 상자에 넣어두었던 것으로 기억해요. 일본놈이 사오싱에 쳐들어왔을 때 우리 온 가족은 외지로 피난했지요. 사오싱이 수복된 후 돌아와 보니 집에 도둑이 들어 주 씨 족보를 포함해 꽤 많은 물건을 훔쳐갔는데 정말 아까워요! 그렇지만 않았으면 우리는 족보만 보고도 많은 문제를 명확히 알 수 있었을 겁니다. 나는 우리 집 당명(堂名)이 효우당(孝友堂)이며 옹십육방(雍十六房)인 것을 기억해요. 주루친은 우리 아버지의 당숙으로 당명은 탁금당(濯錦堂)이고 경대방(敬大房)이었어요."[24] 루쉰 집안에 《웨청 저우 씨 지보(越城周氏支譜)》가 있었던 것처럼 성안으로 이주한 주 씨 집안에도 자기 족보가 있었는데 나중에 도난당한 것으로 보인다.

24 〈주지런이 고모 주안 등의 상황에 대해 이야기하다(朱吉人談姑母朱安等情況)〉, 추스슝 기록 정리(미간행 원고, 1990년 11월).

주 씨 후손의 기억으로 1861년에 태평천국군이 사오싱으로 진주하기 전에 주안의 조부는 청 정부에 의해 장쑤성 양저우부(揚州府)의 지방 관리로 임명되었으나 사정이 생겨 부임하지는 않았다.[25] 그러나 이 인물의 이름은 남아 있지 않아 지금은 더 이상 고증하기 어렵다.

주 씨 후손들은 주안의 조상이 청 정부에 의해 양저우부 지방 관리로 임명됐던 사실을 종종 거론하며 영광으로 여기지만 말을 얼버무린다. 주안의 조부가 양저우부에서 벼슬을 했다는 사람도 있고 조상이라는 사람도 있다. 양저우지부(揚州知府)를 지냈다는 사람도 있고, 임명은 되었으나 부임하지 않았다는 사람도 있다. 천원환의 회상에 따르면, 주안의 재당숙 주루친은 그에게 다음과 같이 말했다. "조상이 양저우지부를 지냈는데 시기는 태평천국 이전입니다."[26] 주안의 조카 주지런은 이렇게 말했다. "제 조부의 성함은 주야오팅(朱耀庭)인데 장쑤 양저우에서 벼슬을 하셨다고 합니다. 부임은 하지 않고 후보이셨던 모양이에요."[27] 두 가지 설은 차이가 큰데, 후자는 아마도 주지런의 착각으로 보인다. 주야오팅은 주안의 아버지로 연령상 태평천국 이전에 벼슬을 할 수 없다. 물론 청대에는 연납(捐納)을 통해 후보 관원에 오를 수 있었는데, 이러한 후보 관원들은 수가 방대했기에 많은 이들이 정식 관직에 오를 차례가 전혀 돌아오지 않았다. 주야오팅도 그런 경우였음을 배제할 수는 없다.

족보가 없어 주안 조상의 사적을 더 이상 고증하기는 어렵다. 그러나

---

25 추스슝, 〈중국 전통 결혼에 대한 루쉰의 '타협'과 항쟁에 관한 소고(淺論魯迅對中國傳統婚姻的"妥協"與抗爭)〉, 《사오싱사전학보(紹興師專學報)》, 1991년 제3기 참고.

26 〈천원환이 이야기한 주안 친정 등의 상황〉.

27 〈주지런이 고모 주안 등의 상황에 대해 이야기하다〉.

주안 친정집 후문, 즉 니창눙으로 난 출입구. (1990년경 촬영, 추스슝 선생 제공)

주 씨네 조상이 양저우부에서 벼슬을 한 적이 있다는 사실은 주쯔칭(朱自清)(1898~1948)에 관한 전기 자료에서 일부 입증할 수 있다. 주쯔칭의 동생 주궈화(朱國華)(1907~?)는 그들과 루쉰, 주안의 관계에 대해 이렇게 말한 적이 있다. "우리 집안은 원래 사오싱 사람으로 어머니 저우(周) 씨는 루쉰과 동성동본이에요. 저우 씨 와 주 씨는 형편이 비슷해 자주 혼인을 맺었는데 모두 현지의 명문가였지요. 루쉰의 본부인 주안도 우리 집안 먼 친척이랍니다." 주쯔칭의 선조는 주안 문중의 도움을 받았는데, 리둥쉬안(李東軒)의 〈주쯔칭과 루쉰 약설(朱自清與魯迅略說)〉이라는 글에 따르면, "주쯔칭의 조상은 본래 성이 위(余) 씨로 저장성 사오싱 사람이었다. 당시 양저우에서 벼슬을 하다가 한번은 술을 마시고 높은 건물에서 떨어져 불행히도 사망했는데, 부인도 투신하여 남편의 뒤를 따랐다. 홀로 남겨진 고아 위쯔칭(余子擎)은 당시의 현관(顯官)이자 산인의 동향 주(朱)씨에게 입양되어 성을 주 씨로 바꾸었다. 후에 결혼하여 아들을 낳았는데 본래 성을 잊지 않기 위해 주쩌위(朱則余: '주'는 곧 '위'다)라 이름 지으니, 그가 곧 주쯔칭의 조부다. 저우 씨 문중은 줄곧 그들이 저우 씨의 가산을 나눠 가졌다고 여겨왔기 때문에, 주쩌위는 주 씨 문중과의 분쟁을 피하기 위해 나중에 아들 주훙쥔(朱鴻均)과 며느리 저우치퉁(周綺桐)을 데리고 사오싱을 떠났다."[28] 이를 통해 주 씨 집안은 훨씬 이전에 양저우에서 벼슬을 한 사람이 있었음을 알 수 있고, 게다가 '현관'이라는 것은 관직이 낮지 않았음을 의미한다.

주 씨 집안의 "조상이 한때 잘나갔고" 주안의 조부가 말단 관직을 얻은 적이 있었을지도 모른다. 그러나 태평천국의 충격을 겪으면서 사오싱의 명문 세가는 형편이 대부분 예전 같지 않았고, 주 씨네도 예외는 아니었던 것 같다. 주가 타이먼의 주인 중 한 명인 주안의 아버지 주야오팅(朱耀庭)도 지방 관료의 개인 고문에 불과했으며 상업에 종사한 적도 있었다. 이는 이미 타이먼 자제의 말로였다. 1948년 3월 24일 자《신민보(新民報)》에 〈주안 소전(朱安小傳)〉이 실렸는데, 주안의 아버지가 "형명지학(刑名之學)에 정통하여 지방에서 명성이 자못 높았다"라는 내용으로 보아 그가 주로 각지의 막료로 일했음을 증명할 수 있다. 천윈포(陳雲坡)가 1958년에 쓴 〈루쉰 가승과 숨은 일화(魯迅家乘及其佚事)〉라는 글에서 주야오

28 리둥쉬안(李東軒), 〈주쯔칭과 루쉰 약설(朱自淸與魯迅略說)〉, 《상하이 루쉰 연구(上海魯迅研究)》 2007년 여름호.

팅에 대해 이렇게 언급했다. "나는 유년시절 주야오팅 선생 부자를 알게 될 기회가 없었다. 다만 주야오팅 선생이 장시성(江西省)과 저장성의 중간에서 돌아가셨다는 것만 알 뿐이었다." 이를 통해 그가 늘 외지로 분주하게 다녔음을 알 수 있다. 장넝겅(張能耿)의 《루쉰 가세(魯迅家世)》[29]에서는 주야오팅이 향년 50세가 채 되지 않았다고 했는데, 주 씨 집안이 얼마 지나지 않아 몰락하게 되는 주요 원인이 주야오팅이 너무 일찍 세상을 떠난 데 있다고 주장하는 연구자도 있다.

주야오팅의 생몰 연도는 명확하지 않다. 저우쭤런(周作人)(1885~1967)이 1901년 6월 15일에 쓴 일기에 그에 대한 언급이 있는데 "주인팅(朱印亭) 사돈어른[姻長]"이라고 썼다. 그때 그는 여전히 건재했다. 추스슝은 주안의 친정 조카 주지런의 회상에 근거하여 주야오팅의 부인 위(俞) 씨에 대해 이렇게 소개했다. "위 씨(1854~1929)는 옛날에 주위(朱俞) 씨라 불렸는데, 사오싱 장자러우(張家漊) 사람이다. 그녀는 사오싱 딩자눙 주 씨 집안으로 시집간 후 주안과 주커밍(朱可銘) 등 자녀를 키웠다. 그 장손 주지런의 편지에 따르면, '1854년 10월 17일(음력)에 태어나 1929년 가을 겨울 무렵에 세상을 떠났다.' 주위 씨는 전통적인 여성으로 평생 살림을 꾸렸다."[30] 이치대로라면 주지런의 말은 근거로 삼을 만하지만, 양즈화(楊志華)의 〈주지런과 주안 그리고 루쉰(朱吉人與朱安及魯迅)〉에서는

29 옮긴이: 원문은 《주안 가세(朱安家世)》인데, 이는 《루쉰 가세(魯迅家世)》(장넝겅(張能耿), 장콴(張款) 지음, 베이징: 당건독물출판사(黨建讀物出版社), 2000년)의 오류로 보인다. 이 책 19장에 주안 집안에 관한 서술이 있다.

30 추스슝, 〈루쉰과 그의 고향사람(7)(魯迅和他的鄉人(七))〉, 2009년 《사오싱 루쉰 연구(紹興魯迅研究)》. 주지런은 주안의 남동생 주커밍의 장남이다.

상하이도서관 소장《산인 바이양 주 씨 족보(山陰白洋朱氏宗譜)》 제2권 표지. 청대 주증수(朱增修) 등 편찬, 총 32권, 청 광서(光緒) 21년(1895년) 주 씨 옥천당(玉泉堂) 목활자본.

"1932년 할머니가 중풍으로 돌아가셨다"라고 했다. 이 또한 주지런 본인의 구술을 글로 정리한 것이다.[31] 따라서 위 씨가 사망한 해가 1929년인지 1932년인지는 의문으로 남겨둘 수밖에 없을 듯하다.

위 씨가 태어난 해에 관해서는 주지런의 기술이 중요한 근거다. 그런데 저우쭤런의 1915년 11월 일기에는 주 씨 댁으로 생신을 축하드리러 간 기록이 있다. "23일 비. 오전에 펑완(豊丸)[32]이 주 씨 댁으로 생신을 축하드리러 갔다가 오후에 돌아왔다." 양력 1915년 11월 23일은 음력 10월

31 양즈화(楊志華), 〈주지런과 주안 그리고 루쉰(朱吉人與朱安及魯迅)〉, 《상하이 루쉰 연구(上海魯迅研究)》 제4기 참고.

32 옮긴이: 펑완은 저우쭤런의 장남으로 나중에 펑이(豊一)로 이름을 바꿨다. 1912년에 태어났으며, 1997년에 85세를 일기로 세상을 떠났다. 일본 제국대학을 졸업하고 한때 베이징도서관에서 근무했으며 저우 씨 후손 가운데 문학적 조예가 가장 깊었다.

17일로 주지런이 말한 날짜와 부합한다. 또한, 루쉰의 1925년 11월 13일 일기에는 "오후에 주 씨 댁에 축의금 10원을 부쳤다"라고 나온다. 주안의 아버지 주야오팅은 일찍 세상을 떠나서 1915년경 주 씨네 집안 어른은 어머니 위 씨뿐이었다. 그리고 다른 해에는 루쉰과 저우쭤런의 일기에 주 씨 댁 생신을 축하드리는 기록이 없다. 다시 말하자면, 1915년은 위 씨의 60세 생일, 1925년은 70세 생일을 맞이하는 해일 가능성이 크다. 옛날 관습에 따르면, 일반적으로 허세(虛歲: 태어나자마자 한 살로 세는 나이)를 사용하기 때문에 필자는 그녀가 태어난 해가 1856년 전후일 것으로 추측한다.

주야오팅 부부는 자녀가 많지 않았는데, 주안은 장녀로 집안 어른들은 그녀를 안고(安姑)나 안애기씨[安姑娘]라 불렀다. 친동생 주커밍은 본명이 홍유(鴻猷)인데, 나중에 톈정(天蒸)으로 바꿨으며 자가 커밍이고 샤오윈(筱雲)이라고도 했다. 《저우쭤런 일기(周作人日記)》에서는 샤오윈(小雲)이라고 썼다. 그는 법률을 배워 지방 관료의 개인 고문을 지냈으며, 사법 승심원(承審員)[33]을 역임한 적이 있다. 두 명의 부인을 차례로 맞아 4남 1녀를 낳았다. 그의 장남 주지런의 회상에 따르면, "아버지 주커밍은 겸조(兼祧)[34]하여 홀로 두 집안의 대를 잇고 계셨습니다. 그에게는 아싱

---

33 옮긴이: 중화민국 시기의 관직명. 민국 시기에 사법 업무를 겸하는 현청(縣廳)에 승심원(承審員)을 두어 현장(縣長)의 소송 사건 심리를 도왔다. 승심원은 고등법원에서 위임한다. 민국 25년(1936년) 현(縣) 사법처가 설립되어 승심원을 재판관[審判官]으로 개칭했다.

34 《사오싱 풍속 간지(紹興風俗簡志)》에 따르면, 겸조(兼祧)는 여러 형제를 통틀어 다음 세대에 아들이 하나만 있는 경우, 친부모와 백부, 숙부들이 모두 아내를 얻어줄 수 있었는데, 누가 얻어준 며느리가 낳은 자녀인지에 따라 그들의 손자(손녀)가 되었다. (옮긴이: '겸조'란 청나라 때 한 남자가 둘 또는 세 집안의 대를 동시에 잇게 했던 제도이다. 겸조하는 사람은 같은 집안 출신이어야 하며, 친자와 양자의 신분을 동시에 유지할 수 있었다. 사정이 허락하는 경우 각 집에서는 서로 다른 며

주안의 어머니 위 씨. 대략 1856년 10월 17일(음력)에 태어나서 1932년에 사망했다. 이 사진은 주안의 유품이다. 베이징에 있는 동안 그녀는 줄곧 어머니의 사진을 간직하고 있었다.

(阿輿)(음차)이라는 남동생이 있었는데, 저는 가묘(家廟)에서 아버지가 쓰신 '죽은 아우 ㅁㅁ' 등의 문구가 적힌 붉은 종이를 본 적이 있습니다. 삼촌이 일찍 돌아가신 모양이에요."[35] 주지런은 자신의 아버지가 뱀띠이고 주안보다 몇 살 어리다고 말했는데, 주커밍은 1880년이나 1881년에 태어났으며 루쉰과 나이가 비슷했음을 알 수 있다. 주커밍의 대에 이르러 주 씨 집안은 빠르게 몰락했는데, 이는 나중의 이야기다.[36]

느리를 둘 수 있었으며, 거기서 난 자식을 친손자로 삼았다.)

35 〈주지런이 고모 주안 등의 상황에 대해 이야기하다〉.

36 주안의 가계도는 이 책의 부록 1을 참고하라.

주안이 태어난 해

옛날 부녀자들은 일반적으로 생몰 연도를 시댁의 족보에 기록해야 하는데, 안타깝게도 주안의 이러한 소망은 허사가 되었다. 따라서 여기에서는 그녀가 태어난 해를 설명하는 데 편폭을 좀 할애하지 않을 수 없다.

주안은 몇 년도에 태어났는가? 예로부터 다양한 설이 있었으며 지금도 정설은 없다. 비교적 흔히 볼 수 있는 것은 다음 두 가지 설이다. 일설에 의하면 주안은 1878년에 태어났다. 예컨대, 추스슝(裘士雄)이나 장넝겅(張能耿) 등 사오싱의 연구자들은 주안이 청대 광서(光緒) 4년, 즉 1878년에 태어났으며 루쉰보다 세 살 위라고 여긴다. 이는 주(朱) 씨와 저우(周) 씨의 후손을 인터뷰 조사한 결과다. 이 견해가 가장 유행이지만, 구술자의 기억이 정확하고 틀림없는지는 별개의 문제다.

다른 설은 주안이 1879년에 태어났으며 루쉰보다 두 살 위라는 것이다. 이 견해도 증거가 적지 않다. 첫째는 당시 베이징 좐타(磚塔) 골목에서 루쉰 가족과 함께 거주했던 위팡(兪芳)의 말이다. “주안 부인의 생년월일과 관련해 내가 1879년이라고 쓴 근거는, 당시 루쉰 선생 일가와 좐타 골목에 함께 살 때 루쉰 자당(慈堂)께서 주안 부인이 루쉰 선생보다 두 살 연상인데 루쉰 선생은 뱀띠이고 주안 부인은 토끼띠라는 것이었다. 루쉰 선생이 1881년에 태어났으니 주안 부인이 태어난 해는 1879년이다.” 둘째는 저우쭤런의 장남 저우펑이(周豐一)가 1986년 1월 7일에 추스슝에게 보낸 편지다. “주안의 띠에 관하여 저는 토끼띠라는 것을 확실히 기억하고 있는데, 추산하면 광서 5년 기묘년인 1879년입니다.” 셋째, 주안이 세상을 떠난 후 지인이 신문에 발표한 〈주안 소전(朱安小傳)〉(필명 썬권(森君), 롼허썬(阮和森)으로 추정)이다. "주 씨 부인은 사오싱 명문가의 자손으로 청대 광서 5년 7월에 태어났다." 청대 광서 5년은 1879년이다. 이 밖에도 루쉰 베이징 처소의 가계부에 근거해 다음과 같이 지적하는 연구자도 있다. 1928년 11월 22일에 주안이 친동생 주커밍에게 우편으로 축의금 10원을 받았다는 기록이 있는데, 이는 당시로서 상당한 선물로 주안의 50세 생일이었을 가능성이 크다는 것이다. 1928년이 그녀의 50세 생일이라면, 추정컨대 그녀는 1879년에 태어났을 것이다.[37] 그러나 소전에서는 음력 7월에 태어났다고 했는데, 축의금을 받은 것은 양력 11월이어서 맞지 않는 것 같다.

상술한 두 가지 연도 외에 1877년 또는 1880년에 태어났다는 사람도 있는데, 모두 유력한 근거가 부족하다. 이 책은 일단 1879년 음력 7월에 태어났다는 〈주안 소전〉의 설을 채택하기로 한다. 주안의 후반생은 주로 베이징에서 살았으며, 저우펑이나 위팡 등과 같은 베이징 쪽의 지인이 그녀와 비교적 많이 접촉하고 있었기 때문이다. 또한, 이 소전은 주안이 세상을 떠난 지 얼마 되지 않아 발표되어 여러 해가 지난 후의 회상이나 추정보다 더욱 믿을 만한 것 같다.

주안이 1878년에 태어났는지 1879년에 태어났는지는 아주 지엽적인 문제지만, 우리가 루쉰의 본부인인 그녀에 대해 아는 것이 정말 부족하다는 점만은 분명하다. 한 가지 언급할 만한 사실은 주안과 추진(秋瑾)의 나

---

37 우창화(吳長華), 〈평범함 속에 정신을 엿보다 — 루쉰 가계부 독후기(平凡之中見精神 — 魯迅家用帳讀後記)〉, 《상하이 루쉰 연구(上海魯迅研究)》 제7기.

이 차가 별로 나지 않는다는 것이다. 추진은 1875년에 태어났으며(일설에는 1877년) 호는 감호여협(鑑湖女俠)이다. 본관은 사오싱 산인이고 푸젠성에서 태어났으며, 일찍이 부친을 따라 후난(湖南)과 타이완에서 살았다. 어렸을 때 사오싱에서도 일 년 정도 산 적이 있다. 그녀는 어려서부터 시문을 좋아하고 검협을 사모했으며 호쾌하고 분방했다. 조금 커서는 외사촌 오빠를 따라 곤봉과 권술, 승마와 검법을 배웠으며, 성격이 강하고 고집이 세기가 마치 그녀가 규중에서 쓴 다음의 시구와 같았다. "고금에 여자 장원을 다투어 전하니 누가 여자는 제후에 봉하지 않는다 하리오?" "남아는 중시하고 여아를 경시하지 말지니 영웅(英雄: 빼어난 수컷) 외에 영자(英雌: 빼어난 암컷)도 있음을 비로소 믿노라." 추진은 소녀 시절부터 세상을 놀라게 하고 대담하게 행동하는 면모를 보이며 여성 영웅의 기개를 지녔다.

추진이 그 시대의 특수한 사례일 뿐, 절대다수의 여성들은 조용히 규중을 지키며 대문을 나서지 않고 중문을 넘지 않으며 여자가 해야 할 일을 하는 수밖에 없었다. 《바이양 주 씨 족보》에는 일부 여성의 전기가 열거되어 있는데, 이 여성들은 작위를 받았거나 표창을 받아 문중 여성 가운데 "정숙한 덕행을 갖춘 자"에 속했다. 이들 중 일부는 규중에서 유순하고 단아한 미덕을 갖춰 부모와 집안 어른의 칭찬을 받았다. 예컨대, 육태군(陸太君)은 오품 관리의 아내였는데, 시집가기 전부터 "화려한 것을 좋아하지 않고 종친을 만나면 반드시 용모를 바르게 했으며", 집안 여성이 곱게 차려입은 것을 보면 "여자는 모름지기 규문 밖을 나서지 말아야 하며, 옛말에 이르기를 여자가 요염하게 치장하는 것은 남자가 음심(淫心)을 품게 유혹하는 짓이니 차림새를 소박하게 하고 집안일을 분별해야 한다"(《의인에 고봉[38]된 육태군전(誥封宜人陸太君傳)》)라고 타일러 깨우쳤다. 마찬가지로 오품 관리의 아내에게 내려지는 의인(宜人)에 고봉된 반태군(潘太君)은 시집가기 전부터 규훈(閨訓)을 잘 지키고 매우 단정했다. "의인은 어려서부터 근검절약했으며, 예(禮)로써 스스로 억제할 줄 알았다. 발자취가 대문 밖을 밟지 않고, 규방에서 하는 말이 문지방을 넘지 않았으며, 가족들은 기뻐하는 안색을 본 적이 없었다."(《의인에 고봉된 반태군전(誥封宜人潘太君傳)》) 삼품 관리의 아내 진태군(陳太君)도 있었는데, 전기에서는 그녀를 다음과 같이 묘사했다. "숙인(淑人)은 어려서부터 단정했으며, 함부로 웃고 떠들지 않았다. 오랫동안 바느질과 자수를 익히고, 《상서(尚書)》와 《효경(孝經)》에 통달했으며, 《내칙(內則)》에서는 특히 문공(文公)과 《소학(小學)》을 좋아해 날마다 암송하기를 그치지 않았다. 또한, 천성이 검소해 기름을 바르고 진주와 비취를 번쩍거리는 자가 그 앞을 지나가도 거들떠보지 않았다." (《숙인에 고봉된 진태군전(誥封淑人陳太君傳)》)

나중에 작위를 받거나 표창을 받은 여성들은 모두 공통된 특징이 있었다. 그녀들은 태도가 단정하고 함부로 웃고 떠들지 않았으며, 옷차림이 검소하고 치장을 좋아하지 않아서 지나치게 차려입은 여자들을 거슬려했다. 평소 함부로 규문 밖을 벗어나지 않았으며 여자로서의 본분을 철저히 지켰다. 그녀들 가운데 일부는 선비 집안 출신으로, 어려서부터 귀동냥으로 시문에 약간 통달하여 부덕(婦德)에 광채를 더했다. 물론 결혼한 후

---

38 옮긴이: 명 · 청 시대 황제가 문무 벼슬아치의 정실부인에게 작위나 명호를 부여할 때, 오품 이상은 고명(誥命)을 통해 내려서 '고봉(誥封)'이라 했고, 육품 이하는 칙명(敕命)을 통해 내렸기 때문에 '칙봉(敕封)'이라 했다.

에는 시부모에게 효도하고, 지아비를 보필하고 자식을 가르치며, 사심 없이 헌신하여 문중 여성들의 모범이 되었다.

흥미로운 것은 주안이 세상을 떠난 후에도 짧은 전기를 남겼는데, 여기에도 그녀의 규중 생활에 대한 묘사가 있다는 점이다. "부인은 태어날 때부터 총명하고, 바느질과 자수에 능숙했으며, 예법을 잘 지켜 부모가 손바닥 위의 구슬처럼 사랑했다."[39] 이 어휘들은 두루뭉술하지만 앞에서의 표현과 일맥상통한다. 주가 타이먼 안에서는 여자아이들이 책을 읽고 글자를 익히는 것을 권장하지 않았으며, 기껏해야 《여아경(女兒經)》과 같은 류의 규훈을 조금 읽혔다. 주지런은 이런 말을 한 적이 있다. "고모는 글을 배운 적이 없었지만 《여아경》에 나오는 많은 말들을 읊을 수 있었다. 봉건사회에서 《여아경》은 여인들의 필수 과목이라고 한다. 다 큰 처녀는 서당에 다닐 수 없었지만, 분명 부모님이나 다른 사람이 그녀들에게 들려주고 온갖 방법으로 주입했을 것이다."[40]

주야오팅은 일 년 내내 밖으로 분주히 돌아다녔기 때문에 위 씨나 다른 집안 어른이 구두로 전수하여 한마디 한마디씩 《여아경》을 가르쳤을 것이다. "여아경, 잘 들어, 일찍 일찍 일어나, 규문을 나서, 찻물을 끓여, 양친께 올려, 빗질하고 세수, 깨끗한 게 좋아, 바느질 공부에 게으름 안 돼, 부모님이 혼내도 말대꾸 안 돼……." 《여아경》은 여자만을 위해 엮은 글방 교재로 명 · 청 시대에 널리 유행했다. 전문은 천백여 자로 언어가 또랑또

39 〈루쉰 부인(魯迅夫人)〉, 1948년 3월 24일 베이핑(北平) 《신민보(新民報)》에 게재.

40 〈주지런이 고모 주안 등의 상황에 대해 이야기하다〉.

랑 입에 붙었으며, 내용은 여성이 "삼종(三從)[41]을 지키고, 사덕(四德)[42]을 행하며, 예의를 익힐 것"을 선양했다. 주야오팅 부부 슬하에는 1남 1녀만 있었는데, 그들은 고심 끝에 하나밖에 없는 딸에게 전족을 했고, 또《여아경》을 가르쳐 이런 훈계를 명심하게 했다. 이는 그녀가 장차 좋은 사람에게 시집가서 잘 살기를 바랄 따름이었다. 안타깝게도 '안애기씨'는《여아경》속 지아비를 보필하고 자식을 가르치는 것과 같은 지당한 이치와 명언을 평생 써먹어 보지 못했다.

41 옮긴이: 삼종(三從)이란 "어려서는 아버지를 따르고, 시집가면 남편을 따르며, 늙으면 아들을 따른다"는 뜻으로,《의례(儀禮)》〈상복전(喪服傳)〉,《예기(禮記)》,《곡량전(穀梁傳)》과《좌전(左傳)》등에 같은 해석이 실려 있다.

42 옮긴이: 사덕(四德)은 "언행을 삼가고[言愼], 행실을 조심하며[行敬], 방정히 일하고[工端], 용모를 단정히 하는[整容]" 것을 뜻한다. (출전:《예기(禮記)》〈혼의(昏儀)〉)

혼약 — 1899년 전후

'노처녀'의 혼사

저우(周) 씨와 주(朱) 씨 양가가 혼약을 맺은 시간은 대략 루쉰이 공부하러 난징에 간 이듬해다. 1885년에 태어난 저우쭤런은 루쉰보다 네 살 어렸는데, 당시 삼미서옥(三味書屋)에서 공부하고 있었다. 그의 일기에는 이 시기 양가가 밀접하게 왕래한 흔적이 남아 있으며, 당시 이 혼사가 어떻게 추진되었는지 보여준다.

이야기는 1898년 전후부터 시작해야 한다. 당시 루쉰의 어머니 루뤠이(魯瑞)와 첸(謙) 부인은 사이가 각별했다. 이 점은 저우쭤런이 《루쉰의 집안(魯迅的故家)》에서 누차 언급했다.

> 무술년(1898년) 윤삼월 열하루, 루쉰이 집을 떠나 난징의 학당에 들어갔다. 그해 십일월 초여드레 넷째 동생 춘서우(椿壽)가 여섯 살의 나이에 급성 폐렴으로 사망했다. 아버지 보이공(伯宜公)이 돌아가신 지 겨우 2년밖에 되지 않았으니 어머니 루 부인의 슬픔이 어땠을지 상상할 수 있다. …… 본가의 먼 친척

동서 중에 첸 부인이 있었는데, 평소 어머니와 말이 잘 통했다. 위로하러 오면 종종 연극을 보러 나가며 기분전환을 할 수 있었다. 당시에는 사희(社戱)밖에 없었는데 배를 세내어 보러 갈 수 있었다.[43]

무술년 이후 보훼이(伯撝) 부인은 어머니 루 부인의 아들 잃은 슬픔을 위로하기 위해 수시로 왕래했다. 당시에는 위톈공(玉田公)도 돌아가셨다. 그녀는 가끔 벽을 사이에 두고 부르며 밥은 먹었는지 안부를 물었다. [44]

당시 두 집은 곱자형의 담 하나를 사이에 두고 있어서 큰 소리로 부르기 편했다. 《지당 회고록(知堂回想錄)》[45]에 따르면, 보훼이 부인은 종종 저녁 식사 후에 루뤠이를 불러 놀러 가곤 했으며, 때로는 마작을 하며 소일하기도 했다. "따고 잃는 것 없이 몇 푼의 돈을 갹출해서 볶음면을 먹거나 등불 기름값을 내는 데 쓸 뿐이었다." 루뤠이는 남편을 잃은 지 얼마 되지 않아 막내아들 춘서우까지 요절해 마음이 몹시 침울해했다. 이런 시기에 첸 부인은 늘 그녀를 불러내 함께 연극을 보고 마작을 하며 적잖은 위안을 주었다.

루뤠이는 바로 이 시기에 딩자눙 주가 타이먼의 '안애기씨'를 아들의 배필로 점찍어 두었다. 이 결혼 생활은 나중에 몹시 불행했기 때문에, 지금은 자못 많은 사람이 주안을 위해 탄식하며 애당초 루쉰이 아니라 보통

---

43 저우쭤런, 《루쉰의 집안》〈키다리 어멈의 마지막(阿長的結局)〉, 《루쉰 회고록 · 전문서(魯迅回憶錄 · 專著)》(중권), 베이징출판사, 1999년, 948쪽.

44 저우쭤런, 《루쉰의 집안》〈인방의 대략(仁房的大概)〉, 《루쉰 회고록 · 전문서》(중권), 953쪽.

45 옮긴이: 저우쭤런의 유작. 지당(知堂)은 저우쭤런의 호다. 1964년 8~9월에 홍콩의 《신만보(新晩報)》에 일부를 게재하다가 오래지 않아 중단했다. 저자가 사망한 지 3년 가까이 지난 1970년 5월에 홍콩에서 처음 출판되었다.

남자에게 시집갔더라면 적어도 평생 평범하고 마음 편히 살 수 있었을 것으로 생각한다. 확실히 혼인에는 우연성이 큰 법이다. 당시 루쉰에게 시집가지 않았더라면 주안의 운명은 크게 달라졌을지도 모른다. 그러나 저우씨 와 주 씨 양가의 통혼을 자세히 살펴보면, 이 혼사의 체결이 전부 우연이라고 할 수만은 없으며 사실 필연적인 요소가 많았음을 알 수 있다.

우선, 양가에서 혼담이 오갈 때는 아직 '루쉰'이 없었다. 주안이 시집가려던 사람은 둥창팡(東昌坊) 어귀 저우가 타이먼에 사는 저우푸칭(周福淸)의 장손 저우수런(周樹人)이었다. 이때 저우수런의 집안은 먹고살 만한 형편이었지만 조부 저우푸칭이 1893년에 저지른 과거 부정 사건으로 큰 재난이 닥쳐 곤궁함에 빠졌다. 저우푸칭은 이때 아직 항저우(杭州)의 감옥에 수감되어 있었고, 부친 저우보이(周伯宜)는 3년 전에 병으로 사망했으며, 모친 루뤠이 혼자 힘겹게 이 집안을 지탱하고 있었다.《외침 · 자서(吶喊 · 自序)》에서 루쉰은 당시의 난처한 상황을 이렇게 회고했다.

먹고살 만하다가 곤궁함에 빠져본 적이 있는가. 이 과정에서 세상 사람들의 참모습을 보게 될 것이다. 나는 마치 다른 길을 걷고 다른 곳으로 도망치며 다른 것을 찾으려는 사람들처럼 N시의 K학당으로 가려고 했다. 어머니는 어쩔 수 없이 8원의 노자를 마련해 주시며 네 마음대로 하라고 하셨다. 그러나 어머니는 우셨는데 이는 도리상 당연한 일이었다. 그때는 경서를 읽고 과거 시험을 보는 것이 정도(正道)였고, 소위 서양식 학문[洋務]을 배운다는 것은 막다른 지경에 이른 사람이 영혼을 양놈에게 팔 수밖에 없어서라는 게 사회적 통념이어서 갑절로 비웃음과 배척을 당해야 했기 때문이다. 하물며 어머니는 또 아들을 볼 수 없게 되지 않는가.

루쉰의 어머니 루뤠이(1857~1943).

여기에서 N은 난징이고, K는 강남육군학당 부설 광무(鑛務)철도학당이다. 당시 루쉰은 파락호의 자제로서 '말로'를 걸었던 것이다.

다음으로, 주 씨 집안도 그들 나름대로 현실적인 고려를 하고 있었다. 1899년에 주안은 스무 살이 넘었는데 아직 혼처를 정하지 못하고 있었다. 이에 대해 〈주안 소전〉은 부모의 지나친 까다로움 때문이라고 설명한다. "부인은 태어날 때부터 총명하고, 바느질과 자수에 능숙했으며, 예법을 잘 지켜 부모가 손바닥 위의 구슬처럼 사랑했다. 그런 까닭에 사위를 고르는 데 지나치게 까다로워 스물여덟 살이 되어서야 같은 마을의 저우위차이(周豫才)에게 시집갔다."

당시 사오싱의 풍속에 따르면, "나이가 많은 처녀에 대해서는 무슨 이유로 혼기를 놓쳤는지 따지지 않고, 무릇 나이가 갓 스물이 넘었을 때를 제외하고는 전부 '노처녀'로 간주했다. 노처녀에 대한 평가는 그게 무슨 원인이든 크고 작은 결점이 있다고 여겼다. 남에게 중매를 부탁하려면 재취로 들어갈 수밖에 없었으며, 정실이 되고자 하면 거들떠보는 사람이 없었다."[46] 루쉰의 큰고모인 더고(德姑)가 바로 "제푸공(介孚公)[47]이 지나치게 까다롭게 굴면서 조건이 넘쳐도 마다하고 쳐져도 싫어했기 때문에 혼기를 놓친 것이다." 결국에는 혼기가 너무 지나서 우룽촌(吳融村)에 사는 마(馬) 씨의 재취로 보냈다. 재취로 보냈다 함은 배우자를 잃은 남자에게 시집가서 후처가 되었다는 뜻이다.

이 당시 주안의 부모와 가족은 이것저것 까다롭게 고를 상황이 아니었으며, 가세가 엇비슷한 배필을 찾아줄 수 있기를 바랄 뿐이었음을 알 수 있다. 주안은 당시 이미 스물이 훌쩍 넘어 가장 좋은 나이가 지났기에, 주야오팅 부부는 하나밖에 없는 딸이 재취로 들어가 계모가 되어 고생하느니 차라리 둥창팡 어귀의 저우 씨 집안에 시집보내기로 했다. 저우 씨 집안이 몰락하긴 했어도 어쨌든 정실로 가는 것이니 체면은 서는 것 아닌가.

또한, 딩자눙 주 씨 집안과 저우 씨 집안은 이미 인척이었으며, 그들의 혼사는 인척 사이에서 맺는 혼인이라 할 수 있었다. 이에 대해 저우쭤런

46 저우관우(周冠五), 〈세 타이먼에 전해지는 일화(三臺門的遺聞佚事)〉, 니모옌(倪墨炎), 천주잉(陳九英) 선별편집, 《루쉰 가문과 당시 사오싱 민속 — 루쉰 당숙 저우관우의 루쉰 회고 전편(魯迅家庭家族和當年紹興民俗 — 魯迅堂叔周冠五回憶魯迅全編)》, 상하이문화출판사, 2006년, 21~22쪽.

47 옮긴이: 제푸(介孚)는 루쉰의 조부 저우푸칭의 자(字)다.

은《루쉰의 집안》에서 다음과 같이 분명하게 밝혔다. "《아침 꽃 저녁에 줍다(朝花夕拾)》에 먼 친척 작은할아버지가 언급된 적이 있는데 (……) 인방(仁房)의 자오란(兆藍)으로 자가 위톈(玉田)이었다. 그의 아내 란(藍) 부인은 친정이 딩자눙 주 씨였으며, 큰아들은 아명이 첸(謙)이고 자가 보훼이(伯撝)였다. 첸 부인의 친정은 자오(趙) 씨로 관인차오(觀音橋)의 명문가였으나 그때는 이미 몰락했다. 그녀는 어머니 루 부인과 매우 친했기 때문에 루쉰에게 중매를 서서 란 부인의 친정 조카손녀와 맺어주려고 했다."[48] 저우위톈은 루쉰의 어릴 적 선생님으로 1898년 6월에 이미 세상을 떠났다. 작은할아버지 위톈의 아내 란 부인은 딩자눙 주가에서 시집왔으며 그녀는 주안의 고모할머니였다. 이런 연줄이 있어서 란 부인의 며느리 첸 부인이 나서서 중매를 섰고 순조롭게 성사되었다고 할 수 있다.

이 밖에 저우젠런(周建人)에 따르면, 전에 루뤠이는 친고(琴姑)를 염두에 둔 적이 있었다. 작은 외숙에게는 딸이 네 명 있었는데 친고가 맏이였다. 그러나 키다리 어멈이 두 사람이 상극이라느니 이러쿵저러쿵해 끝내 관두었다(친고는 나중에 다른 집안과 약혼했는데 시집가기도 전에 세상을 떠난 것으로 보아 몸이 허약했던 것 같다). 루뤠이가 갈피를 잡지 못하고 있을 때 첸 부인이 딩자눙의 이 아가씨를 소개해주었으니 서로 안성맞춤이었다.

사오싱의 결혼 풍속은 남녀가 약혼부터 결혼까지 '출구(出口)', '청경(請庚)' 등 여러 번거로운 절차를 거쳐야 했다. 저우 씨와 주 씨 양가가 통혼하는 과정은 저우쭤런의 일기에 분명하게 기록되어 있다.

48 저우쭤런,《루쉰의 집안》〈키다리 어멈의 마지막(2)〉,《루쉰 회고록 · 전문서》(중권), 949쪽.

첫 번째 단계: 출구(出口)

기해년 이월(양력 1899년 3월) 저우쭤런의 일기에는 주 씨 댁이 '출구', 즉 혼담을 꺼내는 일이 다음과 같이 기록되어 있다.

> 초이틀 맑음. 아재뻘들과 함께 배를 타고 란팅(蘭亭)으로 갔다. 같은 배에는 진외조부 주샤팅(朱霞汀), 옌성(衍生) 보훼이(伯翬)와 밍싼(茗三) 두 숙부와 나 다섯 명이었다.
>
> 초닷새 맑음. 주 씨 댁이 '출구'하여 훼이(惠) 숙부께 자리 마련을 부탁했는데 다섯 테이블에 은화 5원이었다.

이월 초이틀[49], 아직 찬바람이 부는 강남의 이른 봄에 저우쭤런은 집안 어른들과 란 부인의 형제 주샤팅까지 일행 다섯이서 배를 타고 란팅을 유람했다. 이는 단순한 나들이가 아니었다. 왜냐하면, 바로 이어서 초닷새가 주 씨 댁이 '출구'한 날이었기 때문이다. 이른바 '출구'란 구식 결혼 풍속의 한 절차로, 남자 쪽에서 먼저 청혼서[求帖]를 여자 집으로 보내 청혼하고, 여자 측에서 이에 동의하면 청혼서를 받아 별도로 허혼서[允帖]를 준비해 남자 집으로 돌려보내 승낙을 표한다. 그래서 이날 저우 씨 네에서는 경축하는 의미로 훼이 숙부에게 대신 연회를 열어 손님을 대접해 달라고 부탁했다. 훼이 숙부는 저우쯔헝(周子衡)으로 루쉰의 족숙(族叔)이다.

---

49 이 장에서 기술된 날짜는 모두 음력이며, 더 이상 일일이 주석을 달지 않는다. 이 책에서 음력 날짜는 모두 글자로 풀어 표기하며, 양력 날짜는 아라비아 숫자로 표시한다.

저우가 신타이먼에는 주로 지방(智房), 인방(仁房), 흥방(興房) 세 집이 살고 있었는데, 루쉰의 집은 흥방에 속했다.[50] 앞의 일기에서 언급된 저우 씨 문중은 밍싼(茗三)(또는 밍산(鳴山))을 제외하고 옌성 백부, 보훼이 숙부, 훼이 숙부 모두 인방 사람이었다. 루쉰의 혼사에 당시 인방이 가장 열심이었음을 알 수 있다.

'출구'는 양쪽 집안에서 중매인의 좋은 말을 거쳐 혼사에 동의를 표한 후 이행하는 절차다. 주 씨 댁이 '출구'했다는 것은 양가가 서로 승낙했음을 의미한다. "오랜 관습이 이어져 이 승낙을 거친 후에는 무르거나 바꾸는 일이 없었다."[51] 1899년 음력 이월에는 이 혼사가 이미 확정되어 쌍방이 서로 번복할 수 없었다고 볼 수 있다.

두 번째 단계: 청경(請庚)

관례상 여자 집에서 허혼서를 보내면, 남자 측에서는 즉시 첫 번째 납채(納采) 예물을 보내고, 이어서 신속하게 '청경' 절차를 밟아야 한다. '청경'은 정식으로 두 번째 폐백을 보내기 전에 남자 측이 여자 측에 처녀의 사주를 묻고, 다시 남녀 쌍방의 생일을 사오싱에서 제일 유명한 샤가(夏家)나 장가(章家)와 같은 유명 택일집에 보내 사주팔자에 따라 안상(安床)과 합근(合巹)[52]의 길일을 뽑게 하는 것이다.

---

50 옮긴이: "신타이먼의 지방(智房)과 인방(仁房)은 각각 세 개의 방으로 나뉘었는데, 지방 아래는 흥방(興房) · 입방(立房) · 성방(誠房), 인방 아래는 예방(禮房) · 의방(義房) · 신방(信房)이 있었다. 루쉰은 흥방에 속했다." (《루쉰의 집안》)

51 저우관우(周冠五), 〈사오싱의 풍습(紹興的風俗習尚)〉, 《루쉰 가문과 당시 사오싱 민속 — 루쉰 당숙 저우관우의 루쉰 회고 전편》, 134쪽.

52 옮긴이: 합근(合巹)이란 신랑과 신부가 서로 술잔을 나누는 의식을 말한다.

그 절차는 대체로 다음과 같다. 남자 집에서 붉은 전첩(全帖) 두 통과 제합(提盒) 한 쌍을 마련해 여자 집에 보낸다. 두 통의 전첩은 배첩(拜帖)과 청혼서다. 여자 집에서 이를 받은 후 역시 배첩과 허혼서를 남자 집에 돌려보내는데, 허혼서의 서표(書標)에 처녀가 태어난 '연월일시'를 적는다. 그러나 저우 씨네는 2년이 지난 1901년 정월에서야 '청경'을 보냈다.

정월 스무사흘 맑음, 따뜻. 오후에 큰형, 훼이 숙부와 러우샤천(樓下陳)에 가서 연극을 보려는데, 주 씨 댁 배를 만나 잠시 앉아 있었다. 《도초(盜草)》·《채장(蔡莊)》·《사걸촌(四傑村)》이 끝나고 곧 집에 돌아가려 했는데 만류되어 갈 수 없었다. 훼이 숙부와 큰형은 먼저 돌아가고, 나는 남아서 야간극을 보았다. 밤에는 《의흥성(宜興城)》·《쌍옥연(雙玉燕)》·《오미도(五美圖)》·《자하배(紫霞杯)》 몇 척(齣)을 상연했다. 새벽녘에 노 저어 돌아가는데 큰비가 억수로 쏟아졌다. 편문(偏門)에 이르러 작은 배로 갈아타고 집으로 돌아가니 때는 바야흐로 여섯 시였다.

이월 열닷새 맑음. 황사가 내렸다. 오전에 소란(素蘭)을 심고 화분을 갈아주었다. 또, 딩자눙 주 씨 댁에 사람을 보내어 '청경'했다. (……) 밤에 큰형에게 편지 세 장을 썼는데 내일 우편으로 부치려 한다.

이상 두 편의 일기에서 알 수 있듯이, 정월 스무사흘 날에 루쉰과 저우쭤런 등이 러우샤천에 연극을 보러 갔다가 주 씨네 큰 배를 만났다. 이에 그 배에 초대되어 《도초》·《채장》·《사걸촌》 연극 세 척을 함께 봤다. 그런 다음에 루쉰과 훼이 숙부는 작별을 고하고 집으로 돌아갔다. 저우쭤런은 주가에서 극진히 만류하여 저녁에도 계속 연극을 관람했다. 이때의 루쉰은 자신과 주가 타이먼의 관계를 잘 모를 리 없었다. 루쉰이 난징으로 돌아간 것은 이틀 후인 정월 스무닷새였다. 그해 겨울방학에 루쉰은 거의 50일 가까이 집에 머물렀는데, 이 기간에 루뤠이가 그의 의견을 구했는지 여부는 알 수 없다. 하지만 그로부터 한 달도 지나지 않아 저우가는 주가에 '청경'을 하며 안애기씨의 사주팔자를 물었다. 그날 저녁, 저우쭤런은 세 장의 긴 편지를 형에게 썼는데 이 '희소식'을 전하기 위한 것으로 보인다.

이해 정월에 저우가에는 동시에 경사가 하나 더 있었다. 조부 저우푸칭이 석방을 허가받은 것이다. 1893년 가을에 저우푸칭은 향시에 참가하는 아들 저우보이와 지인 중 몇몇 자제를 위해 쑤저우(蘇州)로 가 주임 시험관 인루장(殷如璋)에게 뇌물을 주었다. 그에게 1만 냥의 은표(銀票)를 뇌물로 건넸다가 저우보이는 파면당해 수재 자격을 박탈당하고, 저우푸칭은 자수하여 항저우로 압송되어 감금되었다. 이듬해 초, 광서제가 유지를 내려 그에게 참감후(斬監候: 일종의 사형집행유예)를 판결하고 가을을 기해 처결할 것이라고 해 일대 파문을 일으킨 흠안(欽安: 황제의 명을 받들어 처리한 안건)이었다. 저우푸칭은 항저우에서 8년 정도 감금되었다. 저우가는 부단히 가산을 팔아 해마다 그의 목숨을 부지할 방법을 강구하는 수밖에 없었고, 이때부터 가세가 몰락하여 문중이 보기에 파락호가 되었다. 이번 저우푸칭의 석방은 형부상서(刑部尚書) 쉐윈성(薛允升)의 도움 덕분이었다. 정월 스무이틀에 집에서 조부의 편지를 받고 석방 소식을 알게 되었으며, 이월 열닷새에 저우가가 주가에 '청경'했다. 이월 스무하루에 조부가 첩을 데리고 집에 돌아왔으니 겹경사를 맞았다고 할 만하다.

세 번째 단계: 문정(文定)

큰형이 난징에 공부하러 간 이후 수많은 접대 자리에는 저우쭤런이 얼굴을 내밀었는데, 이는 1901년 9월에 자신도 난징수사학당(南京水師學堂)으로 공부하러 갈 때까지 계속되었다. 이후 혼사의 진전은 그의 일기에서 찾아보기 어려워졌다. '청경' 후에는 '문정'이라는 절차가 또 있다. 남자 측이 여자 측에 납채 예물을 보내 혼수를 마련하게 하고, 동시에 홍녹첩을 보내 한 장에는 '안상' 길일을 적고(남자 측에서 미리 결혼 침대를 들여놓는데, 속칭 '새사람 잠자리[新人眠床]'라 했다), 한 장에는 '합근' 길일을 적어 결혼 날짜를 최종 확정 짓는다. '문정' 날짜는 저우쭤런의 일기에 보이지 않아 정확한 날짜를 알 수 없다. 적지 않은 연구자는 양가가 원래 1902년 초 루쉰이 졸업한 후에 결혼하기로 정했는데, 그가 일본으로 유학하는 바람에 뒤로 미룰 수밖에 없었다고 생각하는 편이다.

연극 관람과 생신 축하

앞의 혼약 체결 절차에 필요한 왕래 이외에 저우가 타이먼과 주가 타이먼 사람들은 이 시기 또 다른 왕래가 있어 당시 두 집안의 관계가 비교적 밀접했음을 알 수 있다.

1899년 사월, 주 씨 댁이 '출구'한 지 두 달 후 저우쭤런의 일기에는 두 집안이 큰 배를 세내어 함께 연극을 보러 갔다는 기록이 나온다.

> 초닷새 맑음. 아침에 주샤오윈(朱筱雲) 형, 보훼이(伯撝) 숙부, 헝팅(衡廷) 숙

부, 리빙(利冰) 형과 배를 내려 자탕(夾塘)에서 평안길경(平安吉慶)을 관람했다. 한밤중에 큰비가 내렸다.

초엿새 비. 배를 띄우고 다수항(大樹港)으로 가 홍수반(鴻壽班)을 관람했다. 키다리 어멈이 진시(辰時)에 발병하여 사망해서 보냈다.

초이레 맑음. 귀가, 샤오윈(小雲) 형은 따로 갔다.

사월 초닷새, 초엿새는 바로 청명절이다. 복숭아꽃 붉게 피고 버드나무 푸르른 따뜻한 봄날 저우 씨 와 주 씨 두 집안 일행 10여 명이 호탕하게 배를 타고 연극을 보러 가는 장면은 아주 장관이었을 것이다. 초닷새에는 자탕에서 평안길경 공연을 보았다. 저우쭤런과 함께 간 사람들 중에는 보훼이 숙부, 헝팅 숙부, 리빙 형 등 몇몇 인방의 아재와 사촌뿐만 아니라 주샤오윈 형, 즉 주안의 남동생 주커밍도 있었다. 저우쭤런의 일기에는 가끔 주샤오윈(朱小雲)이라 쓰기도 한다. 이날의 연극 관람은 이른 아침부터 한밤중까지 모두들 흥취가 올랐다. 한밤중에 내린 큰비는 후두둑 후두둑 명와선(明瓦船)의 검은 지붕[烏篷] 위로 떨어지며 돌아가는 길의 정취를 더했다.

초엿새에는 유람의 규모가 더 컸다. 저우쭤런은 직접 이 일기에 대해 한바탕 주해를 달았다. "그때는 이틀 연속으로 연극을 보았는데 큰 배 두 척이 있었다. 남자 배에 탄 사람들의 이름은 이미 일기에 쓰여 있고, 여자들이 탄 배는 더 컸는데 루 부인 외에 첸 부인과 그녀의 고모 란 부인, 그녀 집의 루(茹) 어멈과 그녀의 딸 마오고(毛姑), 란 부인의 친정 조카딸이 있었다."[53] 그날 여자 권솔들이 탄 것은 "아주 큰 사명와(四明瓦)였다." 명와선은 오봉선(烏篷船)인데, 오봉 위에 민물조개 껍데기로 상감한 '명와'가 몇 줄 들어가서 붙여진 이름이다. 저우쭤런은 〈오봉선〉이라는 산문에서 고향의 이런 교통수단에 대해 다음과 같이 설명했다.

> 당신 고향에서는 인력거나 전차 또는 자동차를 타겠지만 우리 고향에는 이런 것들이 없다. 성안이나 산 위에서 가마를 이용하는 것을 제외하면 보통 탈 것은 배를 이용한다. 배에는 두 종류가 있는데 보통 타는 것은 '오봉선'이다. …… 오봉선 중에 큰 것은 '사명와'이고, 작은 것은 발로 젓는 배[脚劃船]인데 소선(小船)이라고도 한다. 그러나 가장 쓰기 적당한 것은 이 중간의 삼도(三道), 즉 삼명와(三明瓦)다.

사명와라는 큰 배는 호화로운 교통수단이었다. 당시 배에 타고 있던 여자 권솔 가운데 루 부인은 루쉰의 어머니 루뤠이고, "란 부인의 친정 조카딸"이 주안의 고모다. 그 밖의 몇 명은 란 부인네 집안 사람이다. 이 참석자 명단에서 알 수 있듯, 이는 저우 씨 와 주 씨 두 집안이 처음 혼약을 체결한 이후의 첫 '친목 활동'이었다. 그러나 이 명단은 완전하지 않은데, 그날 키다리 어멈도 배 위에 있었다. 그녀는 루쉰이 《아침 꽃 저녁에 줍다(朝花夕拾)》에서 언급했던, 그에게 《산해경(山海經)》을 사다 주었던 보모다. 저우쭤런은 뒤에서 이렇게 언급했다. "키다리 어멈은 어차피 할 수 있는 일이 없어서 원래 가지 않아도 되었다. 루 부인도 그녀를 하인으로 대

53 저우쭤런, 《루쉰의 집안》〈키다리 어멈의 마지막(2)〉, 《루쉰 회고록 · 전문서》(중권), 949쪽.

하지 않았다. 이번에 그녀를 초대한 것은 대접하려는 의미였다. 그녀가 이런 연극을 꼭 보려고 했던 것은 아니었지만 말이다." 한편 저우젠런의 회고에 따르면, 그날 그도 이 배에 타고 있었다. 그날 안애기씨도 함께 데려갔는지는 알 수 없다.

원래 즐거웠던 다수항(大樹港) 연극 관람에 뜻밖의 사고가 발생했다. 키다리 어멈이 배 위에서 간질 발작으로 급사한 것이다. 키다리 어멈이 갑자기 발병한 것은 진시(辰時)였는데, 얼마 지나지 않아 사망하는 바람에 사람을 시켜 사명와 배로 그녀를 그녀의 시댁으로 돌려보낼 수밖에 없었다. 진시는 오전 7시부터 9시까지인데, 이날 연극 관람은 키다리 어멈의 죽음으로 인해 전부 엉망이 되었다. "이에 큰 배에 타고 있던 여자 승객들은 모두 이쪽으로 합세할 수밖에 없었는데, 아주 비좁기도 했고 흥도 깨져 다시 연극을 볼 마음이 나지 않았으니, 연극이 빨리 끝나서 배가 좀 넉넉해지고 각자 집으로 돌아가기만을 바랐다. 이 사건을 겪은 후로 다시 누군가 간질 발작하는 것은 보지 못했지만, 배를 몰고 연극을 보는 것은 이때부터 거의 중단되었다."[54]

키다리 어멈은 어린 나이에 과부가 되어 루쉰이 어렸을 때부터 저우 씨 집안의 가정부로 일했다. 그녀의 집은 다수항 근처였고, 집에는 양자로 들인 아들이 하나 있었다. 그날 저녁 저우줘런과 주안의 동생 주샤오윈은 밤새 돌아가지 않았는데, 아마도 그녀의 가족을 보러 가서 장례를 돌보았을 것이다. 그래서 주샤오윈은 다음날에야 집으로 돌아갔다. 이 처남도 엄연히 저우 씨 집안의 일원이었다. 그러나 주 씨 댁이 저우 씨 집안의 청혼

54 저우줘런, 《루쉰의 집안》〈키다리 어멈의 마지막(2)〉, 《루쉰 회고록 · 전문서》(중권), 950쪽.

을 승낙한 뒤 꼬박 2년이 지나서야 저우가는 "딩자눙 주 씨 댁에 사람을 보내어 '청경'했다." 여기에는 어떤 미묘한 원인이 있었을 가능성이 크지만, 이번 연극 관람과 관련이 있는지는 알 수 없다.

저우가가 주가에 '청경'한 후인 1901년 6월, 저우쭤런이 일기에서 다시 양가의 왕래를 언급하는 것도 주목할 만하다.

> 열사흘, 장마, 서늘함. 보훼이 숙부의 서른 번째 생일이라 오전에 가서 생신을 축하했다. 진외조부 주샤팅의 서른 번째 생일이라 떡과 복숭아를 각각 백 근씩 사 갔다. 축하 편지를 썼다.

> 보름, 장마. 오전에 보훼이(伯揮)[55] 숙부의 생일인데 제사를 보충해야 해서 제사를 먼저 지냈다. 내가 인사하러 갔다가 남아서 식사를 했다. 진외조부 주샤팅, 주인팅(朱印亭) 사돈어른, 선수청(沈叔丞) 외숙을 만나 돌아가지 못했다. 신시(申時)에 비페이눙(筆飛弄)으로 가 수사학당으로 편지를 보내고, 큰형에게 편지 한 장을 부쳤다.

일기에 나오는 진외조부 주샤팅은 란 부인과 같은 항렬로 주안의 먼 친척 작은할아버지다. 어떤 연구자는 그가 란 부인의 형제라고 하는데 두 사람은 나이 차가 많이 났다. 란 부인은 남편 위톈공보다 세 살 어리며 대략 1847년에 태어났다. 그런데 주샤팅의 나이는 일기에서 알 수 있듯이 저우보훼이와 동갑으로 1872년생이다. 1901년 유월 열사흘은 보훼이 숙

---

55 보훼이(伯揮)는 보훼이(伯撝)로 원문의 표기가 일치하지 않는다. 이하 동일.

부의 30세 생일로 저우쭤런은 그날 미리 가서 생일을 축하했다. 그리고 주샤팅도 30세 생일을 맞아서 저우가는 특별히 축하선물을 보냈다. 《사오싱 풍속 간지(紹興風俗簡志)》에 따르면, 남자 집에서 여자 집에 납채 예물을 보내는데, 만약 여자 집안에 어른이 계시면 남자 집에서도 효경전(孝敬錢)이나 선물을 보내야 한다. 이번 선물도 저우 씨 집안이 길일 전에 사돈댁 어른께 드리는 예물이라고 할 수 있을까?

이어서 보름에는 보훼이 숙부가 생일잔치를 열어 저우쭤런이 생신을 축하드리러 갔다가 주가 타이먼의 이 진외조부와 주안의 아버지 주야오팅을 만났다. 일기에 나오는 주인팅 사돈어른이 바로 그다. 일 년 내내 밖으로 분주히 다닌 탓인지, 아니면 다른 이유 때문인지 적어도 저우쭤런의 일기에서 그는 이번 딱 한 번만 등장한다. 주야오팅이 이번에 친히 저우가 신타이먼에 간 의도는 단순히 저우보훼이의 생일을 축하하려는 것뿐만 아니라 이번 기회에 결혼 날짜를 잡으려는 것일 수도 있다. 그해에 주안은 이미 23살이 되어 더 이상 늑장을 부릴 수 없었다. 안타깝게도 주야오팅은 딸이 결혼하는 날까지 기다리지 못한 듯하다. 앞서 말한 바와 같이 그는 장시에서 저장으로 가는 도중에 사망했으며 향년 50세가 채 되지 않았다.

주샤팅은 저우가 타이먼의 단골손님이었다. 저우쭤런의 일기에는 여러 차례 그가 언급되는데, 앞의 1899년 이월과 1901년 유월 일기 이외에도 몇 군데에 주가 타이먼의 이 진외조부가 등장한다.

[1899년 유월] 초나흘 맑음. 오시(午時)에 공의 기일에 다녀왔다가 진외조부

주샤팅(朱緞汀)[56]을 만나 쌀가루를 묻힌 고기찜을 두 봉지 먹었다. 오후에 아재뻘들을 만나 카드놀이를 했다.

[1900년 사월] 초하루 맑음. 오전에 보훼이 숙부의 서신을 받았는데, 쉬저우(徐州)에는 물산이 없고 다만 윈룽산(雲龍山)에는 비첩(碑帖)이 많으니, 대련을 구매하려면 대신 사다 줄 수 있다고 했다. 오후에 딩자눙 진외조부 주샤팅의 부인 판(范) 씨가 미시(未時)에 돌아가셨다. 다윈차오(大雲橋)로 가서 공작표 양주 한 갑을 사고 은화 세 푼을 계산했다.

[1901년 시월] 열하루 맑음. 양문(洋文)을 가르쳤다. 이른 아침에 첸(千) 숙부가 돌아와 진외조부 주샤팅과 함께 오셨다가 오후에 가셨다.

스무날. (……) 보충: 진외조부 주샤팅이 오셨다가 오전에 가셨다.

[1902년 오월] 초열흘, 맑음. 이른 아침에 사격. 일요일이라 학교를 쉬었다. 오전에 중양(仲陽) 숙부, 주커밍(원래 자는 샤오윈) 형이 와서 잠깐 이야기를 나누었다.

[1902년 구월] 열닷새 목요일, 흐림. (……) 진외조부 주샤팅이 초엿새에 돌아가셨다는 걸 알고 슬픔에 잠겼다.

---

56 주샤팅(朱緞汀)은 주샤팅(朱霞汀)으로 원문의 표기가 일치하지 않는다. 이하 동일.

이 진외조부는 항렬이 높았지만 사람 됨됨이가 원만하고 소탈해 저우쭤런은 그에게 꽤 호감을 갖고 있었다. 두 집안의 혼인은 여러 가지 흔적으로 보아 주샤팅이 적지 않은 역할을 한 듯하다. 그는 저우가 타이먼 사람들과 아주 잘 지냈는데, 1901년 구월에 저우쭤런이 난징수사학당에 공부하러 가자, 주샤팅도 그해 시월 난징으로 이 미래의 사돈총각을 보러 간 적이 있다. 일기에 나오는 첸 숙부는 첸(謙) 숙부로, 즉 보훼이 숙부다. 그는 재정을 주관하던 전곡(錢穀) 막료였으며 늘 일 때문에 외지로 나갔다. 주커밍은 당시 난징에서 막료 일을 배우고 있었는데, 막료가 되거나 장사를 하는 것은 당시 타이먼 자제들에게 가장 흔한 직업이었다. 당시 루쉰은 아직 일본에 가지 않았으며 이치대로라면 주가 타이먼 사람들과 만난 적이 있었을 테지만, 안타깝게도 루쉰의 젊은 시절 일기는 남아 있지 않다. 주샤팅이 세상을 떠났을 때는 36세 본수(本壽)에도 못 미치는 31세였다. 저우쭤런은 난징에서 그의 사망 소식을 듣고 "슬픔에 잠기며" 필시 그가 너무 일찍 세상을 떠났음을 탄식했을 것이다.

요컨대, 저우쭤런이 기록한 두 집안의 교제만 보아도 1899년부터 루쉰이 일본으로 유학을 떠나기 전까지 저우가 신타이먼과 주가 타이먼은 의례적인 왕래를 유지하고 있었으며, 서로 상당히 잘 알았다. 비록 주안의 당시 나이로 보면 혼사가 너무 더디게 진행되는 면이 없지 않고 그중에는 차마 말 못할 원인도 있는 듯하지만, 남녀가 정을 붙이기 전에 이미 두 가족 사이에는 상당히 굳건한 관계가 형성되어 있었다. 하물며 본가 친척이 중매를 섰으니 혼약을 파기하기 곤란했으며 절대로 말을 꺼낼 수 없었음을 알 수 있다.

혼약 이면의 의문

루쉰의 혼사는 어머니 루뤠이가 책임지고 도맡아 한 것이다. 루뤠이는 선비 집안 출신으로, 그녀의 부친 루시(魯希)는 청대 거인(擧人: 향시에 급제한 사람)이었다. 그는 함풍(咸豐) 원년(1851년)에 저장 향시에 스물네 번째 거인으로 합격했고, 동치(同治) 원년(1862년)에는 호부주사(戶部主事)에 부임했다. 모친 허(何) 씨는 명문가 출신으로, 외할아버지 허위안제(何元傑)는 한림원(翰林院) 편수(編修)였다. 루쉰의 혼사에 관하여 그녀는 베이징 시절 같은 사합원(四合院)에 사는 위팡(兪芳)에게 이렇게 말한 적이 있다.

> 당시 나는 큰선생의 정혼자를 정하고 일이 끝난 후에야 큰선생에게 알렸어. 그는 당시 별로 내켜 하지 않았지만, 내가 이미 책임지고 결정한 것을 알고는 단호하게 반대하지 않았지. 어쩌면 나를 신뢰해서 내가 찾아준 사람이면 나쁠 리 없다고 생각했던 것 같아.

그녀가 장남을 위해 정한 혼사는 당시 결혼을 선택하는 기준으로 봤을 때 잘 어울리는 편이었다. 다만 이 혼사가 나중에 불행했고, 특히 루쉰이 주안을 마음에 들어 하지 않았기 때문에, 당시 루뤠이가 왜 굳이 주안을 골랐는가에 대해서는 몇 가지 상충하는 설이 있다.

버전 1: 루쉰의 어머니가 주동적으로 제기했다는 설

루쉰의 당숙 저우관우에 따르면, 혼담을 꺼내기 전에 루뤠이는 안애기씨 본인을 만난 적이 있는데, 아주 마음에 들어서 주동적으로 남에게 중매를 서 달라고 부탁했다는 것이다.

루쉰의 결혼에 관해: 원래 쉐이펜문(水偏門) 주 씨 집안의 딸이 저우 씨 집안으로 시집왔는데 우리 큰어머니뻘이었다. 그녀는 자주 친정에 가서 때로는 조카딸 같은 아가씨를 데리고 놀러 왔는데 안애기씨라 불렀다. 루쉰 어머니가 보고는 마음에 들어서 며느리를 삼고 싶어 하며 큰어머니에게 중매를 서 달라고 부탁했다. 그러나 루쉰이 일본에서 알게 된 후 반대하며 편지를 보내어 주 씨네 처녀를 다른 곳에 시집보낼 것을 제의했다.[57]

저우관우의 설은 오랫동안 적지 않은 연구자들에게 채택되고 인용되었다. 예컨대, 1981년판 《루쉰 생애 사료 휘편(魯迅生平史料彙編)》의 '주안' 항목에서는 대체로 그의 설을 채택했다. 추스슝의 〈중국 전통 결혼에 대한 루쉰의 '타협'과 항쟁에 관한 소고(淺論魯迅對中國傳統婚姻的"妥協"與抗爭)〉, 장넝경(張能耿)의 《루쉰 가세》는 기본적으로 루쉰의 모친이 주동적으로 저우위톈의 큰며느리 자오(趙) 씨에게 중매를 서달라고 부탁했다고 본다. 마티지(馬蹄疾)는 《루쉰 삶 속의 여성(魯迅生活中的女性)》이라는 책에서 더욱 생동감 있게 묘사했다. 그러나 자세히 따져보면, 저우관우의 설에는 적지 않은 문제가 있다. 저우관우는 루쉰의 당숙이지만 루

57 저우관우, 〈자잘한 기억(我的雜憶)〉, 《루쉰 가문과 당시 사오싱 민속》, 245쪽.

쉰보다 여섯 살 어리다. 그는 1887년생으로 1901년에야 부친 저우어우친(周藕琴)을 따라 산시(陝西)에서 고향인 사오싱으로 돌아왔다. 따라서 때에 따라서는 그도 분명 간접적으로 들은 것이다. 우선 그는 란 부인이 자주 조카딸 안애기씨를 데리고 놀러 왔다고 했는데, 항렬에 따르면 주안은 란 부인의 조카딸이 아니라 조카손녀여야 하며 이는 한 항렬이나 차이가 난다. 다음은 가장 쉽게 오해하게 만드는 점인데, "루쉰이 일본에서 알게 된 후 반대"했다고 하여 이 혼사가 루쉰이 일본에 간 이후, 즉 1902년 이후에 체결되었다고 오해하게 한다는 것이다. 루쉰 어머니가 보고는 마음에 들어 주동적으로 란 부인에게 중매를 서달라고 부탁했다는 이 생생한 장면도 당연히 그가 직접 목격했을 수 없다. 저우관우와 당시 중매를 섰던 란 부인 등은 모두 인방(仁房)에 속했기에, 그도 인방 문중 한쪽 편의 이야기만을 들었을 것이다.

버전 2: 루쉰의 어머니가 속았다는 설

저우관우와는 반대로, 저우쭤런과 저우젠런은 루 부인이 속았다고 생각했다. 저우쭤런은 《지당 회고록》에서 다음과 같은 견해를 나타냈다.

> '새사람'은 딩자눙 주 씨댁으로, 종친 작은할머니인 위톈 부인과 동성동본이다. 위톈의 며느리인 보훼이 부인이 중매를 서는 데 성공한 것이었다. 보훼이 부인은 관인차오(觀音橋) 자오(趙) 씨 집안 출신으로 사오싱의 명문가였다. 사람이 무척 예쁘고 일을 잘해서 《홍루몽(紅樓夢)》에 나오는 왕시펑(王熙鳳)과 같은 기풍이 있었다. 평소 루 부인과도 말이 잘 통했지만, 이 일만큼은 썩 잘 처리하지 못했다. 새사람은 몹시 왜소해서 상당히 발육이 불량한 모습이

었다. 이런 정황을 시어머니와 며느리가 모를 리 없는데 일부러 기만한 것은 남한테 미안한 일이다. 본래 부모가 자녀의 혼인을 도맡아 처리하다 보면 중매쟁이에게 속기 쉽다. 이번에는 평범한 중매쟁이도 아니고 종친의 아주 친한 동서에게 속았으니 뜻밖의 일이라고 할 수 있다.[58]

저우 씨 집안과 주 씨 집안의 통혼은 보훼이 부인(첸 숙모)이 중매를 서서 서로 연결해주는 중요한 역할을 맡고 있다. 이 숙모에 대한 저우쭤런의 평어는 "사람이 무척 예쁘고 일을 잘해서《홍루몽(紅樓夢)》에 나오는 왕시펑(王熙鳳)과 같은 기풍이 있었다"라는 것인데, 이는 그녀가 매우 수완 있는 사람이며 루 부인이 그녀에게 속았음을 설명한다.

저우젠런도 만년의 회고록《루쉰 집안의 몰락(魯迅故家的敗落)》에서 유사한 견해를 보였다.

어머니는 큰형을 지극히 사랑하셨고 큰형을 이해하셨다. 왜 형에게 좋은 며느리를 찾아주지 않으셨을까? 왜 형을 평생 불행하게 만드셨을까? 또, 왜 나의 외사촌누이, 특히 친(琴) 누이를 이렇게 불행하게 만드셨을까? 여기에는 한 가지 해석밖에 없다. 그것은 바로 어머니가 첸 숙모의 말을 믿고 주안이 분명 자신의 모든 조카딸과 친정 조카딸보다 나을 거라고 여기셨기 때문이다.[59]

---

58 저우쭤런,《지당 회고록(知堂回想錄)》, 홍콩 삼육도서문구공사(三育圖書文具公司), 1970년, 172쪽.

59 저우젠런 구술, 저우예(周曄) 기록,《루쉰 집안의 몰락(魯迅故家的敗落)》, 푸젠교육출판사(福建教育出版社), 2001년, 219쪽. (옮긴이: 저우예(1926~1984)는 저우젠런의 큰딸이다.)

루쉰의 형제인 저우쭤런과 저우젠런의 설은 중시할 만하다. 그러나 혼사의 불행을 사람들이 종종 중매쟁이의 기만 탓으로 돌리는 경우가 흔하다는 측면을 고려하지 않을 수 없다. 그러나 저우쭤런은 어디까지나 양가가 사돈 맺는 과정을 친히 지켜보았고, 그의 표현대로라면 루 부인은 정식으로 혼담을 꺼내기 전에는 안애기씨 본인을 본 적이 없었으며, 혼사가 거의 확정된 후에야 미래의 며느리를 보았을 것이다. 이 혼담은 그녀가 직접 승낙하였으니, 그때 가서 눈앞의 처녀가 첸 부인이 묘사한 모습보다 훨씬 떨어진다고 해도 받아들일 수밖에 없는 것이다. 더구나 당시 루쉰의 조건으로는 주 씨네 처녀가 집안도 좋고 어질어서 저우 씨 집안 며느리로 충분히 자격이 있었다.

버전 3: 루 부인에게 속았다는 설

여기에서 주 씨 집안의 견해를 언급할 필요가 있는데, 주지런은 이렇게 말한 적이 있다. "고모와 루쉰의 혼사는 노마님(루뤠이를 지칭)이 속인 것으로 쌍방 모두가 기분이 언짢았어요."

이는 주 씨네의 입장에서 내는 목소리다. 분석하자면, 아마 주가는 본래 루 부인이 동의한 이상 루쉰도 당연히 문제가 없을 것이라 여겼는데, 그 후 루쉰이 반대를 표명하고 주안이 시집가서도 이런 냉대를 받자 속았다는 생각을 하게 된 것이다.

일반적으로는 당시 주안의 나이가 많은 편이었지만, 루뤠이는 주안이 온순하고 예의 바른 것을 좋아했기 때문에 나이를 따지지 않았으며 외모를 흠잡지도 않았다고 본다. 그러나 이는 루쉰의 입장에서 추론한 것이다. 주가 사람 입장에서는 자기 쪽에서 어쩔 수 없이 양보를 많이 했다고 생각할 수 있다. 이때 루쉰 집안의 조건은 형편없었으며, 많은 사람의 눈에 루쉰은 막다른 지경에 이르러 난징으로 신학문을 공부하러 간 것으로 보였다. 그래도 필경 두 집안은 가세가 엇비슷했고 본처로 가는 데다가 란 부인 일가가 줄을 대어 루 부인도 백번 동의했다. 주야오팅 부부에게는 1남 1녀뿐이었으며 하나밖에 없는 딸을 지극히 보살피고 애지중지했다. 이제 딸에게 평생 의탁할 곳이 생겼다고 여겼는데, 결국 이렇게 되었으니 원망의 말이 나오는 것도 무리는 아니다.

버전 4: 경제적인 고려에서 비롯되었다는 설

루쉰의 어머니가 당시 이 혼사를 정하게 된 배경에는 "더 심오한 원인"이 있을 것이며, 심지어 당시 저우 씨 집안이 주 씨 집안으로부터 경제적으로 도움을 받기 위해 혼약을 맺었기에 루쉰이 어머니의 명을 거역하기 어려웠을 것이라는 등의 추측을 하기도 한다.

일찍이 루쉰에게 욕을 먹었던 장커뱌오(章克標)는 저우 씨 집안은 루쉰의 조부가 과거(科擧) 부정 사건으로 투옥되었을 때 "주안의 집에서도 돈을 빌렸을 것"이며, "이런 정황이 분명히 존재한다"라고 생각했다. "이 혼사에는 이런 관계가 있었기 때문에 한 치의 착오도 없어야 했고 대단히 견고했다. 루쉰이 이런 상황을 알고 있었는지는 모르지만, 그가 반대하지 못하고 승낙하며 효자 노릇을 할 수밖에 없었던 것을 보면 (……) 내심으로는 분명 알고 있었을 것이다."[60]

어떤 일본 학자들은 당시 루쉰이 구식 혼인을 받아들일 수밖에 없었

60 장커뱌오(章克標), 〈루쉰과 연애(魯迅與戀愛)〉, 저장(浙江)《연의보(聯誼報)》(1999년 4월 16일).

던 까닭은 저우 씨 집안이 애초 몹시 곤궁한 상황에서 주 씨 집안의 경제적 원조를 받았기 때문이라고 추측하기도 한다. 다카키 도시에(高木壽江)는 〈루쉰의 결혼과 사랑〉에서 저우쭤런의 《루쉰의 집안》에 나오는 대목에 근거하여 다음과 같이 주장했다. 1897년 저우보이(周伯宜)가 사망한 후, 한번은 위톈공이 집안 어른으로서 가족회의에서 어떤 일로 "루쉰에게 강제로 서명을 시킨" 일이 있었는데, 저우쭤런이 '어떤 문제'라고 말을 얼버무리면서 명확하게 설명하지 않은 까닭은 루쉰의 말할 수 없는 비밀과 관련 있기 때문이며, 이 문제란 바로 "부유한 처가의 경제적 원조를 받는다는 굴욕적인 조건으로 주안과 약혼했다"라는 것이다. 오자키 호츠키(尾崎秀樹)가 1960년에 발표한 〈루쉰의 구식 결혼을 둘러싸고 — 가공의 연인들〉에서도 이에 대해 찬성하며, 루쉰이 1897년에 '어떤 문제'에 서명했는데, "루쉰이 난징수사학당으로 공부하러 떠나기 전부터 산인의 주 여사는 이미 그의 아내로 운명 지어져 있었다"라고 주장했다.

일본 학자들이 이와 같은 견해를 발표한 것은 1950~60년대로 당시에는 많은 사실이 아직 밝혀지지 않았다. 오늘날 우리는 이러한 추측들이 대부분 사실과 부합하지 않는다는 것을 알고 있다. 예컨대, 저우쭤런이 언급한 '어떤 문제'는 1897년 문중이 집을 다시 분배한다는 구실로 루쉰의 집 일부를 빼앗아간 일을 가리키며 루쉰의 혼사와는 전혀 무관하다. 루쉰이 1897년에 주안과 혼사를 결정했다는 것도 저우쭤런 일기의 기록과 부합하지 않는다. '경제 원조설'은 많은 역사적 사실에서 퇴고를 견뎌내지 못하며, 중국 내에서는 오랫동안 루쉰의 혼사에 대해 언급을 회피해왔기 때문에 1970년대 말에 이런 설이 소개되었을 때 어느 정도 영향을 미쳤다. 이런 견해를 가진 사람은 중국 내에도 적지 않다.

이에 대해 저우 씨 집안의 당시 지위와 경제적 상황에 대해 설명할 필요가 있다. 푸펀차오(覆盆橋) 저우 씨는 사오싱의 유명한 명문 대가였다. 루쉰의 조부 저우푸칭(周福淸)은 이렇게 말한 적이 있다. "우리 문중은 명 만력(萬曆) 때 집이 이미 먹고살 만했으며(술선공(述先公)의 제전(祭田)은 모두 만력 연간에 마련한 것이다) 대대로 농사짓고 공부했다. 건륭 연간에 이르러 노칠방(老七房)과 소칠방(小七房)(운산공(韞山公)은 아들 일곱을 낳았다)으로 나누었다. 전답 만여 무(畝)와 전당포 수십 채가 있어서 대족 행세를 했다."[61] 루쉰의 족숙(族叔) 저우관우(周冠五) 선생도 이렇게 말했다. "부동산으로 말하자면 라오타이먼(老臺門), 신타이먼(新臺門), 궈차오타이먼(過橋臺門)의 대저택 세 채 이외에도 푸펀차오에서 둥창팡 어귀까지 남북 양쪽의 골목집, 소주택들이 대부분 저우 씨 소유였다. 화방(和房)은 푸펀차오 남쪽 다리목과 궈차오타이먼이 즐비한 곳에 별장을 만들어 작은 궈차오타이먼이라 불렀다. 다윈차오(大雲橋)와 큰길, 대로 일대에도 저우 씨의 부동산이 있었다. 전답은 남문 밖과 편문 밖이 거의 저우 씨 소유였다."[62]

저우관우의 설명에 대해 추스슝은 어떤 부분은 사실보다 과장되었을 수 있다고 여겼다. 그러나 그는 동시에 푸펀차오 저우 씨가 당시 사오싱의 유명한 대부호 집안이었던 것은 분명하며 루쉰의 증조부대에 이르러 사정이 점점 나빠지며 급격하게 몰락하기 시작했다고 지적했다. 몰락

---

61 저우푸칭, 〈항훈(恒訓)〉, 《루쉰 연구 자료(魯迅研究資料)》 제9집, 톈진인민출판사, 1982년.

62 저우관우, 〈저우 씨 가문의 경제적 상황(周氏家族的經濟情況)〉, 《루쉰 가문과 당시 사오싱 민속》, 231쪽.

의 원인에는 몇 가지 측면이 있는데, 우선 11대는 마침 태평천국 혁명이 한창으로 명성이 자자한 상공지주와 봉건 관료 계층으로서 푸펀차오 저우 씨는 의심할 여지 없이 주요 공격 대상이었다. "전란의 영향을 받아 막대한 손실을 입어서 각 방족(房族)은 대부분 한번 쓰러진 후 다시 일어나지 못하고 심지어 의탁할 곳을 잃고 정처 없이 떠돌아다녔다." 이는 푸펀차오 저우 씨 가문이 몰락하게 된 중요한 원인이다. 다음으로 각 방(房)이 몰락한 원인은 저마다 다르다. 루쉰의 집을 예로 들면, 조부 저우푸칭은 벼슬을 했지만, 경제적으로는 집안에 보탬이 되지 않았다. 그의 내각중서(內閣中書)라는 관직은 돈을 주고 산 것으로 적게 잡아도 몇천 냥의 은자가 들었다. 이 밖에 그는 차례로 첩을 셋이나 들여서 자연스레 적지 않은 은전을 지출했다. 결정적으로 가세가 기울게 된 원인은 조부 저우푸칭의 과거 뇌물 사건으로, 집안에 들이닥친 풍파로 인해 루쉰의 부친 저우보이는 병들어 누웠다가 일어나지 못하고 37세에 세상을 떠났다. 루쉰은 부친 저우보이가 "돈을 벌 줄 몰랐다"라고 한 적이 있다. 저우보이는 일개 문약한 서생으로 돈을 벌기는커녕 그에게 엄청난 재력을 쏟아부어야 했다. 루쉰의 자술에서 알 수 있듯이, 부친의 병을 고치기 위해 집안에서는 물건을 환금하고 전당 잡힐 수밖에 없었으며, 13세에 불과했던 루쉰은 전당포와 약국을 빈번하게 드나들며 장남이자 장손으로서의 책임을 짊어져야 했다.

저우 씨 집안이 '과거 부정 사건'을 겪으면서 큰 타격을 받고 가세가 몰락하기 시작한 것은 확실히 사실이지만, 타인의 경제적 원조에 기대지 않고는 생계를 유지할 수 없을 지경으로 영락한 것일까? 루쉰은 집안 사정에 대해 〈자서전(自傳)〉에서 다음과 같이 서술했다. "집안에는 원래 조상이 남긴 논밭이 40~50무(畝) 정도 있었지만, 아버지가 돌아가시기 전에 이미 몽땅 팔아버렸다. 이때 나는 대략 13~14세였는데 가까스로 서너 해 넘게 전통서적을 공부하고 있었다."[63] "내가 어렸을 때는 집안에 40~50무의 논이 있어 생계 걱정은 별로 하지 않았다고 한다. 하지만 내가 13세가 되었을 때 우리 집안에 별안간 큰 변고가 닥쳐 거의 아무것도 남지 않게 되었다."[64] 이에 대해 추스슝은 다음과 같이 지적했다. "사람은 많고 땅은 적은 사오싱에서 40~50무의 논이 있다는 것은 이미 상당히 부유한 집안이다. 이는 해방 후 사오싱의 토지 개혁 운동에서 지주 계급으로 분류되기에 충분한 자격을 갖췄다."[65] 동시에 그와 몇몇 연구자들은 루쉰이 난징으로 유학 간 후에도 집안은 조상이 남긴 토지의 임대료에 기대어 생계를 유지할 수 있었으며, 그 근거로 저우쭤런의 일기에 '임대료 받기'에 관한 기록이 있음을 지적한다.

1899년에서 1901년까지 저우쭤런의 일기에는 그가 직접 각지에 가서 소작료를 걷거나 소작인이 소작료를 보낸 상황이 곳곳에 기록되어 있다. 예컨대, 1898년 십일월 그믐에는 "가랑비. 성안으로 소작료를 걷으러 갔다. 오후에 갬. 류허좡(六和莊)에서 점심 식사. 곡식 스물다섯 가마를 걷

63 루쉰, 〈자서전(自傳)〉(1934년), 《루쉰 전집(魯迅全集)》 제8권, 401쪽. (옮긴이: 우리말 번역은 〈자서전〉, 《루쉰 전집 제10권 집외집습유보편》, 루쉰전집번역위원회 옮김, 서울: 그린비출판사, 2017년, 528~530쪽 참고.)

64 루쉰, 〈러시아 역본 《아Q정전》 서언 및 저자의 자술 약전(俄文譯本《阿Q正傳》序及著者自敍傳略)〉(1925년), 《루쉰 전집(魯迅全集)》 제7권, 85쪽. (옮긴이: 우리말 번역은 〈러시아 역본 《아Q정전》 서언 및 저자의 자술 약전〉, 《루쉰 전집 제9권 집외집 · 집외집습유》, 루쉰전집번역위원회 옮김, 서울: 그린비출판사, 2016년, 127~132쪽)

65 추스슝, 〈루쉰이 공전(公田) 매도에 참여한 〈공동의단(公同議單)〉에 관하여(關於魯迅參與絶賣"公田"的〈公同議單〉)〉, 《상하이 루쉰 연구》 2008년 여름호.

고 싱팡(莘舫) 숙부에게 세 집의 곡식 여덟 가마를 대신 받아달라고 부탁했다." 또, 1899년 십일월 스무하루에는 "흐림. 새벽에 아침 식사. 중샹(仲翔) 숙부와 배를 타고 주자완(諸家灣)에 가서 소작료를 거두고 요기를 했다. 소작료는 9푼 2리였다. (……) 또, 류허쫭에 가서 점심으로 햇곡을 맛보았다. 두 곳에서 모두 스무 가마를 걷었다. 오후에 배를 타고 집으로 돌아갔다." 이런 기록은 일기에 대략 십여 군데 있다. 13세까지 도련님 생활을 해온 루쉰에게 그 하룻밤 사이의 변화는 혼을 쏙 빼놓을 만큼 무서운 것이었으며, 감각적으로 느끼는 것은 실제 변화보다 훨씬 컸다. 저우쭤런의 일기는 사실을 기록한 글로서 저우 씨 집안의 당시 경제 상황을 더욱 잘 반영할 수 있다.

어떤 연구자는 저우쭤런의 일기에 근거하여 다음과 같이 통계를 냈다. 1898년 루쉰 집안에서 거둬들인 곡식 소작료는 서른다섯 가마이며, 그 밖에 수량이 분명하지 않은 것이 한 건 있다. 1899년에는 조부의 동의를 얻어 저우쭤런의 손을 거쳐 한 무당 45원의 가격에 논밭 다섯 무를 팔아치웠다. 이 해에 받은 곡식 소작료는 모두 마흔다섯 가마였다. 1900년에는 저우쭤런이 현시(縣試)를 치르느라 바빠서 일기에 기록이 보이지 않는다. 1901년 9월에 저우쭤런은 사오싱을 떠났으며, 이해 7월 일기에 소작인이 "재해를 알렸다"는 기록이 네 건 있는데, 러우샤천(樓下陳)과 류허쫭 등지의 소작인들이 와서 재해 상황을 보고했다.[66] 곡식 한 가마를 백 근으로 계산한다면 매년 사천오백여 근이 된다. 이 정도의 곡식은 저우쭤

66 주샤오인(祝肖因), 〈루쉰의 구식 혼인에 관한 몇 가지 문제(關於魯迅舊式婚姻的幾個問題)〉, 《루쉰 연구 월간(魯迅研究月刊)》 1987년 제9기.

런의 표현에 따르면, 1893년에 "사천여 근의 곡식은 삼대(三代) 열 명의 식구가 생활하는 데 문제가 되지 않는다."[67]

이런 세답이 얼마나 있었을까? 저우젠런은 다음과 같이 회고한다. "공동 제전(祭田) 외에 흥방(興房)은 논 20무만 남았는데, 그것으로 먹고살려면 더는 팔 수 없었다."[68] 여기에서 '흥방'은 바로 루쉰의 집을 가리킨다. 저우가에는 온 집안의 최저한도 생활을 유지하는 전답이 남아 있었으며, 저우젠런의 회상도 이 점을 증명한다.

딩자눙 주가가 어느 정도로 부유했었는지는 잘 모르지만, 푸펀차오 저우가도 어디까지나 명문 대가였으며, 루쉰 집안이 변고를 당해 급속히 몰락했지만, 갈 데까지 간 것은 아니었다. 양가가 혼약을 체결한 것은 1899년으로, 비록 그 당시 루쉰의 조부는 아직 감옥에 있었지만 그래도 한 집안의 어른이었다. 만약 애초에 저우 씨 집안이 돈을 마련하기 위해 어쩔 수 없이 루쉰에게 부유한 처가를 찾아줘야 했다면, 1901년에 조부가 출옥하자마자 바로 혼사를 치러야 했을 텐데 실제로 양가의 혼사는 그 후에도 지지부진 기미가 없었다. 게다가 저우쭤런의 나중 회고를 보면, 만년이 처량했던 이 조부는 고향에 돌아온 후 성미가 더욱 괴팍하고 고약해졌으며, 옌(衍) 부인의 꼬드김에 며느리 루뤠이와 란 부인의 왕래를 몹시 못마땅해하며 늘 빈정거리고 말에 가시가 돋친 듯 각박해 온 집안이 온종일 평안하지 못했다. 딩자눙 주가의 혜택을 입었다면 조부의 이와 같은 태도는 이치에 맞지 않는다. 1902년에 루쉰이 관비(官費)로 일본에 유학

67 저우쭤런, 《루쉰의 집안》, 《루쉰 회고록 · 전문서》(중권), 베이징출판사, 1999년, 908쪽.

68 저우젠런 구술, 저우예 집필, 《루쉰 집안의 몰락》, 105쪽.

할 기회를 얻자, 조부는 손자에게 주 씨네 처녀와의 혼사를 강요하는 게 아니라 의외로 크게 지지했는데, 이 또한 일부 문제를 설명할 수 있다.

옛날 사오싱 풍습에 남자 측은 여자 집에 처녀의 몸값, 혼수 마련비 등으로 '첫 번째[頭盤]', '두 번째[二盤]', 더 나아가 '세 번째[三盤]' 납채(納采) 예물을 보냈는데, 이 비용은 당시 몰락한 저우 씨 집안으로는 감당하기 힘든 것이 분명했다. 어쩌면 당시 주 씨 집안이 납채 예물을 일부 면제하는 데 동의했을 수도 있다. 그러나 저우 씨 집안이 경제적 지원을 받기 위해 주 씨 집안과 약혼했다고 보기에는 근거가 충분하지 않다.

신방 — 어머니의 선물

"딸은 스물여섯을 넘겨서까지 데리고 있지 않는다"

1899년, 저우 씨와 주 씨 양가가 혼약을 맺은 후로 혼사는 차일피일 미뤄졌다. 1903년 여름에는 루쉰도 귀국해 가족들을 만났지만 결혼식은 열리지 않았다. 주안의 아버지 주야오팅(朱耀庭)이 어느 해에 세상을 떠났는지는 모르지만, 그는 향년 50세가 채 되지 않았으며 주안의 나이로 미루어 짐작건대 대략 이 기간이었을 것이다. 만약 그렇다면 이 또한 루쉰에게 지연의 빌미를 주었을 것이다. 1904년 7월, 조부 저우푸칭(周福淸)이 향년 68세의 나이로 사오싱에서 병으로 죽었을 때도 루쉰은 분상(奔喪)하지 않았다. 눈 깜짝할 새에 2년이 또 지나 1906년이 되었다. 사오싱에는 예로부터 "딸은 스물여섯을 넘겨서까지 데리고 있지 않는다"라는 규율이 있었는데, 주안은 이미 28세가 되어버렸다.

주가 타이먼의 사정은 알려진 바가 적지만, 주안의 먼 친척 작은할아버지 주샤팅(朱霞汀)과 부친 주야오팅이 잇달아 세상을 떠난 것은 주가 타이먼에 필시 적지 않은 타격을 주었을 것이다. 그리고 한 가지 확실한 것은 안애기씨가 해를 거듭하는 기다림 속에서 세월을 허비했다는 점이다. 그 시절에는 그녀와 같은 나이가 되어서도 시집을 못가면 두말할 것 없이 처지가 난처했다.

주안이 남긴 몇 장 되지 않는 사진에서 좁고 뾰족한 삼촌금련(三寸金蓮: 전족한 여성의 작은 발을 일컫는 말)을 볼 수 있다. 명 · 청 이래 사람들의 관념에서 "정교하고 아름다운 작은 신발 속에 잘 싸맨 두 발은 여성의 아름다움이자 계층을 구분하는 지표였다."[69] 당시 보통 사오싱 여자들은 모두 전족을 했으며 그렇지 않으면 시집을 가지 못했다. 여자아이가 대략 다섯 살에서 일곱 살 정도 되었을 때, 어머니나 집안 여성이 앞으로 좋은 집에 시집갈 수 있도록 발을 꽁꽁 동여매는 것을 상상할 수 있다. 그런데 이 작은 발이 유행에 맞지 않는 날이 오리라고는 생각하지 못했을 것이다.

저우관우(周冠五)의 회고에 따르면, 루쉰이 일본에서 편지를 보내어 주 씨 집안 처녀를 다른 곳으로 시집보내라고 제안했으나 루뤠이(魯瑞)는 저우관우에게 편지를 써서 루쉰을 설득해달라고 했다. 이 혼사는 원래 그녀가 친척에게 부탁해 성사된 것이라 취소할 수 없었으며, 파혼은 저우가와 주가의 명예에도 좋지 않고, 주가 처녀는 더욱 아무도 아내로 삼으려 하지 않을 것이라고 강조했다. 루쉰은 양보해 여자가 전족을 풀고 학당을 다녔으면 좋겠다고 했지만, 주 씨 집안은 이를 거절했다.

---

69 [미] 가오옌이(高彦頤, Dorothy Y. Ko),《규방의 선생들: 명말청초 강남의 재녀 문화(閨塾師 : 明末清初江南的才女文化)》, 장쑤인민출판사(江蘇人民出版社), 2005년, 182쪽. (옮긴이: 원서는 *Teachers of the Inner Chambers: Women and Culture in Seventeenth-century China*, Stanford University Press, 1994이다.)

루쉰이 일본에 있을 때 특별히 교제하는 여성은 없었지만, 짐작건대 그가 본 일본 여성들은 자연 그대로의 발이었고, 하녀라도 읽고 편지를 쓸 수 있도록 교육을 받았던 것이다. 서양인과 일본인의 눈에 변발과 전족은 야만적인 토인의 습속이었으며, 수많은 재일 유학생들은 이에 깊은 자극을 받았다. 실제로 캉유웨이(康有爲)와 량치차오(梁啓超)의 변법유신 이래 중국 내에서도 전족을 금지해야 한다는 여론이 점차 형성되었으며, 발을 풀자는 사상이 이미 많은 신파(新派) 인사들에게 받아들여지고 있었다. 연해 각 도시에서는 잇달아 부전족회(不纏足會)나 천족회(天足會)가 결성되었고, 이에 호응하는 자도 많았다. 그러나 내륙 시골에서는 이런 인습을 타파하기가 쉬운 일이 아니었다. 청말의 사오싱은 상대적으로 폐쇄적이었던 것으로 보이며, 주 씨 집안 역시 보수적인 가문으로 보인다. 루쉰이 주가 처녀에게 전족을 풀고 글을 배우라고 권한 것도 즉흥적인 제안이 아니라 두 사람 사이의 격차를 진심으로 좁히고 싶었을 것이다. 주가 처녀가 편지를 써서 서로 소식을 주고받을 수 있었다면 둘 사이에 어느 정도 정이 들 수 있지 않았을까? 그러나 여러 이유로 주안은 이 두 가지를 해낼 수 없었다.

당시 주안은 확실히 나이가 많았다. 주 씨 집안은 안 그래도 걱정이 태산 같았는데, 루쉰이 이미 일본 여자랑 결혼했다는 소문이 들려왔다. 심지어 루쉰이 아들을 데리고 간다(神田)에서 산책하는 것을 직접 목격했다는 사람도 있었다. 이는 주 씨 집안을 몹시 당황하게 했고, 루뤠이가 루쉰을 귀국시키기로 결심하게 했다. 여러 해가 지난 후 루 부인은 양심의 가책을 느끼며 자신이 루쉰을 속여 귀국시킨 일을 남에게 털어놓았다.

루쉰의 단발 사진. 1903년 일본 도쿄에서 촬영.

주 씨 집안에선 딸이 나이가 많으니 되도록 빨리 혼사를 치르기를 바란다고 중매인을 통해 거듭 재촉했단다. 큰선생이 이미 일본 여자랑 결혼했다는 둥, 아이까지 낳았다는 둥 바깥에서 얼토당토않은 뜬소문을 들었기 때문이지. (……) 나는 정말 시달리다 못해 어쩔 수 없이 남에게 부탁해서 큰선생에게 내가 병이 났다고 속여 빨리 돌아오라는 전보를 쳐달라고 했어. 큰선생이 과연 돌아왔는데, 내가 그 이유를 설명했지만 탓하지 않으며 결혼에 동의했어.[70]

루쉰이 늑장을 부리며 돌아오지 않자 저우 씨 와 주 씨 양가 어른들은

70 위팡(兪芳), 〈봉건 혼인의 희생자 — 루쉰 선생과 주 씨 부인(封建婚姻的犧牲者 — 魯迅先生和朱夫人)〉, 위팡, 《기억 속의 루쉰 선생(我記憶中的魯迅先生)》, 저장인민출판사(浙江人民出版社), 1981년, 143쪽.

모두 초조해졌다. 부득이하게 루뤠이가 작은 꾀를 내어 거짓으로 자신이 위독하다고 전보를 쳐서 루쉰이 속히 돌아오게 했다. 이와 동시에 집안의 가옥을 리모델링하며 루쉰의 혼사를 준비했다.

셋째 동생 저우젠런은 당시 18세로 집에서 가까운 타쯔차오(塔子橋) 근처의 마신묘(馬神廟)에 있는 소학교에서 공부하고 있었다. 어머니가 그에게 편지를 쓰거나 전보를 쳐서 큰형에게 보내라고 부탁하지는 않았을까? 안타깝게도 그의 회고에는 전혀 언급이 없다. 그의 회고에 따르면, 1906년 초여름에 그가 학당에서 돌아왔을 때 미장이와 목수가 집을 수리하고 있는 것을 보았다고 했다. 이때서야 어머니가 집수리를 서두르는 까닭이 큰형의 혼사를 준비하기 위해서라는 것을 알았다. 집을 수리하는 일은 집안의 대사로 저우쭤런도 이에 대해 다음과 같이 회고했다.

> 수십 년간 방치된 낡은 가옥을 왜 이 시점에 보수하려고 했을까? 집이 태평천국의 전란으로 훼손된 지 40여 년이 지났다. 중간에 할아버지께서 한림(翰林)이 되셨지만 줄곧 복구하지 않았다. 나중에 베이징에서 경관(京官)을 하시다 내각중서(內閣中書) 자리를 사고 첩을 들이셨어도 돈만 쓰실 뿐 집안을 돌보실 여력은 없으셨다. 이번에야 겨우 수리해 사람이 들어가 살 수 있게 되었다. 그 이유는 집을 수리할 여유가 있어서가 아니었다. 집안은 여전히 어려웠으나 실로 꼭 필요했기 때문이다. 루쉰은 그해에 집으로 돌아와 혼례를 마칠 채비를 하고 있었다. 위층의 두 칸이 신방이었는데, 나도 집에 돌아온 후에야 알았다.[71]

---

71 저우쭤런, 《지당 회고록(知堂回想錄)》, 171~172쪽.

저우쭤런의 표현에 따르면, "루쉰은 그해에 집으로 돌아와 혼례를 마칠 채비를 하고 있었다." 다만 자신도 당시 외지에서 공부하고 있었기에 집수리와 루쉰의 결혼에 대해서는 자세히 알지 못한다고 밝혔다. 주목할 점은 저우관우도 다음과 같이 회고하고 있다는 사실이다.

> 나중에 이 상황을 루쉰에게 말했는데, 그의 답장은 아주 명쾌했으며 한마디로 승낙하면서 언제 결혼하고 언제 도착하겠다고 말했다. 이에 결혼이 확정되었다. 날짜가 정해지고 루쉰이 과연 일본에서 돌아왔다. 모친은 매우 의아해했는데, 기쁘면서도 의심스러워하며 나와 밍산(鳴山) 두 사람에게 행랑(行郎: 옛날 남자 집에서 여자 집으로 보내 신부를 맞이하는 사람)을 서달라고 했다. 그는 예복 두루마기와 덧저고리를 입고 무릎 꿇고 엎드려 절하며 말을 잘 들었다.[72]

일의 진행 과정이 물론 저우관우가 말하는 것처럼 간단할 수는 없지만, 그의 말이 통상 우리가 아는 것과 크게 다른 점도 눈여겨볼 대목이다.

쑨푸위안(孫伏園)[73]은 루쉰의 학생이자 절친한 친구로 루쉰 일가와도 깊은 교제가 있었다. 그는 1939년 루쉰 사망 3주기를 기념하는 모임에서 이 일에 관해 이야기했다.

---

72 저우관우, 〈자잘한 기억〉, 《루쉰 가문과 당시 사오싱 민속》, 245쪽.

73 쑨푸위안(1894~1966), 저장 사오싱 사람. 루쉰이 산콰이(山會: 산인과 콰이지) 초급사범학당 교장을 맡았을 때 학생이다. 1921년 《신보 부간(晨報副刊)》 편집을 주관하면서 루쉰과 가깝게 지냈다. 1928년에 프랑스로 갔다가 1929년에 귀국한 후 오랫동안 허베이성(河北省) 딩현(定縣)에서 교육 업무에 종사했다.

루쉰 선생님은 처음에는 의학을 공부하셨습니다. 그분은 매우 엄격한 과학적 훈련을 받으셨기 때문에 많은 정신생활을 믿지 않으셨습니다. 그분은 사람들에게 "나는 사랑이 뭔지 모르겠다"라고 말씀하시곤 했습니다. 하지만 집안에서 여러 차례 그분께 귀국해 결혼하라고 했는데, 그분은 학업을 포기하고 돌아가려 하지 않으셨습니다. 나중에 집에서 전보를 쳐서 어머님의 병세가 위중하다고 하자 선생께서 귀국하셨습니다. 집에 도착해보니 집은 이미 수리가 끝났고 가구는 전부 새것이었으며, 모든 결혼 준비가 다 끝나 그분이 돌아와 신랑이 되기만을 기다리고 있었습니다. 루쉰 선생님께서는 평생 일에 대해서는 용맹스럽게 분투하셨지만, 사람에 대해서는 아주 너그러우셨습니다. 그분은 시종일관 자신과 가장 친밀한 사람에게 차마 가혹한 대우를 하지 못하셨기에 굴복하셨습니다.[74]

청말의 중국에서 부모가 주관하는 중매결혼은 만고불변의 진리였으며 혼약을 파기하는 것은 엄중한 일이었다. 루 부인이 루쉰을 속여 귀국시킨 것은 실로 어쩔 수 없는 처사였다. 사실 이날은 조만간 벌어질 일이었고, 도피는 결국 방법이 아니었다. 루쉰이 차마 어머니의 뜻을 거역할 수 없는 이상 개인의 의지를 희생하고 묵묵히 이 운명을 받아들일 수밖에 없었다.

---

74 쑨푸위안, 〈루쉰에 관하여 — 쿤밍문예가협회의 루쉰 서거 3주기를 기념하는 대회 석상에서(關於魯迅 — 於昆明文協紀念魯迅逝世三周年大會席上)〉, 쑨푸위안, 쑨푸시(孫福熙), 《쑨 씨 형제가 말하는 루쉰(孫氏兄弟談魯迅)》, 신성출판사(新星出版社), 2006년, 21쪽.

발이 큰 척하는 신부

1906년 음력 유월 초엿새에 루쉰과 주안은 저우가 신타이먼 대청에서 혼례를 올렸다. 1899년에 저우 씨 집안 도련님과 정혼하고 두 사람이 결혼식을 올릴 때까지 주안은 7년을 기다린 끝에 이날을 맞이했다. 그녀도 틀림없이 저우 씨 집안 도련님이 이 혼사를 탐탁지 않게 여긴다는 사실을 어렴풋이 들었을 것이다. 어쩌면 7년에 달하는 절망에 가까운 기나긴 기다림 속에서 그녀는 어른들이 항상 그녀의 귓가에 들려주었던 그 말을 기억했을 것이다. "살아서는 저우 씨 집안 사람으로 살고, 죽어서는 저우 씨 집안 귀신이 되거라." 당시 사오싱 풍속에 처녀가 남자네 집에서 파혼을 당하면 사형선고를 당한 것이나 다름없었으며 가문의 수치였다. 저우 씨 집안 도련님과 약혼한 이상 그녀는 죽어도 저우 씨 집안에서 죽어야 했으며 물러설 자리가 없었다. 어쩌면 이것이 훗날 그녀의 모진 일생을 운명 지었는지도 모른다.

결혼식에 참석한 사람들은 세 타이먼의 종친과 다른 손님들이 있었다. 라오타이먼의 슝싼(熊三) 노인장이 문중 어른으로 이날 주례를 서러 왔다. 루쉰은 구식 혼례의 갖가지 번거로운 의식을 하나하나 그대로 따르며 아무것도 거역하지 않았다. 그는 나중에 당시의 정경을 다음과 같이 회고했다. "당시 가족들은 내가 신파(新派)라는 말을 듣고 조상님께 절을 하지 않고 구식 혼례에 반대할까 봐 걱정했다. 그러나 나는 묵묵히 그들이 시키는 대로 했다."[75]

---

75 루쉰이 가지 와타루(鹿地亘)(1903~1982)에게 사적으로 한 이야기. 가지 와타루가 일본판《대 루

결혼 당일, 저우 씨 집안 도련님이 사람들의 눈길을 가장 끌었던 것은 가짜 변발이었다. 이에 대해 루쉰의 사촌 동생 저우광이(周光義)는 다음과 같이 생생하게 묘사했다.

> 유월 초엿새 날, 신타이먼 저우 씨 집안은 경사를 치르기 시작했다. 신랑은 원래 변발을 잘라버렸는데, 아침에는 얇고 성기게 짠 명주로 만든 통모자(나중의 나폴레옹 모자와 조금 비슷하다)를 쓰고 그 밑으로 가짜 변발을 늘어뜨리고 있었다. 도포를 입었는데, 겉에 얇은 두루마기를 걸치고 발에는 장화를 신었다. 무슨 이치로 식장을 신당(神堂) 아래에 마련했는지 모르겠다. 신부가 꽃가마에서 걸어 나오는데 온몸에 전통 복장을 걸치고 있었다. 붉은 망사 홑적삼을 입었는데, 밑단에는 면으로 만든 테두리 장식이 있었고 아래는 검은 비단 치마였다. 신랑 신부가 천지신명과 양가 부모님께 절을 올리고 맞절을 마치자 '라오만(老嫚)'[76] 등 사람들에게 떠밀려 위층의 신방으로 들여보내졌다.[77]

저우광이는 1906년에 태어났으며, 저우자오성(周椒生)의 장손이자 저우중샹(周仲翔)의 장남이다. 저우자오성은 루쉰의 재종조부[78]로 루쉰

쉰 전집(大魯迅全集)》을 위해 쓴 〈루쉰 전기(魯迅傳記)〉 참고.

76 옛날 저장성 동부 지역의 낡은 풍습에 타민(墮民: 원 · 명 · 청 시기 저장 사오싱 경내에서 차별받던 천민)은 천한 직업에 종사할 수밖에 없었으며 사농공상의 사민(四民)과 통혼할 수 없었다. 타민 여성을 속칭 '라오만(老嫚)'이라 불렀는데, 설이나 명절을 맞아 주인집에 가서 축하 인사를 하고, 각종 경조사가 있으면 가서 일손을 거드는 등의 생업에 종사하면서 그로부터 약간의 상금과 물품을 얻었다.

77 천윈포(陳雲坡), 〈루쉰 가승과 숨은 일화(魯迅家乘及其佚事)〉(1958년 미발행 원고), 추스슝(裘士雄)의 〈루쉰과 주안의 혼인 문제 사료 보충 설명(魯迅和朱安婚姻問題史料補敍)〉에서 재인용.

78 옮긴이: 증조부 형제(증종조부)의 아들 가운데 할아버지보다 나이가 어린 사람.

과 저우쭤런 등을 난징 강남수사학당에 소개하여 공부하게 했다. 루쉰의 결혼 장면은 저우광이가 집안 어른들께 들었거나, 구식 혼례의 통상적인 상황에 비추어 짐작한 것이 분명하다. 루쉰이 가짜 변발을 드리웠던 일은 결혼식에 참석했던 일가친척에게 깊은 인상을 남겼기 때문에 또렷이 기억했다. 루쉰은 일본에 간 지 얼마 되지 않아 변발을 잘라버렸으나, 결혼식에서는 모든 것을 예전 방식대로 따라야 했으므로 가짜 변발을 하고 붉은 술이 달린 큰 모자를 썼다. 이것은 훗날 신문화운동의 선구자가 된 루쉰으로서는 차마 돌아보기 힘든 장면이 아닐 수 없다.

사람들은 신부가 발이 큰 척하는 것에도 주목했다. 루 부인의 회고에 따르면, 루쉰은 일본에서 편지를 써서 주 씨 집안 처녀에게 전족을 풀라고 요구했다. "큰선생은 전족한 여자를 좋아하지 않았지만, 그는 이것이 구사회에 의한 것이라 생각하고 전족한 발을 핑계로 이 혼사를 거부하지는 않았어. 다만 일본에서 집안 사람들에게 편지를 보내어 그녀에게 전족을 풀라고 알리게 했지."[79] 저우관우도 〈자잘한 기억(我的雜憶)〉에서 다음과 같이 말했다. "루쉰 어머니는 내가 루쉰과 편지를 주고받는다는 것을 알고 내게 편지를 써서 그를 설득하라고 했다. 내가 편지를 쓴 뒤에 루쉰의 답장을 받았는데, 그는 이렇게 말했다. 주안 아가씨를 아내로 맞아야 하는 것은 좋은데, 두 가지 조건이 있다. 첫째는 전족을 풀어야 하고, 둘째는 학당에 다녀야 한다. 안애기씨는 생각이 아주 고루해, 발은 이미 풀어봤자 다시 커질 수 없고, 여자가 글을 배우는 것은 별로 좋지 않으며, 학당에 다니는 것은 더더욱 싫다고 대답했다." 루쉰의 입장에서 보자면, 처음

79 위팡, 〈봉건 혼인의 희생자 — 루쉰 선생과 주 씨 부인〉, 위팡, 《기억 속의 루쉰 선생》, 143쪽.

에는 약혼녀와 소통하며 서로의 거리를 좁히려고 시도했던 것 같다. 그러나 주 씨 집안은 그가 제시한 조건을 아랑곳하지 않았다. 주안의 태도는 분명 그를 깊이 실망시켰을 것이다.

루쉰은 여러 해 동안 유학하면서 새로운 학문의 세례를 받아 자신의 변발을 잘랐을 뿐만 아니라 여자들이 전족하는 것도 반대했다. 이 점을 주 씨 집안도 잘 알고 있었기에 이날 주 씨 집안은 특별히 신부에게 한 치수 더 큰 신발을 신게 하며 발이 큰 것처럼 꾸몄다. 여러 해 뒤 루 부인은 결혼식 장면을 회상하며 다음과 같은 이야기를 했다.

> 결혼식 날 꽃가마가 들어오고 가마의 발을 걷어 올리는데, 가마 안에서 신부의 신발 한 짝이 떨어져 나왔어. 발은 작은데 친정에서 약간 큰 자수 신발을 신겼기 때문이었지. 발은 작은데 신발은 크고 사람은 또 왜소하니, 가마에 앉아 있다가 이도 저도 닿지 않아서 신발이 떨어진 것이었어. (……) 당시 일부 노인들은 이것이 '불길하다'고 했지만, 나는 오히려 이런 말들을 믿지 않았어. 단지 이 혼사가 순조롭기를 바랄 뿐이었지. 결혼 후 며칠 지나지 않아 큰선생은 다시 공부하러 일본으로 돌아갔어.[80]

주 씨 집안 문중도 그해 결혼식에서의 사소한 실수를 시종 마음에 두고 있었다.

> 루쉰이 결혼하던 그때 우리 집안과 저우 씨 집안은 본래 인척 사이인데 또 혼

---

80 위팡, 〈봉건 혼인의 희생자 — 루쉰 선생과 주 씨 부인〉, 위팡, 《기억 속의 루쉰 선생》, 143쪽.

인을 맺는 것이었다(저우위톈은 주 선생[81]의 친고모부다). 나는 신랑집으로 후행(後行)을 갔을 뿐만 아니라 연거푸 며칠이나 축하주를 마셨다. 그날 저녁에 신랑 신부가 절을 올리고 나란히 신방으로 들어가는데, 신랑이 계단을 오를 때 하객이 붐벼서 누군가가 신랑의 새 신발을 한 짝 밟아서 떨어뜨렸다. 또 어떤 하객은 유리가 있는 방에서 하룻밤 묵게 되었는데, 이튿날 아침 일어나서는 조심성 없이 내게 전날 밤 귀신을 보았다고 말했다. 이 얼마나 경망스러운 일인가![82]

이것은 주안의 재당숙 주루친이 여러 해가 지난 후에 서술한 회고다. 주 씨 집안 사람이 보기에 신랑의 새 신발이 밟혀서 떨어지고, 저우 씨 집안의 하객이 조심성 없이 말하는 것은 모두 불길한 징조다. 그런데 저우 씨 집안 사람이 보기에는 신부의 신발이 떨어진 것이 불길한 일이었다. 저우광이에 따르면, 신랑이었던 루쉰은 그때 훤칠한 청년으로 보였는데 얼굴 피부는 뽀얗고 몸집이 신부보다 조금 더 컸다. 신부는 작은 체구에 얼굴은 기다란 말상이었는데 다른 외모의 단점은 없는 것 같았다. 어른들의 눈에는 적어도 잘 살 것 같았던 두 사람이 결혼 후에 왜 잘 지내지 못했을까? 양쪽의 가장들이 다 납득할 수 없으니 결혼식 중의 일부 좋지 않은 조짐 탓으로 돌리며 서로 원망하고 탓할 수밖에 없었다.

81 주 선생은 주루친(朱鹿琴)을 가리킨다.

82 추스슝, 〈루쉰과 주안의 혼인 문제 사료 보충 설명〉.

신혼 첫날밤

루쉰과 주안이 결혼 후 화목하지 못하고 남남처럼 살았던 것은 신혼 첫날밤에 이미 확정된 일이었다.

그날 밤, 루쉰은 꼭두각시처럼 다른 사람이 하자는 대로 몸을 맡기며 신방으로 들어갔다. 저우관우는 당시 스무 살이었는데, 그날 밤의 정황을 다음과 같이 회고했다.

> 결혼하던 날 저녁, 나와 신타이먼 옌(衍) 부인의 아들 밍산(明山) 둘이서 신랑을 부축하고 올라갔다. 낡은 계단에는 하나하나 덮개가 깔려 있었다. 위층은 두 칸짜리 낮은 방으로 나무판으로 칸막이가 되어 있었다. 신방은 동쪽 칸에 마련되어 있었는데, 방안에는 붉은 칠을 한 나무침대와 새색시의 혼수가 놓여 있었다. 당시 루쉰은 한마디도 하지 않았고, 우리가 그를 부축해도 사양하지 않았다. 새색시를 보아도 변함없이 아무 소리도 내지 않았으며, 얼굴이 약간 침울하고 답답해 보였다.[83]

왕허자오(王鶴照)는 열세 살 때부터 약 30년 동안 저우 씨 집안에서 일했다. 1906년에 루쉰이 결혼할 때 그는 이미 열여덟 살이었다. 그는 이 저우 씨 댁 큰 도련님을 처음 보는 것이었다. 그의 회고에 따르면, "그해 여름, 루쉰 선생은 일본에서 돌아와 주안 여사와 결혼했다. 이때는 시간이

83 저우푸탕(周芾棠), 《향토기억록 — 루쉰의 지인이 기억하는 루쉰(鄕土憶錄 — 魯迅親友憶魯迅)》, 산시인민출판사(陝西人民出版社), 1983년, 6쪽.

사오싱의 루쉰 고거. 아래층은 소당전(小堂前)으로, 루쉰이 손님을 접대하던 곳이다. 위층의 목판으로 된 창은 주안과 루쉰이 결혼한 신방이다. (2008년 11월 필자 촬영)

짧아서 나는 루쉰 선생과 이야기도 못 해봤으며, 그때 선생이 옷을 어떻게 입고 있었는지도 잘 기억나지 않는다. 그러나 한 가지 일만은 기억하고 있다. 루쉰 선생의 신방은 위층이었는데, 하룻밤을 보내고 이튿날 밤부터 루쉰 선생은 서재에서 잠을 잤다. 날염 이불의 쪽 염료가 루쉰 선생의 얼굴까지 파랗게 물들여서 그가 언짢다는 것이었다. 당시 오랜 관례대로라면 신혼부부는 라오타이먼으로 가서 사당에 절을 해야 하지만 루쉰 선생은 가지 않았다. 나중에야 루쉰 선생이 이 봉건 중매혼에 불만이 있어서 이튿날부터 자신의 서재에서 잤다는 것을 알았다."[84]

84 왕허자오(王鶴照), 〈루쉰 선생을 회상하며(回憶魯迅先生)〉, 저우푸탕, 《향토기억록 — 루쉰의 지인이 기억하는 루쉰》, 5쪽.

루쉰은 신혼 둘째 날 아주 단호한 모습을 보였다. 전날 밤 도대체 무슨 일이 일어났던 것일까? 왕허자오와 같은 고용인은 결코 알 수 없지만, 그는 본의 아니게 남들이 모르는 디테일을 흘리고 있다. 루쉰의 신혼 둘째 날 아침, 날염 이불의 쪽 염료가 그의 얼굴을 파랗게 물들였다는 것은 그가 그날 밤 이불 속에 머리를 파묻고 울었을 가능성이 크다.

왕허자오의 회상은 곱씹어볼 만한 디테일을 제공하고 있으며 방증이 부족할 뿐이다. 어떤 사람은 당시는 한여름으로 사오싱에서는 이불을 덮을 필요가 전혀 없다고 지적하기도 한다. 신혼 첫날밤의 정경에 대해 저우광이도 진술한 적이 있는데, 이렇게 극적이지는 않은 것 같다. 그에 따르면, 당시 새로 시어머니가 된 저우보이 부인(루쉰의 어머니)은 신혼부부의 동태가 걱정되어 밤이 깊어지자 직접 신방 옆방으로 가서 엿들었다. 둘은 말수가 매우 적었으며, 아들은 책 읽기를 좋아해 느지막이 잠들었음을 알았다. 2~3일 후 루쉰은 어머니 방으로 거처를 옮겼으며, 저녁에는 먼저 책을 읽다가 어머니 침대 옆의 침대에서 잤다.

왕허자오는 이튿날 아침 루쉰이 언짢았기 때문에, "당시 오랜 관례대로라면 신혼부부는 라오타이먼으로 가서 사당에 절해야 하지만 루쉰 선생은 가지 않았다"라고 했다. 루쉰이 라오타이먼에 절하러 가지 않았다 하더라도 관례에 따르면, 신혼 둘째 날에도 번거롭고 자질구레한 의식이 많았다.

우선은 '송자(送子)'다. 동이 트기 시작하고 신부가 세수를 마치면 나팔수가 문밖에 서서 길한 노래를 부르고, 라오만은 울긋불긋한 옷을 입힌 나무 꼬마 인형을 가지런히 들고 와 신부의 침대 위에 놓으며 "아이가 왔어요[官官來了]"라고 말하고, 신부에게 축하하며 금일봉을 받는다.

다음은 '첫술밥[頭箸飯]'으로, 신랑 신부가 처음으로 같이 밥을 먹다

사오싱 루쉰 고거에 진열된 2층 신혼집 정경.
(둥젠청(董建成) 선생 제공)

보니 자연스레 의식이 된 것뿐이다. 그런 다음에는 '상묘(上廟)'를 해야 하는데, 신혼부부가 가마를 타면 라오만과 나팔수가 가마 뒤를 따르며, 먼저 그 지방의 수호신을 모시는 사당[土穀祠]에 가서 참배하고 관례대로 다시 문중 사당[宗祠]으로 가서 조상께 절을 올린다.

당일 오전에는 '배삼조(拜三朝)'를 해야 하는데, 대청에 열 그릇의 제삿밥을 두 상 차려놓고, 집안의 남녀노소가 모두 절을 마친 후 신랑 신부가 나란히 절을 한다. 그다음에는 상견례를 하는데, 항렬에 따라 문중 어른들께 절을 하고, 같은 항렬끼리 절을 하며, 마지막으로 손아랫사람에게 절을 받는다.

신혼부부는 보통 사흘째 되는 날 근친(覲親: 신부가 결혼 후 처음으로 친정에 가는 것)을 갔다. 이는 회문(回門), 전랑(轉郎)이라고도 한다. 신혼부부가 여자 집으로 근친을 가는데, 라오만과 나팔수에 빽빽이 둘러싸여 가마를 타고 여자네 집에 도착하면, 대청으로 가서 여자 집안 조상에게 절을 하고 장인 장모에게 인사를 올렸다. 그런 다음 신랑이 안채로 들어가 장모 옆에 앉아 장모가 관례대로 하는 '여덟 마디[八句頭]'를 들었으며, 이를 다 듣고 난 후에 신혼부부는 작별인사를 하고 가마에 올랐다.

루쉰이 '근친'을 갔던 일에 대해 주 씨 댁 거주자 천원환은 다음과 같이 회상했다. "내가 열 살 때의 광경인데, 류 스님[劉和尙]이라고 불리는 미장이가 이렇게 말하는 것을 들었어요. '주 씨네 사위가 근친을 왔는데 변발이 없는 거야. 다들 궁금해했고 나도 서둘러 구경하러 갔지.'"[85] 류 스님이 말하는 '주 씨네 사위'가 바로 루쉰이다. 청나라 때 변발을 자른다는 것은 그야말로 빅 뉴스여서 적지 않은 구경꾼들이 몰려들었다.

루쉰은 꼭두각시처럼 일련의 성가신 의식을 마쳤지만, 깨가 쏟아질 신혼생활을 단호히 끊어버리며 신방에서 나와 어머니 방으로 거처를 옮겼다. 신혼 첫날밤 도대체 무슨 일이 일어났는지, 루쉰이 왜 이토록 실망했는지 우리는 알지 못한다. 이에 대해 저우젠런은 주안이 글자도 모르고 전족을 풀지 않았기 때문이라고 설명했다.

> 결혼 후에 큰형은 신부가 글자도 모르고 전족을 풀지 않은 것을 알게 되었다. 형이 이전에 쓴 편지는 전부 헛된 일이 되었다. 신부의 이름은 주안이며, 위톈(玉田) 작은할머니의 친정 조카딸[86]이었다. 중매인은 첸(謙) 숙모였는데, 그 두 고부(姑婦)는 또 우리 어머니와 아주 친한 사이였다. 중매쟁이 말은 믿을

85 〈천원환이 이야기한 주안 친정 등의 상황〉

86 옮긴이: 조카손녀의 오류로 보인다.

수 없어도 친한 사람 말은 믿을 수 있다고 여기기 마련인데, 기왕에 이렇게 극히 기본적인 요구를 승낙했으면 반드시 해야 할 것이고, 또 그리 어려운 일도 아닌데 완전히 허사가 될 줄 누가 알았겠는가?[87]

저우관우의 회고에 따르면, 주안이 글을 배우고 전족을 풀기를 거절한 일은 사전에 멀리 일본에 있는 루쉰에게 알렸으므로 그가 이에 대해 아무런 마음의 준비가 없었을 리 없다.

저우쭤런은 "새사람은 몹시 왜소해서 상당히 발육이 불량한 모습이었다"라고 말한 바 있다. 사진을 보면 주안의 몸집이 다소 왜소한 편인 것은 사실이지만, 루쉰이 그녀를 좋아하지 않았던 데는 분명 더 깊은 이유가 있을 것이다. 이 혼사는 어머니가 주관한 것으로, 루쉰은 묵묵히 받아들일 수밖에 없었다. 결혼 후 그는 외부인에게 자신의 결혼 생활에 대해 좀처럼 털어놓지 않았는데, 친한 친구 쉬서우창(許壽裳)에게만 다음과 같이 침통한 말을 한 적이 있다.

이는 어머님이 내게 주신 선물이라네. 나는 그를 잘 부양할 뿐 사랑 따위는 모르는 일이네.[88]

루쉰의 이 유명한 고백은 그가 주안에게 부양의 의무만 있을 뿐 아무

---

87 저우젠런 구술, 저우예 집필, 《루쉰 집안의 몰락》, 218쪽.

88 쉬서우창(許壽裳), 《죽은 벗 루쉰에 대한 인상(亡友魯迅印象記)》, 《루쉰 회고록 · 전문서(魯迅回憶錄 · 專著)》(상권), 베이징출판사, 1999년, 261쪽. 어메이출판사(峨嵋出版社) 1947년 10월 판에 의거해 조판 인쇄.

런 마음이 없다는 것을 증명하는 데 널리 인용되었다. 사실 이 말에서 더욱 심오한 지점은 그것이 혼인에서 여성의 지위를 드러내며 주안의 가련한 처지를 보여준다는 데 있다. 《현대한어사전(現代漢語辭典)》에서 '선물'은 "존경이나 축하의 표시로 주는 물건, 또는 증정하는 물건을 널리 가리킨다." 주안은 사람인데 어떻게 남에게 주는 물건이라 할 수 있는가? 그러나 사실은 분명 그렇다. 프랑스 인류학자 레비스트로스에 따르면, 원시 사회나 미개 사회에서 "결혼은 선물교환의 가장 기본적인 형태이며, 여자는 가장 귀한 선물이다." "결혼을 구성하는 교환의 총 관계는 한 남자와 한 여자 사이에 설정되는 것이 아니라 두 무리의 남자들 사이에 수립된다. 여자는 동료로서가 아니라 교환되는 물품의 역할을 맡을 뿐이다."[89] 2천 년이 넘는 중국의 일부다처제 사회에서 여성은 줄곧 부속품 또는 받아들여지길 기다리는 '선물'에 불과했으며, 그녀의 운명은 좋은 사람에게 보내질 수 있는지, 받는 사람에게 사랑받거나 잘 대접받을 수 있는지에 달려 있었다.

'어머니'(사실은 어머니가 대표하는 사회와 가문)의 요구 때문에 루쉰은 어쩔 수 없이 '선물'을 받는 사람이 될 수밖에 없었다. 쑨푸위안에 따르면, 루쉰은 신랑이 되어 장화를 신고 두루마기를 입고 붉은 술이 달린 큰 모자를 쓰며 모든 것을 그대로 따랐다. 그러나 그때 그는 이미 마음속으로 이렇게 작정했다. "결혼 전에는 모든 것을 당신 뜻대로 따르겠지만, 결

89 게일 루빈(Gayle Rubin)의 〈여성 거래 — 성의 '정치경제학'에 대한 초보적 고찰(女人交易 — 性的"政治經濟學"初探)〉, 《사회 성별 연구 번역 선집(社會性別硏究選譯)》, 삼련서점(三聯書店), 1998년, 36, 38쪽에서 재인용. (옮긴이: 원저는 "The Traffic in Women: Notes on the 'Political Economy' of Sex", Linda Nicholson(ed.), *The Second Wave: a Reader in Feminist Theory*, New York: Routledge, 1997년에 수록)

혼 후에는 모든 것을 내 마음대로 할 것이다. 그때가 되면 당신들은 내 말을 들어야 할 것이다."[90] 루쉰은 주안을 단지 선물로 간주했음이 분명하다. 받는 사람은 선물을 받기만 하면, 이 선물을 어디에 놓아둘 것인지는 받는 사람 마음대로다. 그런 점에서 그는 여전히 능동적이다. 결혼 후 며칠도 되지 않아 루쉰은 둘째 동생 저우쭤런을 데리고 일본으로 가면서 어머니가 강제로 자신에게 준 여인을 떠났다.[91] 저우쭤런의 회고에 따르면, 당시 루쉰의 생각은 이러했다. "2년간의 공부 끝에 루쉰은 이미 의학교의 전기 수업을 마쳤으나, 사상의 변화로 인해 병든 이를 구제하는 의술에서 사상을 개조하는 문예 운동에 종사하기로 바꾸었다. 그래서 의학교를 중퇴한 후에 집으로 돌아가 오래 지체해왔던 결혼 문제를 해결하고, 다시 권토중래하여《신생(新生)》문학운동을 하기로 결심했다."[92]

아쉽게도 '선물'이었던 주안 본인은 이 점을 깨닫지 못했다. 주안이 이 신혼 사나흘을 어떻게 견뎌냈는지는 아무도 언급하지 않는다. 신방에서 꼼짝 않고 앉아 있었을까? 아니면 눈물을 흘리면서 어떻게 조금씩 역경을 헤쳐 나갈 것인지 경험자들의 조언을 듣고 있었을까? 어쩌면 바로 그 순간 그녀는 자신이 달팽이처럼 느릿느릿 나아가며 천천히 참고 견디기만 한다면, 언젠가는 저우 씨 집안 도련님이 마음을 돌리는 날이 올 것으로 생각했을지도 모른다.

---

90 쑨푸위안, 〈루쉰에 관하여 — 쿤밍문예가협회의 루쉰 서거 3주기를 기념하는 대회 석상에서〉,《쑨씨 형제가 말하는 루쉰》, 21쪽.

91 저우쭤런의《지당 회고록》에 따르면, 이때 일본에 동행한 사람은 모두 네 명이었는데, 다른 두 사람은 사오밍즈(邵明之)와 장우러우(張午樓)였다.

92 저우쭤런,《지당 회고록》, 174쪽.

독수공방 — 결혼 후의 처지

새색시

사오싱에서 모르는 사람이 거의 없는 이야기가 있는데, 바로 남송(南宋)의 육유(陸游)(1125~1210)와 당완(唐琬)의 비극적인 사랑 이야기다. 육유는 스무 살에 당완을 아내로 맞았는데, 두 사람은 금슬이 아주 좋아 꼭 붙어 다녔다. 불행하게도 육유의 어머니가 당완을 몹시 싫어해 육유는 어쩔 수 없이 아내를 내쫓았다. 그 후 육유는 다시 왕(王) 씨와 결혼했고, 당완도 조사정(趙士程)과 재혼했다. 소흥(紹興) 25년(1155년) 봄, 서른한 살의 육유는 우적사(禹跡寺) 옆에 있는 심원(沈園)에 답청(踏青) 놀이를 갔다가 당완과 뜻하지 않게 재회한다. 이번 만남으로 육유는 한없는 비애에 잠겼고, 심원에 〈채두봉(釵頭鳳)〉이라는 사(詞)를 한 수 남긴다. 이를 읽은 당완은 애간장이 끊어지는 듯하여 심원에 답시를 남기고 우울증으로 시름시름 앓다가 얼마 지나지 않아 세상을 떠났다.

이 밖에도 한대(漢代) 주매신(朱買臣)이 아내를 내쫓은 이야기도 회계(會稽)에서 있었던 일이다. 주매신이라는 선비가 있었는데, 젊은 시절

시운이 좋지 않아 땔나무를 하여 생계를 유지했고 아내도 그를 버리고 떠났다. 나중에 주매신이 회계 태수가 되어 금의환향했는데, 전처 최(崔) 씨는 부끄러움을 이기지 못하고 한 달 후에 목을 매어 자결했다. 전하는 바로는, 저우가 라오타이먼이 위치한 푸편차오(覆盆橋)가 당시 주매신이 '말 앞에서 물을 뿌린' 곳이라고 한다. 주매신이 하루아침에 부귀해진 것을 보고 최 씨가 다시 예전 관계를 되돌리려 하자, 주매신은 최 씨에게 엎질러진 물을 다시 주워 담으라고 하며 어긋난 부부의 연을 돌이킬 수 없음을 깨닫게 했다.

당완과 최 씨의 비극은 물론 다르지만, 송나라 때부터 명 · 청대에 이르기까지 이 두 가지 이야기는 부인되는 사람에게 일종의 경계가 된다. 당완은 남편과 귀밑머리를 비비며 지나치게 정다워 시어머니의 미움을 샀고, 결국 부부가 헤어지는 비극을 맞이했다. 최 씨는 가난을 싫어하고 부유함을 좇다가 일부종사할 수 없었는데, '닭에게 시집가면 닭을 따르고, 개에게 시집가면 개를 따라야 한다'는 말을 듣지 않았다가 끝내 굴욕을 자초하고 수치스러움에 자결했다. 송대 이전에는 여성도 재혼할 수 있었으나, 명 · 청대에 이르면 개가한 여성은 종종 불충하고 지조 없는 사람으로 간주되었으며, 여성의 정조에 대한 요구도 점점 더 가혹해졌다. 이 두 가지 이야기는 후세의 여성들에게 더욱 큰 가르침을 준다. 아내가 된 사람은 우선 웃어른을 잘 모시면서 그들의 환심을 사야 한다. 남편에 대한 사랑은 적당히 자제해 표현해야 하는데, 이 사랑은 남편이 공명을 얻을 수 있도록 묵묵히 보조하고 지지하는 것으로 나타나야 한다. 남편이 가난하든 부귀하든 변함없이 곁을 지키며 평생토록 함께하는 것이야말로 진정한 부덕(婦德)이다.

주안이 결혼 후 드러내려고 노력했던 것도 이러한 '부덕'이었다. 루쉰이 일본으로 돌아가 의학을 버리고 문학으로 전향하여 문예로 국민의 정신을 개조하고자 했을 때, 주안은 집안에서 며느리의 책임을 다하며 연로한 웃어른을 돌보고 있었다. 사오싱 사람은 갓 시집온 며느리를 새색시[新婦]라 부르는데, '새색시'였던 그녀는 신혼의 달콤함은 잠시도 느끼지 못한 채 저우 씨 집안으로 시집오자마자 독수공방했으니 이런 나날은 잔인함에 가깝다. 어찌 되었든 그녀는 마침내 저우 씨 집안 대문에 들어서서 저우 씨 네 집안 사람이 되었다. 그녀가 웃어른을 잘 모시고 아녀자의 도리를 지키며, 자신의 본분을 다한다면 결국 제격인 아내인 것이다.

이 시기 저우가 신타이먼 안의 상황에 대해서는 저우쭤런과 저우젠런 모두 비교적 상세하게 회고하고 있다. 그들의 회고에서 알 수 있듯이, 수년 전의 큰 풍파를 겪은 후 이 시기 집안은 가옥의 구조만 좀 많이 바뀌었을 뿐 상대적으로 평온했다. 저우쭤런의 회고에 따르면, 1906년에 리모델링하기 전에 흥방(興房)파(루쉰의 집) 가옥은 둥창팡(東昌坊) 어귀 신타이먼의 서북쪽 모퉁이 일대로, 저택 안의 네다섯 번째 채였다. 네 번째 채에는 앞뒤로 큰방 다섯 칸이 있었으며, 가장 서쪽 칸은 우(吳) 씨에게 저당 잡혔다. 바로 옆방은 할아버지가 거주하는 곳이며, 당옥(堂屋: 본채의 가운데 방)을 사이에 두고 동쪽 두 칸은 원래 할머니와 어머니의 방이었다. 길 북쪽 뜰의 맞은편은 바로 다섯 번째 채다. 원래는 입방(立房)의 일부도 그 안에 포함되었는데, 나중에 '입방'의 12대 저우쯔징(周子京)(1844~1895)이 후사 없이 죽자 루쉰의 작은삼촌 저우보성(周伯昇)을 양자로 삼아 흥방에 합쳐졌다. 원래 동편의 두 칸은 인방(仁房)에, 서쪽 두 칸은 흥방에 귀속되었다. 뜰을 반으로 나누어 곡자형의 담을 쌓았다.

1906년, 루쉰이 결혼하기 전에 집안에서는 가옥을 대대적으로 개조했다. 다섯 번째 채에서 쯔징이 묵었던 곳은 개조를 거친 후에 동쪽에는 남향으로 난 당옥을 한 칸 두었으며, 뒤쪽 북향 방은 어머니의 거처로 삼았고, 서쪽의 남향 방은 할머니가 썼다. 뒤쪽 칸은 여섯 번째 채의 주방으로 가는 통로와 계단이 있는 곳이었다. 위층도 복구해 두 칸이 있었는데, 루쉰의 방, 즉 주안이 결혼 후 살았던 곳이었다.

이곳은 원래 입방 쯔징의 것으로, 문짝이 푸른색이었기 때문에 란먼(藍門)이라 불렸다. 사오싱의 루쉰 고거에 가면 지금도 이 파란문을 볼 수 있다. 쯔징은 루쉰의 소설 〈흰 빛(白光)〉[93]에 나오는 천스청(陳士成)의 원형이다. 그는 여러 해 동안 과거에 응시했다가 합격하지 못하고 란먼에서 학생들을 가르쳤는데, 나중에 미쳐서 이상한 행동을 보이다가 결국 물에 빠져 죽었다. 쯔징의 죽음은 기이하고 음산했으며, 그가 죽은 후 몇 년 동안 이 일대에는 아무도 살지 않아서 아이들의 눈에는 한때 으스스하고 공포스러운 곳이었다. 특히 위층은 완전히 황폐해져 있었으며, 담벼락 옆은 량(梁) 씨의 대나무 정원이 있어서 갖가지 새와 짐승이 위층의 버려진 방에 서식했다. 저우쭤런은 란먼의 처량한 광경을 이렇게 묘사했다. "란먼은 굳게 닫혀 있었으며 주인은 어디로 갔는지 알 수 없었다. 밤기운이 어슴푸레해지면 창문이 뚫린 곳으로 새인지 박쥐인지 모를 것이 들락날락하고, 부엉이 같기도 하고 여우 같기도 한 얼굴이 창가에 나타나면 분위기가 자못 괴이했다."[94]

---

93 옮긴이: 우리말 번역은 〈흰 빛〉,《루쉰 전집 제2권 외침 · 방황》, 171~177쪽 참고.

94 저우쭤런,《루쉰의 집안》,《루쉰 회고록 · 전문서》(중권), 914쪽.

이곳은 주안이 결혼 후에 거주했던 곳이기도 하다. 하루의 가사노동을 마친 그녀는 작은 발을 내디디며 좁은 계단을 한 걸음 한 걸음 올라 위층의 텅 빈 방으로 돌아가야 했다. 그녀는 낮에는 시어머니[95] 곁의 동무이자 '어머니의 며느리'였으며, 저녁이 되면 이곳 위층 방의 주인이었다. 위층의 큰 방 두 개에 혼자 덩그러니 있으면 그녀도 으스스한 공포를 느꼈는지 모르겠다.

이 시기 집안은 확실히 썰렁하고 적막했다. 이때 루쉰과 저우쭤런, 작은삼촌 저우보성은 모두 외지에 있었으며, 조부 저우푸칭은 1904년 여름에 이미 세상을 떠났다. 이 때문에 집안에는 할머니 장(蔣) 씨, 어머니 루뤠이, 갓 시집온 주안과 소학교에서 학생들을 가르치는 셋째 동생 저우젠런, 이 밖에 잡일을 돕는 왕허자오 등이 있었다. 집안에는 주로 혼자 사는 여자 몇 명뿐이라 할 수 있었다.

주안이 시집왔을 때 할머니 장 씨는 이미 예순이 훨씬 넘었다. 장 씨는 저우푸칭의 후처로, 본처였던 루쉰의 친할머니 쑨(孫) 씨는 1남 1녀를 낳았지만 일찍 세상을 떠났다. 여자로서 장 씨의 일생은 불행했다. 시집온 후에 저우푸칭이 첩을 들이는 등의 이유로 두 사람은 평소 사이가 좋지 않았으며, 오랜 기간 혼자 사는 것과 다름없었다. 계모로서 그녀는 딸 캉관(康官) 하나만을 낳았는데, 딸은 그녀의 유일한 정신적 안식처였다. 그러나 캉관은 1892년에 난산으로 죽고 마는데, 이로 인해 그녀는 큰 충격을 받았고 후반생은 더욱 침울해졌다. 루쉰이 〈고독한 사람(孤獨者)〉[96]

95 사오싱말로 시어머니 '婆婆'를 '娘娘'이라 부른다.

96 옮긴이: 우리말 번역은 〈고독자〉, 《루쉰 전집 제2권 외침 · 방황》, 313~344쪽 참고.

에서 묘사한 것처럼 이 할머니의 얼굴에서는 일 년 내내 웃는 표정을 보기 어려웠으며, 그녀는 온종일 창 밑에 앉아 천천히 바느질하거나 부처님께 절을 올리고 불경을 읽었다. 사실 그녀는 천성이 익살스럽고 재미있었다. 루쉰은 어렸을 때 늘 할머니가 들려주시는 이야기를 들었고, '백사(白蛇)와 법해(法海)', '고양이는 호랑이의 스승' 등을 커서도 줄곧 기억하고 있었다. 장 씨는 1910년에 세상을 떠났고, 루쉰은 그녀를 손수 입관했다. 소설 〈고독한 사람〉에서 주인공 웨이롄수(魏連殳)가 할머니의 장례식 때 갑자기 친척들 앞에서 목 놓아 대성통곡하는 장면이 있다. "나는 그때 왠지 모르게 그녀의 일생이 눈앞에 압축되어 떠올랐소. 손수 고독을 만들어서 그것을 또 입에 넣어 씹고 있는 사람의 일생 말이오. 게다가 이런 사람이 아주 많다는 생각이 들었소. 이런 사람들이 나를 통곡하게 했소." 루쉰은 나중에 쓴 글에서 자신의 조부는 거의 언급하지 않았지만, 이 할머니는 종종 언급했는데 아마 할머니의 처지를 동정했기 때문이었을 것이다.

그 밖에 이 집안에서 언급하지 않을 수 없는 사람이 하나 더 있는데, 바로 조부의 첩 판다펑(潘大鳳)이었다. 따지고 보면 판 씨도 주안의 손윗사람이었지만, 저우 씨 집안에서 그녀의 위치는 애매했다. 저우쭤런의 회고에 따르면, "그녀는 할아버지보다 대략 서른 살 이상 어렸는데, 광서(光緒) 갑진년(甲辰年)(1904년)에 할아버지가 예순여덟의 연세에 돌아가셨을 때, 그녀는 겨우 서른예닐곱 살이었다. 도리대로라면 원래는 그녀를 보내줄 수 있었는데, 그러지 못하다가 나중에 행실이 바르지 못하자 할머니가 내보내셨다."[97] 저우푸칭은 평생 중매인을 통해 정식으로 혼인한 본처

97 저우쭤런, 《지당 회고록》, 650쪽.

쑨웨셴(孫月仙)(1833~1864)과 후처 장쥐화(蔣菊花)(1842~1910) 외에 쉐(薛) 씨(1857~1881), 장슈쥐(章秀菊)(1861~1887), 판다펑(1869~ ?) 세 명을 차례로 첩으로 들였다. 저우푸칭의 막내아들 저우보성은 첩 장(章) 씨 소생이었는데, 그녀가 세상을 떠난 후 저우푸칭은 또 판 씨를 첩으로 들였다. 판 씨는 베이징 사람이었으며, 보성은 대여섯 살 때부터 그녀에게 맡겨졌다. 1893년 3월에 저우푸칭이 첩 판 씨와 보성을 데리고 사오싱으로 돌아왔는데, 얼마 지나지 않아 과거 부정 사건이 일어났고, 저우푸칭은 항저우에 8년 동안 수감되었다. 이 기간은 주로 그녀와 보성이 그의 곁을 지켰다. 저우푸칭이 석방된 후 사오싱으로 돌아오면서 그녀도 함께 데려왔는데, 이때부터 집안에는 언제나 풍파가 일었고, 온 집안의 개나 닭조차 평안하지 못하여 루쉰의 할머니와 어머니의 고민이 컸다.

판다펑은 저우푸칭이 세상을 떠난 후 의지할 곳이 없어지자 저우가 타이먼을 떠나고 싶다고 제안했다. 쌍방은 이에 증서를 작성했는데, 한 장은 할머니 장 씨의 친필 지시이고, 한 장은 저우허우친(周侯芹)이 대필한 판 씨의 자필 증서로 내용은 다음과 같다.

> 주모(主母: 첩이 본처를 부르는 말) 장 씨가 판 씨에게 하달하노라. 근래에 네가 우리 집안이 가난하고 고생스러운 것이 싫어 친척에게 의지하기를 원하는 것은 근거 없는 말이 아니다. 앞으로 고향을 멀리 떠나 네 마음대로 지내거라. 절대 따져 묻지 않을 것이니, 너는 안심해도 된다. 이 하달을 증거로 삼아도 좋다.
>
> 선통(宣統) 원년(1909년) 십이월 초파일, 주모 장 씨 하달

사오싱 루쉰 고거에 진열된 저우가 신타이먼 부엌. (2008년 11월 필자 촬영)

첩 판 씨가 자필 증서를 쓰노니, 근래에 밖으로 나가 스스로 지내기를 원하는 바 상황이 어떠하든지 간에 평생 저우 씨 집안의 문에 들어서지 않을 것이며, 결코 이의가 없습니다. 이에 증거로 제시합니다.

선통 원년 십이월 초파일, 첩 판 씨 자필 증서

대필 저우허우친 서명

이는 저우가 타이먼의 슬픈 장면이다. 그녀는 현지 건달을 따라갔는데, 나중에 그 사람의 눈이 멀어 그녀의 행방도 알 수 없게 되었다고 한다. 저우쭤런은 일찍이 항저우의 화파이러우(花牌樓)에서 얼마 동안 할아버지를 모신 적이 있는데, 그는 시를 써서 화파이러우의 여인들을 기념했으며, 그중에 몇 편은 이 판다펑을 노래한 것이었다. "주부는 베이핑에서 태어나 어린 시절 할아버지를 모셨네. 가난한 경관(京官)에게 시집 가 자신이 의지할 곳을 얻고자 했으나, 생각건대 명운이 평범치 못하여 불행히도

폭풍우를 만났으니, 중년에 결국 시댁에서 쫓겨나 떠돌이 신세 행방을 알 수 없구나."[98]

첩 판 씨가 저우 씨 집안을 떠난 것은 주안이 저우 씨 집안으로 시집온 지 삼 년째 되던 해였다. 이듬해, 조모 장 씨가 죽고 집안에는 주안과 시어머니 루뤠이만 남게 되었다. 웨이렌수처럼 이 몇몇 여인들의 일생을 "눈앞에 압축"해 떠올린다면, 그녀들의 일생은 모두 통곡할 만하다. 결혼 후 그녀들의 삶은 여러 가지로 여의치 않았다. 남편이 세상을 떠나 과부살이를 하거나, 남편에게 냉대를 받아 과부와 다름없는 삶을 살거나, 이렇게 처량한 인생길을 걸었다.

그나저나 다시 본론으로 돌아와, 옛날 여자들 중에 이렇게 살지 않은 사람이 누가 있던가? 아무런 원망 없이 집안을 지키는 것도 여인의 본분이 아니던가? 물론 똑같이 타이먼 안의 여자라도 운명은 달랐다. 자손을 많이 낳고 노마님이 되는 날까지 참아낼 수 있다면 그것은 복이었다. 불행히 남편을 일찍 여의거나 남편에게 냉대를 받거나 자식을 낳지 못했다면, 자기 운명이 나쁘다고 탓하는 수밖에 없었다. 타이먼에서 자란 주안도 대체로 이런 마음을 품고 결혼 후 처음 3년을 견뎌내지 않았을까? 그녀도 한없이 기나긴 밤에 자신의 운명에 대해 깊은 한숨을 연거푸 내쉬지 않았을까? 이렇게 큰 빈방에서는 그녀의 탄식도 자기 혼자만 들을 수 있었다.

---

98 저우쭤런, 《지당 회고록》, 650쪽.

"두 사람은 각자 살아서 부부 같지 않다"

1909년 8월, 어머니의 재촉으로 루쉰은 장장 7년에 달하는 일본 유학 생활을 끝마치고 고향으로 돌아왔다. 헤어진 지 3년 만에 마침내 루쉰이 돌아온 것은 두말할 것 없이 주안에게 한 가닥 희망을 주었지만, 루쉰의 태도는 금세 그녀를 실망시켰다.

루쉰은 사오싱으로 돌아온 지 한 달 뒤, 항저우로 가 저장양급사범학당(浙江兩級師範學堂) 교원이 되었으며, 1910년 6월에 사직하고 사오싱으로 돌아와 사오싱부중학당(紹興府中學堂) 교사로 재직하며 감학(監學: 오늘날의 학생주임에 해당)을 겸임했다. 신해혁명 후에는 왕진파(王金發)의 위임을 받아 산콰이초급사범학당(山會初級師範學堂) 감독(監督: 오늘날의 교장에 해당)을 맡아 1912년 2월까지 사오싱을 떠나 있었다. 다시 말해, 일 년 반 동안만 부부가 한 지붕 아래 함께 있었던 셈이다.

이 시기 루쉰은 일기를 남기지 않아 우리가 알고 있는 것은 모두 그의 사회활동이며, 가정생활에 대해서는 아는 것이 매우 적다. 일반적인 설은 루쉰이 학교 일로 바빠 학교에 상주했으며 집에 가더라도 항상 늦었다는 것이다. 그는 밤에 늘 혼자 잤다고 한다. 그는 1910년 11월 15일에 쉬서우창에게 보낸 편지에 이렇게 썼다.

> 소생은 죽을 만큼 황량하여 책은 건들지 않고 식물 채집만 하러 다니는 것이 지난날과 다름없다네. 또, 유서(類書)를 뒤적이고 옛 일서(逸書)를 몇 종류 모

왔네. 이는 공부라고는 할 수 없고, 좋은 술과 여인을 대신하는 것들일세.[99]

그는 낮에는 학생들을 가르치고 친구를 만나며, 저녁에는 고서를 베끼는 것으로 기나긴 밤을 보내면서 마음속의 좋은 술과 여인을 대신했다. 이는 모두 사실일 것이다. 하지만 아무리 회피해도 결국 늘 얼굴을 마주쳐야 했고 부부로서의 명분을 유지해야 했다. 이는 오히려 두 사람을 더욱 고통스럽게 했다. 하물며 저우 씨 집안과 주 씨 집안 어른들도 틀림없이 부부끼리 사이좋게 지내라고 입이 닳도록 타이르며, 서로 많이 접촉해서 점점 친해지기를 바라면 바랐지 결코 앉아서 보고만 있지는 않았을 것이다.

이런 노력은 모두 허사였다. 여러 해가 지난 후 루 부인의 회상에 따르면, 그녀는 "그들이 말다툼도 하지 않고 싸우지도 않으며, 평상시에는 말이 별로 없지만 정이 없는 데다 두 사람은 각자 살아서 부부 같지 않다"라는 것을 깨달았다. 그녀는 그들 사이가 왜 항상 좋아지지 않는지 이해할 수 없어서 아들에게 물었다. "걔, 어디가 맘에 안 들더냐?" 루쉰은 다만 고개를 가로저으며, "그 사람과는 대화가 안 통합니다"라고 말했다. 루 부인이 그에게 어떻게 대화가 안 통하는지 묻자, 그는 그녀와 이야기하는 것이 재미없으며, 어떨 때는 자신이 잘난 줄 안다고 대답했다. 그는 다음과 같이 예를 들었다. "한 번은 제가 그 사람에게 일본에 아주 맛있는 게 있다고 했더니, '맞아요, 맞아요' 하면서 자신도 먹어본 적이 있다고 했습니다. 사실 이런 것은 사오싱뿐만 아니라 중국 어디에도 없는데 그녀가 어떻게

99 옮긴이: 《루쉰 전집 제13권 먼 곳에서 온 편지 · 서신 1》, 루쉰전집번역위원회 옮김, 서울: 그린비출판사, 2016년, 446~447쪽 참고.

먹어봤단 말입니까? 이러니 무슨 말을 하겠습니까. 대화 상대가 되지 않고 재미도 없으니 말을 하지 않는 편이 낫지요."[100]

매일 얼굴을 맞대고 살아가면서 루쉰도 주안과 잘 지내보려고 시도한 적이 있다. 하지만 주안은 입만 열면 말이 통하지 않아 반 마디도 아깝게 느껴졌고, 다시는 그녀와 말하고 싶지 않았다. 그가 바랐던 것은 '대화 상대'였으나 그 앞에서 주안의 열등감은 너무 깊었다. 그녀가 남편에게 무조건 순종하고 계속해서 비위를 맞추는 것 외에 무슨 말을 할 수 있었을까? 사실 이것은 주안 탓이라고 할 수도 없다. 루쉰은 일본에서 막 돌아와 주안이 잘 모르는 바깥 일 이야기만 했는데, 주안에게 친숙한 일에 관해 이야기했다면 이 정도는 아니었을 것이다.

그가 어머니에게 털어놓은 이유는 그냥 얼버무린 말일 수도 있다. 주안에 대한 그의 감정이 그렇게 냉랭하지 않았다면, 말 한마디 잘못했다고 그렇게 반감을 보일 정도는 아니었을 것이다. 본래 루쉰이 돌아오면 부부관계가 개선될 수 있으리라 기대했지만, 실제 상황은 "두 사람은 각자 살아서 부부 같지 않다"라는 것이었다. 이런 날들은 정신적 형벌과 다름없었으며 서로를 괴롭히는 일이었다. 루 부인이 보기에, "두 사람은 점점 멀어지고 정신적으로 고통 받는 것 같았지만" 그녀도 어쩔 도리가 없었다.

이 시기 루쉰은 수차례 편지에서 쉬서우창에게 마음속 고민을 털어놓으며, 고향의 인사(人事)에 대한 불만을 거듭 표명하고 오랜 친구가 외지에서 그에게 일자리를 도모해줄 수 있기를 바랐다. 1910년 8월 15일 자

---

100 위팡, 〈봉건 혼인의 희생자 — 루쉰 선생과 주 씨 부인〉, 위팡, 《기억 속의 루쉰 선생》, 143~144쪽.

편지[101]에서 그는 이렇게 썼다. "다른 곳에 발붙일 만한 곳이 있겠는가? 소생은 사오싱에서는 살고 싶지 않아 세밑까지만 머무를 요량이네." 1911년 3월 7일 자 편지[102]에서는 이렇게 썼다. "사오싱의 가시밭에서는 살 수가 없네. 북쪽으로 갈 수 있게 된다면 좀 낫지 않겠는가?" 또, 7월 31일 자 편지[103]에서는 오랜 친구에게 자신의 일자리를 찾아봐달라고 부탁했다. "소생은 다른 곳에 한 자리 얻기를 바라고 있다네. 멀어도 무방하니 기회가 있을 때 대신 알아봐 주면 좋겠네." 그는 고향에서 답답하고 괴로움을 느낄 뿐이었다. 그는 고향의 모든 것을 버리고 결연히 홀로 살 결심을 했다. 떠날 수만 있다면 "멀어도 무방"했다.

1912년 초, 루쉰은 마침내 소원대로 자신을 실망시켰던 고향과 가정을 떠났다. 2월, 그는 사오싱을 떠나 난징 임시정부 교육부의 부원이 되었으며, 5월 초에 쉬서우창과 함께 북상하여 베이징 교육부 부원을 맡았다. 이때부터 주안은 7년에 달하는 독거 생활을 다시 시작했다.

루쉰은 베이징에 도착한 후, 쉬안우먼(宣武門) 난반제(南半截) 골목에 있는 사오싱현관(紹興縣館)에 묵었다. 오늘날 우리가 보는 사오싱회관(紹興會館)은 안에 작은 단층집을 많이 짓고 수십 가구가 살고 있어서 마치 움푹하고 협소한 대잡원(大雜院)이 된 것 같다. 당시 사오싱현관은 규모가 컸는데, 원래 이름은 산이회관(山邑會館)으로 사오싱부 관할의 산인(山陰)과 콰이지(會稽) 두 현 출신이면서 베이징에서 관리로 있는 사람

101 옮긴이: 《루쉰 전집 제13권 먼 곳에서 온 편지 · 서신 1》, 444~445쪽 참고.

102 옮긴이: 《루쉰 전집 제13권 먼 곳에서 온 편지 · 서신 1》, 456~457쪽 참고.

103 옮긴이: 《루쉰 전집 제13권 먼 곳에서 온 편지 · 서신 1》, 461~463쪽 참고.

이 돈을 내고 세운 것이다. 동향 거인(擧人)이 상경해 시험을 치르거나 동향 관리가 상경해 결원이 생긴 관직에 채용되기를 기다리면서 이곳에 묵었다. 루쉰은 처음에 회관 서쪽의 등화관(藤花館)에서 살다가 나중에 동쪽의 보수서옥(補樹書屋)으로 옮겼다. 이곳은 조용한 곳이었다. 《외침(吶喊)》〈자서(自序)〉[104]에는 다음과 같이 적혀 있다. "전해오는 이야기로는 옛날 마당의 홰나무에 한 여인이 목을 매고 죽었다 했다. 지금 홰나무는 오를 수 없을 정도로 높이 자랐지만, 그 방에는 아직 아무도 살지 않는다." 그는 1919년까지 이곳에서 독신에 가까운 적막한 생활을 했다.

루쉰은 홀로 베이징에 있으면서 둘째 동생 저우쭤런과 공통 화제가 가장 많았으며 편지도 가장 빈번하게 주고받았다. 셋째 동생 저우젠런, 하부토 노부코(羽太信子), 하부토 요시코(羽太芳子)와도 편지 왕래가 빈번했는데 일기에 자주 기록되어 있다. 그뿐만 아니라 도쿄에 있는 하부토 집안과도 편지를 자주 주고받았는데, 하부토 노부코의 어머니 하부토 치카시(羽太近), 남동생 시게히사(重久), 여동생 후쿠코(福子)도 모두 루쉰과 편지를 주고받은 적이 있다. 일기에는 그가 하부토 가에 송금한 기록이 여러 차례 있다. 예컨대, 1912년 11월 21일에는 "오후에 다모창(打磨廠)의 바오상(保商) 은행에 가서 엔화를 바꿨다. 둥자오민샹(東交民巷)의 일본 우체국에 가서 하부토 가에 편지와 일본 은화 50엔을 보냈다."[105] 1914년 12월 9일, "아침에 둥자오민샹의 일본 우체국에 가서 하부토 가

104 옮긴이: 〈서문〉, 《루쉰 전집 제2권 외침 · 방황》, 21~28쪽 참고.

105 옮긴이: 《루쉰 전집 제17권 일기 1》, 루쉰전집번역위원회 옮김, 서울: 그린비출판사, 2018년, 63쪽 참고.

에 편지를 부치고, 후쿠코에게 보내는 메모 한 장과 은화 25엔을 동봉했다. 그중 15엔은 연말용이었다."[106]

루쉰 일기에는 하부토 가로 송금한 기록이 적지 않아 그가 하부토 집안, 특히 하부토 노부코와 관계가 심상치 않다고 느끼게 한다. 그러나 이는 사오싱의 송금과 환전이 불편해서 저우쭤런이 큰형에게 부탁해 처가로 송금한 것일 가능성이 크다. 저우쭤런은 하부토 가의 사위였는데, 사오싱에 있던 기간의 일기에 일본으로 송금한 기록이 전혀 없다는 것도 이를 증명할 수 있을 것 같다. 당시에는 삼형제가 분가하지 않았으니 이 돈을 누가 냈는지는 상관없다.

형제애가 짙었던 데 비해, 루쉰은 주안과 그 친정 사람들에 대해서는 유달리 냉랭했던 것으로 보인다. 그는 베이징에서 혼자 지내던 그 몇 년 동안 딩자눙 주 씨 집안과는 거의 편지를 주고받지 않았다. 되레 주 씨네 집안 사람이 그에게 편지를 쓴 적은 있지만 그는 답장하지 않았다. 한번은 1913년 4월 4일에 주안의 남동생 주커밍의 편지를 받았다. "4일 매우 흐림. 오전에 주커밍이 난징에서 보낸 편지를 받았다."[107] 일기에 주커밍이 편지를 보냈다는 기록은 있지만, 루쉰이 답장했다는 기록은 없다. 보통 그는 편지를 받으면 곧바로 답장하고 일기에 적어두었는데, 주커밍의 편지는 내버려두고 거들떠보지 않았던 것이다. 다른 한 번은 1914년 11월에 주안의 편지를 받았다. "26일. (……) 오후에 부인이 보낸 편지를 받았

106 옮긴이: 《루쉰 전집 제17권 일기 1》, 204쪽 참고.

107 옮긴이: 《루쉰 전집 제17권 일기 1》, 94쪽 참고.

다. 22일 딩자눙 주 씨 댁에서 보냈는데 꽤나 터무니없다."[108] 이는 일기에서 유일하게 주안의 편지를 받은 기록인데, 주안은 글자를 몰랐으니 아마도 친정 식구에게 대필을 부탁했을 것이다. 주안은 이 편지에 무엇을 썼을까? 몇 가지 추측이 있는데, 이에 대해서는 뒤에 가서 다시 분석하기로 하고 여기에서는 잠시 논외로 한다. "부인이 보낸 편지를 받았"는데 루쉰이 기뻐하기는커녕 오히려 그녀를 "꽤나 터무니없다"라고 했으니, 이 구식 부인에 대한 그의 반감을 엿볼 수 있다.

루쉰은 1919년에 가족을 데리고 베이징으로 가기 위해 고향에 돌아갔던 것을 제외하면, 1913년과 1916년에 단 두 차례 사오싱으로 돌아가 가족을 만났다. 그러나 고향에 돌아갔던 기간에 쓴 일기에서 그는 주안에 대해 단 한마디도 언급하지 않았다. 1913년 6월 24일에서 7월 27일까지 그는 사오싱에 한 달 넘게 머물렀지만, 그의 일기를 보면 부인은 아예 없는 것 같다. 그러나 행간을 자세히 들여다보면 약간의 흔적을 볼 수 있다. 예컨대, 7월 2일 자 일기에 "오전에 천쯔잉(陳子英)이 왔다. 밤잠을 못 자고 새벽까지 앉아 있었다."[109] 루쉰은 왜 밤새 자지 않고 날이 밝을 때까지 앉아 있었을까? 어머니나 친척의 극진한 설득에 어쩔 수 없이 저녁에 주안의 방으로 갔다가 아예 날이 밝을 때까지 혼자 앉아 있었던 것은 아닐까? 또, 7월 11일에는 "오후에 주커밍이 왔다"라는 기록이 있다. 처남이 찾아온 것도 루쉰에게는 유쾌한 일이 아니었을 것이다.

1916년 12월에 루쉰이 사오싱에 돌아간 것은 주로 어머니 생신을 축

---

108 옮긴이: 《루쉰 전집 제17권 일기 1》, 202쪽 참고.

109 옮긴이: 《루쉰 전집 제17권 일기 1》, 112~113쪽 참고.

하드리기 위해서였다. 이해 음력 11월 19일은 루 부인의 60번째 생일로 사흘 내내 집안이 친지와 친구들로 북적였다. 이틀 연속으로 극단을 불러 전통극을 공연하고 조상과 신령에게 제사를 지냈으며, 하객들이 문전성시를 이루어 시끌벅적한 광경을 연출했다. 이번 귀가는 한 달이 채 안 되었는데, 이 기간에 그는 주안 친정에 한 번 갔다. "28일 매우 흐림. (……) 오후에 주 씨 댁에 갔다. 저녁에 진눈깨비가 내렸다. 밤에 천쯔잉이 왔다."[110] 일기에는 주안과 함께 갔었는지 설명하지 않았다. 그는 이번에 예의상 처가를 방문했는데 주 씨 댁에서 머무른 시간은 길지 않았다.

루쉰의 냉랭한 태도에서 주안의 결혼 후 처지가 얼마나 비참했는지 느낄 수 있으며, 뒤로 갈수록 점점 더 가망이 없어졌다. 쑨푸위안에 따르면, 한번은 루쉰이 가족들을 만나러 사오싱에 돌아갔는데 주안이 자리를 마련하여 지인들을 정성껏 접대했다고 한다. 주안은 그 자리에 있는 지인들 앞에서 루쉰의 갖가지 잘못을 질책했다. 루쉰은 듣고 내버려두며 한마디도 하지 않아 아무 일도 없었다. 나중에 루쉰은 쑨푸위안에게 이렇게 말했다고 한다. "그녀가 일부러 싸움을 거는데, 내가 말대꾸한다면 그녀의 계략에 걸려 한바탕 소란이 났을 걸세. 내버려두고 거들떠보지 않으니 그녀도 어쩔 도리가 없어진 게지."[111] 쑨푸위안은 구체적인 연도를 말하지 않았는데, 아마 1913년 아니면 1916년이었을 것이다. 만약 정말로 쑨푸위안이 말한 대로라면, 줄곧 참고 양보하며 순종했던 주안도 결국은 폭발

---

110 옮긴이: 《루쉰 전집 제17권 일기 1》, 339쪽 참고.

111 쑨푸위안, 〈주안과 루쉰의 한바탕 충돌(朱安與魯迅的一次衝突)〉, 《루쉰 연구 월간(魯迅研究月刊)》 1994년 제11기.

했던 것인데, 이는 무언가를 돌이킬 수 있는 게 아니라 오히려 둘 사이를 더 거북하게 만들 뿐이었다.

1912년에서 1919년까지 이 7년 동안 주안은 남편에게 버림받은 듯 버림받지 않은 불확실한 신분으로 저우가 신타이먼을 지켰다. 이렇게 오랜 세월 동안 냉대를 받은 그녀의 심리가 어떤 상태였는지, 그녀가 무슨 생각을 했는지는 아무도 모른다.

많은 연구자들은 루쉰이 베이징의 사오싱회관에서 지내는 동안 옛 비문을 베껴 쓰는 데 몰두했던 생활은 독신자나 고행승과도 같았으며 정신적으로 위축되어 있었다고 지적한다. 사실 주안이 생과부와 다를 바 없이 지내는 나날도 분명 힘들었을 것이다. 다만 오늘날 우리는 그녀의 마음의 소리를 들을 수 없으며, 그녀가 어떤 방식으로 마음속 번민을 해소했는지도 알지 못한다. 몇몇 지인들의 회상에서 주안이 베이징에 있을 때 한가해지면 말없이 혼자서 물담배를 피우곤 했음을 알 수 있다. 그녀가 언제부터 물담배를 피우기 시작했는지는 기록이 없지만, 결혼 후 외롭고 답답해서 이런 습관이 생겼을 것이다. 청대에는 여성들의 흡연이 상당히 흔했는데, 김학시(金學詩)의 《무소용심재쇄어(無所用心齋瑣語)》에는 쑤저우(蘇州) 일대 관료와 토호 집안 여자들이 담배 피우는 모습이 나온다. 《추평신어(秋坪新語)》에는 정해(靜海) 여(呂) 씨의 아내가 농담하며 장죽(긴 담뱃대) 시를 읊는 기록이 있다. "이 긴 담뱃대, 화장대에는 놓을 수 없어. 펼 때 창호지가 찢어져 달빛을 끌어들이네." 상당히 재미있게 쓴 시라 할 수 있다. 장아이링(張愛玲)(1920~1995)의 〈황금 족쇄(金鎖記)〉[112]에서 차오치차오

112 옮긴이: 우리말 번역은 〈황금 족쇄〉, 장아이링 지음, 김순진 옮김, 《경성지련》, 서울: 문학과지성사,

(曹七巧)의 딸 창안(長安)[113]은 20세기가 되어서도 아편을 피운다.

옛날에는 사오싱 타이먼 안의 남녀가 대부분 손에 긴 담뱃대를 들고 다니는 풍조가 일반적이었다. 루쉰의 당숙 저우관우는 다음과 같이 지적한 바 있다. "저우 씨 세 타이먼 안의 남자 여자는 90퍼센트가 잎담배를 피웠으며, 일률적으로 길이가 약 석 자 이상 되는 긴 담뱃대를 썼다. 남자들은 화죽(花竹)으로 만든 굵은 담뱃대를 쓰고, 여자들은 흑단으로 만든 가는 담뱃대를 썼으며, 남자들은 물부리를 썼지만 여자들은 전부 물부리를 쓰지 않는다는 점만이 달랐다."[114] 루쉰의 할머니 장 씨 노마님은 잎담배를 피웠다. 루쉰의 부친 저우보이는 병의 통증 때문에 옌(衍) 부인 부부의 권유로 나중에 아편에 중독되었다. 루쉰은 학창시절에는 결코 담배를 피우지 않았지만, 우리는 그가 나중에는 거의 줄담배를 피웠다는 사실을 알고 있다. 주가 타이먼 사람들도 예외는 아니었다. 저우관우는 〈세 타이먼에 전해지는 일화(三臺門的遺聞佚事)〉에서 이렇게 언급했다. "어느 설에는 덕담을 나눈 후에 각 방의 친척들이 대부분 꿈나라에 들었으나, 녠우(廿五) 부인과 그녀 친정의 천징탕(陳景堂) 처남과 위톈공 처가의 주샤팅 처남만 아편을 피우며 편히 잠들지 못했는데, 갑자기 살금살금 걷는 발걸음 소리가 들려서 도둑이 숨어든 것을 알았다." 이 진외조부 주샤팅은 앞에서 언급했던 딩자눙 주가 타이먼의 어른이다.

훗날 사람들의 회고로 볼 때 주안이 피웠던 것은 물담배였다. 사실 물

2005년, 202~280쪽 참고.

113 옮긴이: 원문은 '창바이(長白)'인데 창바이는 차오치차오의 아들이나. 창안(長安)으로 바로 잡는다.

114 저우관우, 〈세 타이먼에 전해지는 일화〉, 《루쉰 가문과 당시 사오싱 민속》, 21쪽.

담배와 잎담배는 다르지만 아무리 변해도 본질은 달라지지 않는다. 단지 방식상의 작은 변화일 뿐이다. 습관에서든 무료해서든, 어쨌든 이 물담뱃대는 나중에 그녀의 손에서 내내 떠나지 않았다.

저우쭤런 일기 속의 '큰형수'

루쉰이 남긴 일기는 1912년 5월 베이징에 도착한 후 시작되지만, 그는 일기에서 한결같이 애써 회피하며 자신의 부인에 대해 거의 언급하지 않아 꼭꼭 감추려는 듯한 느낌을 준다. 오히려 저우쭤런이 귀국한 후 몇 년 동안의 일기에 형수에 관한 일들을 기록했다.

1911년 초, 푸펀차오(覆盆橋)의 치방(致房)·중방(中房)·화방(和房) 저우 씨 문중이 제사 공전(公田)을 팔기로 결의해, 루쉰도 논의에 참여해 서명했다. 신해혁명 이전 루쉰 집안은 주로 조상이 남긴 토지에서 임대료를 받아 생계를 유지했다. 지금 토지를 다 팔면 수중에 여윳돈이 조금 생긴다고 하더라도 미래를 생각하면 "충분히 한심했다." 이 시기 저우쭤런은 일본에서 계속 프랑스어를 공부할 계획이었는데, 루쉰은 그가 귀국하도록 설득하기 위해 그해 5월에 일본으로 가 저우쭤런 부부에게 귀국을 재촉했다. 11월에 저우쭤런은 6년간의 일본 유학 생활을 마치고 임신한 하부토 노부코를 데리고 고향으로 돌아왔다.

도쿄 경찰 측의 문서 자료에 따르면, 저우쭤런과 하부토 노부코는 1909년 3월 18일에 일본에서 혼인 신고를 했으며, 얼마 후 일본에서 결혼식을 올렸다. 하부토 노부코는 1888년생으로 본적은 도쿄이며, 어머니 하부토 치카시(羽太近)는 선비 집안 출신이었다. 부친 이시노스케(石之助)는 염색공이었는데 하부토 집안에 데릴사위로 들어갔다. 하부토 노부코는 형제자매가 다섯 명이 있었는데, 둘째 여동생 치요(千代)와 다섯째 여동생 후쿠코(福子)는 모두 요절했다. 어려운 가정형편으로 공부를 별로 하지 못한 하부토 노부코는 어린 시절 도쿄의 하급 술집에 작부로 보내졌다.[115] 저우쭤런의 결혼에 대해 루뤠이는 묵묵히 받아들이고 크게 관여하지 않았다. 그녀는 다른 사람에게 이렇게 말한 적이 있다. "쟤들(루쉰과 주안)이 이렇게 된 것을 보노라니, 나도 몹시 괴로워서 둘째 선생[二先生], 셋째 선생[三先生]의 결혼은 상관하지 않으려네."

저우쭤런 부부가 사오싱으로 돌아온 후 집안에는 변화가 뚜렷했다. 인원만 변한 것이 아니라 생활 방식에도 변화가 있었다. 하부토 노부코는 1912년 5월에 장남 펑완(豊丸: 일본식 발음은 도요마루)을 낳았다. 그녀는 사오싱에서 말이 통하지 않고 사람과 풍토에 익숙하지 않아 셋째 남동생 시게히사(重久)와 넷째 여동생 요시코(芳子)가 그녀를 돌보기 위해 사오싱에 왔다. 요시코는 그때부터 줄곧 언니 곁에 머물렀다. 시게히사는 일본으로 돌아갔다가 1914년 7월 29일에 다시 사오싱에 와서 1915년 7월 16일에야 귀국했다. 저우쭤런은 일본 생활 방식에 푹 빠져서 일본 부인을 얻고, 또 노부코의 친정 식구들을 불러와 집안이 갈수록 일본화되었다.

얼마 지나지 않아 저우젠런과 요시코는 아침저녁으로 함께 지내다가 점점 정이 들었다. 저우젠런에게는 본래 약혼녀가 있었는데, 상대는 작

115 장쥐샹(張菊香), 장톄룽(張鐵榮), 《저우쭤런 연보(周作人年譜)》, 톈진인민출판사, 2000년, 80쪽 참고.

은외삼촌의 넷째 딸 자오관(招官)이었다. 뜻밖에도 자오관은 1912년 10월 18세에 병으로 죽었다. 이 일은 저우쭤런의 일기에 기록되어 있다. "1일. (……) 오시(午時)에 안차오(安橋) 쪽에서 사람을 보내어 자오관이 어제 오후 여덟 시에 죽었다고 말하여 깜짝 놀랐다. 오후에 어머니와 차오펑(喬峰)이 배를 타고 함께 갔다." "5일. (……) 오후에 차오펑이 안차오로 가서 제7일에 하는 일을 했다." "28일 맑음. 오전에 차오펑과 큰길에 갔다. 저녁에 비가 내렸다. 밥을 먹고 차오펑은 안차오 쪽으로 가서 자오관의 장례를 치렀다." 일기에 나오는 차오펑은 곧 저우젠런이다. 루뤠이는 저우젠런과 요시코의 결혼에 대해 간섭하지 않았다. "이 혼사에 대해 일가친척 중에는 좋다는 사람도 있고 찬성하지 않는 사람도 있었지. 사오싱에서는 흔치 않은 일이었기 때문에 사람들이 왈가왈부하기 마련이었어. 나는 아이들이 스스로 좋기만 하다면 안심이라고 생각했어."[116] 1914년 2월 28일, 저우젠런과 하부토 요시코는 결혼식을 올렸다.

큰형수였던 주안은 집안의 변화를 다소 받아들이기 힘들었던 것 같다. 누군가 루쉰 부부의 관계에 대해 주안의 재당숙 주루친에게 물었는데, 당시 주루친은 이렇게 대답했다.

"루쉰 부부 사이는 어쩌다 냉담해졌죠?"

나는 어느 날 또 주 씨 댁 고모부에게 물었다.

"그 일은 이렇게 된 거랍니다. 저우치밍(周啓明)이 일본 마누라를 얻어 집으로 돌아오고, 얼마 후 저우차오펑도 일본 아내를 얻었지요. 루쉰의 두 동생과

116 위팡, 〈내가 아는 요시코(我所知道的芳子)〉, 《루쉰 연구 동태(魯迅硏究動態)》 1987년 제7기.

제수들이 늘 집에서 일본식으로 대화를 나눴는데, 루쉰 부인은 이런 일상사가 눈에 거슬렸던 거죠. 이 때문에 루쉰 부부의 충돌이 갈수록 많아졌어요."

그는 내게 말했다.[117]

이 대화에서 우리는 주 씨네 집안 사람들의 불만을 감지할 수 있으며, 주안이 '일본'이라는 이질적 문화를 마주하며 느꼈을 당혹감이나 거부감을 알 수 있다. 그녀는 저우 씨 집안에 시집오기 전에 분명 이런 상황을 예상하지 못했을 것이다. 막내 시동생과 요시코의 결혼은 두 동서가 모두 일본인이며 게다가 자매라는 것을 의미한다. 그들 두 부부가 다정하게 "일본식으로 대화를 나누는" 것을 보면 큰형수로서 주안은 자신이 고립되었다고 느끼지 않을 수 없었다. 그녀가 이 때문에 루쉰과 언짢은 일이 있었을지는 모르지만, 이것이 그녀가 루쉰과 불화하게 된 근본 원인은 결코 아니었다.

1912년부터 1917년까지 저우쭤런은 대부분 사오싱에서 지냈다. 그의 일기에는 이 시기 저우가 타이먼 안의 변화가 적혀 있으며, 큰형수의 일부 행적도 기록되어 있어서 그래도 큰형수에게 관심이 있었음을 알 수 있다. 다음은 1912년 12월 25일의 일기다.

25일. (……) 오후에 어머니, 큰형수와 노부코 자매, 펑완 다섯이서 처우돤눙(綢緞弄) 여선교사 다이시(耐之)의 초청을 받고 침례 여학교에 'クリスマス'(일본어로 크리스마스)를 보러 갔다. 세 시에 가서 네 시 반에 돌아왔다. 저녁

117 지산(稽山)(추스슝(裘士雄))의 〈루쉰과 주안 혼인 문제 사료 보충 설명〉에서 재인용.

에 또 오한과 신열이 났다.

이날은 서양의 크리스마스로 주안은 시어머니와 둘째 동생 가족을 따라 침례 여학교에 '크리스마스 예배'를 보러 갔다. 침례회는 기독교의 한 교단으로 사오싱 다팡커우(大坊口)에 교회를 세웠다. 민국 시기에는 학교, 신문열람소, 푸캉(福康)병원 등이 부설되어 있었으며, 당시 목회자는 2대 목사였던 천즈산(陳芝珊)이었다.

푸캉병원은 1910년에 미국계 의사 고다드(F. W. Goddard, 중국 이름은 가오푸린(高福林))가 설립했으며 사오싱 청난제(城南街)에 위치했는데, 둥창팡(東昌坊) 어귀의 저우가 타이먼에서 가까웠다. 병원에는 작은 교회를 두어 일요일 저녁마다 찬송가를 부르고 짤막한 설교를 했다. 이 시기 저우쭤런의 일기에는 "고다드 선생에게 약을 구하러 갔다"라는 등의 말이 자주 나오는데, 그는 자신과 노부코 등이 병이 나면 고다드 선생을 찾아가 진료를 받았고, 이로 인해 침례회 교인과 인연을 맺게 되었던 것 같다.

늘 다른 사람과 잘 어울리지 못했던 주안이 이번에는 둘째 동생 가족의 초대를 받아 다 같이 외출할 수 있고 게다가 신선하고 최신식인 크리스마스 예배에 참석한 것은 정말 드문 일이었다. 애석하게도 저우쭤런의 일기에서 이런 일은 이번 한 번뿐이었다.

이 밖에 1915년 3월에는 그녀가 리(酈) 씨 댁을 방문하러 갔다는 기록이 있다. "2일 맑음. (……) 큰형수가 리 씨 댁에 갔다." "7일 흐림, 가랑비. (……) 펑완이 리 씨 댁에 가서 큰형수와 함께 돌아왔다." 루쉰의 둘째 이모 루롄(魯蓮)은 광닝차오(廣寧橋) 리 씨 집안으로 시집갔는데, 역시 사오싱의 유명한 명문가였으나 이때는 리 씨 집안도 이미 몰락했다. 1915

년 정월, 문중이 원래의 타이먼을 팔았고, 루쉰 둘째 이모네 일가는 바오좡상(寶幢巷)으로 이사했다. 주안이 리 씨 댁에 간 것은 새집으로 이사한 둘째 이모네 일가를 방문한 것으로 보인다. 주안은 비록 루쉰의 인정을 받지는 못했지만, 저우 씨 집안의 구성원으로서 저우 씨 집안의 친척과도 왕래가 있었다.

그러나 아무래도 일기에는 큰형수가 딩자눙 친정에 갔다는 기록이 가장 많다. 1914년 일기에는 이렇게 적혀 있다.

2월 5일 흐림. 하부토 가에 편지를 부쳤다. 오전에 비가 왔다. 큰형수가 (친정에) 돌아갔다.

6월 20일 비. 오전에 중학교 봉급 68원을 받았다. 오후에 베이징에서 15일에 보낸 편지를 받았다. 큰형수가 (친정에서) 돌아왔다.

11월 15일 S, 맑음. (……) 큰길에서 돌아오니 이미 오시(午時)였다. 큰형수가 (친정에) 돌아갔다.

또, 1915년 일기에는 다음과 같이 적혀 있다.

1월 11일 흐림. 오전에 노부코가 두 아들과 리 씨 댁에 갔다. 큰형수가 (친정에) 돌아갔다.

4월 14일 (……) 비. 큰형수가 (친정에) 돌아갔다.

주안, 1917년 촬영.

4월 30일 흐림. (……) 오후에 비가 오다 갰다. 베이징에서 26일에 보낸 편지를 받았다. 큰형수가 (친정에서) 돌아왔다.

8월 1일 맑음. (……) 큰형수가 (친정에) 돌아갔다.

10월 25일 비. 베이징에 편지를 보냈다. 오전에 요시코가 병원에 입원했다. 오후에 하부토 가에서 16일에 보낸 편지를 받았다. 큰형수가 (친정에서) 돌아왔다.

11월 21일. (……) 오후, 4갑(甲) 교재 수정이 아직 끝나지 않았다. 노부코는 아들들과 병원에 요시코를 보러 가고, 큰형수는 생신 축하를 드리러 (친정에) 돌아갔다.

25일. (……) 큰형수가 (친정에서) 돌아왔다.

1917년 저우쭤런이 사오싱을 떠날 때까지 일기에서 큰형수를 언급하는 것은 모두 그녀가 '(친정에) 돌아갔다'거나 '(친정에서) 돌아왔다'는 것에 관한 기록이다. 주안이 1914년부터 빈번하게 친정에 돌아가는 것은 어쩔 수 없는 도피였다는 생각이 든다. 일기를 보면, 그녀는 때로는 친정에 한 번 가면 열 며칠씩 있었으며 심지어 더 길게도 머물렀다. 예컨대, 그녀는 1915년 4월 14일에 친정으로 돌아가서 4월 30일이 되어서야 돌아왔는데, 친정에서 족히 보름은 묵었다. 8월 1일에 "큰형수가 (친정에) 돌아갔다"라는 기록이 있는데, 10월 25일에서야 "큰형수가 (친정에서) 돌아왔다"라는 말이 보인다. 중간에 누락된 것이 아니라면, 이번에 주안은 친정에서 두 달 넘게 머물렀다. 1916년과 1917년도 이와 같다. 그녀가 친정에 돌아간 횟수는 이렇게 많은데, 1915년 11월 자 일기에서처럼 생신 축하를 드리러 간 한 번을 제외하면, 대부분의 경우 그녀가 돌아간 데에는 특별한 이유가 없는 것 같다.

딩자눙은 둥창팡 어귀 루쉰 집에서 가까웠는데, 당시 걸어서 추관디(秋官弟), 다윈차오(大雲橋), 스쯔제(獅子街)를 지나면 주 씨네였다. 1899년에 비해 이 시기 저우쭤런의 일기에는 주 씨네 집안 사람에 대한 언급이 별로 없다. 주안의 남동생 주커밍(朱可銘)은 저우가(周家)에 한 번 와 봤을 뿐이고, 저우쭤런과 저우젠런도 주가(朱家)에 두 번 인사를 갔을 뿐이다. 주안에 대한 루쉰의 태도로 인해 양가 사람들의 관계도 소원해졌음을 알 수 있다. 이때 주 씨 집안은 어떤 상황이었을까? 주지런(朱吉人)은 만년에 자기 아버지의 상황에 대해 다음과 같이 회고했다.

> 봉건 사회에서는 비록 민국 시기가 되었어도 남자는 돈을 좀 벌거나 말단 관직이라도 건지면 부인이 있어도 첩을 들이려고 했는데, 우리 아버지도 그러셨다. 그에게는 중매인을 통해 정식으로 혼인한 본처 왕(王) 씨가 있었는데, 이웃 사람들은 그녀를 '난징 부인'이라고 불렀다. 나중에 아버지는 또 '허난 부인'을 들였는데, 허난에서 지방 관료의 개인 고문을 지낼 때 결혼했을 것이다. 아버지는 "불효에는 세 가지가 있는데, 자손 없는 것이 제일 큰 불효"라며 '난징 부인'이 아들을 낳지 못한다고 싫어했다. 아버지가 책망해도 그녀는 할 말이 없었다. 아버지가 '허난 부인'을 들여도 '난징 부인'은 찍소리도 못했으며, 집안의 다른 일에 대해서도 그녀는 이처럼 발언권이 별로 없었다. 그렇게 오랜 시간이 지나다 보니 이웃에 있는 고향 사람들이 보기에 '난징 부인'은 아무 일도 관여하지 않았다. 사실 그녀는 분명 마음속으로 생각이 다 있었겠지만 무슨 발언권이 있었겠는가? 그녀는 심지어 제 구실을 못하는 자신의 배를 원망했다. 우리 네 형제 중에 내가 맏이고, 둘째 주지궁(朱積功), 셋째 주지허우(朱積厚), 넷째 주지진(朱積金)은 모두 '허난 부인'이 낳았는데, 모두 장쑤성 류허(六合)(난징시 북부)에서 태어난 것 같다. '허난 부인'은 성격이 명랑하고 주 씨 집안에 아들을 몇 명이나 낳아줘서 큰소리를 칠 수 있었다.[118]

---

118 〈주지런이 고모 주안 등의 상황에 대해 이야기하다〉.

주안의 남동생 주커밍은 난징에서 왕씨 성을 가진 지방 관료의 개인 고문에게 막료가 되는 것을 배웠으며, 스승의 딸을 아내로 맞았는데 왕 씨가 아이를 낳지 못했다. 그는 나중에 또 허난 사람을 아내로 얻었는데, 사람들이 '허난 부인'이라고 불렀다. 허난 부인은 4남 1녀를 낳았는데, 장남이 주지런이다. 양즈화(楊志華)의 〈주지런과 주안 그리고 루쉰(朱吉人與朱安及魯迅)〉에 따르면, "주지런은 삼대가 함께 사는 대가정에서 살았다. 아버지 주커밍에게는 아내가 두 명 있었는데, 그의 어머니만 자식을 낳을 수 있었다. 그런 까닭에 그는 어려서부터 가족들의 사랑을 많이 받았으며, 특히 고모의 총애를 받았다. 고모는 늘 그와 놀아주었는데, 이는 그가 주 씨 집안의 장손이기 때문이었을 것이다. 주안은 저우 씨 집안으로 시집간 후에도 루쉰 집의 하인 아푸(阿福)에게 그를 데리고 놀러 가달라고 종종 부탁했다." 이 말은 주안이 시집가기 전에 주지런이 이미 태어났다고 오해를 일으키기 쉽다. 실제로 주안은 1906년에 시집갔으며, 주지런은 1912년에 태어났다.

주지런의 회상으로 보건대, 주커밍과 허난 부인은 일 년 내내 외지에 나가 있으면서 가끔 사오싱으로 돌아왔다. 주가에는 평소 어머니 위(俞) 씨 외에 왕 씨가 남아 있었다. 주안은 결혼 후 불행하고 자식이 없다는 점에서 왕 씨와 동병상련이었다. 이때 주지런은 두세 살로 활발하고 귀여워 그녀의 단조로운 삶에 적잖은 즐거움을 주었을 것이다. 어쩌면 이 또한 주안이 친정을 그리워하는 이유였을지도 모른다.

저우쭤런의 일기에도 주안이 평완을 돌보는 모습이 남아 있다. "평완이 리 씨 댁에 가서 큰형수와 함께 돌아왔다." "저우(周) 어멈이 열이 나서 평완이 큰형수와 함께 잤다. 열은 이미 내렸다." "오전에 평완이 주 씨 댁으로 생신을 축하드리러 갔다가 오후에 돌아왔다." 노부코는 장남 펑완에 이어 징쯔(靜子: 일본식 발음은 시즈코)와 뤄쯔(若子: 일본식 발음은 와카코) 두 딸을 차례로 낳았기 때문에 때로 손이 모자라서 큰형수에게 펑완을 잠시 봐 달라고 부탁했을 것이다. 주안은 결혼한 지 여러 해가 지났지만 아이가 없어 마음이 적막했을 텐데, 그녀의 쓸쓸한 일생에 아이가 있었으면 하고 바랐음을 상상해볼 수 있다. 그러나 시간이 흐를수록 희망은 점점 더 요원해졌다.

"부인이 보낸 편지를 받았다"

이 장의 마지막에서는 루쉰이 1914년 11월 26일에 주안에게 받았던 편지에 대해 간략히 논하고자 한다. 주안은 글자를 몰랐으므로 이 편지는 당연히 가족에게 대필을 부탁한 것이다. 루쉰은 이를 읽고 "꽤나 터무니없다"라고 책망했는데, 분명 편지의 내용에 대해 매우 못마땅해했다. 편지에 뭐라고 썼을까? 궁금하지만 안타깝게도 편지 원본이 남아 있지 않아서 알 길이 없다. 주안의 이 편지가 루쉰에게 첩을 들이라고 권한 것이라는 학자도 있지만, 근거를 알 수 없으며 추측의 요소가 강한 것 같다. 저우쭤런의 일기에 큰형수에 관한 두 가지 기록이 있는데, 반드시 이 편지와 관련 있는 것은 아니지만 시간이 마침 이 편지를 보내기 전이어서 연상이 되지 않을 수 없다.

[1914년 10월] 30일 흐림. 오전에 학교로 출근하여 큰길까지 갔다가 가마를

타고 돌아왔다. 오후에 뜰에서 쑥을 뜯다가, 큰형수 방에서 백화사(白花蛇) 한 마리가 나왔는데 길이가 한 장(丈)가량 되었다. 잡아다 귀원(鬼園)에 놓아주었다. 저녁에 《이동자전(二童子傳)》을 읽었다.

[1914년 11월] 18일 약간 맑음. 오전에 학교로 출근했다가 큰길 노점에서 큰형수를 위해 艹 자(원래 글자를 지우고 艹라 썼는데, 花 자가 아닐까 한다) 동전 한 벌, 가태천(嘉泰泉) 다섯 닢, 비희천(祕戲泉) 한 닢을 샀다. (비희천) 앞면에는 "화월의인(花月宜人)", 뒷면에는 "좋은 배필을 얻으니 신선도 부럽지 않네"가 쓰여 있었다. 전부 양은 네 각(角)이었다.

10월 30일 오후, 주안이 지내고 있는 방에서 백화사가 한 마리 튀어나와 붙잡힌 뒤 귀원에 버려졌다. 이 '귀원'은 백초원(白草園)의 북쪽에 있으며 저우쭤런도 언급한 적이 있다. "거기에 심은 것은 전부 뽕나무인데, 가지와 잎이 전부 진흙벽 위로 드러나 있었다. 그곳에는 태평군(太平軍)에 죽은 시신이 많이 묻혀 있다고 해서 귀원이라 불렀는데, 모두 조금 무서워했다."[119]

11월 18일, 저우쭤런은 큰형수를 위해 艹 자 동전을 한 벌 샀다. 원문은 지우고 고쳐서 잘 보이지 않지만 "비희천(祕戲泉) 한 닢"에서 알 수 있듯이 이것은 결코 평범한 옛날 동전이 아니라 지워진 글자는 花 자일 가능성이 크다. 화전(花錢)은 화폐 기능을 갖추지 못한 비유통성 화폐로, 아칭(雅稱) '화천(花泉)'이라고 하며 염승전(厭勝錢) 또는 압승전(壓勝錢)

119 저우쭤런, 《루쉰의 집안》〈백초원(白草園)〉, 《루쉰 회고록 · 전문서》(중권), 903쪽.

이라고도 한다. 한대(漢代)에 처음 등장했으며, 표면에 각종 도안과 글씨를 주조한 동전으로 액막이, 개시, 축수, 상여(賞與), 기원, 장신구 등에 주로 쓰였다. '화전'은 중국의 민간 풍속과 긴밀하게 연결되어 있는데, '비희전(祕戲錢)'은 화전의 한 종류로 남녀의 성생활을 주로 표현하고 있으며, 당대부터 송 · 원 · 명 · 청대까지 역대로 주조되었다. 이런 돈은 보통 앞면에는 '풍화설월(風花雪月)', '화월의인(花月宜人)', '명황어영(明皇御影)' 또는 역대 동전에 새겨진 글자 등이 쓰여 있었으며, 뒷면에는 남녀 성교의 다양한 체위가 주조되어 있었다. 대다수 연구자들은 비희전이 "옛날 연장자가 신혼인 아들 며느리에게 방사(房事)를 전수해 자손을 잇게 하는 용도로 쓰였을 것"이라고 보고 있다. 저우쭤런이 구입한 이 비희전은 앞면에는 '화월의인'이 쓰여 있고, 뒷면에는 "좋은 배필을 얻으니 신선도 부럽지 않네"라는 내용의 남녀가 희롱하는 그림이 있었다.

저우쭤런은 왜 큰형수에게 이런 화전을 사다 주었을까? 저우쭤런의 친한 친구이자 민속학자인 장사오위안(江紹原)은 이렇게 지적한 바 있다. 한편으로 민간의 적지 않은 지방에서는 춘화(春畫)로 액막이를 하고 저주를 푸는 풍습이 있다. 예를 들어, 바오터우(包頭) 일대에서는 많은 가정에서 춘궁도(春宮圖)를 가로 폭 서화로 표구하여 대청에 걸어놓았으며, 잉커우(營口) 지역의 조왕신도(竈王神圖)는 한 쌍의 남녀가 음란한 모습으로 있는데, 이를 부엌에 붙여놓고 피화도(避火圖)라 부르는 것 등등이 그러하다. 다른 한편으로 사람들은 갖가지 특수 제작한 돈으로 액막이를 했는데, 심지어 보통의 돈으로도 주술의 기능을 쓸 수 있었다. 비희전은 바로 이 두 가지가 결합된 것이었다. "두 가지 아도물(阿堵物: 돈의 별칭)이 각각 액운을 물리칠 수 있다면, 똑똑한 사람들은 그것들을 '하나의 용광로에 합쳐서 제련하여' 두 가지 원료로 만든 아도를 만들어냈다."[120] 다시 말해, 이런 비희전은 액운을 물리치는 용도로 사용되었던 것이다.

주안은 왜 이런 돈이 필요했을까? 이는 전에 그녀의 방에서 큰 뱀이 발견된 것과 주로 관련이 있다. 민간에서 뱀은 종종 음란한 것으로 간주된다. 장사오위안의 〈음란하구나 뱀이여(淫哉蛇也)〉라는 짧은 글에는 뱀에 관한 민간 전설이 수록되어 있다. 예를 들어, 《청우헌필기(聽雨軒筆記)》[121]에는 광둥 · 광시 지역의 비단구렁이에 대한 기록이 있는데, 그것은 "성질이 가장 음탕하여 산에 올라가는 여자들은 모두 관음등(觀音藤)을 한 줄기씩 찬다. 그렇지 않으면 비단구렁이에 감겨서 꼬리에 음부가 찔려 죽는다." 또한 청수선생(淸水先生)은 그들 고장에는 세속에서 흔히 볼 수 있는 '수컷 뱀[男蛇]'이 있는데, "종종 사람을 쫓아다니며 여성을 겁탈할 수 있다. 여자 혼자 산길을 가다가 그것과 마주치면 둘둘 휘감겨 꼬리에 바지 속이 뚫리고 음부가 찔려 죽는다. 죽지 않더라도 겁탈당한 후에는 누리끼리하게 부어서 안색에 핏기가 전혀 없어진다"라고 지적했다. 뱀 요괴[蛇精]와 뱀의 정기가 묻은 손수건도 여자를 현혹할 수 있다. 만약 사람이 뱀이 교미하는 것을 보면 일반적으로 불길하다고 여겨 악귀를 쫓고 화를 피하려고 했다. 루쉰의 〈백초원에서 삼미서옥으로(從白草園到三味書屋)〉[122]에는 키다리 어멈이 해준 '미녀 뱀'에 관한 이야기가 나온다. 이 뱀은 "사람의 이름을 부를 줄 알며, 만일 그 부름에 대답하면 밤에

---

120 장사오위안(江紹原), 《민속과 미신(民俗與迷信)》, 베이징출판사, 2003년, 57쪽.

121 옮긴이: 청대 서승렬(徐承烈, 1730~1803)의 필기소설집.

122 옮긴이: 〈백초원에서 삼미서옥으로〉, 《루쉰 전집 제3권 들풀 · 아침 꽃 저녁에 줍다 · 새로 쓴 옛날 이야기》, 173~181쪽 참고.

그 사람의 고기를 먹으러 온다"라고 했다. 이는 사오싱에서도 뱀 요괴가 사람을 현혹할 수 있다는 설이 전해지고 있음을 설명한다. 생각해보면, 주안도 이와 유사한 이야기를 들어본 적이 있을 것이다.

이 시기 주안은 위층 방 두 칸에서 혼자 살고 있지 않았다. 저우쭤런의 《루쉰의 집안》에 따르면, "위층 방 두 칸은 루쉰의 본부인 주 씨의 거처였다. 나중에 해군에서 근무하던 숙부 보성(伯昇)의 부인이 상하이에서 돌아온 후 서쪽 방을 그녀에게 주었다. 이것이 1905년에서 1919년의 상황이었다." 작은삼촌 저우보성은 루쉰보다 한 살 어렸는데, 그의 결혼도 루뤠이가 도맡아 했고 결국 불행했다. 상대방은 사오싱성 쑹린(松林) 푸(傅)씨 집안 처녀였는데, 그들은 1912년 11월에 결혼했다. 저우보성은 해군 군함에서 근무했는데, 결혼 후 푸 씨가 그를 따라가 딸 하나를 낳았지만 곧 요절했다. 1913년 10월 푸 씨는 사오싱으로 돌아왔다. 이 시기 루쉰의 집은 식구가 많이 늘어 2층의 서쪽 방을 푸 씨에게 내줘야 했다. 주안과 푸 씨 두 사람은 모두 과부살이를 하는 것이나 다름없어 평상시 2층은 아주 썰렁했으며, 방안에서 뱀이 출몰하는 것도 정상이었다. 그러나 주안은 뱀에 관한 갖가지 전설을 떠올리면서 뱀이 자신의 침실을 드나드는 것은 불길하거나 무언가를 명시한다고 믿으며 내심 불안해했다. 따라서 특별히 둘째 시동생에게 액땜할 물건을 사와 불길함을 퇴치해달라고 부탁한 것이다.

저우쭤런은 큰형수의 부탁이 미신일 뿐이라는 것을 알면서도 큰형수를 안심시키기 위해 '화전'을 한 벌 샀다. 루쉰이 주안의 편지를 받은 것은 11월 26일이었는데, 시간상으로 보면 이로부터 얼마 지나지 않아서였다. 루쉰의 일기에 주안이 사오싱에서 보낸 편지가 기록된 것은 이번 한 번뿐이었다. 그녀는 왜 하필 이 시기에 편지를 써달라고 부탁했을까? 특별한 원인이 있거나 어떤 충격을 받았던 것이 분명하다. 화전을 사서 액땜한 사건을 보면, '백화사 사건'은 그녀의 심리에 적지 않은 영향을 끼쳤다. 그녀의 편지에는 이 예사롭지 않은 일이 언급되었을 가능성이 크며, 미신을 믿는 그녀의 설명이 덧붙여져 이것을 일종의 징조라 믿으며 멀리 베이징에 있는 '큰선생'에게 알리지 않을 수 없다고 운운했을 것이다. 그러나 루쉰은 이 편지를 읽고 황당무계하기 짝이 없는 미련한 여자의 견해라 여기며 답장조차 귀찮아했다. 물론 이는 추측일 뿐이며 편지 원본은 이미 남아 있지 않다. 주안은 과연 그녀의 큰선생에게 뭐라고 말했을까? 후세 사람들에게 이것은 줄곧 미스터리다.

석별 — 온 가족의 베이징 이주

1919년에 주안의 삶은 커다란 전환에 직면한다. 저우가 타이먼이 팔리면서 타이먼 안에 사는 모든 사람은 자신의 향후 진로를 생각하지 않을 수 없었다.

둥창팡 어귀의 저우가 신타이먼은 당시 사오싱의 유명한 대부호인 주랑셴에게 팔렸다. 루쉰은 〈고향(故鄕)〉[123]에서 이렇게 언급한 바 있다. "오랫동안 우리 일가가 살던 옛집은 이미 다른 성씨에게 공동으로 팔았다." 여기에서 '다른 성씨'는 주랑셴을 가리킨다. 〈백초원에서 삼미서옥으로〉에서 그는 또다시 언급했다. "우리 집 뒤쪽에는 아주 큰 정원이 있었는데, 대대로 백초원이라고 불렀다. 지금은 벌써 집과 함께 주문공(朱文公: 주희)의 자손들에게 팔아버렸다." 여기에서 '주문공의 자손' 또한 주랑셴을 해학적으로 부르는 말이다. 주랑셴은 1873년에 태어났으며, 그의 부친 주런쯔(朱仁滋)는 상하이에서 30년 동안 의료 활동을 하며 돈을 꽤 많이 벌었다. 나중에 "모친이 연로하여 고향으로 돌아가 청난(城南)으로 이사하

123 옮긴이: 〈고향〉, 《루쉰 전집 제2권 외침 · 방황》, 93~105쪽 참고.

여" 저우가 신타이먼, 즉 루쉰 집안의 이웃이 되었다. 주랑셴은 아버지의 사업을 이어받아 소군육영당(紹郡育嬰堂)과 사오싱동선국(紹興同善局)에서 이사 등의 직무를 맡았다. 그는 사오싱에서 수많은 부동산을 사들였는데, 1918년에 그는 또한 근처의 왕 씨, 푸청지(傅澄記) 쌀 가게, 왕성지(王生記) 은박 가게와 저우가 신타이먼 건물 전체를 매입했다. 저우쭤런의 1915년 3월 18일 자 일기에는 집을 팔았다는 기록이 있다. "18일 맑음. 안쪽의 삼방(三房)이 후원(後園)의 절반을 주 씨 댁에 팔았는데, 가격은 1,000원이었다." 그 후 타이먼 전체가 이 주랑셴에게 팔렸고, 1919년 말까지 집을 양도하기로 했다.

또 하나의 타이먼이 몰락했다. 본래 타이먼 안에 살던 종친은 이때부터 각자 뿔뿔이 흩어져서 어떤 사람은 상하이로 가서 살길을 찾고, 어떤 사람은 따로 살 곳을 마련했다. 루쉰은 베이징 바다오완(八道灣)에 있는 주택을 사서 가족을 데려가 함께 살 준비를 했다.

그해 겨울, 루쉰은 마지막으로 고향에 돌아왔다. 그의 소설 〈고향〉에는 그가 이번에 귀향하는 의도가 설명되어 있다.

> 이번 귀향은 특별히 이별을 위한 것이었다. 오랫동안 우리 일가가 살던 옛집은 이미 다른 성씨에게 공동으로 팔았다. 집을 양도하는 기한이 올해까지였으므로, 정월 초하루 전에 정든 옛집과 영원히 작별하고 정든 고향을 떠나 내가 밥벌이를 하고 있는 타지로 이사를 해야만 했다.

루쉰은 12월 4일, 고향에 돌아가 20일간 머물렀다. 이 짧은 20일 동안 그는 친척과 친구들에게 작별인사를 하고, 집안일을 처리하며, 팔 것은 팔고, 맡길 것은 맡기고, 선물할 것은 선물하고, 나머지는 아예 전부 태워버렸다. 해묵은 금전출납부, 경조사 선물 장부, 가족과 친척 · 친구 사이에 주고받은 편지, 삼형제의 습자지(習字紙)와 교과서부터 할아버지가 장시(江西)에서 가져온 만민산(萬民傘)[124], 아버지가 수재(秀才)에 붙었을 때의 시문 〈입학시초(入學試草)〉까지 …… 이 모든 것을 몽땅 쇠 대야에 넣으니 순식간에 불꽃 속에서 잿더미로 변했다. 할아버지의 일기는 책상 높이만 한 것이 두 묶음이나 있었는데, 저우젠런은 할아버지가 임종 전날까지도 일기를 쓰시는 모습을 직접 보았던 터라 아까워했지만, 그래도 루쉰은 그것을 태워버렸다. 이 두 묶음의 일기는 꼬박 이틀이나 태웠다. 그리고 증조할머니와 할머니가 받은 고명(誥命) 두 폭도 떼어내어 쇠 대야에 던져 넣고 전부 불에 태워버렸다.

저우젠런의 회고에 따르면, 루쉰은 할아버지의 일기를 태워버리겠다고 고집을 부렸는데, 일기에 적힌 내용이 전부 첩에 관한 일이라 의미가 없다고 여겼기 때문이다. 할아버지가 첩을 들인 것에 대해 루쉰은 극도로 반감을 품었다. 저우쭤런의 회고에 따르면, 루쉰이 베이징 사오싱현관의 보수서옥에 살고 있을 때 사환이 옛 노복의 아들이었는데, 이 노복은 루쉰 조부의 일에 대해서도 많은 것을 알고 있었다. "루쉰이 처음 회관에 왔을 때, 옛 노복이 그에게 저우 어르신의 집에는 첩이 몇 명 있었고 어떻게

124 옮긴이: 옛날 지방 유지와 백성들이 지방관의 덕정(德政)을 기리기 위해 선물한 우산을 말한다. 우산에 수많은 작은 비단 조각을 달고 그 위에 선물하는 사람들의 이름을 썼기 때문에 붙여진 이름이다. 청대에는 지방관이 이임할 때 그 지방의 향신과 상인들이 만류의 뜻을 나타내야 했는데, 비교적 통용되던 방식이 이 '만민산'을 선물하는 것이었다. 해당 관리가 우산처럼 그 지방 백성들을 덮어주었다는 뜻이며, 우산을 많이 선물할수록 관리의 체면이 섰다.

싸웠는지 등등 조부에 관한 이야기를 많이 들려주었다. 이것은 노복이 보기에 주인어른 댁의 일상사였는데, 예컨대 리츠밍(李慈銘)(1830~1894)도 비슷한 상황이었고, 왕지샹(王繼香)(1860~1925)은 일기에 시끌벅적하게 썼다. 그래서 편하게 이야기했던 것인데, 루쉰은 듣기가 매우 거북하여 이후 다시는 그를 찾아가 이야기하지 않았다." 할아버지는 가족들에게 너무 큰 고통을 주었기에 남들은 저우 어르신의 재미난 에피소드를 한가롭게 이야기할 뿐이었지만, 루쉰의 마음속 상처를 건드리지 않을 수 없었고, "듣기가 매우 거북"했다.

활활 타오르는 불빛 속에서 그 해묵은 물건들은 잿더미로 변했고, 옛날의 모든 것들도 점점 멀어져갔다. 루쉰에게 있어서 이렇게 하는 것은 구시대와 결별하는 의미가 없지 않았으며, 이것으로 과거와는 철저히 끝을 맺었다. "옛집은 점차 멀어져 갔다. 고향산천도 점점 멀어져 갔다. 하지만 나는 그 어떤 미련도 느껴지지 않았다." 고향을 떠나는 것은 슬픔을 면할 수 없지만, 이제부터는 새로운 삶으로 나아갈 수 있게 되었다. 특히 다음 세대에 대해서는 타이먼 안의 비극을 되풀이하여 의미 없는 희생을 할 필요가 없었다. "저들은 새로운 삶을 가져야 한다. 우리가 일찍이 경험하지 못한 삶을."

옛집을 팔아버린 것은 어떤 사람들에게는 새로운 삶의 시작이었지만, 어떤 사람들에게는 두려움과 막연함이었다. 작은삼촌 저우보성은 1918년에 이미 세상을 떠났고, 그가 타이먼에 남겨둔 부인 푸(傅) 씨는 자녀가 없었으며, 집을 판 후에 돈을 나눠 받고 헤어졌다(그의 또 다른 부인 쉬(徐) 씨는 아이가 하나 있고 유복자도 있었는데 행방을 알 수 없다). 주안도 기분이 복잡했다. 이제부터 고향을 떠나 완전히 낯선 곳으로 간다면, 이는 친정 식구들과 영원히 이별하는 것이나 다름없었다. 그러나 그녀는 함께 따라 가지 않을 수 없었으며, 저우 씨 집안에서의 지위를 포기할 수 없었다. 비록 그것이 대단히 서글픈 위치일지라도 말이다.

이 해에 주안은 40세로 자식을 낳고 싶어도 이미 가망이 없을 것이었다. 남편을 따라 함께 외지로 가서 살아도 미래가 걱정되었다. 이 점을 주 씨네 집안 사람도 모를 리 없었지만, 시집간 딸은 엎질러진 물이어서 그녀의 뜻에 따를 수밖에 없었다. 그녀가 남긴 사진 중에 친정 식구들과 함께 찍은 사진이 한 장 있다. 이 사진은 일찍이 주지런에게 판별을 부탁한 적이 있다.

> (추스슝이 주안 등 다섯 명이 딩자눙 친정에서 찍은 사진 한 장을 꺼내어 주지런에게 판별을 부탁했다.) 이 사진을 여태 가지고 계시다니. …… 중간에 있는 꼬마가 바로 나요. 왼쪽부터 차례로 이야기하면, 첫 번째가 나의 생모이고, 두 번째 챙 없는 전통 모자를 쓰고 계신 분이 아버지입니다. 세 번째가 난데, 예닐곱 살쯤 되어 보이는군요. 네 번째는 할머니 위 씨인데 이미 예순이 넘으셨습니다. 다섯 번째 옷깃을 비스듬히 튼 옷을 입고 있는 사람이 바로 고모 주안입니다. 세 여자 모두 전족을 했는데, 이 사진에서 똑똑히 볼 수 있지요.[125]

주 씨 댁 거주자 천원환은 이 사진을 보고 즉시 그 배경을 알아보았다. "이 사진은 주 씨 댁 조청(照廳: 본채 맞은편 건물) 앞에서 찍은 사진일 거예요. 다행히 건물이 아직 남아 있으니 함께 가보시면 확실히 아실 겁니다.

---

125 〈주지런이 고모 주안 등의 상황에 대해 이야기하다〉.

주안과 친정 식구. 왼쪽에서 오른쪽으로 주커밍의 부인, 주안의 남동생 주커밍, 주커밍의 장남 주지런, 주안의 어머니 위(俞) 씨, 주안. 1918년 또는 1919년에 촬영.

사진 속 좌우에 있는 작은 돌사자 한 쌍은 아직 제 방에 있답니다. 이 방은 주 씨 댁 부엌이었는데 낮고 습한 데다 흙바닥이어서 제가 이 돌사자로 이불장을 받쳐 놓았지요."[126] 이 돌사자 두 마리는 현재 사오싱 루쉰기념관에 보관되어 있다.

이 사진은 주안이 사오싱을 떠나기 전에 특별히 찍은 것으로 보인다. 왼쪽에서 오른쪽으로 차례대로 보면 주커밍의 허난 부인, 주커밍, 주지런, 주안의 어머니 위 씨 그리고 주안이다. 당시 주지런은 예닐곱 살이었는데, 추산해보면 1918년 또는 1919년이다. 사진 속 인물의 옷차림을 보면 시간은 늦가을이나 겨울로 아마 루쉰이 고향으로 돌아오기 전에 주안이 이별 기념으로 미리 친정 식구들과 사진을 찍은 것 같다. 1919년 12월 19일자 루쉰의 일기에 "오전에 주커밍의 편지를 받았다"라고 기록했고, 22일

126 〈천원환이 이야기한 주안 친정 등의 상황〉.

자에는 "주커밍에게 편지를 보냈다"라고 기록했다. 루쉰이 고향에 돌아왔을 때 주커밍의 편지를 받고 답장한 것으로 보아, 주커밍은 이때 외지에 있었는데 누나의 일 때문에 특별히 루쉰에게 편지를 썼던 것 같다.

저우가 타이먼을 팔려고 한 것은 진작부터 준비해온 일이었다. 집을 넘기기로 한 기한이 다가옴에 따라 친정에 대한 아쉬움은 컸지만, 주안도 떠날 채비를 할 수밖에 없었다. 이 사진을 남긴 것도 나중에 그리울 때 꺼내보기 위해서였다. 그녀가 세상을 떠난 후의 유품 가운데 어머니 위 씨의 독사진도 한 장 있는데, 이 타원형 윤곽의 사진은 주안의 독사진과 같은 시기에 찍은 것으로 보인다. 이제부터 그리울 때는 사진을 보면서 이별의 세월을 메울 수밖에 없었다. 1919년 겨울에 헤어진 이후로 모녀는 단 한 번도 만나지 못했다.

위 씨는 루쉰이 도쿄 시절 양복을 입고 단발을 하고 찍은 독사진도 간직하고 있었다. 이 사진은 일본에서 찍었는데 "도쿄 간다(神田)"와 "에기(江木) 사진관"이라는 글씨가 적혀 있다. 1909년에 루쉰이 일본에서 돌아왔을 때 사진을 장모에게 선물했던 것으로 보인다. 위 씨가 작고한 후 사진은 며느리에게 전해져 보관되었는데, 1967년 '문혁' 기간에 주지런의 어머니가 가산을 몰수당하여 사진을 잃어버릴까 봐 사오싱에서 상하이로 가지고 가 주지런에게 맡겼다. 위 씨는 글을 몰랐지만 딸과 사위의 사진만은 소중하게 간직했으며, 사진을 보면서 그 사람을 보는 것처럼 다소나마 마음의 위로를 얻었다.

이번에 온 가족이 이사하면서 루쉰도 틀림없이 이 부인의 거취 문제를 생각해보았을 것이다. 물론 그도 사오싱이라는 곳에서 한 여자를 시댁에서 내보내는 것은 거의 불가능하다는 것을 잘 알고 있었다. 불문율에 따르면, 여자가 시댁을 떠나거나 남편이 죽어 개가하면, 아들이 있더라도 '부양받을 수 없었으며' 족보에 들어가는 것을 허락하지 않았기에 죽어서도 안식처를 얻지 못했다. 그녀들은 일족에게 용납되지 않았을 뿐만 아니라 사회에도 용납되지 않았으며, 사람들에게 무시당하고 살길을 찾기 힘들었다. 그녀들의 말로는 수절하는 것보다 더 비참할 때가 많았다.

1918년에 루쉰은 《신청년(新青年)》에 〈나의 절열관(我之節烈觀)〉[127]이라는 글을 발표했는데, 여성 문제에 대한 그의 관심을 엿볼 수 있다. 그는 수절[節]하거나 정조를 지키기 위해 자결[烈]하는 여인들의 고통을 잘 알고 있었다. "정신적인 처참한 고통은 잠시 논외로 치자. 생활의 층위에서만 보더라도 이미 커다란 고통이다." 그러나 절열을 지키지 않은 여성들도 마찬가지로 고통스러웠다. "사회의 여론에서 절열을 지키지 않은 여인은 하등급에 속하며, 그는 이 사회에서 용납될 수 없다." 이 글에서 그는 다처주의(多妻主義)를 품고 있는 남자를 시종일관 비난했으며, 여성에게는 동정과 애도만이 있을 뿐이다. "그들은 불쌍한 사람들이다. 불행하게도 역사와 숫자라는 무의식의 올가미에 걸려 이름 없는 희생을 했다. 추도대회를 열 수 있을 것이다."

루쉰이 〈나의 절열관〉을 쓰도록 촉발한 것은 그 글에서 보면 복고파의 캉유웨이(康有爲)와 "영학파(靈學派)의 사람들"이다. 그러나 진정으로 그를 움직인 것은 고향 여성들의 처지였을 것이다. 1916년, 사오싱에 간 쑨중산(孫中山)은 "사오싱에는 세 가지가 많다"라고 개탄했는데, 석패방이 많고 무덤이 많으며 분뇨통이 많다고 했다. 패방의 대부분은 관아에서

127 옮긴이: 〈나의 절열관〉, 《루쉰 전집 제1권 무덤 · 열풍》, 183~200쪽 참고.

양복을 입고 단발을 한 루쉰의 사진. 도쿄 간다(神田)에서 촬영. 1909년 루쉰이 귀국했을 때 사진을 장모에게 선물했던 것으로 보인다. 1987년 주지런은 이 사진을 상하이 루쉰기념관에 기증했다.

특별히 절부(節婦)와 열녀(烈女)를 표창하기 위해 세운 것이었다. 사오싱에는 정절 패방이 특히 많았는데, 절부들의 처참하고 고통스러운 일생을 떠올리면 저도 모르게 마음이 침통해진다. 《사오싱현지 탐방 기록(紹興縣志采訪稿)》에는 민국 시기 사오싱의 일부 가문이 관아에 절부 · 열녀를 상신한 문서가 수록되어 있는데, 이를 통해 신해혁명 이후에도 사오싱에는 여전히 수많은 여성들이 "인생에 아무런 의미 없는 고통"을 기꺼이 감내했으며, 여전히 누군가는 신이 나서 절부 · 열녀의 사적을 신고해 표창을 받았음을 볼 수 있다. 관아에서도 여전히 여성들의 이러한 의미 없는 희생을 제창하고 있었다. 다음은 신고 문서에 첨부된 조항을 옮겨 적은 것이다.

표창 조례와 시행 세칙을 찾아보면, 여성 가운데 절열과 정조가 세상 사람들에게 권면할 수 있는 자는 표창을 받을 수 있다.

(1) 절부(節婦)의 수절은 연한이 30세 이전부터 50세 이후까지 수절한 자다. 다만 나이가 50세가 되기 전에 사망했으면, 그 수절은 이미 6년에 달한 자와 같다.

(2) 열부와 열녀는 강간을 거부하다 죽음에 이르거나 수치스러움에 자결한 자 및 남편을 여의고 순절한 자가 그에 속한다.

(3) 정녀(貞女)의 수절 연한은 절부와 같으며, 시댁에서 수절하다 죽거나 연례에는 부합하지 않지만 죽은 자 또한 그에 속한다.

(하략)

이것이 관아에서 명확하게 규정한 절부 · 열녀의 기준이다. 민국 시기(1937년)에 편찬된 《사오싱현지 자료(紹興縣志資料)》에는 특별히 '열녀전(列女傳)'을 따로 개설해두었는데, 그 안에는 수많은 절부 · 열녀의 사적이 수록되어 있다. 여기에서 두 가지만 예를 들어보도록 하겠다.

상우고(常雨膏)의 아내 양(楊) 씨는 스무 살에 남편이 죽었는데, 납관(納棺)하는 날에 머리카락을 풀어헤치고 머리를 깨뜨렸다. 어머니는 그녀의 나이가 어리고 자식이 없음을 가엽게 여겨 억지로 개가를 시키려 했는데, 양 씨는 죽고자 하는 마음만 더욱 간절해져 무더운 여름이면 솜옷을 입은 채 뙤약볕 아래에서 햇볕을 쬐고, 한겨울에는 홑옷을 입은 채 얼음을 쥐고 있었다. 결국 우울증으로 죽었다.

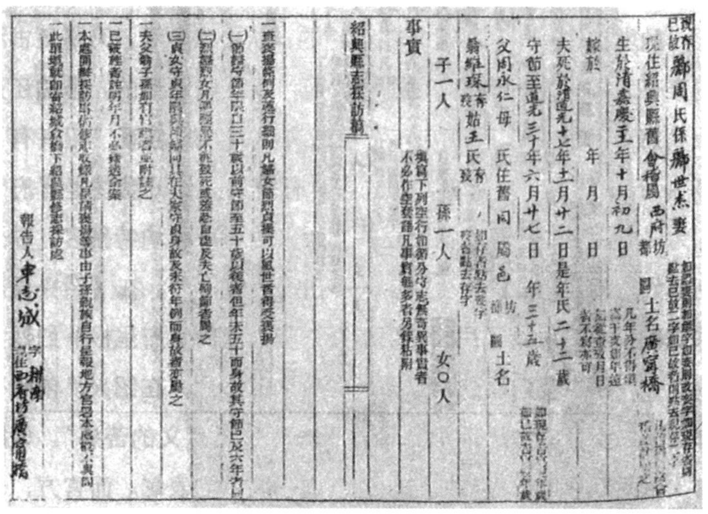

鄭周氏係鄭世杰妻
現住紹興縣舊會稽屬 西府坊 都 圖 土名廣寧橋
生於清嘉慶壬年十月初九日
嫁於 年 月 日
夫死於清道光十七年十二月廿二日是年氏二十二歲
守節至道光三十年六月廿七日 年三十五歲
父周永仁 母 氏住舊同屬 坊 圖 土名
翁鄭璟 姑王氏
子一人 孫一人 女〇人
事實
紹興縣志採訪稿
報告人車志城

이는 민국 시기 사오싱의 절부 · 정녀를 정표(旌表)하는 신고 서식이다. 보고인은 처경난(車耕南)으로, 루쉰 둘째 이모의 사위다. 서식의 왼편은 절부 · 정녀의 신고 기준이다.

언인사(言仁思)의 아내 주(朱) 씨는 스물두 살에 과부가 되었는데 가족 중에 대를 이을 사람이 없었다. 시아버지가 새시어머니를 후처로 들였는데, 시아버지는 나이가 거의 예순이고 두 눈이 전부 멀었는데 아들 윤사(倫思)를 낳았다. 얼마 지나지 않아 새시어머니도 눈이 멀었다. 주 씨가 20년이 넘도록 봉양했는데, 지게미와 쌀겨조차 먹을 것이 없었지만 부모님 공양에는 모자라거나 부족함이 없었다. 시동생에게 부인을 얻어주고 아들 언호(言浩)를 낳아 남편의 후사를 잇게 했다. 53년을 수절했으며, 건륭(乾隆) 53년에 표창을 받았다.

이 두 가지 사례에서 보이는 양 씨와 주 씨의 사적은 옛날 여인들이 봉건 예교의 해독을 심하게 입었음을 충분히 보여준다. 양 씨는 젊디젊은 나이에 남편을 여의고 후손도 없어 어머니가 개가를 권유했다. 본래는 자신의 딸을 가엾게 생각해서였으나 되레 죽기를 바라는 양 씨의 마음을 더욱 굳혔다. 그녀는 여름에는 두꺼운 솜옷을 입은 채 뙤약볕 아래에 서서 햇볕을 쬐고, 겨울에는 얇은 옷을 입은 채 손에 얼음을 쥐었다가 결국 원하는 대로 남편을 따라갔다. 주 씨는 한술 더 떠서 자기 남편이 죽자 나이가 예순에 가깝고 두 눈을 실명한 시아버지에게 후처를 얻어주어 아들을 낳게 한다. 그녀는 20년이 넘도록 고생을 마다하지 않고 두 시부모님을 봉양하며 시동생을 손수 성인으로 키웠다. 시동생이 장가가 아들을 낳은 후에 그의 아들을 자기 남편의 양자로 들여 주 씨와 남편도 후사가 생기게 되었다. 정표를 받은 여인들의 사적은 평범한 것도 있고 기구한 것도 있지만, 다음 한 가지 측면에서는 완전히 일치한다. 즉, '일부종사'하여 살아서는 시댁 사람으로 살고 죽어서는 시댁 귀신이 되겠다고 맹세하는 것이다. 이는 어쩔 수 없이 강요된 것이자 역사의 관성이다.

저우가 타이먼에서 지낸 이 몇 년 동안 주안은 아무런 희망도 보이지 않았지만, 일부종사하여 저우 씨 집안을 절대로 떠나지 않겠다는 신념을 분명히 품고 있었다. 아무런 정이 없다 하더라도 루쉰은 명분이 정당하고 이치에 맞는 그녀의 남편이자 그녀 삶의 유일한 귀착점이었다. 그녀는 그를 따라가 그의 그림자가 되어야 했다.

루쉰의 소설 〈고향〉과 그의 일기에는 모두 동행하는 사람 중에 자신의 부인이 있다는 사실을 명확하게 언급하지 않았다. 왕허자오 등의 회고에서도 언급을 회피하고 있다. 사실 이 여정에는 당연히 주안도 포함된다. 1919년 12월 23일 오후, 루쉰은 "집을 파는 문서에 서명했다." 24일 오후, 그는 배 두 척을 세내어 "어머니를 모시고 셋째 동생과 권솔과 함께 짐을 들고 사오싱을 떠났다." 그의 일기에는 종종 '권솔'이라는 말로 주안을 얼버무린다. 그는 어머니가 데려온 이 부인을 인정하고 싶지 않았지만, 그녀를 함께 데리고 여정에 오를 수밖에 없었다.

한겨울의 찬바람 속에서 배가 점점 강기슭에서 멀어지자, 주안은 배웅하러 나온 친정 식구들과 작별인사를 하며 고향의 풍물이 조금씩 멀어지는 것을 눈으로 전송했다. 이번 여정은 대단히 험난했으며, 결코 〈고향〉에서 "나는 드러누워 배 밑창의 철썩이는 물소리를 들으며 내가 내 길을 가고 있음을 알았다"라고 묘사한 것과 같지 않았다. 현실 속의 여정은 조금도 시적이지 않았다. 루쉰의 일기에 따르면, 그들 일행은 24일 저녁에 사오싱에서 배를 타고 출발해, 25일 아침에 시싱(西興)에 도착하여 다시 첸탕강(錢塘江)을 건너 첸강(錢江) 여관에 묵었다. 26일 아침에는 항저우-상하이 열차를 타고 남역까지 가다가 레일이 파손되어 하는 수 없이 상하이루(上海樓) 여관에서 묵었는데, 바가지를 써서 한밤중에 상하이에서 난징으로 가는 급행열차를 탔다. 27일 아침, 난징에 도착해 정오에 양쯔강을 건너다가 또 눈보라를 만났으며, 오후에 푸커우(浦口)에서 북상하는 열차를 탔다. 28일 저녁, 톈진에 도착하여 다안(大安) 여관에서 묵었다. 29일 아침, 톈진에서 출발해 정오에 베이징 첸먼(前門) 역에 도착했다. 이번에 북상한 인원은 우리가 아는 사람만 해도 루 부인과 주안, 셋째 동생 저우젠런과 요시코 그리고 그들의 자녀 쥐쯔(鞠子: 일본식 발음은 마리코)와 펑얼(豊二: 일본식 발음은 도요지)로, 한 명은 두세 살 밖에 안 되었고 다른 한 명은 아직 포대기 속에 있었다. 이 밖에도 왕허자오가 함께 갔다. 루쉰이 집안의 노인과 어린아이, 한 무더기의 짐을 이끌고, 그중에는 전족한 여인도 있는 광경을 상상해보라. 얼마나 낭패스러웠을까.

이번 여행 경험은 집 밖을 나온 적이 없는 주안으로서는 유례가 없는 일이었다. 루쉰과 마찬가지로 그녀는 그 이후로 다시는 고향에 돌아가지 않았다. 사실 루쉰은 나중에 고향으로 돌아갈 기회가 전혀 없던 것은 아니었으나, 고향 인사에 미련이 없어졌을 따름이다. 그러나 전족을 하여 거동이 불편한 주안으로서는 루쉰을 따라 북상하는 그 순간에 이미 다시는 돌아오지 못할 거라는 마음의 준비를 했을지도 모른다.

2부

땅에 떨어진 달팽이

"나는 담장 밑에서 조금씩 조금씩 위로 기어오르는 달팽이처럼
느리긴 해도 언젠가는 담장 위로 오를 수 있을 거다.
하지만 지금은 어쩔 수 없다, 기어오를 힘이 없다……."
— 주안

죽음의 정적 — 유명무실한 집

바다오완(八道灣)에서 나와

루쉰의 '권솔'로 베이징에 온 주안은 베이징 바다오완에서의 생활을 시작했다. 오늘날 바다오완 11호는 사람들에게 저우쭤런의 고우재(苦雨齋)로 기억되지만, 당시에는 루쉰이 열정을 가지고 손수 마련한 새집이었다. 루쉰은 온 가족이 살기 좋은 집을 찾기 위해 1919년 2월부터 사방으로 뛰어다녔고, 10여 곳 이상의 집을 본 끝에 이 세 채짜리 대저택을 골랐다. 바다오완은 크고 작은 방 20여 개와 널찍한 마당이 있었다. 루쉰의 오랜 친구 쉬서우창(許壽裳)은 다음과 같이 기술한 적이 있다.

> 그는 원래 1919년에 사오싱 둥창팡(東昌坊) 어귀의 옛집을 같이 살던 종친과 함께 매각한 이후에 베이핑(北平)[128]에서 공용고(公用庫) 바다오완 큰집을

128 옮긴이: 1928년 6월에 장제스(蔣介石)는 북벌 완성과 전국 통일을 선언하며 난징이 수도임을 보

바다오완 11호. 주안은 1919년 12월부터 1923년 8월 1일까지 이곳에 살았다. (2009년 4월 필자 촬영)

매입하고, 특별히 남쪽으로 돌아가 어머님과 온 가족을 데려와 살았다. 이 주택은 방이 많을 뿐만 아니라 공터가 아주 넓었다. 루쉰이 내게 말했다. "나는 그 집이 공터가 넓어 아이들이 놀기에 적합해서 샀다네." 내가 대답했다. "정말 그러하군. 운동회를 열어도 되겠네." 루쉰은 그때 자식이 없었지만 두 동생 쭤런과 젠런에게는 자녀가 있었다. 그는 조카들을 자기 자식처럼 사랑했으며, 곳곳에서 아동 본위의 교육을 실행했다.[129]

여주기 위해 베이징에서 수도를 뜻하는 '징(京)' 자를 떼어내어 베이핑(北平)으로, 경기(京畿: 서울을 중심으로 한 가까운 주위의 지방)와 비슷한 의미를 지니는 즈리성(直隸省)은 허베이성(河北省)으로 각각 개칭했다. 1937년 7·7사변으로 일본군에 점령되면서 공식 명칭이 베이징으로 바뀌었지만, 민간에서는 계속 베이핑으로 불렸으며, 1945년에 일본이 패전하면서 공식 명칭도 베이핑으로 돌아갔다. 1949년 신중국 성립 이후 수도가 되면서 다시 베이징으로 바뀌었다. 본문에서 저자는 베이핑과 베이징을 혼용하고 있는데, 시대적인 특징을 보여준다고 판단되어 어느 하나로 통일하지 않고 그대로 번역했다.

129 쉬서우창(許壽裳), 《죽은 벗 루쉰에 대한 인상(亡友魯迅印象記)》, 《루쉰 회고록 · 전문서(魯迅

루쉰의 맨 처음 계획은 대가족이 전부 함께 살고 형제가 영원히 분가하지 말자는 것이었다. 루쉰과 저우쭤런은 모두 당시 새로운 문단의 풍운아였고, 형제간에 우애가 돈독하여 남들의 눈에 비친 이곳은 존경스럽고 부러운 대가정이었다. 애석하게도 좋은 날은 오래가지 못해 1923년 7월 14일 자 루쉰의 일기에는 다음과 같은 기록이 나온다.

> 오늘 저녁부터 혼자 반찬 하나를 준비해서 내 방에서 식사하기 시작했다. 이는 기록해 둘 만한 일이다.[130]

쉬셴쑤(許羨蘇)[131]는 1920년에 사오싱에서 베이징으로 와 입시를 준비하며 한동안 바다오완에서 살았다. 그녀의 회고에 따르면, 당시 바다오완에서는 위아래 할 것 없이 루쉰 삼형제를 큰선생, 둘째 선생, 셋째 선생이라 불렀으며, 여자 쪽은 큰마님, 둘째 마님, 셋째 마님, 루쉰의 어머니는 노마님이라 불렀다. 이때 노마님은 이미 살림을 맡지 않았는데, 당시 바다오완의 가장은 루쉰 선생(집은 그의 명의로 산 것이었다), 안주인은 둘째 마님(하부토 노부코)이었다. 루쉰은 원래 두 번째 채에서 노마님, 큰마님과 함께 식사했는데, 1920년 여름 쉬셴쑤가 들어가 살게 된 후에는 저우젠

回憶錄 · 專著)》(상권), 71쪽.

130 옮긴이: 《루쉰 전집 제17권 일기 1》, 586쪽 참고.

131 쉬셴쑤(許羨蘇)(1901~1986), 자는 수칭(淑卿), 저장 사오싱 사람이다. 쉬친원(許欽文)의 넷째 여동생으로 저우젠런이 사오싱여자사범학교에서 교편을 잡았을 때의 학생이다. 1924년에 베이징여자고등사범학교 수리학과(數理學科)를 졸업했다. 1926년 여름에 루쉰이 남쪽으로 간 후, 그녀는 1930년 봄에 허베이성(河北省) 다밍현(大名縣)의 제5여자사범학교에 교사로 갈 때까지 오랫동안 베이징에 머물며 루쉰 어머니의 집안일을 도왔다.

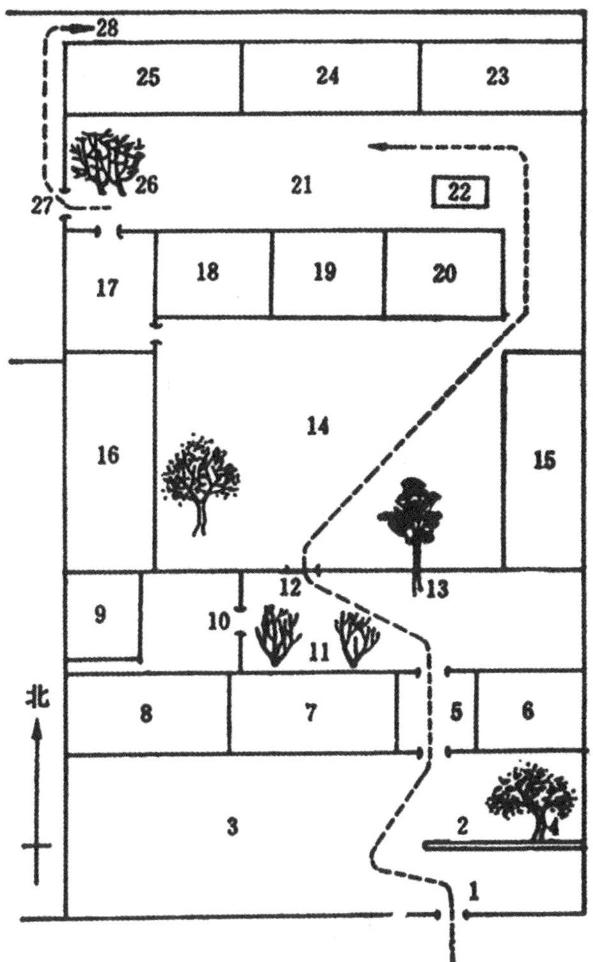

바다오완 11호의 평면 배치도. 그림 내 일부 번호 설명: 7번 루쉰이 유명한 소설 〈아큐정전(阿Q正傳)〉을 집필한 숙소. 16번 서쪽방 세 칸, 루쉰은 처음에 이곳에 살았다. 루쉰이 이사한 후 저우쭤런은 이 방을 서재로 삼고 '고우재(苦雨齋)'라는 이름을 붙였다. 18번 루쉰 어머니의 침실. 19번 본채 당옥(堂屋), 평상시 가족들이 여기에서 식사했다. 20번 주안의 침실. 24번 하부토 요시코 일가의 침실. 25번 저우쭤런과 하부토 노부코의 침실. (쑨잉(孫瑛)의 〈루쉰 유적 탐방 기사(魯迅故迹尋訪記事)〉 참고)

런이 그녀에게 노마님, 큰마님과 함께 식사하게 하고, 루쉰은 뒤채로 가서 둘째 선생, 셋째 선생 및 그들의 가족과 함께 식사했다. 다시 말해, 3년 가까이 루쉰은 저우쭤런, 하부토 노부코 등과 함께 밥을 먹었던 것이다. 하지만 이날 밤부터 루쉰은 다시 중간채로 돌아가 어머니, 주안과 함께 식사했다. 화목했던 형제가 이제는 한 식탁에서 밥도 먹지 못할 지경으로 사이가 나빠진 것이다. 며칠 후, 저우쭤런은 루쉰에게 절교의 편지를 보냈다. 편지에는 다음과 같이 쓰여 있었다.

루쉰 선생: 저는 어제야 알았습니다. 하지만 지난 일은 말할 필요 없습니다. 저는 기독교인은 아니지만, 다행히 감내할 수 있고 따져 묻고 싶지도 않습니다. 모두가 불쌍한 인간입니다. 제 옛날 장미의 꿈은 원래 허황한 것이었고, 지금 보고 있는 것이야말로 진짜 인생일지도 모르겠습니다. 전 제 사상을 바로잡고 새로운 생활을 하고 싶습니다. 앞으로 다시는 뒤채로 오지 마십시오. 다른 말은 없으니 안심하시고 자중하시길.

7월 18일 쭤런

저우쭤런의 편지는 아주 단호하지만, 구체적으로 무슨 이유인지는 말을 얼버무리고 있는데, 속에 말 못할 사연이 있는 듯하다. 루쉰은 편지를 받은 후 저우쭤런에게 와서 분명하게 말해달라고 했지만, 저우쭤런은 거절했다. 이런 상황에서 루쉰은 바다오완에서 나가기로 결정했다. 루쉰의 이런 행동은 저우쭤런도 예상하지 못했을 것이다. 두 형제의 결별은 이처럼 단호했으며 조금도 되돌릴 여지를 남기지 않았다.

루 부인도 '불화'의 원인을 이상하게 여겼다. "이렇게 친했던 형제가 갑자기 한집에서 살 수 없을 정도로 사이가 나빠지다니 정말 예상 밖의 일이었지. 아무리 생각해봐도 이치가 떠오르지 않았어. 나는 다만 큰선생이 둘째 마님이 살림을 맡는 것에 대해 불만이 있었던 것으로 기억하는데, 그녀는 겉치레가 너무 심하고 계획 없이 돈을 써서 늘 지출이 수입보다 많았던 데다가 남에게 돈을 꾸려고 하는 것은 좋지 않기 때문이야."[132] 여러 흔적들로 보았을 때, 저우 씨 형제의 결별은 확실히 하부토 노부코와 직접적인 관계가 있었다. 그러나 대가정에서 각 방면의 균형을 잡기란 매우 어려운 일이다. 외부인의 눈에 비친 바다오완은 저우 씨 형제를 핵심으로 하는 신식 대가정이었다. 그러나 가정 내부의 상황은 사실 훨씬 복잡했다. 바다오완은 신구(新舊)가 반씩 섞인 대가정에 가까웠다. 그 안에 사는 루 부인과 주안은 전형적인 사오싱의 구식 여성이었으며, 노부코와 요시코 자매도 그저 평범한 가정주부일 뿐이었다. 삼형제가 당초 "영원히 분가하지 말자"라고 했을 때 아무도 대가정을 유지하는 일이 이처럼 신경 쓰이고 힘이 들 줄은 예상하지 못했을 것이다. 그 복잡한 국면은 몸과 마음을 지치게 했으며, 마침내 통제력을 잃게 되어 삼대가 함께 사는 대가정은 3년여 만에 실패를 선포했다.

바다오완 안에서 보잘것없는 존재였던 주안이 형제의 결별 사건에 대해 어떤 태도를 지녔는지는 아무도 주의를 기울이지 않았다. 그러나 루쉰이 바다오완에서 나가기로 했을 때, 그녀도 루쉰과 함께 바다오완을 떠나기로 결심했다. 당시 주안과 함께 좐타 골목에 살았던 위팡은 이렇게 회

---

132 위팡, 〈루쉰 어머니가 이야기하는 루쉰 형제(太師母談魯迅兄弟)〉, 위팡, 《기억 속의 루쉰 선생(我記憶中的魯迅先生)》, 101~102쪽.

고했다.

좐타 골목에 살던 시절, 우리는 큰사모님과 점점 친해졌다. 한번은 무슨 일인지 큰선생님에 대한 이야기를 꺼냈는데, 그녀는 마음의 문을 살짝 열고 내게 속마음을 털어놓았다. 큰선생님이 바다오완에서 나오기 전에 그녀에게 자신은 좐타 골목에서 당분간 살기로 했다며 그녀의 거취를 물었다는 것이다. 바다오완에 남을 것인지, 아니면 사오싱 친정으로 돌아갈 것인지 큰사모님의 계획을 묻고는, 만약 사오싱으로 돌아간다면 매달 생활비를 부쳐주겠다고 했다. 큰사모님은 이어서 내게 말했다. "나는 잠깐 생각해보고 바다오완에서는 살 수 없다고 했지. 당신이 옮기고 나면 어머님도 조만간 당신을 따라가실 텐데, 나 혼자 시동생, 동서, 조카, 조카딸들과 함께 살면 그게 뭐겠어? 게다가 동서는 일본인이라 말도 안 통하고 살기 힘들지. 사오싱 친정으로도 가고 싶지 않았어. 당신이 좐타 골목으로 이사하면 어쨌든 밥하고 바느질하고 빨래하고 청소해줄 사람이 있어야 할 것 아니냐, 이런 일들은 내가 할 수 있으니 당신과 함께 가고 싶다. (……) 이렇게 해서 큰선생님이 날 데리고 온 거란다."[133]

이는 아마도 루쉰과 주안 사이에 가장 길었던 대화이자 주안의 후반생을 결정하는 중대한 선택이었을 것이다. 많은 연구자가 주안을 내보내고 싶은 루쉰이 자신의 바람을 완곡하게 표현한 것으로 생각한다. 바다오완에 남든지 사오싱으로 돌아가라고 그녀에게 선택하게 했지만, 솔직한 심정은 그녀가 사오싱의 친정으로 돌아가기를 바랐다는 것이다. 그럴듯

133 위팡, 〈봉건 혼인의 희생자 — 루쉰 선생과 주 씨 부인〉, 위팡, 《기억 속의 루쉰 선생》, 139~140쪽.

중년이 된 주안의 상반신 사진. 베이징으로 이사했을 때 그녀는 이미 40대였다.

한 분석이긴 하지만, 이것 말고 루쉰에게 다른 생각은 없었을까?

루쉰은 주안의 의견을 물었을 때, 그녀가 사오싱으로 돌아가겠다고 할 수 없음을 예상했을 것이다. 주안은 주관적으로 시댁을 쉽게 떠나지 못할 뿐만 아니라, 객관적으로도 돌아갈 수 없었다. 이때의 주가 타이먼은 이미 몰락했으며, 주안 집안의 가옥은 천 씨네에 팔린 뒤였다. 다음은 주 씨 댁 거주자 천원환의 회고다.

우리 천가(陳家)는 민국 11년(1922년)에 루쉰 본부인 주안의 친정집을 매입했는데, 부동산 증서 번호가 중도(中都) 1561호였어요. 이 지방은 현지 말로 '주위안리(竹園里)'라 부르는데 왕허자오(王鶴招)도 속셈이 있었지요. 주커밍은 나중에 여기에서 멀지 않은 예자눙(葉家弄)으로 이사 가서 살았어요. 주 씨네는 망해서 자기 집은 팔아버리고 따로 다른 사람 집에 세를 얻어 살았지요. 예자눙은 신눙(辛弄)과 라오잉눙(老鷹弄)(지금의 야오잉눙(耀應弄)) 사이에 있는데, 주커밍이 살았던 문패 번호는 기억이 나지 않는군요.[134]

주안이 베이징에 온 후 주커밍은 누나를 보러 베이징에 온 적이 있으며, 루쉰을 통해 베이징에 있는 주안과 서신 연락을 유지하고 있었다. 사오싱 딩자눙의 사정에 관해 루쉰과 주안이 잘 몰랐을 리 없다. 1922년에 주 씨네는 셋방살이를 할 정도로 궁핍해졌으니, 말하자면 주안은 돌아갈 친정이 없어진 것이다.

바다오완은 삼형제가 함께 사는 주택이었으므로, 주안이 사오싱으로 돌아가려 하지 않는 이상 바다오완에서 어머니를 모시게 하는 것도 한 방법이었다. 사오싱에 있었을 때 그녀는 저우쭤런, 저우젠런 및 그 권솔들과 여러 해 동안 함께 살았으니 계속 함께 살아도 문제가 될 것은 없었다. 보아하니 루쉰도 이런 의미였을 것이다. 그와 함께 이사하겠다는 주안의 요청에 그가 결국 동의한 것은 어떤 이유에서였을까? 인도와 동정심에서 비롯되었다거나 단순히 의무감에서 나온 것으로 이해한다면, 주안을 바다오완에 남겨두고 그녀의 생활비를 부담하는 것도 똑같을 텐데, 굳이 그녀를 데리고 나올 필요가 있을까? 주안의 간청만으로 루쉰이 마음을 바

134 〈천원환이 이야기한 주안 친정 등의 상황〉.

꿔서 그녀를 데리고 갈까?

쑨푸위안(孫伏園)은 루쉰과 동향으로, 베이징에 있는 동안 편집을 맡았던 관계로 루쉰과 개인적인 친분이 두터웠다. 루쉰이 세상을 떠난 후 몇몇 좌담회에서 친구의 신분으로 루쉰과 주안의 일을 이야기했다. 루쉰이 바다오완에서 이사했던 일에 관해 그는 다음과 같이 회고했다.

> 그는 결혼에 불만을 품었지만, 사람됨이 충직하고 온후했기에 차마 명목상의 부인을 저우 씨 집안 문밖으로 내쫓지 못했다. 그녀는 어디까지나 그의 명의로 데려왔기 때문이다. 그들 삼형제는 원래 바다오완에 살았는데, 나는 베이핑에 있을 때 자주 그곳에 놀러 갔다. 그 집은 본래 루쉰 선생이 돈을 내고 산 것인데, 형제 셋이 함께 살았다. 나중에 형제간에 불화가 생기자 루쉰이 이사하기로 결심하며 이렇게 말했다. "무릇 내가 책임져야 할 사람은 전부 나를 따라간다." 이는 명목상의 부인을 함께 데려가겠다는 뜻이며, 당연히 노마님도 모시고 나왔다.[135]

쑨푸위안에 따르면, 루쉰은 "무릇 내가 책임져야 할 사람은 전부 나를 따라간다"라는 태도를 보였다. 즉, 그는 자신과 관련된 모든 것을 가져가기로 마음먹고, 이후로 다시는 바다오완에 한 발짝도 발을 들여놓지 않으며, 더 이상 바다오완과 얽히고 싶지 않았던 것이다. 형제의 우애가 깨졌을 때, 주안이 그와 함께 가겠다고 한 것은 적어도 그에 대한 소리 없는 지

135 쑨푸위안, 〈루쉰에 관하여 — 쿤밍문예가협회의 루쉰 서거 3주기를 기념하는 대회 석상에서(關於魯迅 — 於昆明文協紀念魯迅逝世三周年大會席上)〉, 《쑨 씨 형제가 말하는 루쉰(孫氏兄弟談魯迅)》, 22쪽.

지였으며, 그와 같은 입장에 서는 것이었다. 루쉰이 하부토 노부코에게 불경한 짓을 했다고 추측하는 사람들에게도 대답이 되지 않았을까?

루쉰이 자기 방에서 식사를 한 지 보름 후인 1923년 8월 2일 자 루쉰의 일기에는 다음과 같은 기록이 있다.

> 2일, 비가 내리다 정오가 좀 지나서 갬. 오후에 부인을 데리고 좐타 골목 61호로 이사했다.[136]

루쉰은 일기에서 단 두 차례 주안을 직접 언급했는데(앞서는 1914년 11월 26일 자 일기) 모두 그녀를 '부인[婦]'이라 지칭한 것은 결코 우연이 아니다. '婦'의 본래 의미는 '결혼한 여자'로, '아내', '며느리' 등을 지칭하기도 하며 일반적으로 여성을 가리킨다. 전통적인 맥락에서 '婦'는 복종의 뜻을 지닌다.《설문해자(說文解字)》에서 '婦'에 대한 해석은 "복종이다. 여자가 빗자루를 들고 청소하는 것에서 나왔다"이다.《이아(爾雅)》〈석친(釋親)〉에서는 "아들의 아내를 婦라고 한다. 이미 시집간 여자도 婦라고 한다. 婦는 복종을 의미하는데, 남편에게 복종한다는 뜻이다"라 한다. '婦'에도 아내라는 뜻이 있지만, '妻'가 가리키는 것보다 더 광범위하다. 예를 들어 '절부(節婦)', '부녀자와 어린이[婦孺]', '부녀자[婦道人家]' 등과 같이 흔히 일반 여성을 가리킨다. 루쉰은 편지나 글에서 주안을 언급하며 '우처[賤內]', '안사람[內子]', '부인[太太]', '큰마님[大太太]' 등의 호칭을 사용했는데, 이는 제3자에게 주안을 언급할 수밖에 없을 때 어쩔 수 없

---

136 옮긴이:《루쉰 전집 제17권 일기 1》, 589쪽 참고.

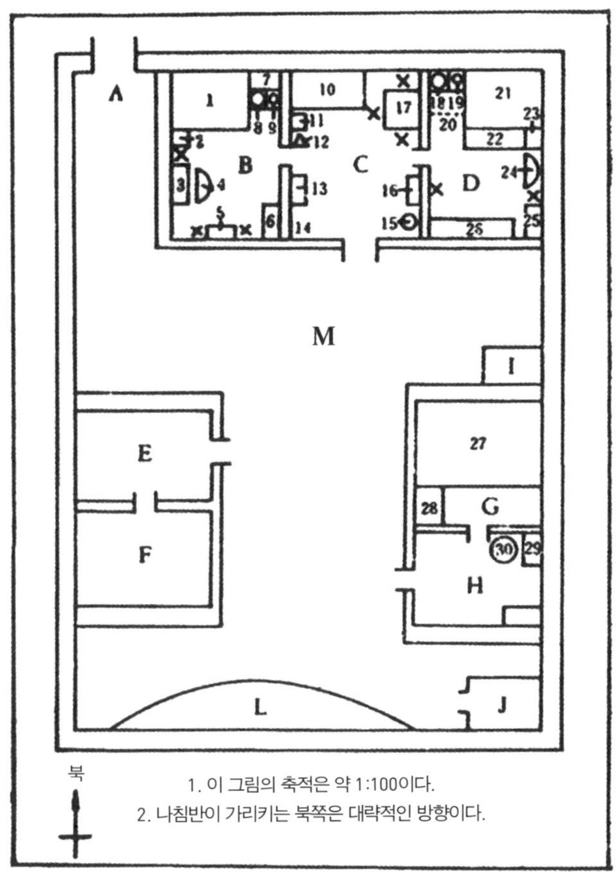

루쉰 선생이 베이징 좐타 골목 61호에 살 때 가옥의 전체 모습 및 실내 진열 평면 배치도. 그림 내 일부 번호 설명: A 대문. B 큰사모님(주 부인)의 침실. C 루쉰 선생의 응접실 · 침실 · 야간작업 겸 온 가족이 함께 식사하던 방. D 왕사모님(루 부인)의 침실. E, F 위팡 세 자매의 거처. G 루쉰 선생네 보모 왕(王) 어멈과 위 씨네 보모 치(齊) 어멈의 침실. H 양가가 공동으로 사용하던 부엌. I 닭장. J 화장실. K 담장. L 작은 흙더미. M 마당. (위팡, 〈베이징 좐타 골목 61호(北京磚塔胡同六十一號)〉 참고)

이 사용했던 자조적인 말투였다. 그는 세인들 앞에서는 이 혼인을 인정할 수밖에 없었지만, 마음속으로는 줄곧 이 사실을 배척하고 있었다. 일기에서 정작 자신을 마주할 때는 모호하게 '부인[婦]'이라는 단어로 주안을 일컬을 뿐 쉬광핑이나 다른 여성을 지칭할 때처럼 직접 이름을 부른 적은 없었다. 이런 호칭에서도 주안에 대한 그의 태도를 엿볼 수 있다.

좐타 골목은 지금의 베이징 시쓰(西四) 길목 이남, 신제커우(新街口)의 바다오완에서 멀지 않은 곳에 있다. 골목 어귀의 만송노인탑(萬松老人塔) 때문에 붙여진 이름이다. 이 탑은 원대에 지어졌는데, 만송노인은 금말 원초의 저명한 불학대사(佛學大師)로 그가 입적한 후 후세 사람들이 그를 기려 이 탑을 세웠다고 한다. 좐타 골목은 베이징 시내에서 가장 오래된 골목 가운데 하나로 꼽히며, 원 · 명 · 청대에는 구란(勾欄)[137]이 몰려 있던 곳이었다.

좐타 골목 61호는 원래 위펀(兪芬)[138]의 아버지 위잉야(兪英崖)의 친구 소유였다. 위펀 세 자매 등이 함께 살고 있었는데, 당시 북쪽 방 세 칸을 쓰던 세입자가 이사하는 바람에 비게 되었다. 위펀도 사오싱 사람으로 당시 베이징여자고등사범부속고등학교에서 공부하고 있었으며 쉬셴쑤와는 동향이자 친한 친구였다. 루쉰은 이런 인연으로 잠시 이곳에 거처를 마련했다. 쉬셴쑤의 회고에 따르면, "루쉰이 좐타 골목 61호에서 세 들어 살았던 세 칸짜리 북쪽 방은 바다오완의 세 칸보다 면적이 훨씬 작았다. 작고도 낮아 본인이 한 칸, 주안이 한 칸을 쓰고, 중간에 있는 방은 세수하

137 옮긴이: 곡예 · 설창 · 잡기 등을 공연하는 장소

138 옮긴이: 위팡의 언니

거나 식사를 하는 외에는 물건을 얼마 놓을 수가 없었다. 노마님도 지낼 만한 방이 없었다. 그녀는 종종 낮에 왔다가 저녁이 되어서야 바다오완으로 돌아갔으며, 이따금 큰마님 방에서 하루 이틀 껴 지냈다. 그런 까닭에 루쉰 선생은 또다시 집을 구하려고 서둘렀다." 이곳은 잠시 거쳐 가는 숙소일 뿐이었다. 8월 16일부터 루쉰은 다시 쉬지 않고 이곳저곳 집을 보러 다녔다. 보뤄창(菠蘿倉), 쉬안우먼(宣武門) 근처, 더우청황먀오제(都城皇廟街), 반비제(半壁街), 전젠(針尖) 골목 등 10여 군데가 넘는 집을 보고, 10월 30일에 푸청먼(阜成門) 네이싼탸오(內三條) 골목에 있는 여섯 칸짜리 낡은 집을 매입하기로 확정했다. 〈죽음을 슬퍼하며(傷逝)〉에 쥐안성(涓生)과 쯔쥔(子君)이 거처를 찾는 것에 대한 묘사가 나오는데, 루쉰 자신도 직접 겪었던 일임이 분명하다.

> 방을 구하는 일은 사실 쉽지가 않았다. 태반은 구실을 대며 거절했고, 더러는 우리 마음에 들지 않았다. 처음에 우리는 너무 까다롭게 골랐다. 그렇다고 지나치게 까다로운 것은 아니었는데, 어느 집이든 아무리 보아도 우리가 살 만한 곳이 못 되었던 것이다. 그러나 나중에는 아무 데라도 받아주기만 하면 좋겠다고 생각하게 되었다. 이십여 곳을 돌아보고 나서야 겨우 임시로 그럭저럭 살 만한 곳을 찾았다.[139]

루쉰은 1919년부터 세 차례 이사했으며, 그때마다 주안도 따라서 번번이 거처를 옮겼다. 이사는 번잡하고도 귀찮은 일이다. 적당한 거처를 찾

---

139 옮긴이: 〈죽음을 슬퍼하며 — 쥐안성의 수기〉, 《루쉰 전집 제2권 외침 · 방황》, 350쪽 참고.

베이징 좐타 골목 고거. 1923년 8월 2일부터 1924년 5월 24일까지 루쉰과 주안이 세 들어 살았다. 61호는 현재 84호가 되었는데, 이미 큼지막하게 '철거[拆]'라는 글자가 쓰여 있다. 이 사합원은 바다오완에 비해 아주 작지만 지금도 최소 네다섯 가구가 살고 있다. 루쉰이 당시 살았던 북쪽 방은 이미 개축했는데, 방이 작고 어둡다. (2009년 4월 필자 촬영)

베이징 좐타 골목 고거. (2017년 4월 촬영)

은 후에 계약하고, 인부를 찾고, 원자재를 구입하고, 가재도구를 사고 등등 산더미 같은 일이 그에게 떨어졌다. 저우쭤런은 바다오완에 정착한 후 더 이상 이사 다니지 않았다. 심지어 항일전쟁 시기에도 차라리 고생할지언정 보금자리를 옮기려 하지 않았다. 그러나 루쉰은 달랐다. 그는 일단 환경이 마음에 들지 않으면 주저 없이 새로운 집을 찾았으며, 옛날에 살던 곳에 결코 미련을 두지 않았다. 그런 점에서 두 형제는 판이했다.

시싼탸오(西三條)는 원래 대문이 하나 있는 낡고 작은 집이었다. 오래된 방 여섯 칸이 있었는데, 개보수를 거쳐 북쪽 방 세 칸, 남쪽 방 세 칸, 동서에 곁채를 각각 두 칸씩 지어 단정하고 아담한 사합원(四合院)을 만들었다. 루쉰의 이종사촌형 롼허쑨(阮和孫)[140]은 일찍이 시싼탸오에 있는 루쉰의 집 옆집에 살다가 나중에는 루쉰의 집 일부를 임대했다. 그의 회고에 따르면, "루쉰은 어머니께 효도했는데, 베이징 시싼탸오 골목의 집은 어머니가 노후를 편안히 보내시고 오랜 세월 뒤에도 안식처가 되도록 구입한 것이었다. 서쪽 두 칸은 좁아서 부엌으로 썼고, 동쪽 두 칸은 넓은 편이어서 사람이 살 수 있었다. 루쉰은 뒤뜰 안의 세 칸을 헐고 앞쪽으로 옮겨서 동남쪽과 서북쪽 방을 만들었다. 이렇게 하니 마당도 넓어서 어머니가 오랜 세월 뒤에 이곳에서 장례를 치르고 제사 지낼 수 있게 되었다."[141]

---

140 롼허쑨(阮和孫)(1880~1959), 이름은 원퉁(文同), 자는 허쑨(和孫), 루쉰의 큰이모 루치(魯琪)의 아들이다. 루쉰은 일기에 '허썬(和森)', '허쑨(和蓀)'으로 쓰기도 했다. 롼허쑨은 오랫동안 산시(山西) 등지에서 막우(幕友)로 일했으며, 신해혁명 후에는 베이징에서 활동하며 현(縣) 지사가 되려고 도모했다. 롼 씨 사형제 가운데 롼허쑨과 루쉰의 관계가 가장 친밀했으며, 특히 그의 집이 베이징 푸청먼 안 시싼탸오로 이사해 루쉰의 집과 이웃한 뒤로 왕래가 더 잦았다.

141 장넝겅(張能耿), 《루쉰 지인 탐방록(魯迅親友尋訪錄)》, 베이징: 당건독물출판사(黨建讀物出版社), 2005년, 598쪽.

베이징 시싼탸오 고거. 주안은 1924년 5월에 이사와 1947년 6월에 세상을 떠날 때까지 23년을 이곳에서 살았다. (2009년 4월 필자 촬영)

1924년 5월 25일 아침, 루쉰은 어머니와 주안을 데리고 시싼탸오 골목 21호 주택으로 이사해 새집 생활을 시작했다.

부부 사이

형제 사이가 나빠져 루쉰이 주안을 데리고 이사하자, 주안은 루쉰이 마침내 마음을 돌렸다고 여기며 다시금 희망을 품게 되었다. 쑨푸위안은 다음과 같은 일화를 이야기했다.

새집에 도착하자 부인은 루쉰 선생이 그녀와 잘 지내보려는 것으로 홀연히 착각했다. 하루는 루쉰 선생이 내게 말씀하셨다. "이상한지 이상하지 않은지 자네가 한번 말해보게. 오늘 아침에 잠이 깨어 눈을 뜨니 한 여자가 내 방문 앞에 서서 큰도련님 칠월절 날에 언제 절하는지 내게 묻는 게 아니겠나?" (칠월절은 사오싱의 명절로 어떤 집은 칠월 열나흘에 절하고, 어떤 집은 칠월 보름에 절했다. 그러나 루쉰 선생은 한 번도 참가한 적이 없었다.) 의심의 여지 없이 부인은 루쉰 선생이 자신을 데리고 나온 것이 그가 예전에 자신에게 한 잘못을 깨닫고 이제 태도를 바꾸려는 것으로 오해했던 것이다. 이런 점만 봐도 부인이 정말 눈치가 별로 없다는 것을 알 수 있다.[142]

루쉰은 쑨푸위안에게 사석에서 자신의 구식 부인에 대해 자주 불평했던 것 같다. 음력 칠월 보름은 우란분회(盂蘭盆會), 즉 중원절(中元節)로 사오싱의 풍속에 따르면, 조상님께 제사를 지내고(속칭 '칠월반(七月半)을 하고'), 후손이 없는 무덤에 성묘하고, 사원에서는 부처님께 재를 올리며, 민간에서는 우란분회를 하는 등 모두 귀신과 관련된 일들로, 일 년 중에 성대하게 제사를 지내는 의식이다. 1920년대의 베이징에서도 주안의 머릿속에는 온통 '칠월절', '큰도련님'뿐이었으니 그 말투와 표정이 루쉰은 한심하지 않을 수 없었다. 루쉰이 주안에게 뭐라고 대답했는지는 말하지 않았지만 침묵을 지키는 것 말고는 할 말이 없었을 것이다.

루쉰의 생활에 있어서 주안의 보살핌은 흠잡을 데가 없었다. 루쉰은 좐타 골목으로 이사한 지 얼마 되지 않아 몸져누웠는데, '큰선생'에 대한

142 쑨푸위안, 〈루쉰에 관하여 — 쿤밍문예가협회의 루쉰 서거 3주기를 기념하는 대회 석상에서〉, 《쑨씨 형제가 말하는 루쉰》, 23쪽.

그녀의 보살핌은 아주 세심하고 극진하다고 할 수 있었다. 루쉰은 당시 밥을 먹지 못하고 죽만 먹을 수 있었는데, 위팡의 회고에 따르면, "큰사모님은 매번 죽을 쑤기 전에 먼저 쌀을 으깨어 소화하기 쉬운 미음으로 만들었다. 그리고 우리 언니에게 도향촌(稻香村)과 같이 유명한 식료품 가게에 가서 술지게미에 절인 닭이나 익힌 햄, 러우쑹(肉松)[143] 등 큰선생님이 평소 즐겨 드시는 음식을 사다달라고 부탁했다. 이것을 큰선생님이 드실 죽에 넣어 입맛을 돋게 했다." 좐타 골목에서 루쉰의 책상은 주안의 방에 놓여 있었는데, 이곳이 채광이 좋고 조용해 루쉰은 낮에 책상머리에서 하는 작업을 보통 이 책상에서 했다. 주안은 낮에는 주로 부엌에서 식사 준비 등을 하며 그의 작업을 함부로 방해하지 않았다. 때때로 한 울타리 안에 사는 위 씨 자매가 다소 소란을 피우면, 주안은 그들에게 큰선생님을 시끄럽게 하지 말라고 주의를 시키거나 때로는 간곡하게 부탁했다. "큰선생님이 돌아오셨을 때는 조용히 글을 쓰실 수 있도록 떠들지 말아야 한다." 이 순간만큼은 주안에게도 안주인 같은 모습이 조금 나왔다.

안주인으로서 주안의 요리 솜씨는 상당히 훌륭했다. 쉬셴쑤의 회고에 따르면, "그 집은 사오싱 요리를 잘 만들었는데, 간장에 절인 조개 · 게알과 적당히 불린 마합어(馬蛤魚)가 있었다. 그러나 말린 나물이 많았다." 하지만 루쉰은 여러 해 동안 객지 생활을 하면서 사오싱 요리가 마음에 들지 않는 부분도 있었다. 특히 말린 나물이 너무 많아서 단조롭다고 느꼈다. 그러나 모종의 감정적인 요인이 있었을지도 모른다. 롼허쑨 딸의 회고에 따르면, 베이징에 있을 때 주안은 루쉰이 무엇을 좋아하는지 그가

143 옮긴이: 돼지 · 소 등의 살코기를 가공하여 분말 또는 풀솜 모양으로 만든 식품을 말한다.

남긴 음식의 양으로 판단할 수밖에 없었는데, 만약 어떤 음식을 별로 남기지 않았거나 다 먹었다면 루쉰이 분명 좋아한다고 짐작해 다음번에 요리할 때 조금 더 많이 하거나 하는 식이었다.

집에 손님이 올 때도 주안은 정성을 다해 대접했다. 처음 좐타 골목으로 이사했을 때, 하루는 루쉰의 학생 창웨이쥔(常維鈞)[144]이 찾아왔다. 그날은 부채질을 해도 땀이 날 정도로 날씨가 무척 더웠는데, 주안은 뜨거운 차 두 잔 외에 김이 모락모락 나는 연뿌리전분죽[藕粉]을 간식으로 내왔다. 손님은 간식을 받아들고 난감해했다. 아무리 이열치열이라지만 어떻게 먹으란 말인가? 루쉰은 창웨이쥔을 향해 고개를 내젓고 쓴웃음을 지으며 말했다. "기왕 가져왔으니 들게나. 땀이 나기밖에 더하겠는가." 이 사소한 일은 창웨이쥔에게 깊은 인상을 남겼으며 나중에 다른 사람에게도 종종 이야기했다. 루쉰의 일기를 찾아보면, 1923년 8월 8일에 "오후에 창웨이쥔이 와서 《가요(歌謠)》 주간 한 부를 주었다"라는 기록이 있는데, 아마도 그때일 것이다. 그들이 막 이사 온 지 일주일도 안 된 한창 더운 날이었다. 주안은 안주인으로서 차를 내오며 무척 애를 썼지만, 일을 센스 있게 처리하지 못해 때로는 힘만 들이고 좋은 소리를 못 들었다. 위팡에 따르면 이러한 예가 적지 않았다.

주안은 남편을 잘 섬기고 시어머니께 효도하면 언젠가는 상대방이 불현듯 과거의 잘못을 깨닫고 돌아올 거라는 환상을 품고 있었다. 루쉰도

---

144 창훼이(常惠)(1894~1985), 자는 웨이쥔(維鈞), 베이징 사람. 베이징대학 불문학과에서 공부할 때 루쉰의 중국소설사 과목을 수강했다. 1924년 졸업 후 베이징대학출판부 간사를 지내며 《가요(歌謠)》 주간의 편집을 주관하고, 루쉰에게 해당 잡지의 표지 디자인을 부탁했다. 1926년 루쉰이 남쪽으로 내려간 후 창은 그에게 대신 고서를 구입해달라고 부탁했다.

생활에 있어서 주안이 주는 보살핌을 잘 알고 있었다. 그러나 그녀를 동정하고 부양할 수는 있지만, 그녀에게 '사랑'의 감정이 생겨날 수는 없었다. 이때의 루쉰은 이미 공인이 되어 있었고, 그의 거처로 학생과 친구들이 끊임없이 찾아오면서 사생활의 영역을 건드리기 마련이었다. 바다오완에 있을 때는 집안에 식구가 많아 주안의 존재가 그렇게 눈에 띄지 않았을지도 모르나, 저우쭤런과 사이가 틀어져 좐타 골목의 좁은 사합원으로 이사하고, 다시 시싼탸오에 자리를 잡은 후에는 그와 구식 부인의 관계가 단숨에 두드러지면서 친구들의 호기심 어린 시선을 끌었다. 이 시기 루쉰의 냉랭한 가정생활을 기억하는 이들이 적지 않다.

위팡은 위잉야의 둘째 딸로 당시 열두 살 밖에 안 된 초등학생이었다. 루쉰 부부가 좐타 골목으로 이사한 후, 그녀는 큰선생님과 큰사모님이 한 지붕 아래에 있지만 각자의 삶을 사는 것을 보았다. "낮에 큰선생님은 출근하시거나 집에서 일하셨고, 큰사모님은 주방에서 음식을 요리하시고, 때로는 방안에서 바느질하시거나 휴식을 취하시거나 물담배를 피우셨다. 저녁에는 각자의 방으로 가서 주무셨다. 내가 본 그분들의 관계는 그랬을 뿐이다." 시싼탸오에서 루쉰은 '호랑이 꼬리'라고 불린 방에서 지냈는데 서재이자 침실이었다. 또한, 쉬셴쑤의 회고에 따르면, 루쉰은 바다오완에 있었을 때도 독방을 썼다. 요컨대, 주안을 베이징으로 데려온 후에도 루쉰은 여전히 독방을 썼던 것이다.

위팡의 회고에 따르면, 루쉰이 주안에게 먼저 말을 거는 일은 아주 드물었다. 좐타 골목에서의 9개월 넘는 시간 동안 위팡은 심지어 그들이 서로 보는 앞에서 뭐라고 부르는지 알지 못했는데, 아마 호칭이 없는 것 같았다. 뒤에서는 아이들의 호칭을 따라 주안은 루쉰을 '큰선생님'이라 부르고, 루쉰은 주안을 '큰사모님'이나 '큰마님', 때로는 '부인'이라 불렀다. 한편 위팡의 관찰에 따르면, 큰선생님은 말을 아끼기 위해 다음과 같은 방법까지 고안해냈다. 즉, 버들고리의 밑바닥과 뚜껑을 두 곳에 놓는데, 고리짝 밑바닥은 자신의 침대 밑에 두고 그 안에 세탁할 옷을 벗어놓았다. 고리짝 뚜껑은 주안의 방문 오른편, 즉 탁자형 궤의 왼편에 위를 향하게 뒤집어놓고 그 안에 그가 갈아입을 깨끗한 옷을 넣어두었다. 고리짝 밑바닥과 뚜껑에는 각각 흰 천이 덮여 있어서 외부인은 그 안의 비밀을 쉽게 알 수 없었다. 이러니 서로 대화조차 필요 없었다.

징유린(荊有麟)[145]이 사는 곳은 시싼탸오에서 가까웠는데, 루쉰이 시싼탸오로 이사한 후부터 그는 이 집의 단골손님이었다. 루쉰의 일기에는 1924년 12월부터 그가 자주 언급된다. 당시 그는 20여 세의 나이에도 불구하고 루쉰의 집안을 면밀히 관찰해 집에 식모가 몇 명이 있으며, 식모의 품삯은 얼마인지까지 훤히 알고 있었다. 그는 루쉰 집안의 분위기를 다음과 같이 묘사했다.

> 1919년, 선생이 39세 때 베이핑에서 시즈먼(西直門)의 공용고 바다오완에 집을 샀기 때문에 집안 식구들을 수도로 데려왔다. 하지만 베이핑에서 보인 것은 완전히 별거로 부부가 따로 방을 한 칸씩 썼다. 집안 식구가 많아서(당시 선

145 징유린(荊有麟)(1903~1951), 즈팡(織芳), 유린(有林)이라고도 한다. 산시성(山西省) 이스현(猗氏縣) 사람이다. 1924년 베이징 에스페란토전문학교에서 공부하면서 루쉰과 왕래하기 시작했다. 일찍이 《망원(莽原)》 주간 출판 작업에 참가했다. 1927년 이후 국민당 중앙당부 및 군대에서 근무하며 신문을 만들고 교원으로 활동했다. 1936년에는 국민당 중앙선발위원회 위원이었다. 후에 국민당 중앙 집행위원회 조사통계국과 군사위원회 조사통계국의 특무 조직에 가입했으며, 1951년에 처형되었다.

생의 둘째 동생, 셋째 동생이 모두 함께 살았다) 선생은 비교적 활발한 편이었다. 얼마 후, 저우젠런이 상하이로 가고 선생도 저우쭤런과 분가했다. 그 가정은 사람을 너무 무서워했다.

가정에는 세 명의 주인이 있었는데, 노부인 한 명과 루쉰 부부 두 사람이었다. 식모가 두 명 있었는데, 한 명은 왕(王) 어멈, 한 명은 후(胡) 어멈이었다. 노부인의 나이가 한참 많은 것을 제외하면, 나머지는 모두 30~40대였다(왕 어멈의 나이가 조금 젊었지만 이미 서른이 넘었던 것으로 기억한다). 청년과 아이가 없어서 가정은 더욱 정적이 흘렀다. 노부인은 구식 가법을 고수했으며 매일 책만 읽었다. 루쉰 부인은 구식 가법에 따라 매일 아침저녁으로 노부인께 문안 인사를 드리는 외에 부엌에서 음식을 만들어야 했다. 식모 두 명 가운데 왕 어멈은 특별히 노부인의 시중을 들었기 때문이다. 후 어멈이 찬거리를 사고 밥을 짓고 청소하는 것 외에, 음식을 만드는 일은 언제나 루쉰 부인이 직접 나섰다.

(……)

루쉰 선생은 당시 교육부 첨사(僉事)를 맡은 것 외에 베이징대학, 고등사범 등의 학교에서 강사로 활동했다. 수업시간이 오전이라면 오후에는 교육부를 돌아야 했다. 수업시간이 오후라면 오전 반나절은 교육부를 돌아볼 수도 있었기 때문에 그의 가정은 더욱 고요했다. 루쉰은 일 년 사계절 일상적인 말 외에 부인과 별다른 이야기를 나누지 않았다. 그 집 식모 말에 의하면, "큰선생님과 부인은 매일 세 마디밖에 하지 않으시는데, 아침에 부인이 일어나시라고 선생님을 부르면 '응' 하고 대답하시고, 진지 드시라고 부르면 또 '응' 하고 대답하셨다. 밤에 선생님은 늦게 주무시고 부인은 일찍 주무셨는데, 부인은 꼭 문을 닫을지 말지 물어보셨고 그제야 선생님은 '닫아라' 또는 '닫지 말아라' 하고 짧게 대답하셨다. 그렇지 않으면 부인이 선생님께 생활비를 달라고 할 때나 좀 더 많은 말씀을 하셨다. 예컨대, '얼마나 필요한가?' 또는 그 김에 어떤 물건을 더 살지 말지 여쭤보기도 했다. 하지만 이렇게 비교적 긴 대화는 한 달에 한두 번에 불과했다."[146]

좐타 골목이나 시싼탸오에 가본 거의 모든 사람은 이 집이 이상한 분위기에 휩싸여 있으며 숨이 막힐 정도로 억눌려 있다는 것을 느낄 수 있었다. 징유린도 자신이 직접 본 일을 예로 들어 그들 부부 관계가 좋지 않음을 설명했다. 1925년 여름, 주안이 갑자기 병이 나 일본인 야마모토(山本)가 연 병원에 입원했다. 어느 날 오전, 징유린 부부는 야마모토 병원에 그녀를 보러 갔는데 도착한 지 얼마 되지 않아 루쉰도 왔다. 그는 들어오자마자 "검사는 해 봤는가?" 하고 물었다. 주안이 "검사했어요"라고 대답했다. 루쉰은 "의사에게 물어보고 오리다"라며 밖으로 나갔다. 잠시 후 루쉰이 돌아왔다. 들어오자마자 징유린 부부에게 "가세. 우리 집으로 점심 먹으러 가세나"라고 말했다. 그들은 병실을 나서면서 주안이 "의사가 뭐라고 하던가요?"라고 묻는 것을 들었다. 루쉰은 "별거 아니라네. 며칠 더 쉬면 나을 걸세"라고만 간단히 대답했다. 말을 마치고는 서둘러 병실을 나섰다.

주안이 병이 난 일은 1925년 9월 29일에 루쉰이 쉬친원(許欽文)[147]에

146 징유린,《루쉰에 대한 단편적인 추억(魯迅回憶斷片)》,《루쉰 회고록 · 전문서》(상권), 167~168쪽.

147 쉬친원(許欽文)(1897~1984), 이름은 성야오(繩堯), 필명은 친원(欽文), 저장성 사오싱 사람이며, 작가다. 1920년에 베이징대학에서 루쉰의 강의를 청강했으며, 1923년 초에 쑨푸위안의 소개로 루쉰과 친분을 맺었다. 그의 단편소설집《고향(故鄉)》은 루쉰이 선별 편집했으며, '오합총서(烏合叢書)'에 포함되었다.

게 보낸 편지에서도 언급되었다. "(……) 안사람이 5~6일가량 입원했다가 이미 퇴원했다네. 원래는 위장병 때문에 검사하러 간 것이었네. 현재 위암 의심 소견이 보이나, 만성이라 실로 방법이 없으니(이 병은 현재 치료약이 없음) 그때그때 대처하는 수밖에 없다네." 이때 주안의 병은 가볍지 않았으며 심지어 위암 의심 소견까지 있었던 것으로 보인다. 징유린이 병문안을 갔을 때는 검사 결과가 이미 나왔는데 다행히 큰 지장이 없었다. 그러나 징유린이 관찰한 대로 루쉰은 주안에 대해 의무를 다할 뿐 병실에서 잠시라도 더 그녀 곁에 머물고 싶어 하지 않았으며, 한마디라도 더 따뜻한 위로의 말을 건네려고 하지 않았다.

지인들은 모두 루쉰이 주안과 거의 말을 하지 않았으며, 그들 사이의 교류는 일상적인 몇 마디 문답에 불과했다고 회고한다. 이는 대체로 그들 결혼의 평상시 모습이었을 것이다. 그들 단둘이 지낼 때는 온 방 안에 언어의 진동도 없고, 감정의 흐름도 없었다. 공기마저 얼어붙어 이 집은 마치 얼음굴처럼 그 안에 있는 사람을 춥지 않은데도 떨게 했다.

와이프(Wife) — 성(性)

루쉰은 생전에 자신의 결혼 생활에 대해 외부인에게 거의 말하지 않았는데, 자신의 불행한 결혼이 타인의 화젯거리가 되는 것을 원치 않았기에 입을 다물었음이 분명하다. 루쉰은 주안에게 왜 그렇게 냉담했으며 말하기조차 싫어하는 지경이 되었을까? 두 사람 사이에는 신식과 구식의 격차가 너무나 컸다. 이것이 자연히 주된 원인이었지만 다른 원인은 없었을까? 그는 외부인이 이해하기 어려울 정도로 부인에게 냉담했으며, 결혼 후에도 줄곧 고행승처럼 사리에 맞지 않는 생활을 계속했다. 이는 그들 부부 관계에 대한 사람들의 호기심을 불러일으키지 않을 수 없었다.

위다푸(郁達夫)는 창조사(創造社)의 원로로 《침륜(沈淪)》과 같은 자아노출식 소설로 문단에서 이름을 날렸다. 루쉰은 겨울에도 솜바지를 입지 않았기 때문에 그는 자연스레 성 심리의 억압을 떠올렸다.

> 나를 방문한 같은 학생이 루쉰에 대해 말하기 시작했다. 그가 말했다. "루쉰은 겨울에도 솜바지를 입지 않는데, 이는 성욕을 억누르려는 뜻이지요. 그는 자신의 구식 부인과 잘 지내려고 하지 않거든요." 그래서 나는 그날 루쉰을 방문하러 갔을 때, 문을 열어주러 온 청초한 중년 부인을 떠올렸다. 그녀도 왜소했으며, 전족을 하고 머리를 빗은 모습이 완전히 전형적인 사오싱 부인이었다.[148]

루쉰은 일본에서 돌아온 후 겨울에도 홑바지 입는 습관을 유지했다. 이것이 과연 금욕을 위한 것인지는 차치하고라도 그와 주안 사이에 정상적인 부부 생활이 결핍되었던 것만은 확실하다. 이 역시 다음의 민감한 문제와 연결된다. 루쉰과 주안은 그토록 여러 해를 살았는데, 그들 사이에 과연 부부 관계가 없었을까? 루쉰은 주안에게 애정이 없고, 애정 없는 성은 부도덕하고 불결한 것이기 때문에 그들 사이에 성생활은 있을 수 없으

---

148 위다푸(郁達夫), 〈루쉰을 추억하며(回憶魯迅)〉, 《루쉰을 추억하며 — 위다푸가 말하는 루쉰 전편(回憶魯迅 — 郁達夫談魯迅全編)》, 상하이문화출판사, 2006년, 15쪽. 원래 1939년 3월부터 8월까지 상하이 《우주풍(宇宙風)》 을간(乙刊)에 연재.

며, 그들은 줄곧 형식상의 부부일 뿐이라고 일축하는 사람도 있다.

징유린은 《루쉰에 대한 단편적인 추억(魯迅回憶斷片)》에서 "결국 루쉰 평생 그의 부인은 출산한 적이 없었"는데, 주된 이유는 그들 부부의 관계가 극도로 소원하고 냉담했기 때문이라고 지적했다. 그러나 이 회고록에서 그는 또한 루쉰 본인의 자술에 대해 언급했다.

> 가정—사실은 구사회 전체—에 대한 루쉰 선생의 비애와 고통 때문이었다. 선생의 사상에는 애처로운 요소가 많이 늘어났는데, 선생은 자신의 부인에 대해 단지 짊어져야 할 의무일 뿐 그 안에 연애의 요소는 전혀 없다고 확신했다. 선생의 이야기에서나 글에서나 선생이 자신의 부인을 언급하는 일은 보고 듣기 어려웠다. 베이핑에 살던 시절, 선생이 "와이프(Wife)는 여러 해 동안 한두 번밖에 하지 않았다"라고 말씀하신 일을 기억한다. 글에서는 "우처(愚妻)까지 끌어들여 국적을 바꿨다"라는 항변 말고는 그의 부인에 대한 이야기는 더 이상 없었다.

루쉰은 징유린에게 "와이프는 여러 해 동안 한두 번밖에 하지 않았다"라고 말한 적이 있다. 여기에서 와이프는 분명 특정한 함의가 있는데, 아내라는 뜻일 뿐만 아니라 성생활을 가리킨다. 그렇지 않다면, "여러 해 동안 한두 번밖에 하지 않았다"는 말이 되지 않는다. 루쉰과 주안의 관계는 줄곧 형식만 갖췄으며 서로 육체적 접촉이 없었다고 여겨졌다. 그러나 징유린이 말한 것이 사실이라고 해도 그들의 결혼이 불행하다는 사실은 바꿀 수 없다. 부부로서 성은 정당한 것이다. 서구 문화적 의미에서의 실질적인 성관계가 있는 와이프로서 여러 해 동안 한두 번밖에 하지 않았다는 것은 매우 슬픈 사실을 증명한다. 즉, 부부로서 그들은 영혼에서 육체까지 간극이 있었으며 융합되고 한 몸으로 결합할 수 없었다.

장톄정(張鐵錚)은 만년의 저우쭤런과 교류가 있었는데, 그는 주안이 결혼 후 왜 출산하지 않았는가에 관해 물어본 적이 있었다.

> 나는 이어서 '금슬이 좋지 않은' 원인을 물었다. 저우 선생은 신구(新舊) 사상의 충돌이라고 할 수 있으며, 루쉰은 그때(혼인 기간을 가리킴) 일본에서 유학 중이었다고 말했다. 나는 또 주 부인이 어찌하여 오랫동안 출산하지 않았는지 물었다. 저우 선생은 주 부인이 주유증(侏儒症)이 있으며 발육이 불량했다고 말했다. 내가 '주유(난쟁이)'라는 말을 잘 알아듣지 못하자, 저우 선생이 내 펜으로 이 두 글자를 종이에 썼다.[149]

이는 장톄정이 저우쭤런의 말을 전한 것으로 그 진실성은 이미 고증할 수 없다. 그러나 《지당 회고록(知堂回想錄)》에서 "새사람은 몹시 왜소해서 상당히 발육이 불량한 모습이었다"라고 확실히 말한 적이 있다. 알다시피 20세기 초 많은 사람은 부모가 주관한 중매결혼에 만족하지 않고 본처와 애정이 없어도, 아이를 낳고 적어도 형식적으로는 온전한 가정을 이루었다. 루쉰과 주안이 결혼한 지 여러 해가 지났지만 아이가 없는 것은 도덕적으로 극단적인 결벽증 때문일까, 아니면 어쩔 수 없는 고충이 있어서 외부인은 알아차릴 수 없는 은밀한 고통이 있었기 때문일까? 이

---

149 장톄정(張鐵錚), 〈지당의 만년 일화 한 다발(知堂晚年軼事一束) · 루쉰의 본부인 주안 여사(魯迅原配朱安女士)〉, 천쯔산(陳子善) 엮음, 《저우쭤런 이야기(閑話周作人)》에 수록, 저장문예출판사, 1996년, 280쪽.

는 알 도리가 없다.

1925년의 베이징여사대 사건[150]에서 그는 독신인 여사대 총장 양인위(楊蔭榆)를 겨냥해 〈과부주의(寡婦主義)〉[151]라는 글을 썼는데, 다음과 같은 내용이 있다.

> 부득이하게 독신 생활을 하는 사람들은 남녀를 불문하고 종종 정신적으로 변화가 생기는 것을 피할 수 없어서 고집스럽고 의심이 많고 음험한 성격을 지닌 자가 대부분이다. 중세 유럽의 성직자, 메이지 유신 이전 일본의 고텐죠추우(御殿女中)(여자 내시)[152], 역대 중국의 환관은 냉혹하고 음험하기가 보통 사람의 몇 배에 달했다. 다른 독신자들도 마찬가지로 삶이 자연스럽지 않고 심리 상태도 크게 변하며 세상일이 재미가 없고 사람들도 밉살스러워서 천진난만한 사람들을 보면 증오가 생긴다. 특히 성욕을 억누르고 있어서 다른 사람의 성적인 사건에 민감하고 의심이 많으며 부러워서 질투한다. 사실 이것도 피할 수 없는 일이다. 사회로부터 핍박을 받아 겉으로는 순결한 척하지 않을 수 없지만, 내심으로는 본능적인 힘의 지배에서 벗어날 수 없어서 자기도 모르게 결핍감이 꿈틀거리고 있는 것이다.

---

150 옮긴이: 1924년 베이징여사대에 새로 부임한 총장 양인위(楊蔭榆)가 베이양(北洋) 정부와 결탁해 학생들의 활동을 억압하고 경비를 남용하며 규정을 어기고 돈을 받는 등 만행을 저질러 학생들의 공분을 샀다. 베이징여사대 학생들은 학교 당국의 봉건적인 억압에 반대하며 양인위 총장과 베이양 군벌 세력에 대항하는 투쟁을 전개했고, 당시 이 대학 강사였던 루쉰은 학생들의 편에 서서 사태 전반에 관련을 맺었다.

151 옮긴이: 〈과부주의〉의 우리말 번역은 《루쉰 전집 제1권 무덤 · 열풍》, 383~392쪽 참고.

152 옮긴이: 고텐죠추우(御殿女中)는 에도시대의 궁궐, 쇼군가(將軍家), 다이묘(大名) 등의 집안에서 시중들던 여성을 말한다.

루쉰이 독신자의 변태 심리를 이렇게 꿰뚫어보니 사람들은 그 자신을 떠올리지 않을 수 없었다. 그의 삶도 독신과 같았기 때문이다. 그가 양인위를 '과부주의'라고 욕하자 그의 적수들은 그를 '준홀아비'라 욕했다. 구제강(顧頡剛)(1893~1980)은 1973년에 보충하여 쓴 일기에서 여전히 루쉰을 지적했다.

> 그와 쉬(徐) 씨[153]의 결혼은 부모의 명령에서 비롯한 것으로, 저 멀리 청말에는 반항의 깨달음이 없었으며 애정 없이 동거할 뿐이었다. 그러나 성욕은 인간과 모든 동물이 동일한 것이고, 애정은 인간이 다른 생물과 다른 까닭이다. 두 가지가 서로 조화를 이루지 못하여 명분은 동거이나 실상은 금침(衾枕)의 즐거움이 없다면 그 고통이 어떠하겠는가? 쑨푸위안의 말을 들으니, 루쉰이 아침에 일어나 아직 이부자리를 정리하지 않았는데, 쉬 씨가 그를 위해 이불을 개어주니 그가 이불을 집어다가 땅에 던졌다고 한다. 애정이 이다지도 없었으니 절대 아이를 낳지 못한 것이다. 루쉰은 글을 써서 양인위를 헐뜯으며, 독신 생활로 인해 의심이 많고 욱하는 심리 상태에 빠지게 되어 학생들에게 잔혹한 수단을 가하니, 과부는 아니지만 과부의 실질이 있으므로 '준과부'라 부른다고 했다. 이 말을 루쉰에게 적용하면, 홀아비는 아니지만 홀아비의 실질이 있으므로 '준홀아비'라 불러야 할 것이다.[154]

---

153 쉬 씨는 주(朱) 씨로 바꿔야 한다. 이하 동일.

154 궈징(郭晶)의 〈루쉰과의 갈등에 대한 구제강 만년의 해명(顧頡剛晚年對與魯迅矛盾的聲辯)〉, 《온고(溫故)》 제14기에서 재인용.

루쉰의 부자연스러운 가정생활은 친구들도 받아들이기 힘들었을 뿐만 아니라 그의 적수도 거리낌 없이 악의적으로 그의 사생활을 추측했다. 다른 측면에서 보면 주안도 '준과부'라고 할 수 있지 않은가?

고부 사이

사람도 땅도 낯선 베이징에 와서 주안이 의지할 수 있는 유일한 사람은 시어머니였다. 이 집에서 루쉰이 유일하게 말을 듣는 사람은 루 부인이었다. 위팡은 직접 본 일을 이렇게 말했다. "큰선생님께서 좐타 골목에 사실 때, 왕사모님께서 오시면 세 분이 한 식탁에 앉아 식사하셨는데, 왕사모님께서 웃고 떠드셔서 떠들썩하게 한 끼를 드셨다. 왕사모님께서 바다오완으로 돌아가셨을 때 큰선생님과 큰사모님 두 분만 식사하시면 식탁에서 대화가 적었다. 큰사모님께서 입을 여시면 음식의 간이 입맛에 맞는지 물으실 뿐이었으며, 큰선생님께서도 고개를 끄덕이거나 한 마디로 대답하셨다. 이런 '네, 아니오'식 대화는 한 마디면 끝나버려서 뒤로 이어질 수가 없었다. 그런 후에 두 분은 조용히 각자 밥을 드셨다." 루 부인이 있을 때만 이 집안에도 조금 생기가 돌면서 어색한 침묵이 깨졌다.

사람들은 종종 루쉰과 어머니 사이가 각별했다는 점을 즐겨 이야기한다. 저우 씨 문중 사람의 서술에 따르면, 루쉰은 사오싱에서 학생들을 가르쳤을 때 집에 돌아오면 항상 먼저 어머니 방문 앞으로 가서 다정하게 "어머니!" 하고 부르고는 방 안으로 들어가 시사 뉴스에 관해 이야기했다. 그러다 노부인이 "가서 쉬려무나, 큰애야!"라고 하면 그제야 자신의 방으로 돌아가 쉬었다. 베이징에서도 마찬가지로 루쉰은 어머니를 모시고 수다를 떨곤 했다. 쉬셴쑤, 위팡, 창웨이쥔 등은 모두 따뜻한 필치로 부러운 모자 관계를 묘사했다. 루쉰이 열세 살에 가세가 기울어 어머니는 홀로 어렵게 버티며 세 아들을 길렀다. 장남인 루쉰은 어머니가 겪은 고생을 가장 잘 알고 있었다. 언제든 그가 가장 마음을 놓지 못하는 것이 바로 어머니였다. 결혼 후 수년 동안 루쉰이 애정을 담았던 대상은 명목상의 아내 주안이 아니라 그의 어머니였다고도 할 수 있다. 어머니에 대한 애정은 그의 삶에 직접적인 영향을 미치며 좌우했다. 어머니가 주관한 중매결혼이 불행했다 하더라도 그는 어머니에 대해 어떤 원망도 하지 않았다. 루쉰은 사람들의 기억 속에 어머니에게 한없이 자상한 효자였다. 그러나 다음 징유린의 글은 모자 관계의 알려지지 않은 씁쓸한 측면을 보여준다.

> 한편, 루쉰은 노부인과 이야기를 하며 비교적 긴 시간을 보냈지만, 대부분은 노부인의 독서 문제에 관한 것이었다. 집안일에 이야기가 미치면, 두 모자는 의견이 엇갈렸다. 루쉰은 종종 입을 열지 않았다. 그 이유는 루쉰 선생이 직접 이야기한 바에 따르면 이렇다.
>
> "가정을 개량하는 데 있어서 나는 실패자라네. 종종 엄청난 노력을 들여서 조금 바꿔었다가도 무슨 뜻밖의 사고나 여의치 않은 일이 생기면 그녀들은 즉시 불평했지. 불평한 후에는 자신들의 낡은 방법이 낫다고 생각하는 거야. 단숨에 또 원상 복귀했어."
>
> 이로 인해 루쉰 선생은 노모의 마음을 상하게 하고 싶지 않아서 집안일에 대해서는 참견하려고 하지 않았다. 원래 구식이었던 선생의 부인은 낡은 관습을 계속 지키며 일일이 노부인의 뜻을 받들었다. 루쉰은 가정에 대해 유달리

슬프고 고통스러웠다.[155]

이 기술에서는 모자 관계가 사람들이 보는 것만큼 이상적이지 않다. 일단 실생활에 관련되면 "두 모자는 의견이 엇갈렸다." 이때 시어머니와 며느리는 종종 동맹을 맺고 그의 반대편에 섰으며, '그'는 '그녀들'의 의견대로 끌려가면서 "가정을 개량하는 데 있어서 나는 실패자"라고 인정할 수밖에 없었다. 롼허쑨의 회고에 따르면, "루쉰은 집에서 다른 사람이 뭐라고 해도 하지 않는 것도 노부인이 말씀하시면 두말하지 않고 따랐다. 이 때문에 주 여사는 종종 노부인을 통해 루쉰에게 말을 전했다." 이는 집안일에서 루 부인과 주안이 종종 가까운 입장을 취했고, 루쉰은 어머니의 뜻을 거스르고 싶지 않아서 참고 양보할 뿐이었음을 보여준다.

어찌 보면, 이 집에서 주안과 시어머니는 일상생활에서 손발이 더 잘 맞았을지도 모른다. 루쉰과 주안이 좐타 골목에 사는 동안 루 부인은 아직 바다오완에서 이사하지 않았는데, 그녀는 사흘이 멀다 하고 좐타 골목으로 와서 루쉰 일기에는 종종 "오전에 어머니께서 신제커우 바다오완 집으로 가셨다"라는 기록이 있다. 위팡에 따르면, 루 부인은 때때로 좐타 골목에서 자고 갔는데, 방이 모자라 주안과 한 방에 끼어서 잠을 청할 수밖에 없었다. 그런 점에서 고부 관계는 모녀 관계에 더 가까웠다. 여기에서 우리는 루 부인 같은 나이 든 사람이 이렇게 힘들게 뛰어다녔던 까닭은 루쉰과 떨어질 수 없어서라기보다는 생활에서 주안과 떨어질 수 없어서였을 것이라는 추측을 금할 수 없다. 1906년에 루쉰과 주안이 결혼한 후,

155 징유린, 《루쉰에 대한 단편적인 추억》, 《루쉰 회고록 · 전문서》(상권), 168쪽.

루 부인은 줄곧 맏며느리와 함께 살았으며, 좐타 골목에서의 9개월 동안만 잠시 떨어져 있었다. 노부인은 떨어져 사는 생활이 익숙하지 않았으며 적응하기 힘들어했다. 주안은 루쉰의 이상적인 아내는 아니었지만 루 부인의 좋은 며느리였음은 분명하다. 그녀를 '어머니의 며느리'라고 말하는 것도 결코 빈말은 아니다.

주안이 시어머니와 사이좋게 지내는 것은 지인들이 다 아는 사실이었다. 이는 주 씨네 집안 사람들조차 인정했다. "주안과 루 부인은 고부 관계가 좋았으며, 루 부인이 드시는 음식은 전부 주안이 만들었다. 고모는 평생 루 부인을 모시는 일을 가장 마음에 들어 했다."[156] 루 부인은 주안이 만든 요리를 즐겨 먹었으며, 이는 쉬친원의 회고에서도 검증되었다. "시싼탸오 21호 집의 본채는 동쪽 방이 가장 좋았는데 그의 어머니가 살았다. 서쪽 방도 비슷했는데 주 부인의 방으로 썼다. 본인은 자그마한 '호랑이 꼬리'에서 그런대로 지냈다. 루쉰 선생 댁에서 처음 식사를 한 후 주 부인이 매우 세심함을 느꼈다. 그녀가 볶은 채소는 칼질이 균일했다. 노부인이 그녀와 함께 살아야 편하다고 느끼는 것은 습관이 비슷해서일 뿐만 아니라 그녀가 만든 음식이 맛있고 입맛에 맞기 때문이 아닌가 싶다. 실로 어머니를 위로하려면 주 부인과 따로 떼어놓고 생각할 수 없었다."[157] 쉬친원 역시 사오싱 사람으로, 그가 음식이 맛있다고 여긴 것은 주안이 만든 사오싱 요리가 정말 제대로였음을 말해준다.

여러 해 동안 함께 지내면서 며느리와 사는 것에 익숙해진 루 부인은

156 〈주지런이 고모 주안 등의 상황에 대해 이야기하다〉.

157 쉬친원, 《『루쉰 일기』 속의 나(《魯迅日記》中的我)》, 저장인민출판사, 1979년, 56쪽.

주안을 자기 곁에서 마음에 드는 사람으로 여기며, 언젠가는 아들 며느리 사이가 좋아지기를 간절히 바랐다. 루 부인은 이 가정을 유지하는 연결고리였다고 할 수 있다. 쑨푸위안에 따르면 이런 일화도 있었다. 한번은 노부인이 그에게 루쉰을 설득해달라고 한 적이 있었는데, 루쉰이 겨울과 여름을 막론하고 입고 있는 홑겹 양복바지를 바꾼 적이 없었기 때문이다. 노부인은 보다 못해 그의 명목상의 부인을 나무라며 이렇게 말했다. "겨울이 되었는데도 새 솜바지 한 벌 만들어주지 않는다니, 걔가 너를 좋아하지 않는 것도 이상하지 않구나." 그리하여 주안은 노부인의 명령을 받들어 새 솜바지를 만들고, 루쉰이 아문(衙門)에 갔을 때(루 부인의 표현) 몰래 그의 침대 위에 놓고는 그가 무심코 바꿔 입기를 바랐으나 생각지도 못하게 그에게 버려졌다. 어쩔 도리가 없어진 노부인은 쑨푸위안의 말은 루쉰이 비교적 신임할지도 모른다고 생각해 그에게 설득을 부탁했으나, 결국 루쉰은 그에게 이렇게 대답했다. "독신 생활은 늘 안일한 쪽으로 생각해서는 안 된다네."

내버려진 솜바지로 인해 주안이 낙담했을 뿐만 아니라 루 부인도 난감해졌다. 이 며느리는 그녀가 데려왔기 때문이다.

또 쑨푸위안의 회고에 따르면, 루쉰은 그에게 다음과 같은 이야기를 했다. 온 가족이 베이징으로 이사한 후, 한번은 루 부인의 생신을 맞아 손님을 초대하고 잔치를 열었다. 연회가 열리기 전에 주 부인이 갑자기 단정하게 차려입고 나와 지인들을 향해 무릎을 꿇고 이렇게 말했다. "제가 저우 씨 집안에 온 지도 이미 여러 해가 되었는데, 큰선생님(루쉰)은 저를 거들떠보지 않지만, 저는 저우 씨 집안을 떠나지 않을 거예요. 저는 살아서는 저우 씨 집안 사람이고 죽어서는 저우 씨 집안 귀신이니까요. 제 후

반생은 어머님(루쉰의 어머니)을 모실 겁니다." 말을 마치고는 머리를 조아리고 방으로 돌아갔다. 루쉰은 "중국의 구식 여성도 참 대단허이. 그로부터 그녀가 모든 동정을 쟁취했고 다들 내가 나쁘다고 비판했네"라고 말했다. 장톄정은 쑨푸위안의 이야기를 저우쭤런에게 물어본 적이 있었다. 저우쭤런은 이렇게 대답했다. "실제로 있었던 일이라네. 주 부인은 집안에서 모두의 동정을 얻었지."[158]

쑨푸위안은 주안이 집안 잔치에서 루쉰에게 따져 물은 일을 두 번 언급했는데, 한 번은 사오싱, 한 번은 베이징에서였다. 참다 참다 못한 상황에서는 그녀도 항쟁했던 것 같다. 장톄정은 저우쭤런도 이 일을 직접 겪었다고 했으니, 주안이 베이징에 온 지 얼마 되지 않아 바다오완에 있었을 때 일어났을 것이다. 차가운 기운에 둘러싸여 주안은 점점 더 움츠러들었고 갈수록 자신의 처지를 깨달았음을 짐작할 수 있다. 그녀는 더 이상 남편의 마음을 돌릴 가망이 없음을 알고 원망하는 마음을 품으며 뭇 사람들 앞에서 "살아서는 저우 씨 집안 사람이고 죽어서는 저우 씨 집안 귀신이며 후반생은 시어머님을 모실 것이다"라고 선포할 수밖에 없었다. 절부 · 열녀에 비견될 만한 이 말투에서 얼마나 무력감이 묻어나는가. 당시 잔치에 참석했던 사람은 루쉰 주변의 동료와 오랜 친구들이었을 것이다. 주안이 이렇게 격렬한 행동으로 모두의 동정을 얻어냈으니 루쉰에게 크게 한 방 먹인 셈이다. 그녀가 평생 시어머니를 모시겠다고 선포한 것도 아마 그녀가 물러설 수 있는 마지노선이었을 것이다.

---

158 장톄정의 〈루쉰의 본부인 주안 여사(魯迅原配朱安女士)〉에 기록된 바에 따르면, 이는 쑨푸위안이 1949년 이후의 어느 작은 좌담회에서 루쉰의 말을 전한 것이다.

심연 — 땅에 떨어진 달팽이

신여성

일본 작가 나카무라 타츠오(中村龍夫)는 베이징 시절의 주안을 다음과 같이 묘사했다. "루쉰은 베이징대학, 베이징사범대학, 베이징여자고등사범의 강사를 겸임하고 있었기에 시싼탸오(西三條)의 새로운 주소로 찾아오는 여학생들이 많았다. 주안은 찾아오는 신세대 여학생들의 활발한 행동거지를 관찰하며 그녀들과 비교하면 자신은 촌뜨기에 할망구라고 생각했다."[159]

나카무라 타츠오의 기록은 친구로부터 약간의 소문을 전해 들은 것일지도 모르지만, 주안의 심리에 대한 그의 추측은 대체로 믿을 만하다.

루쉰은 초기 소설에 '신여성'에 대해 별로 쓰지 않았는데, 이전에는 이런 부류의 여성과 교제가 거의 없었기 때문이다. 루쉰의 붓끝에서 탄생한

---

159 [일] 나카무라 타츠오(中村龍夫), 〈봉건 혼인의 희생자—주안(封建婚姻的犧牲者—朱安)〉, 《사오싱 루쉰 연구 특집(紹興魯迅研究專刊)》 제12기.

여성 가운데 가장 인상이 깊은 것은 〈축복(祝福)〉의 샹린댁[祥林嫂], 〈고향〉의 두부 서시(西施) 양 씨네 둘째댁[楊二嫂], 〈이혼(離婚)〉의 아이고(愛姑), 〈내일(明天)〉의 산 씨댁[單四嫂子] 등으로, 그녀들은 고향의 여성을 원형으로 한다. 《외침(吶喊)》과 《방황(彷徨)》에도 베이징 지식인 가정의 '부인들'이 몇 편 묘사되어 있다. 예컨대, 〈단오절(端午節)〉의 팡쉬안춰(方玄綽)의 부인, 〈비누(肥皂)〉의 쓰밍(四銘) 부인, 〈행복한 가정(幸福的家庭)〉의 주부 등이다. 이러한 '부인들'은 지식 수준이 높지 않고, 얼굴빛은 검누렇게 떴으며, 관심 있는 것이라곤 생활비와 남편의 월급뿐으로, 가끔 포악을 떨기도 한다. 그는 손 가는 대로 가져와 이런 부인들을 묘사했는데 매우 생동감이 넘쳤다. 예컨대, 아이를 혼내는 주부의 모습은 "허리를 빳빳이 세우고 두 손으로 옆구리를 짚고 화가 잔뜩 난 것이 마치 체조라도 시작할 것 같았다."[160] 또 다른 예를 들면, 팡쉬안춰가 월급을 받아오지 못하자 부인에게 멸시당하는 장면이다.

> 예전과 비교하면 팡쉬안춰의 형편은 극도로 궁색해져 있었다. 그래서 부리던 머슴애나 거래하던 가게 주인은 말할 것도 없이 팡 부인마저 그에게 점점 존경심을 표하지 않게 되었다. 그녀가 요즘 들어 부화뇌동하지 않고 자주 독창적인 의견을 내는가 하면, 제법 당돌한 거동을 보이는 것만 봐도 알 수 있었다. 음력 오월 초나흗날 오전, 그가 집에 돌아오자마자 아내는 한 묶음의 계산서를 코앞에 들이밀었다. 이 또한 전에는 없던 일이었다.
>
> "도합 180원은 있어야 해요. …… 나왔어요?"

160 옮긴이: 〈행복한 가정〉, 《루쉰 전집 제2권 외침 · 방황》, 255쪽 참고.

그녀는 그를 쳐다보지도 않고 말했다.[161]

팡 부인의 모습에는 분명 바다오완 부인들의 모습이 투영되어 있다. 하부토 노부코에서 요시코, 주안까지 모두 남자의 월급에 의지해 살아가는 주부들이었다. 쉬셴쑤는 〈행복한 가정〉에서 묘사된, 침대 밑에 장작을 쌓아놓고 방구석에 배추를 쌓아놓은 비좁은 생활이 바로 루쉰과 주안이 좐타 골목에 살았을 때의 모습이라고 지적했다. 〈죽음을 슬퍼하며〉의 쯔쥔(子君)은 신여성의 이미지로 등장하지만, 적지 않은 연구자들이 지적하듯이 쯔쥔에게도 분명 주안의 모습이 있다. 맨 처음 쯔쥔은 두려움을 모르고 대담한 신여성의 모습이었지만, 쥐안성(涓生)과 동거한 후 그녀의 관심사는 매일의 세 끼 식사와 병아리, 아쒜이(阿隨)라 부르는 개에 국한되었다. 또한, 같은 집에 사는 관(官) 부인과 벌이는 기 싸움으로 그녀의 표정은 더 이상 활발하지 않고 누렇게 뜬 얼굴로 슬픈 기색을 보이며 "옷자락에 매달리기만" 했다.

징유린은 다음과 같이 썼다. "루쉰 선생의 글은 논문이든 잡감(雜感)이든, 또는 산문과 소설이든, 연애와 따뜻한 가정에 대해서는 거의 쓰지 않았다.《들풀(野草)》에 〈나의 실연(我的失戀)〉이《방황》에 〈행복한 가정〉이 있지만, 그 '연애'와 '가정'이 어떤 실망과 낭패의 분위기로 가득 찼는지를 보면 루쉰 선생의 결혼과 가정생활을 어렵지 않게 상상할 수 있다."

1906년 결혼부터 1926년까지 장장 20년 동안 루쉰의 가정생활은 주안이라는 구식 여성과 연결되어 있었다. 루쉰은 구식 여성들에 대해 너무

161 옮긴이: 〈단오절〉,《루쉰 전집 제2권 외침 · 방황》, 165쪽 참고.

나도 익숙하고 잘 알고 있었는데, 그녀들은 절절하게 그의 눈앞에서 그림자처럼 따라다니며 시시각각 "새카만 슬픔"을 느끼게 했기 때문이다. 어떤 연구자가 지적했듯이, 주안은 "구식 여성으로서 새로운 사회를 끊임없이 추구하는 남편의 마음속에 치료할 수 없는 병터처럼 견고하게 자리 잡았다."[162] 그는 그녀를 '부인[婦]'이라 부르며 없는 존재 취급했지만, 그가 붓을 들었을 때 그의 머릿속을 맴돌던 것은 온종일 수심에 찬 얼굴로 살림을 꾸리던 그 주부였고, "음산한 두 눈동자를 그의 얼굴에 고정시킨 채" 그를 방구석으로 내몰며 궁지에 빠뜨렸다.

그러나 사정이 변하고 있었다. 1920년대의 베이징은 신문화의 발원지로서 수많은 지식인이 이곳으로 몰려들었으며, 그중에는 각지에서 배우기 위해 베이징으로 온 여학생들도 포함되었다. 이 시기는 5 · 4신문화운동 초기보다 '자유연애', 남녀의 사교에 대한 사회적 포용이 더 커졌다. 이때의 루쉰은 더 많은 여성과 접할 기회가 있었다. 루쉰의 일기를 살펴보면, 바다오완에서 시싼탸오까지, 특히 루쉰이 베이징여자고등사범학교의 강사를 맡은 후에는 여학생들이 자주 찾아왔는데, 그녀들은 주안과는 사뭇 다른 신여성들이었다.

루쉰의 집에 가장 먼저 나타난 여성으로는, 앞에서 언급했던 쉬셴쑤, 위펀(兪芬), 위팡(兪芳), 위짜오(兪藻) 세 자매 등이 있었다. 이 밖에 왕순친(王順親)[163]이 있었는데, 1925년 신정의 루쉰 일기에는 그들이 함께 밥

162 기시 요오코(岸陽子), 〈사랑과 증오를 넘어 — 루쉰 서거 후의 주안과 쉬광핑(超越愛與憎 — 魯迅逝世後的朱安與許廣平)〉, 《루쉰 세계(魯迅世界)》 2001년 제4기.

163 왕순친(王順親)(1899~1947), 본명 왕춘칭(王純卿), 저장 사오싱 사람이다. 루쉰 일기에는 '왕순친'이라고 적었다. 1925년 베이징여자사범대학 학생이었으며, 졸업 후 차례로 우창(武昌)여자중

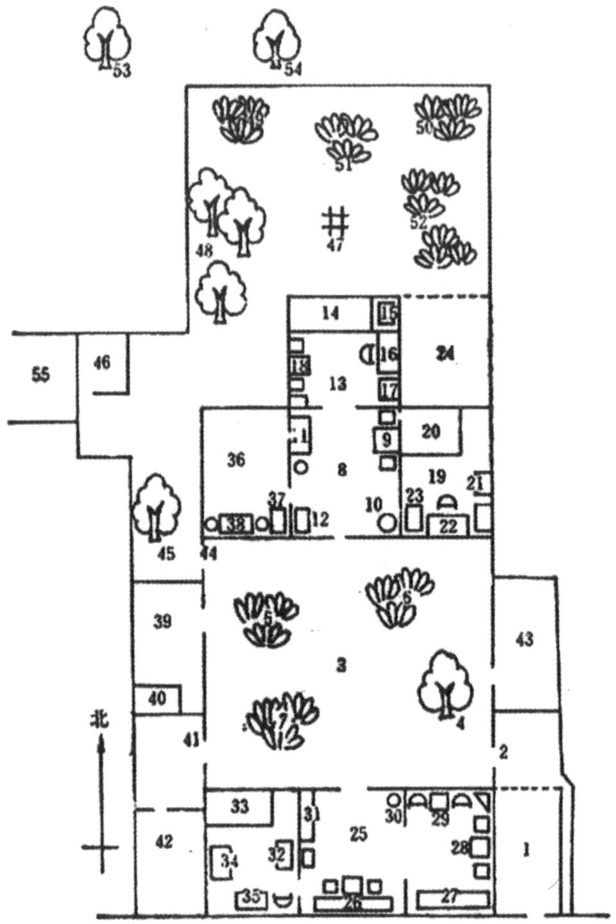

시싼탸오 루쉰 고거의 건물 구도 및 실내 진열 상황 평면 배치도. 그림 내 일부 번호 설명: 8번 북쪽 방 세 칸에서 중앙은 당옥(堂屋: 본채의 가운데 방)으로 루쉰 일가가 일상생활을 하던 곳이다. 13번 루쉰의 침실이자 작업실, 즉 '호랑이 꼬리'. 19번 루쉰 어머니의 침실. 25번 남쪽 방 세 칸에서 동쪽 두 칸은 응접실로 사용했고, 서쪽 한 칸은 손님 숙박용으로 남겨 두었다. 36번 주안의 침실. 39번 주방. 42번 잡동사니를 쌓아 두던 방. 43번 식모 숙소. 44번 뒷마당으로 통하는 작은 문. (쑨잉의 〈루쉰 유적 탐방 기사〉 참고)

을 먹고 영화를 보았다는 기록이 있다.

1일, 맑음. 정오에 쑨푸위안이 화잉반점(華英飯店)으로 점심 초대를 했는데, 위 양 자매와 쉬 양, 쉬친원까지 모두 일곱 명이었다. 오후에 중유톈(中有天)으로 가 영화를 보고 저녁이 되어서야 돌아왔다.[164]

얼마 후에 루쉰은 답례의 의미로 쑨푸위안 등을 다시 집으로 초대했다.

25일, 맑음. 일요일 휴식. 점심을 준비해 타오쉬안칭(陶璇卿), 쉬친원, 쑨푸위안을 초대했는데 정오 전에 모두 도착했다. 친원이 《신보 증간(晨報增刊)》을 한 권 선물했다. 어머니께서 위 양 자매 셋과 쉬 양, 왕 양을 점심에 초대하셔서 정오에 모두 도착했다.[165]

이상의 몇몇 아가씨들은 왕순친이 약간 낯선 것을 빼면, 모두 루쉰 집의 단골손님이었다. 왕순친의 본명은 왕춘칭(王純卿)으로 저장 사오싱 사람이다. 베이징여자사범대학에 입학한 지 얼마 되지 않아 쉬셴쑤, 위펀 등과 알게 되었다. 그녀들은 동향의 정으로 루쉰 일가와 왕래가 밀접했다. 특히 루 부인은 처음 베이징에 와서 베이징 말을 알아듣지 못하고, 북방

학교, 저장 진화(金華) 바우(八婺)중학교 등에서 교편을 잡았다. 항일전쟁이 발발하자 온 가족이 사오싱 콰이지산(會稽山) 중턱의 탕푸(湯浦)로 피난하여 쉰양(舜陽)중학교에서 교편을 잡았다. 항일전쟁에 승리한 후에는 사오싱현립초급중학교에서 교편을 잡았다.

164 옮긴이: 《루쉰 전집 제17권 일기 1》, 671쪽 참고.

165 옮긴이: 《루쉰 전집 제17권 일기 1》, 674~675쪽 참고.

쉬셴쑤와 위 씨 자매는 사오싱 사람으로 루쉰 집의 단골손님이었다. 왼쪽부터 위짜오(兪藻), 위팡(兪芳), 루쉰의 어머니 루뤠이(魯瑞), 쉬셴쑤.

음식이 입에 맞지 않는 등 이래저래 익숙하지가 않아 그녀들이 놀러 오는 것을 무척 좋아했다. 쉬셴쑤의 자술에 따르면, 그녀들은 종종 노마님과 큰마님을 대신해 물건을 사다주었다. "이후 나와 위펀은 어느새 노마님과 큰마님의 특별 구매 대행원이 되었다. 매주 일요일, 바다오완에 갈 때마다 두 분이 그전 주에 사다 달라고 말씀하신 물건들을 들고 갔고, 떠날 즈음에는 또 사야 하는 물건들을 알려주셨다. (……) 이로 인해 나와 위펀은 매주 꼭 가야 하는 방문객이 되었으며, 실컷 사오싱 말을 하고 고향 음식을 먹고, 집에 돌아갈 때는 주머니에 다 먹지 못한 과자를 담아갔다."

위팡도 비슷한 추억이 있었다. "그전에 우리 큰언니와 큰언니가 사오싱에서 공부할 적의 동창 쉬셴쑤 언니가 왕사모님에 대해 하는 이야기를 자주 들었다. 그래서 왕사모님이 사오싱에서 베이징으로 이사와 말도 알아듣지 못하시고 생활이 익숙하지 않으셔서 사오싱 사람을 만나 고향 사투리를 들으실 때마다 매우 기뻐하신다는 것을 알고 있었다. 특히 쉬셴쑤

언니와 큰언니는 사오싱에서 공부할 때 셋째 선생님(저우젠런)의 제자여서 왕사모님이 특별히 다정하게 대해주셨다. 왕사모님이 평소 언니들에게 물건을 대신 사다달라고 자주 부탁하시곤 해서 우스갯소리로 그녀들을 어르신의 '인간 나룻배[活脚船]'라고 놀렸다."

루뤠이는 고전소설을 즐겨 읽어서 왕춘칭에게 구매 대행을 부탁하곤 했다. 루쉰은 중국소설사 수업을 개설했는데, 왕춘칭에게 일부 강연 원고를 필사해달라고 한 적이 있다. 나중에 루쉰과 쉬광핑이 이어지는 데 왕춘칭이 둘 사이에서 작지 않은 역할을 했다고 한다.[166]

루 부인은 떠들썩한 것을 좋아해 사오싱 출신 여학생들이 찾아오는 것을 반겼다. 그런데 1924년 전후부터는 루쉰이 교류하는 여성의 범위가 더 이상 사오싱 출신에 국한되지 않았다. 이 시기 그의 일기에 자주 등장하는 여성 방문객 중에는 우수톈(吳曙天)[167]과 같이 친구의 애인이나 부인이 적지 않았다. 우수톈은 당시 장이핑(章衣萍)의 애인이자 재원(才媛)이었다. 그들은 1924년 가을, 쑨푸위안의 소개로 루쉰과 알게 되어 자주 루쉰을 방문했다. 이 밖에 징유린과 진중윈(金仲雲) 부부도 커플로 자

166 추스슝, 〈루쉰 작품 속 인물 소개(魯迅作品中的人物介紹)〉, 《루쉰 연구 월간(魯迅研究月刊)》 2008년 제7기 참고.

167 우수톈(吳曙天)(1903~1942), 본명은 우몐짜오(吳冕藻), 산시(山西) 이청현(翼城縣) 사람으로, 장이핑(章衣萍)의 아내다. 1924~1926년에 그들은 시싼탸오에 있는 루쉰 집에 자주 놀러 갔다. 우수톈은 《어사(語絲)》 주간의 발기인 16명 중 하나다.

주 찾아왔다. 하지만 루징칭(陸晶清)[168], 뤼윈장(呂雲章)[169], 린줘펑(林卓鳳)[170] 등과 같이 여사대의 활동적인 성원들이 더 많았다. 물론 여기에는 쉬광핑(許廣平)도 있었는데, 그녀는 1925년 3월에 루쉰과 처음 편지를 주고받을 때부터 이 집의 단골손님이 되었을 뿐만 아니라 나중에는 한동안 이곳에서 살기도 했다.

1924년 9월부터 1925년까지 루쉰 일기에는 후핑샤(胡萍霞)가 여러 번 언급되기도 했다. 1924년 9월 14일 자 일기에 후런저(胡人哲)가 나온다. "14일, 매우 흐림. 일요일 휴식. 오전에 양인위(楊蔭榆), 후런저가 왔다."[171] 양인위 당시 여사대 교장은 이날 임용장을 주러 왔다.[172] 후런저는 당시 이 학교의 사감으로 후핑샤라고도 불렀다. 후베이(湖北) 샤오간(孝感) 사람이며, 1920년에 베이징여자고등사범학교 보모강습과를 졸업했다. 일기를 보면 후핑샤는 한동안 루쉰에게 자주 편지를 썼고 원고를 보내어 루쉰에게 가르침을 청하기도 했다. 후런저에 대해서는 쉬푸강(徐伏

---

168 루징칭(陸晶清)(1907~1993), 본명은 슈전(秀珍), 윈난(雲南) 쿤밍(昆明) 사람으로 작가다. 1922년에 베이징여자고등사범학교에 입학했으며 쉬광핑과 동창이다. 1925년에《경보(京報)》부간《부녀주간(婦女週刊)》편집을 겸임했다. 여사대 사건으로 루쉰과 자주 왕래했다. 1926년 가을에 졸업하여 연말에 베이징을 떠났으며, 난창(南昌) 국민당 장시성당부 부녀부와 우한(武漢) 국민당 중앙당부 부녀부에서 차례로 근무했다. 1927년 7월에 난징 국민당 정부와 우한 국민당 정부가 합병한 '닝한합류(寧漢合流)' 후에 상하이로 갔다.

169 뤼윈장(呂雲章)(1891~1974), 자는 줘런(倬人), 별명은 윈친(澐沁)이며, 산둥 펑라이(蓬萊) 사람이다. 베이징여자사범대학 국문과 학생으로 쉬광핑과 동창이다. 여사대 사건 중에 루쉰과 연락이 비교적 많았으며, 나중에 국민당 저장성당부위원, 중앙당부 부녀부 간사 등을 지냈다.

170 린줘펑(林卓鳳)(1906~?), 광둥 청하이(澄海) 사람. 1925년에 당시 베이징여자사범대학 국문과 학생이었으며, 나중에 베이징사범대학으로 전입했다. 1928년 졸업 후에 중학교 교원을 지냈다.

171 옮긴이:《루쉰 전집 제17권 일기 1》, 652쪽 참고.

172 위팡, 〈양인위 부류와의 투쟁(跟楊蔭榆之流的鬪爭)〉,《루쉰 생애 사료 휘편(魯迅生平史料彙編)》제3집, 톈진인민출판사, 1983년, 239쪽 참고.

鋼)도 〈장유쑹: 루쉰 일기에 감춰진 번역 대가(張友松: 藏在魯迅日記的飜譯大家)〉라는 글에서 간단히 언급하고 있다.

나는 원래 장유쑹이 젊은 시절 남양으로 간 것은 위다푸(郁達夫)의 소개 때문이었다고 생각했다. 나중에 온 가족이 싱가포르에 이민해서 새로 지은 싱가포르 국가도서관 9층 중문(中文) 도서부에서 자료를 열람하고 나서야, 장유쑹은 사실 1921년 여름에 중학교를 졸업한 후 당시 수마트라에서 학생들을 가르치던 린시청(林熙盛)이라는 중학교 동창의 초청을 받아 큰누나와 함께 남양으로 왔으며, 위다푸보다 꼬박 20년이나 먼저였다는 사실을 깨달았다.

그들은 남양으로 내려가면서 장이란(張挹蘭)이라는 대학 동기와 후런저(胡人哲)라는 여교사를 함께 데리고 갔는데, 원래는 린시청에게 신붓감으로 소개하려던 것이었다. 뜻밖에도 수마트라에 도착한 후 린시청은 후런저가 "너무 못생겼다"고 싫어하고, 후런저도 린시청이 "문학을 모른다"고 싫어해 결국 두 사람은 연애에 성공하지 못했다.

나중에 후런저는 현지에서 같은 학교에 근무하는, "문학가를 자처하는" 리(李) 씨 성을 가진 청년 동료와 결혼했다. 그런데 결혼한 지 석 달도 안 되어 신랑 '리문학'이 죽을 줄 누가 알았겠는가. 후런저는 이로 인해 정신적으로 큰 충격을 받았으며, 나중에 중국에 돌아와 비통한 시문을 발표해 루쉰의 동정과 위로를 샀다. 장유쑹은 나중에 그녀가 중병에 걸렸을 때 루쉰이 두 번이나 직접 문병한 적이 있다고 회고했다.

후런저는 장유쑹의 누나 장이란과 동창으로, 1927년에 장이란과 리다자오(李大釗) 등이 피살된 후에 후런저는 《중앙 부간(中央副刊)》에 〈이란을 그리며(念揾蘭)〉(시), 〈잊을 수 없는 참사자—이란(所不能忘懷的慘死者—揾蘭)〉, 〈리다자오 동지의 체포(李大釗同志的被捕)〉 등과 같은 기념문을 발표했다. 또한, 《중앙 부간》 제15호(1927년 4월 5일 자)에 '핑샤(萍霞)'라는 필명으로 〈우리의 지도자—루쉰 선생에게 바라다(企望我們的領導者—魯迅先生)〉를 발표했는데, 그녀 또한 루쉰의 숭배자 중 하나였음을 알 수 있다. 1924년 12월 20일 자 루쉰의 일기에는 다음과 같은 기록이 있다. "오후에 후핑샤를 문병했는데 약간 차도가 있는 듯했다."[173] 이로써 루쉰이 병상에 있는 이 재원을 문병한 일이 확실히 있었음을 알 수 있다.

이상에서 우리는 1923년부터 1926년 사이 루쉰과 비교적 교류가 많았던 여성들을 대략 훑어보았다. 그녀들은 대부분 20대 초반에 베이징으로 공부하러 온 지식 여성이었으며, 시대의 걸출한 인물이었다. 단발머리에 검은 천 치마를 입은 그녀들은 태도가 화통하고 대범했으며 온몸에서 맑고 산뜻한 기운을 내뿜고 있었다. 그에 비해, 당시 주안은 이미 40대였으며 외모부터 옷차림까지 무기력하고 시대에 뒤떨어진 것처럼 보였다.

> 큰사모님은 키가 크지 않고 몸집이 왜소했다. 얼굴형은 좁고 긴 편이었으며, 낯빛은 누르스름하고 이마와 광대뼈가 약간 튀어나와 어딘가 병색이 있는 것처럼 보였다. 눈 크기는 적당했지만 별로 생기가 없었으며 약간 움패었고, 쪽머리를 했다. 발을 작게 동여매서 걸음걸이가 더디고 불안정했다. 그녀는 당시 40대밖에 안 되었지만(큰선생님보다 두 살 많았다), 옷차림은 비교적 구식이었다. 여름에 흰색 모시 반소매 저고리를 입고 아래에 검은색 비단 치마를 두

173 옮긴이: 《루쉰 전집 제17권 일기 1》, 665쪽 참고.

르는 것 말고는 다른 계절 옷은 빛깔이 진하고 어두운 편이었으며 수수하고 말끔했다. 외형으로 보면 구식 여성의 전형적인 모습이었다. 평소에는 말수가 적고 웃는 표정도 드물었다.[174]

베이징에 온 주안은 이런 '구식' 이미지로 방문객 앞에 나타났다. 여학생들은 일말의 호기심과 동정심을 품고 루쉰의 이 구식 부인을 관찰했으며, 그 눈빛은 마치 골동품을 훑어보는 듯했다. 쉬광핑은 루쉰에게 보낸 편지에서 기탄없이 그녀를 '유산'이라 불렀다. "구사회는 당신에게 고통스런 유산을 남겼고, 당신은 이 유산을 반대하면서도 감히 버리지 못하는군요. 일단 벗어나면 구사회에 몸을 의탁하기 어려울 것 같으니 기꺼이 한평생 농노 노릇을 하면서 이 유산을 필사적으로 지키는 것일 테지요."[175] 이 집을 드나들었던 다른 여학생들도 루쉰의 이 구식 부인에 대해 어떤 인상을 받았겠지만, 루징칭과 우수톈 등의 회고록에서는 아무런 감상도 찾아볼 수 없다. 쉬광핑의 말은 기본적으로 이들 신여성의 관점을 대표한다. 어쩌면 구식 가정에 반항하며 대도시로 달려온 여학생들에게 주안과 같이 전족을 한 여인은 너무 살풍경한 존재였을지도 모른다. 쉬셴쑤는 이 가정과 각별한 관계를 맺고 있었지만, 훗날의 회고록은 루쉰 일가의 생활을 객관적으로 서술했을 뿐 '주 씨'에 대한 자신의 견해나 평가를 거의 드러내지 않았다. 따라서 주안의 내면을 보여주는 동정으로 가득

174 위팡(俞芳), 〈봉건 혼인의 희생자 — 루쉰 선생과 주 씨 부인〉, 위팡, 《기억 속의 루쉰 선생》, 135쪽.

175 1926년 11월 22일 쉬광핑이 루쉰에게 보낸 편지, 《루쉰 전집》 제11권, 224쪽. (옮긴이: 《루쉰 전집 제13권 먼 곳에서 온 편지 · 서신 1》, 307쪽 참고.)

한 위팡의 글 외에는 주안의 당시 생존 상태를 증언해 줄 다른 동성을 찾을 수 없다.

베이징에 사는 주안은 쓸쓸했다. 그녀는 남편의 사랑을 받지 못했기 때문에 다른 부인들처럼 자신의 소셜 네트워크를 가질 수 없었다. 그녀의 생활공간은 지극히 협소하고 폐쇄적이었으며 생활은 극도로 단조로웠다. 그녀에게 있어 바깥세상이란 그곳을 오가는 손님들이었다. 집 밖을 나서지 않더라도 찾아오는 손님들을 통해서, 주안도 루쉰의 삶이 바로 그녀들로 인해 변하고 있음을 본능적으로 알아차렸다.

나카무라 타츠오의 글에는 쉬셴쑤에 대한 주안의 느낌이 묘사되어 있다.

> 여학생 중에서 가장 빈번하게 찾아오는 사람은 쉬셴쑤였다. 셴쑤는 위펀의 동창이었다. 시싼탸오에 왔을 때 무언가를 사는 것부터 시작해서 주안이 우려놓은 차를 루쉰의 방으로 갖다 주거나 때로는 자질구레한 집안일도 도왔다.
>
> 때로는 저녁 늦게까지 루쉰의 방에 있었다. 루쉰은 자주 오는 인력거꾼을 불러 그녀를 학교 기숙사까지 데려다주었다. 루쉰의 일기에서 'H'로 시작하는 행은 쉬셴쑤에 관한 일이었는데, '쉬'의 발음 기호가 'Hshu'였기 때문이다. 사제 간에 비밀스러운 관계가 생긴 것 같았는데, 주안도 여자의 직감으로 알아챌 수 있었다.
>
> 때로는 루쉰이 셴쑤를 데리고 돌아오는 일도 있었다.
>
> "사모님! 제가 이걸 사 왔어요!"
>
> 말하고 나서 그녀는 봉지에 들은 물건을 주안에게 건넸다. 그것은 주안이 지금까지 보지 못했던 서양 과자였다. 주안이 잘 우려낸 차를 남편 방으로 가져가자, 두 사람은 황급히 말을 멈추고 셴쑤는 곁눈으로 창밖을 바라보았다. 주

안은 이 여학생에게서 여인을 본 기분이었다.[176]

나카무라 타츠오는 'H'가 쉬셴쑤를 나타낸다고 했지만, 이는 정확하지 않으며 그의 묘사는 창작에 가깝다. 하지만 여학생이 대문에 들어섰을 때 주안의 심정이 분명 복잡했으리라고는 짐작할 수 있다. 지식도 없고 생계 능력도 없는 가정주부로서 그녀는 이중으로 열등감을 느꼈다. 그녀는 남성 앞에서 고개를 숙이는 것에 익숙했다. 신여성 앞에서 그녀는 또다시 자신의 결함을 발견하고는 더욱 깊은 열등감에 빠졌다. 그녀들 앞에서 그녀는 본능적으로 자신의 마음을 닫았다. 마치 달팽이의 더듬이처럼 이물질을 만나자 바로 어두운 껍데기 속으로 몸을 움츠렸으며, 그 뒤로 날이 갈수록 웅크리고 살았다.

구여성인 주안이 신여성에 대해 본능적으로 배척과 적의를 품었음은 이해할 만하다. 어쩌면 그녀는 찾아오는 모든 여학생에 대해 열등감으로 인한 경계심을 가졌을지도 모른다. 무명 블라우스에 검은색 짧은 치마를 입고 있는 여학생들을 눈으로 뒤쫓으며, 차를 내오고 물을 따라줄 때 누가 보냈는지 모르는 편지를 읽고 있는 큰선생을 보는 그녀의 심정은 다분히 우울했을 것이다. 그녀의 능력으로는 큰선생이 마음속으로 무슨 생각을 하고 있는지 알 수 없었기에 한 켠에서 걱정하며 엿볼 뿐이었다. 그녀는 "감추려고 무진 애를 썼지만, 평소의 무감각해 보이던 침착성을 잃고 이따금 근심과 의혹의 기색을 드러냈다."

176 [일] 나카무라 타츠오, 〈봉건 혼인의 희생자—주안〉.

땅에 떨어진 달팽이

어느 날부터인가 주안은 큰선생의 표정에 뭔가 변화가 생겼음을 깨달았다. 추석 때 큰선생은 여학생들과 함께 술을 마시며 몽롱한 취기 속에서 여학생 한 명 한 명의 머리를 가볍게 쓰다듬었다. 또, 어느 날 저녁에는 큰선생이 자신의 집에 잠시 묵고 있던 쉬광핑의 머리카락을 대신 잘라주었다. 주안은 언제나 차갑고 엄한 큰선생에게도 의외로 부드러운 면이 있다는 것을 처음 알았다. 그리고 이는 모두 어떤 신여성의 등장 때문이었다.

이를 눈치 챈 주안의 속마음은 이루 말할 수 없는 쓸쓸함을 느꼈을 것이다. 하지만 루쉰 쪽에서도 마음속으로 전에 없던 몸부림을 겪고 있었다. 여성에 대한 루쉰의 견해는 한때 매우 비관적이었다. 1923년 12월, 그는 베이징여자고등사범학교 문예회에서 〈노라는 떠난 후 어떻게 되었는가(娜拉走後怎樣)〉[177]라는 제목으로 강연을 했다. 그는 집을 떠난 노라에게는 "타락하거나 집으로 돌아오는" 두 가지 길밖에 없으며, "또 하나의 길이 있는데 그것은 굶어 죽는 것"이라고 지적했다.

위팡의 회고에 따르면, 적잖은 사람들이 루쉰에게 주안을 버리라고 권했다. "당시 큰선생님의 친구, 학생들은 모두 5·4운동의 세례를 받아 대부분 사상이 진보적이었으며, 특히 쑨푸위안, 장촨다오(章川島), 창웨이쥔(常維鈞) 등은 사상이 자유로웠다. 그들은 큰선생님을 설득했으며, 어떤 이는 기탄없이 이렇게 말했다. '사랑이 없는 이상 그녀를 친정으로

177 옮긴이: 〈노라는 떠난 후 어떻게 되었는가 — 1923년 12월 26일 베이징여자고등사범학교 문예회 강연〉, 《루쉰 전집 제1권 무덤 · 열풍》, 242~252쪽 참고.

1925년의 루쉰.

돌려보내고 생활비를 부담하는 것이 예의를 차리면서도 합리적인 방법인데, 굳이 이 문제로 자신을 괴롭히며 그녀와 함께 봉건 혼인의 희생자가 될 필요가 있나요?'"

확실히 결혼 문제에 있어서 루쉰은 후스(胡適)(1891~1962), 천두슈(陳獨秀)(1879~1942), 쉬즈모(徐志摩)(1897~1931) 등 동시대의 다른 지식인들보다 더 방황하고 모순적이었다. 바진(巴金)(1904~2005)의 소설《집(家)》[178]에서 줴신(覺新)은 가오(高) 씨 집안의 장남이자 장손으로서 개인

---

178 옮긴이: 우리말 번역본으로는 바진 저, 박난영 옮김,《바진 장편소설 가(家)》1 · 2권, 서울: 황소자리, 2006년이 있다.

젊은 시절의 쉬광핑, 1926년 전후 촬영.

의 자주적 선택을 희생하고, 집안 어른의 뜻에 따라 결혼 생활에 들어야 했다. "신사상을 받아들였지만 구식 공기 속에서 살아가는" 것이야말로 루쉰 세대의 운명이었다. 그러나 루쉰과 후스를 놓고 보면, 그들의 방법이 같은 것은 아니다. 5 · 4 시대에 명성을 날렸던 루쉰과 후스는 중매쟁이의 말과 부모의 명령에 따른 전형적인 구식 결혼을 했다. 그러나 후스와 장둥슈(江冬秀)(1890~1975)의 결혼은 5 · 4 시기에 사회적으로 다양한 인물의 찬사를 받았으며, 특히 수많은 구식 인물의 추앙을 받으며 구식 결혼에서 보기 드문 행복한 사례로 여겨졌다. 이에 대해 후스는 친한 친구인 후진런(胡近仁)(1883~1932)에게 보내는 편지에서 이렇게 고백한 적이 있다. "내가 이 혼사를 치른 것은 온전히 우리 어머니를 위해서로, 한 번도 트집을 잡거나 힘들게 한 적이 없었다네. (이 때문이 아니었다면 나는 절대 이 결혼을 하지 않았을 걸세. 이런 생각은 자네한테만 말할 수 있을 뿐 외부인에게는 말할 수 없네.) 이왕에 결혼했으니, 나는 아쉬운 대로 참고 견디며 어머니의 환심을 사려고 하네."[179] 후스는 어머니에 대한 효심과 장둥슈에 대한 동정심에서 어머니의 명을 받들어 결혼했다. 이 점은 루쉰과 다르지 않다. 그러나 그는 결혼 후에 "아쉬운 대로 참고 견디며" 규방의 사랑을 극구 표현하고자 했는데, 억지로 금슬이 좋은 척하며 사랑이 없는 내면을 감췄다. 루쉰은 절대 할 수 없는 일이었다.

루쉰의 모순은 그가 한평생을 희생해 무고한 여성과 함께 살기로 했으면서도, 주안의 결점과는 타협하지 않고 마음에도 없는 "거짓된 자상함"을 나타내려고 하지 않았다는 데 있었다. 물론 그녀는 "어머니가 데려온 부인"이었기 때문에 어머니의 체면과 감정을 생각해 그도 결단을 내리기 어려웠다. 20년의 세월 동안, 그는 이렇게 고통을 억누르는 심정으로 중년에 접어들었으며, 마음고생을 심하게 하면서 자신을 궁지로 내몰았다. 하지만 바로 이런 곤경 속에서 전환의 계기가 마련될 수 있었는지도 모른다. 1925년에 쓴 〈죽음을 슬퍼하며〉에서 그는 "함께 멸망하는 것을 피하기 위해 새로운 길을 개척하고 새로운 생활을 창조해야 한다고" 반복해 되뇌었다. 소설의 주인공 쥐안성처럼 그의 내면은 고통스럽게 몸부림치고 있었다.

나는 이와 동시에 커다란 변고가 닥칠 것을 예상했으나, 침묵만 흘렀다.

---

179 후스(胡適), 《후스 서한집(胡適書信集)》(상), 베이징대학출판사, 1996년, 156쪽.

나는 갑자기 그녀의 죽음에 대해 생각했다. 그러나 바로 자책하고 참회했다. 새로운 삶의 길은 아직 많다. 나는 그 길로 나아가야 했다, 나는 살아야 하기 때문에.

1925년 루쉰의 마음은 치열한 접전이 벌어지고 있었다. '그'는 "그녀의 죽음"에 대해 생각하며, '그녀'에게 옷자락을 붙들려 함께 멸망하고 싶지 않았다. 그는 곧바로 죄책감에 사로잡혀 자책하고 참회했지만, 그는 필경 "그녀의 죽음"을 바란 적이 있었고 마음속으로 "그녀의 죽음"을 선언했다.

마침내 루쉰에게 "새로운 삶의 길을 향해 첫걸음을 내딛게" 한 사람은 쉬광핑이었다. 베이징여사대 사건과 3 · 18참사[180]를 겪으면서 여성에 대한 루쉰의 평가는 확연히 달라졌다. 그는 1926년 4월에 발표한 〈류허전 군을 기념하며(記念劉和珍君)〉에서 이렇게 썼다. "중국 여성의 일 처리를 목도한 것은 지난해부터였다. 소수이기는 했지만 그 노련하고 능숙하며 흔들림 없는 백절불굴의 기개를 보며 여러 번 감탄한 바 있었다. 이번에 비 오듯이 쏟아지는 탄환 속에서 서로 돕고 구하고 죽음까지 무릅쓴 사실은 중국 여성의 용감하고 의연한 면모가 수천 년 동안 음모와 계략에

---

180 옮긴이: 중국 북부에서 펑위샹(馮玉祥)의 국민군과 장쭤린(張作霖)의 펑톈군이 전쟁을 벌이던 시기, 1926년 3월 12일에 펑톈군을 원조하던 일본이 톈진 다구항(大沽港)에 구축함을 보내 국민군에 포격을 가하자 국민군이 반격하여 그들을 쫓아낸 사건이 발생했다. 일본 정부는 돤치뤠이 정권에 책임자 처벌과 배상금 지불을 요구했고, 일본을 비롯한 8개국은 3월 16일에 신축조약을 근거로 내세우며 국민군 측에 다구항에서 철수하라는 최후통첩을 전달했다. 열강이 봉건 군벌을 도와 중국 내전에 간섭하는 것에 격분한 베이징 각계의 시민들은 연일 일본을 규탄하고 최후통첩에 반대하는 시위를 벌였다. 3월 18일, 열강의 부당한 요구에 항의하며 국무원 앞에 도착한 베이징 시민과 학생들을 향해 돤치뤠이 정부의 경호대가 무차별 사격을 가하여 47명이 사망하고 200여 명이 부상을 당했다. 희생자 중에는 베이징여사대 학생회 회장이자 루쉰의 학생이었던 류허전(劉和珍) 등이 포함되었고, 루쉰은 "민국 이래 가장 어두운 날"이라고 일컬었다.

의해 억압되었지만 끝내 사라지지 않았다는 것을 증명하기에 충분하다. 이번 사상자가 장래에 갖는 의미를 찾는다면 그 의미는 바로 여기에 있을 것이다."[181] 이 의미는 중국 여성의 용감하고 의연한 면모를 증명했을 뿐만 아니라, 루쉰이 여성의 아름다움을 새롭게 인식하게 했다.

1926년 8월 26일, 루쉰은 베이징을 떠나 새로운 삶으로 나아가던 순간을 다음과 같이 일기에 기록했다.

> 26일, 맑음. (……) 쯔페이(子佩)가 오고 친원(欽文)이 와서 함께 짐을 역으로 날랐다. 세 시에 역에 도착했는데 수칭(淑卿), 지푸(季芾), 유린(有麟), 중윈(仲雲), 가오거(高歌), 페이성(沸聲), 페이량(培良), 쉬안칭(璇卿), 윈장(雲章), 징칭(晶淸), 핑메이(評梅)가 배웅을 나왔고 추팡(秋芳)도 왔다. 네 시 이십오 분에 베이징을 떠났는데 광핑이 동행했다.[182]

루쉰은 쉬광핑과 함께 출발했다. 베이징역에서 배웅하는 사람 가운데 어머니와 주안은 없었다. 그녀들은 시싼탸오 입구에 서서 멀어지는 그의 뒷모습이 골목 끝으로 사라질 때까지 눈으로 전송했다. 이 장면은 루쉰이 열여덟 살 때 고향을 떠나면서 연로하신 어머니가 눈물 흘리시는 모습을 차마 돌아보지 못했던 것과 같았다. 어쩌면 그는 어머니 옆에 서 있는 왜소한 그림자, 그녀의 쓸쓸한 표정을 볼까 봐 두려웠을지도 모른다.

---

181 옮긴이: 〈류허전 군을 기념하며〉, 《루쉰 전집 제4권 화개집 · 화개집속편》, 루쉰전집번역위원회 옮김, 서울: 그린비출판사, 2014년, 351쪽 참고.

182 옮긴이: 《루쉰 전집 제17권 일기 1》, 776쪽 참고.

루쉰이 떠난 후의 시싼탸오는 더욱 적막했다. 다행히 쉬셴쑤가 함께 집안일을 도왔고, 위 씨네 세 자매도 자주 찾아와 노부인의 말동무가 되어주었다. 쉬셴쑤는 노부인의 사랑을 듬뿍 받았으며 시싼탸오에서 가족의 일원이나 다름없었다. 루 부인이 며느리를 한 번 더 얻을 수 있다면 쉬셴쑤를 선택할 거라고 하는 사람도 있었다. 하지만 루 부인도 이런 일은 본인 스스로 결정할 수밖에 없음을 알았을 것이다.

1927년 1월 11일, 루쉰이 쉬광핑에게 보낸 편지에서 '아우님[令弟]'이라고 일컬은 이가 바로 쉬셴쑤였다. "내가 아우님에게 버드나무 몇 그루를 사오라고 부탁해 후원에 심고 옥수수 몇 그루를 뽑아낸 적이 있는데, 어머니께서 아까워하시며 다소 언짢아하셨소. 그러자 일본 여자[183]는 학생이 어머님을 함부로 대하는 것을 내가 내버려두었다는 헛소문을 퍼뜨렸소. 잠자코 있으려고 애쓰는데도 기어코 모함하려 드니 내가 예전에 '오호라 고향 집이여 다시 돌아갈 수 있을지 그것이 문제로다'라고 말한 적이 있는데, 이는 실로 신경과민에서 나온 말이 아니오."[184]

"일본 여자"는 하부토 노부코를 말하는데, 그가 당시에 일본 여자한테 집에서 쫓겨났음을 빗댄 호칭이다. 루쉰과 쉬광핑이 상하이에서 동거한다는 사실도 이 둘째 마님이 주안에게 알려준 것이었다. 1929년 5월, 루

183 옮긴이: 원문은 '宴太'다. 원문의 '잔치 연(宴)'을 파자(破字)하면 '집안[宀]의 일본[日] 여자[女]'라는 뜻이 되고, 중국어에서 '太太'는 결혼한 여자에 대한 존칭으로서 '부인'을 의미한다. 루쉰은 1924년에 '연지오자(宴之敖者)'라는 필명을 사용한 적이 있는데('연지오자'는 《새로 쓴 옛 이야기(故事新編)》에 수록된 〈검을 벼리다(鑄劍)〉의 주인공이기도 하다), 이는 '집안의 일본 여자[宴]한테 내쫓긴(敖=出放) 자'라는 뜻으로, 동생 저우쭤런과 그의 일본인 아내와의 불화로 바다오완 집을 나오게 된 자신의 처지를 자조적으로 일컫는 말이다.

184 옮긴이: 《루쉰 전집 제14권 서신 2》, 루쉰전집번역위원회 옮김, 서울: 그린비출판사, 2018년, 41~42쪽 참고.

쉰은 홀로 베이징에 돌아와 어머니를 찾아뵈었다가 그가 쉬광핑과 동거 한다는 소문이 이미 베이징에 자자하게 퍼졌음을 알게 되었다.

우리에 관한 이야기는 남북이 통일된 이후 이곳에 갑자기 소문이 퍼져 연구하는 사람이 꽤 많이 있지만 대체로 정확하지 않게 알고 있다고 들었소. 오전에 아우님(쉬셴쑤)이 내게 한 가지 일을 알려주었소. 대략 한 달 전에 모 부인(주안)이 어머니께 자신이 꾼 꿈 이야기를 했다고 하오. 꿈에서 내가 한 아이를 데리고 집으로 돌아와 자신이 몹시 화가 났다는 것이오. 그런데 어머니는 그렇게 화를 낼 일이 아니라고 생각하여 그녀에게 바깥세상에는 정말 별의별 소문이 다 있다고 알려주며 반응이 어떤지 보았더니, 그녀가 이미 알고 있다고 대답했다 하오. 어디서 알았냐고 물었더니 제수씨가 알려주었다 하오. 내 생각에 어머니께서 들으신 소문의 근원지도 제수씨일 것이오. 남북이 통일된 후 갑자기 소문이 퍼진 것은 루징칭이 베이징으로 온 것과 관련 있는 것 같소. 내가 작은 흰 코끼리[185]의 일(쉬광핑이 임신했음을 가리킴)을 아우님에게 알려주었는데, 그녀는 조금도 놀라지 않으며 예상했던 일이라고 했소.[186]

---

185 옮긴이: 린위탕(林語堂)이 1928년 12월에 발표한 〈루쉰(魯迅)〉이라는 글에서 샤먼대학(廈門大學) 재직 당시의 루쉰을 형용하며 "사람을 걱정시키는 흰 코끼리"라고 했다. 이는 진귀한 동시에 부담스럽다는 뜻이다. 루쉰은 린위탕의 초청을 받아 샤먼대학 교수로 부임하여 1926년 9월부터 1927년 1월까지 재직했는데, 그는 당시 3·18 참사의 배후로 지목되어 수배령이 내려진 터였기 때문에 대학 당국으로서는 모시기 힘든 대학자인 동시에 정치적 부담이 될 수밖에 없었다. 루쉰은 린위탕의 비유가 마음에 들었는지 쉬광핑에게 보내는 편지에 "당신의 작은 흰 코끼리[小白象]"라 서명하거나 코끼리 그림을 그렸고, 쉬광핑도 루쉰에게 보내는 편지에 'Elephant'의 약자를 의미하는 'EL'을 호칭으로 사용하기도 했다. 본문에 인용된 1929년 5월 17일 자 서신에서는 루쉰 자신이 아닌 쉬광핑 뱃속의 아이를 지칭하는데, 막상 아기가 태어난 후에는 온몸이 붉다고 하여 '작은 붉은 코끼리[小紅象]'라는 아명으로 불렀다.

186 1929년 5월 17일 루쉰이 쉬광핑에게 보낸 편지, 《루쉰 전집》 제12권, 165쪽. (옮긴이: 《루쉰 전집 제14권 서신 2》, 219쪽 참고.)

주안은 하부토 노부코에게 이 소식을 들은 후, 직접적으로 말하지 않고 시어머니에게 자신이 꿈을 꾸었다고 했다. 그녀의 분한 마음은 이해하기 어렵지 않지만, 그녀는 지금껏 시어머니의 말을 들었으며 이번에도 예외는 아니었다.

루 부인은 쉬광핑이 임신했다는 말을 듣고 당연히 반색했다. 루쉰은 쉬광핑에게 보낸 편지에 이렇게 썼다.

> 그저께 집에 도착했는데, 어머니께서 하이마(害馬)[187]는 왜 함께 오지 않았냐고 물으셨소. 나는 차비를 내느라 서두르는 와중에 몸이 좀 좋지 않다고 대답했다가 어제서야 기차를 타면 진동이 아이에게 좋지 않다는 말씀을 드렸소. 어머니는 아주 기뻐하시며 '내 생각에도 마땅히 있어야지. 이 집에도 진즉에 마땅히 어린아이가 왔다 갔다 했어야지'라 하셨소. '마땅히'의 이유가 우리의 의견과는 아주 다르지만, 어쨌든 어머니께서는 아주 기뻐하셨소.[188]

베이징에서 주안의 곁에는 속마음을 털어놓을 만한 사람이 거의 없었으며, 아무도 그녀의 마음속 번민을 풀어줄 수 없었음을 짐작할 수 있다. 한번은 루쉰이 상하이에서 쉬광핑과의 동거 소식을 알리는 사진을 보내왔는데, 주안은 일찌감치 예상은 하고 있었지만 여전히 가슴 아파했다. 위

---

187 옮긴이: 루쉰이 쉬광핑을 부르던 애칭 가운데 하나다. 로마자 발음 'Haima'의 약어 H.M.으로 부르기도 했다. 베이징여사대 사건 당시 총장 양인위(楊蔭楡)가 류허전(劉和珍), 쉬광핑 등 학생 자치회 임원 여섯 명을 제적하면서 그들을 가리켜 '무리에 해를 끼치는 말[害群之馬]'이라 표현한 데서 유래한다.

188 〈먼 곳에서 온 편지 117(兩地書 · 一一七)〉, 《루쉰 전집》 제11권, 293쪽. (옮긴이: 《루쉰 전집 제13권 먼 곳에서 온 편지 · 서신 1》, 395쪽 참고.)

팡이 그녀에게 "그럼 앞으로 어떻게 하실 건가요?"라고 묻자 갑자기 설움이 복받친 듯 상당히 흥분한 것처럼 보였다.

"옛날에 큰선생님이랑 사이가 안 좋을 때, 나는 내가 그분을 잘 보필하고 모든 것을 그분 뜻대로 따르기만 한다면 언젠가는 좋아질 날이 올 줄 알았단다." 또, 그녀는 이런 비유를 들었다. "나는 담장 밑에서 조금씩 조금씩 위로 기어오르는 달팽이처럼, 느리긴 해도 언젠가는 담장 위로 오를 수 있을 거로 생각했어. 하지만 지금은 어쩔 도리가 없구나. 더 이상 기어오를 힘이 없어. 내가 아무리 그분께 잘해도 소용이 없구나." 그녀는 이렇게 말하며 표정이 몹시 침울해 보였다. 그녀는 계속해서 말을 이어나갔다. "나는 평생 어머님(왕사모님) 한 분만 모실 수밖에 없나 봐. 만일 어머님께서 극락왕생하시면, 큰선생님의 평소 됨됨이로 봤을 때 이후에도 내 생활을 책임져주시겠지."

위팡은 듣고 깜짝 놀라 큰사모님을 한참 바라봤지만, 순간적으로 적당한 위로의 말이 떠오르지 않았다. 그녀는 평소 과묵한 큰사모님이 자신에게 이런 말을 할 줄 몰랐다. 마치 눈앞에서 땅에 떨어져 다친 달팽이 한 마리가 더 이상 기어오르지 못하고 있는 것 같았다. 그녀는 큰사모님이 남몰래 그녀들을 따라 체조를 배우고 노부인의 권유로 쪽머리를 잘랐던 것을 기억했다. 그녀는 늘 열심히 노력했고 언젠가는 큰선생에게 다가갈 수 있기를 바라며 위로 올라가려 노력했지만, 결국에는 허사가 되었다.

주안이 외부인에게 자신의 비애를 털어놓은 것은 이번이 유일했다. 자신보다 서른 몇 살 어린 이웃집 소녀에게 마음의 문을 활짝 열다니 정말 하소연할 사람이 없었던 것 같다. 그러나 그녀는 곧 자신이 실언했다고 느끼고 얼른 위팡에게 신신당부했다. "내가 생각 없이 한 말이니 아무한테도 말하면 안 된다." 위팡은 서둘러 그녀에게 말하지 않겠다고 약속했고, 주안은 정색하며 대답했다. "그럼, 그럼. 네가 입이 무거운 걸 아니까 너한테 말한 거란다."[189] 혹시 그녀가 자신이 어떤 질투의 감정을 무심코 드러냈다고 느꼈다면 그것은 온당치 못하다.

징유린의 회고에 따르면, 한번은 주안이 이런 불평을 했었다고 한다.

> 선생님의 부인 주 여사가 베이핑에 계실 때, 안사람에게 이렇게 말씀하셨다고 한다. "어머님께선 내게 아들이 없다고 불만이시지만, 큰선생님은 일 년 내내 나와 말도 섞지 않으시는데 어떻게 아들을 낳을 수 있겠나?" 선생님의 결혼 생활도 하나를 보면 열을 알 수 있다.

징유린의 부인 이름은 진중윈(金仲雲)인데, 루쉰 일기에 따르면 그녀는 1925년 7월부터 여러 차례 징유린과 함께 시싼탸오를 방문했다. 이 시기에 주안이 그녀에게 속마음을 털어놓은 모양이다. 앞과 같은 불평에서 우리는 주안이 자녀를 낳지 못해 시어머니에게 미움을 받는다고 느꼈으며, 그녀가 내심 적잖은 스트레스를 받고 있었음을 느낄 수 있다.

1929년 9월 27일, 하이잉(海嬰)이 태어났다. 위팡에 따르면, 소식이 전해지자 왕사모님은 몹시 기뻐했으며 큰사모님도 이 희소식을 듣고 매우 기뻐했다고 한다. 그녀는 왜 기뻐했을까? 알고 보니 그녀는 이미 다음과 같은 생각을 하고 있었다. 당시 그녀는 이미 오십이 넘었으며, 옛날에

189 위팡, 〈봉건 혼인의 희생자 — 루쉰 선생과 주 씨 부인〉, 위팡, 《기억 속의 루쉰 선생》, 142쪽.

종종 남몰래 생각해보았지만 이번 생에는 아이를 낳을 수 없을 것 같았다. 사오싱 풍습에 따르면, 아이가 없는 것도 여성의 '허물'에 속했다. 이제 하이잉이 생겼으니 그는 큰선생의 아들이고 자연히 그녀의 아들도 되는 것이다. 그녀 자신을 포함한 사회 전체가 그녀에게 이유 없이 '죄명'을 씌웠다가 이제 갑자기 '사면'을 받았으니 어찌 기분이 좋지 않겠는가? 게다가 살아서는 저우 씨 집안 사람이고 죽어서는 저우 씨 집안 귀신이니, 그녀는 이제 자신이 죽으면 하이잉이 지전을 태워주고 제삿밥을 올리며 겨울옷을 보내줘, 염라대왕이 의지가지없는 외로운 영혼인 줄 알고 지옥으로 보내 굶주리고 추위에 떠는 벌을 받지 않아도 될 것이라 여겼다. 그리하여 그녀는 정신적으로 위안을 얻고 기뻐했다.

이런 생각이 들었기 때문에, 또는 어쩔 수 없어서 주안의 태도에 변화가 생겼다. 루쉰은 1932년 11월에 병든 어머니를 찾아뵙기 위해 베이징에 돌아왔는데, 그 기간에 그가 쉬광핑에게 보낸 편지에는 이렇게 적혀 있었다. "모 부인은 우리에게 상당히 호감을 표시했는데, 듣자 하니 당초 제수씨가 와서 부추기며 마음에서 털어버리고 돈이나 많이 쓰라고 권했다가 어머니께 주의를 들었다 하오."[190] '모 부인'은 주안을 가리키며, 그녀의 '호감'에는 두말할 것 없이 쉬광핑을 두 번째 부인으로 받아들이겠다는 뜻이 담겨 있었다. 주안의 완고한 구식 사고에 대해 루쉰은 가타부타 말하지 않는 태도를 취했을 것이다.

---

190 1932년 11월 15일 루쉰이 쉬광핑에게 보낸 편지, 《루쉰 전집》 제12권, 340쪽. (옮긴이: 《루쉰 전집 제14권 서신 2》, 420쪽 참고.)

가계부 — 진실로 무거운 짐

루 부인과 주안, 두 고부의 베이징 생활상은 현재 남아 있는 가계부에서 그 일면을 엿볼 수 있다. 가계부는 시간상 세 구간으로 나눌 수 있다. 첫째는 1923년 8월 2일부터 1926년 2월 11일까지로 루쉰이 직접 작성한 것이다. 둘째는 1926년 9월 1일부터 1930년 2월 18일까지 쉬셴쑤가 대신 작성한 것으로, 1930년 3월 2일 자 루쉰 일기에 "수칭(淑卿)(쉬셴쑤)이 가계부 한 권을 부쳐왔다"라는 기록이 있다.[191] 셋째는 1930년 2월 20일부터 1935년 12월까지로 위팡이 대신 기록했다가 1935년 8월 이후에는 다른 사람의 글씨체인데, 이때는 위팡이 베이징을 떠났기 때문이다.

첫 번째 구간의 가계부[192]는 35쪽밖에 되지 않고 시간상으로도 2년 반에 불과하지만, 마침 루쉰이 좐타 골목으로 이사해 베이징을 떠날 때까지의 기간이다. 루쉰과 주안은 애정이 없었지만 어쨌든 매일 같이 밥을

191 옮긴이: 《루쉰 전집 제18권 일기 2》, 231쪽 참고.

192 예수쒜이(葉淑穗)가 정리한 〈가계부(家用賬)〉 및 〈루쉰의 「가계부」에 관하여(關於魯迅的「家用賬」)〉, 《루쉰 연구 자료(魯迅研究資料)》 제22기, 중국문련출판공사(中國文聯出版公司), 1989년판 참고.

먹고 함께 살아야 했다. 따라서 이 가정의 금전출납부는 2년 반 동안의 삶에 대한 충실한 기록으로, 비록 경제적 지출을 적은 것이지만 그들 부부 삶의 일부 디테일을 드러내며 그들 삶의 한 단면을 반영한다.

루쉰이 기록한 가계부는 음력 날짜를 썼는데, 연구자들은 가정생활이 음력과 비교적 밀접한 관계가 있었기 때문이었을 것이라고 지적한다. 우선은 집안 식구들의 습관을 따르기 위해서고, 다음으로는 음력이 전통 명절 준비를 파악하기 쉽기 때문이다. 가령 가계부에는 설 · 단오 · 추석 등 명절 전야마다 식모나 인력거꾼에게 '명절 상여금'을 준 기록이 있으며, '집세'의 지불 날짜도 음력 초순이었다. 한편, 루쉰의 가계부는 큰 항목의 사용 금액만 기록하고 구체적이고 자질구레한 지출 항목은 적지 않았다. 금액의 표기법도 오늘날과 달랐는데, 소수점 뒤에 세 자리는 각각 각(角), 푼(分), 갑(匣)을 대신했다. 당시 화폐 제도에 관해 설명하자면, 그때는 아직 동원(銅元)이 남아 있었으며 적(吊)으로 가격을 계산하기도 했다. 예를 들어, 계해년(癸亥年)(1923년) 유월 스무날에 "알탄[煤球] 100근 8적"이라는 기록이 있다.

쉬셴쑤는 이 시기 그들 부부의 생활을 다음과 같이 회고했다. "좐타 골목에서 루쉰 선생의 생활은 더욱 소박했다. 식모의 월급(매달 2원, 당시는 보통 1원이나 1원 5각이었는데 그의 집은 다른 집보다 좀 더 많이 주었다), 집세 8원, 생활필수품과 식료품, 주 씨의 용돈을 전부 포함해도 매달 지출이 평균 30원을 넘지 않았다."[193] 루쉰 집 식모의 월급은 다른 집보다 많았는데, 징유린에 따르면 이는 그의 집에 특별한 규칙이 있었기 때문이다. "그

193 쉬셴쑤, 〈루쉰 선생을 회상하며(回憶魯迅先生)〉, 《루쉰 연구 자료》 제3집, 203쪽.

것은 바로 두 식모가 품삯을 받고 맨밥을 먹는 이외에 반찬을 먹어선 안 되기 때문이었다. 매일 루쉰 부인이 식모에게 1인당 400전, 즉 동전을 네 개씩 줘서 식모가 따로 반찬을 사 먹었다. 이는 일반 가정에서는 보기 드문 일이었다."[194] 루쉰도 아무런 이유 없이 식모에게 품삯을 더 준 것은 아니었음을 알 수 있다.

루쉰은 이 시기에 교육부 첨사(僉事)로 근무했는데, 규정대로라면 월급이 360원이었으나 당시 교육부가 자주 봉급을 체불했던 것은 사실이다. 그렇다고 해도 그 지출은 수입보다 훨씬 적었다. 계해년 연말에는 "금년 6개월 열흘 동안 도합 249원 7각 4푼 사용", "매월 평균 39원 4각 3푼 사용"이라는 기록이 있으며, 갑자년(甲子年)(1924년) 연말에는 "매월 평균 생활비 48.061원", 을축년(乙丑年)(1925년) 연말에는 "매월 평균 생활비 66.645원"이라는 기록이 있다. 그들은 매달 돈을 가장 많이 썼을 때도 60여 원이었다. 이는 바다오완의 대가족을 떠난 후 루쉰과 주안, 루 부인 세 식구의 생활이 상대적으로 단출했음을 뜻한다. 그들은 근검절약하여 살림을 꾸리는 전통을 이어가며 제멋대로 겉치레하지 않으면서도 질서정연하게 배분하여 안정적이고 편안한 생활을 했다.

두 번째 구간의 가계부는 시간 폭이 3년 반인데, 당시 루쉰은 샤먼(廈門)과 광저우(廣州)에 있다가 1927년 10월 이후 상하이에 정착했고, 당시 시싼탸오 집에는 두 명의 여주인, 즉 시어머니 루뤠이와 며느리 주안 그리고 쉬셴쑤가 있었다. 이 시기 루쉰의 경제 사정은 안정적이었는데, 샤먼대와 중산대는 기본적으로 제때 봉급을 지급하며 밀리지 않았다. 상

194 징유린, 《루쉰에 대한 단편적인 추억》, 《루쉰 회고록 · 전문서》(상권), 167쪽.

하이에서는 들어오는 원고료와 인세가 많았던 데다가 1927년 12월부터 1931년까지 차이위안페이(蔡元培)(1868~1940)의 지명을 통해 대학원 특별 초청 저술원을 맡아 매달 300원의 저술비를 받았다. 장부상으로 볼 때, 이 시기 루쉰 베이징 거처의 경제 수입원은 베이신서국(北新書局)이 지급한 원고료와 베이징대 · 베이징사범대 · 교육부 등이 지급한 월급(밀린 월급)이었으며, 장부에 기록된 월수입은 약 200원 정도였다. 1929년 9월 이후에는 하이잉이 태어나 집안에 식구가 하나 더 늘어서인지 두 달에 한 번 300원, 즉 매달 평균 150원을 베이징 거처로 보내는 것으로 바뀌었다. 베이징 거처의 한 달 지출은 약 120~150원 사이였으며, 150원을 넘는 달은 얼마 되지 않아 기본적으로 매달 잔액이 남았다. 쉬셴쑤가 장부를 넘겨줄 때 총 1006.510원의 잔고가 있었다. 위팡의 회고에 따르면, 루쉰은 베이징을 떠나기 전 어머니가 불시에 필요로 할 때를 대비해 쑹쯔페이(宋子佩)에게 목돈을 남겼다고 한다.

장부상으로 볼 때, 루쉰은 베이징에 있는 두 명의 여주인에게 비교적 좋은 경제적 조건을 제공했으며, 그녀들의 생활은 넉넉하고 안정적이었다. 매달 고정적인 생활비 110원을 제외하고, 노부인은 매달 용돈도 받았는데 처음에는 매달 5원씩이었다가 나중에는 점차 15원, 20원으로 늘었다. 그리고 매달 《세계일보(世界日報)》를 정기구독했으며, 비정기적으로 《순천보(順天報)》도 구독했다. 전자는 청서워(成舍我)(1898~1991)가 1925년에 베이징에서 창간한 신문이고, 후자는 일본인이 베이징에서 창간한 중국어 신문이었다. 매일 신문을 읽는 것이 노부인의 습관이었음을 알 수 있다. 가계부에 기록된 금전 거래를 보면 이 집에는 왕래하는 손님이 많지 않았다. 대개는 루쉰의 원래 친구와 학생들이었는데, 가령 쉬서우

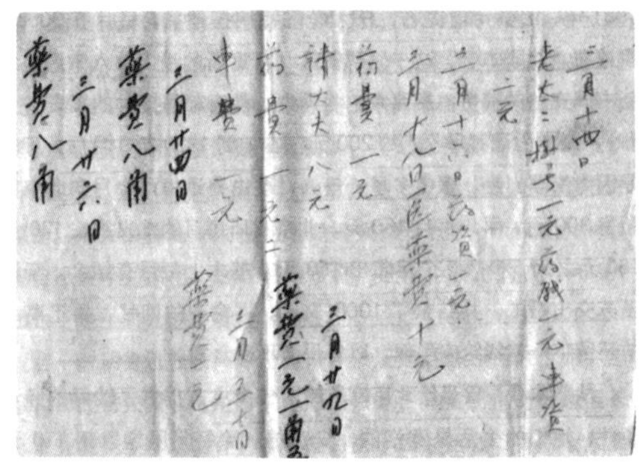

주안이 보관하고 있던 루 부인의 약제비 명세서.

창의 손위처남 선런산(沈仁山)에게 보내는 축의금 10여 원, 우수톈에게 보내는 결혼식 축의금 1원 등이었다. 그러나 루쉰이 베이징을 떠난 시간이 길어지면서 이런 방면의 왕래는 장부에서도 드물었다. 두 여주인과 왕래가 비교적 잦았던 것은 그래도 주로 저우 씨 , 주 씨 두 집안의 친척이었는데, 예컨대 저우가 친척 롼허쑨(阮和孫)과 처겅난(車耕南), 주안의 남동생 주커민(朱可民)(주커밍) 등이었다.

가계부에는 주안의 개인적인 지출에 관한 것이 있는데, 주로 다음의 세 가지 항목이었다. 첫째는 매달 용돈으로 처음에는 5원이었다가 나중에는 10원으로 늘었다. 둘째는 약값 지출인데, 이 기간에는 주안이 기본적으로 건강해 큰 병에 걸리지 않았다. 다만 1927년 5월과 10월에 큰마님이 야마모토병원에서 진찰한 기록과 그녀가 보배환(保背丸), 인단(仁丹), 지사제를 구입한 비용에 대한 기록이 있다. 셋째는 주커밍과의 거래다. 주커밍은 이 시기 경제적으로 궁핍해 1927년과 1929년에 각각 40원과 50원을 시싼탸오에서 빌린 적이 있었으며, 장부에는 그가 두 차례에 걸쳐 40원을 갚은 기록이 있다. 1928년 11월 22일 자 소득 요목에는 주커민이 큰마님에게 주는 축의금 10원을 받았다는 기록이 있는데, 이는 당시에 큰 선물이었다. 장부에는 무슨 선물인지 명확하게 쓰여 있지 않은데, 주안의 50세 생일 축하 선물이었을 거라고 보는 연구자도 있다. 장부에 나타난 주안의 생활을 보면, 그녀의 생활은 평온했으며 친정 식구와의 거래를 제외하면 보통 특별한 씀씀이가 없었다.

세 번째 구간의 가계부는 시간 폭이 5년 10개월이다. 위팡은 이 집의 지출 상황에 대해 이렇게 말한 적이 있다.

> 큰선생님은 큰사모님의 생활비 일체를 보내주시는 것 이외에도 매달 10원의 용돈을 주셨다. 1932년 11월 이후에는 큰사모님의 몸이 늘 불편해 영양을 보충해야 했기 때문에 용돈을 매달 15원으로 올렸다(왕사모님의 용돈은 매달 20원이었으며 올린 적이 없었다). 이 밖에도 베이징 거처의 생활비는 매달 100원이었으며, 전부 큰사모님이 살림을 맡아 지출했다. 장부는 한동안(1930년~1935년 6월) 내가 기재했는데, 그녀 대신 매주 한 차례 기록했다.

이 시기 루쉰은 매달 지급하던 비용을 150원에서 100원으로 줄였는데, 아마도 쉬셴쑤가 시싼탸오 거처를 떠나 집안에 고부 두 명만 있었기 때문일 것이다. 장부상으로 보면 처음에는 송금한 돈을 우체국에서 인출했는데, 1932년 7월부터는 기본적으로 베이신서국에서 지불하는 루쉰의 인세를 베이징 거처의 생활비로 사용했다. 매달 수입과 지출을 보면 100원으로도 기본적으로는 충분했지만 옛날처럼 부유하진 않았는데, 이때는 루 부인의 연세가 많아서 의약비와 식모비 지출이 적지 않았기 때문이다.

루쉰은 혼자 두 집의 생활비를 부담하면서 어려운 점이 적지 않았으

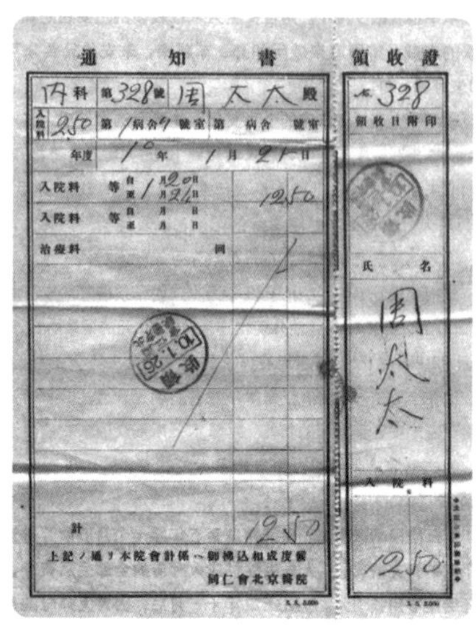
通知書

内科 第328號 周太太 殿
入院料 250 第1病舍4號室 第 病舍 號室
年度 10年 1月21日
入院料 等 自1月20日 至1月21日 1250
入院料 等 自 月 日 至 月 日
治療料 回
計 1250
上記ノ通リ本院會計係ヘ御拂込相成度候
同仁會北京醫院

領收證

No 328
領收日附印
氏名
周太太
入院料
1250

주안이 보관하고 있던 약제비 영수증.

며, 이따금 푸념을 늘어놓기도 했다. 1933년 7월에 어머니께 보낸 편지에 다음과 같이 썼다.

전에 보내신 편지도 잘 받았습니다. 집에는 별문제 없이 아주 좋습니다. 사실 현재 생활의 어려움은 집안의 역대 생활법으로 봐도 중상(中上)이라 할 수 있습니다. 그런데도 만약 서로 이해하지 못하고 별것 아닌 일에 크게 놀란다면 정말 곤란합니다. 지금 이미 한 명을 특별히 고용해 전문적으로 시중을 들고 있으니, 이렇게 해보시다가 다시 생각해봅시다. 아들은 모든 것이 평소와 같습니다만, 평상시 말을 많이 하면서 전혀 예의를 차리지 않아 원한을 품은 자가 꽤 됩니다. 지금은 밖에도 잘 나가지 않고 집에서 책만 봅니다. 하지만 여전히 글을 쓰는데, 이는 밥벌이에 꼭 필요해서 그만둘 수가 없습니다. 그러나

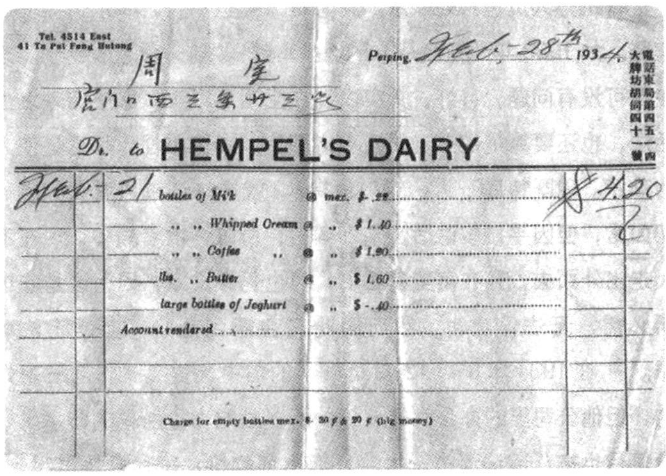

Tel. 4514 East
41 Ta Pai Fang Hutong

Peiping, Feb. 28th 1934.

電話東局第四五一四
大牌坊胡同四十一號

周宅

Dr. to HEMPEL'S DAIRY

Feb. 21 bottles of Milk @ max. $-.22 .... $4.20

„ „ Whipped Cream @ „ $1.40 ....

„ „ Coffee „ @ „ $1.20 ....

lbs. „ Butter @ „ $1.60 ....

large bottles of Joghurt @ „ $-.40 ....

Account rendered ....

Charge for empty bottles max. $- 20 ¢ & 20 ¢ (big money)

유제품 가게 영수증, 1934년.

이로 인해 또 위험에 처하게 될 수도 있으니 정말 어쩔 수가 없습니다.[195]

1934년 8월 12일에 어머니께 보낸 편지에는 또 이렇게 썼다.

셋째는 잘 있습니다. 다만 회사에서의 근무 시간이 너무 길어서 좀 힘들어합니다. 받는 급료도 매달 절반 이상은 바다오완에 보내는 것 같습니다. 게다가 상하이의 물가는 매달 오르기만 하니 생활이 아주 궁색합니다. 그러나 셋째는 다른 사람에게 이런 일들을 말하지 않으려 해서 자기 혼자만 알고 있습니

195 1933년 7월 11일 루쉰이 어머니에게 보낸 편지, 《루쉰 전집》 제12권, 418쪽. (옮긴이: 《루쉰 전집 제14권 서신 2》, 502~503쪽 참고.)

다. 저는 지금 매주 토요일마다 셋째를 식사에 초대하고 두 아이의 학비를 대신 내주고 있습니다. 이외에는 아무것도 도와주지 않고 있습니다. 어쨌든 그는 바다오완에 갖다 바칠 것이기 때문이니, 뭐 하러 그런 고생을 하겠습니까? 바다오완은 영원히 가득 채울 수 없을 것입니다.[196]

저우젠런은 경제적으로 넉넉하지 못했고, 바다오완 저우쭤런의 가계 부담도 무거웠다. 그래서 때로는 원래 삼형제가 분담해야 할 비용도 루쉰 혼자 부담했으며, 어머니에게 "열이나 받지 않게" 바다오완에 가서 돈을 요구하지 말라고 권하기도 했다. 대가족의 장남이었던 루쉰은 가정에 대한 책임감이 무거웠다.

루쉰과 주안은 마지막 10년 동안 이 '가계부'로 서로의 관계를 유지했다고 할 수 있다. 베이징에 사는 주안은 루쉰이 매달 꼬박꼬박 생활비를 부쳐준다는 점에서 자신이 철저하게 버림받지는 않았다고 느꼈다. 이는 적어도 큰선생이 생활비를 도와줄 것이라는 주안의 생각이 틀리지 않았음을 증명했다.

196 1934년 8월 12일 루쉰이 어머니에게 보낸 편지, 《루쉰 전집》 제13권, 196쪽. (옮긴이: 《루쉰 전집 제15권 서신 3》, 루쉰전집번역위원회 옮김, 서울: 그린비출판사, 2018년, 277쪽 참고.)

위팡이 기록한 1930년도 가계부.

가계부 통계 (1926년 9월~1935년 12월)

<table>
<tr><th>연도</th><th>수입
(원)</th><th>지출
(원)</th><th>월평균
수입
(원)</th><th>월평균
지출
(원)</th><th>기록자</th><th>지출 요목</th></tr>
<tr><td>1926년 9월~12월</td><td>887</td><td>724</td><td>222</td><td>181</td><td rowspan="4">쉬센쑤
결산 잔고:
1006.510</td><td rowspan="11">1. 1926년 9월~1929년 10월: 매달 고정 생활비 110원 및 기타 잡비.

2. 1929년 12월부터: 매달 고정 생활비 60원, 노마님 용돈 20원, 큰마님 용돈 10원 및 기타 잡비.</td></tr>
<tr><td>1927년</td><td>2112</td><td>1639</td><td>176</td><td>137</td></tr>
<tr><td>1928년</td><td>1884</td><td>1588</td><td>157</td><td>182</td></tr>
<tr><td>1929년~
1930년 2월</td><td>1906</td><td>2182</td><td>159</td><td>182</td></tr>
<tr><td>1930년 2월~12월</td><td>1200</td><td>1182</td><td>109</td><td>107</td><td rowspan="7">위팡(1935년 8월부터는 글씨체가 달라짐, 다른 사람이 기록.)</td></tr>
<tr><td>1931년</td><td>1200</td><td>1200</td><td>100</td><td>100</td></tr>
<tr><td>1932년</td><td>1430</td><td>1350</td><td>119</td><td>112</td></tr>
<tr><td>1933년</td><td>1300</td><td>1300</td><td>108</td><td>108</td></tr>
<tr><td>1934년</td><td>1200</td><td>1177</td><td>100</td><td>98</td></tr>
<tr><td>1935년</td><td>1300</td><td>1330</td><td>108</td><td>110</td></tr>
<tr><td>합계</td><td>14419</td><td>13672</td><td></td><td></td></tr>
</table>

※ 비고: 원까지 정확

이 책의 뒷부분에는 음력 계해년 유월 스무날부터 을축년 십이월 스무아흐레(양력 1923년 8월 2일~1926년 2월 11일)까지 루쉰이 직접 작성한 가계부를 부록으로 넣었다('부록 2' 참고). 원본은 총 3권 35쪽 본색 죽엽지이고, 판형은 13×16.5센티미터다. 손수 만든 종이끈으로 장정하고, 각 권 겉표지에 '가계부'라는 세 글자를 썼으며 해당 책의 연도를 명시했다.[197]

가계부의 맨 처음에는 다음과 같은 기록이 있다. "민국 12년 음력 유월 스무날 좐타 골목 61호로 이사." 루쉰은 좐타 골목으로 이사한 후부터 베이징을 떠날 때까지 손수 가계부를 적기 시작했다. 가계부는 갑자년 유월 초나흘 이후 "이하 잊어버림[失記]"이라고 적혀 있다. 이는 양력 1924

197 예수쒜이, 〈루쉰의 「가계부」에 관하여〉, 《루쉰 연구 자료》 제22기, 중국문련출판공사, 1989년 참고.

년 7월 5일로 루쉰은 이때 시안(西安)으로 강의하러 갈 준비를 했는데, 7월 7일에 베이징에서 시안으로 떠났다가 8월 11일이 되어서야 돌아왔다. 음력 팔월 초하루(양력 8월 30일)부터 다시 가계부를 기록하기 시작했다.

루쉰이 직접 작성한 이 가계부는 그의 소설이나 잡문처럼 생동감 있지는 않지만, 생활필수품을 통해 그들 부부의 삶에 대한 풍부한 정보를 시사한다. 어쩌면 무미건조하고 자질구레한 장부 항목에서 애정 없는 결혼의 고통과 비애를 더욱 느낄 수 있을지도 모른다.

편지 — 상하이와의 거리

일본 학자 마스다 와타루(增田涉)[198]는 자신의 회고록《루쉰의 인상(魯迅的印象)》에서 다음과 같이 썼다.

> 루쉰의 첫 번째 부인은 베이징에서 그의 어머니와 함께 산다고 했다. 그래서 그는 매달 베이징으로 생활비를 보냈다. 그는 첫 번째 부인에 대해 이렇게 말한 적이 있었다. "어머니께서 데려오셨으니 어머니께 드렸지요." 나는 "카이사르의 것을 카이사르에게 돌려주었군요"라고 농담했다. 그는 마치 "그렇다"라고 대답하는 것처럼 웃으며 고개를 끄덕였다.[199]

마스다는 1931년 3월에 상하이로 가서 우치야마 간조(內山完造)

198 마스다 와타루(增田涉)(1903~1977), 일본의 한학자. 1929년 도쿄 제국대학 문학부 중문과를 졸업했다. 1931년 3월에 상하이로 가서 우치야마 간조(內山完造)의 소개로 루쉰을 알게 되었다. 귀국 후 루쉰의《중국소설사략(中國小說史略)》을 일본어로 번역 출간했으며, 회고록《루쉰의 인상(魯迅的印象)》을 집필했다.

199 마스다 와타루,《루쉰의 인상》, 후난인민출판사(湖南人民出版社), 1980년, 56쪽.

(1885~1959)의 소개로 루쉰을 알게 되었다. 3월부터 12월까지 루쉰은 매일 오후 서너 시간을 할애해 그에게 《중국소설사략》과 자신의 다른 작품에 대해 들려주었다. 대략 이 시기에 이러한 대화를 나눴던 것으로 보인다.

루쉰은 마스다와 한담을 나누면서 다음과 같은 일화를 들려주었다. 그가 베이징의 돤치뤠이(段祺瑞)(1865~1936) 정부에 지명수배되어 공사관 구역의 병원 등지에서 배고픔과 갈증을 참으며 이리저리 도피를 다녔을 때, 어쩌다 집으로 돌아갔더니 가족들이 난처해하며 집으로 돌아오지 말라고 했다 한다. 이에 마스다는 "아마 그것이 그가 집을 버리고, 나아가 아내를 버리자고 결심한 이유가 아닐까" 하는 생각이 들었다. "지명수배된 사람이면 정치범(?)인데, '자신이 옳다'고 믿었던 루쉰이 가족들에게 용납되지 못하고 집에서도 쫓기는 것처럼 떠나지 않을 수 없었으니, 그때 그에 대한 가족들의 태도가 그의 결심에 영향을 미친 것은 아니었을까? (……) 어쨌든 당시 나는 그렇게 생각할 수밖에 없었다. 따라서 나는 그가 첫 번째 부인을 버리거나 '버려도 좋다'는 마음이 생긴 것은 그때부터일 것이라고 해석한다."

마스다의 느낌이 정확한지 아닌지를 떠나서, 루쉰은 사랑의 힘을 빌려 마침내 도망쳤고 구조되었다. 그는 드디어 구식 결혼의 굴레에서 벗어나 어머니의 선물을 어머니에게 돌려주었다. 일본 지인과의 대화에서 그의 어조가 명쾌하고 그의 마음이 말할 수 없이 가벼움을 느낄 수 있다. 1932년 말, 루쉰은 1925년부터 1929년까지 그와 쉬광핑이 주고받은 편지를 모아 《먼 곳에서 온 편지(兩地書)》를 편찬하면서 서문에 이렇게 적었다. "예닐곱 해 동안의 일을 회상해 보니 우리를 둘러싼 풍파도 적지 않았다고 할 수 있다. 끊임없이 몸부림치는 중에는 도움을 주는 이도 있었고, 돌을 던진 이도 있었으며, 비웃고 욕하고 모함하고 능멸하는 이도 있었다. 하지만 우리는 이를 악물고 몸부림치면서 예닐곱 해를 살아왔다. 그 사이 모래를 입에 머금고 우리 그림자에 내뿜던[200] 자들은 차츰 스스로 더욱 어두운 곳으로 침몰해 들어갔고, 호의적인 벗들 중 이미 두 사람은 세상에 없으니, 바로 수위안(漱園)[201]과 러우스(柔石)[202]다. 우리는 이 책으로 우리 스스로를 기념하고, 또 호의적이었던 벗들에게 감사하고자 한다. 아울러 우리가 겪었던 진실이 사실은 대체로 이러했음을 앞으로 알 수 있도록 우리의 아이에게 남겨주고자 한다."[203]

《먼 곳에서 온 편지》의 서신은 그의 말처럼 "그 안에는 죽네 사네 하는 열정도 없고, 꽃이니 달이니 하는 미사여구도 없다." 하지만 그 안에 담긴 한 줄 한 줄의 글에는 그와 쉬광핑의 사랑이 고스란히 담겨 있었다. 요컨대, 그는 상하이에 있었던 10년 동안 아내도 있고 아이도 있는 평범하고

200 옮긴이: 동진(東晉)의 간보(干寶)(282?~351)가 편찬한 지괴소설집《수신기(搜神記)》의 고사에서 유래했다. 옛날에 물속에 역(蜮)이라는 괴물이 살았는데, 입안에 모래를 머금고 있다가 사람의 그림자를 보면 모래를 내뿜었으며, 그림자에 모래를 맞은 사람은 병이 나거나 죽었다고 한다. 암암리에 남을 공격하거나 비방하여 해치는 것을 비유한다.

201 옮긴이: 수위안(漱園)은 웨이쑤위안(韋素園)(1902~1932)이다. 안후이성 류안시(六安市) 예지구(葉集區) 사람으로 시인이자 번역가이며, 미명사(未名社)의 주요 동인이다. 1932년 8월 1일, 베이징에서 폐결핵으로 사망했다.

202 옮긴이: 러우스(柔石)(1902~1931). 본명은 자오핑푸(趙平復)이며, 저장성 닝하이현(寧海縣) 사람이다. 민국 시기 저명 작가이자 번역가, 혁명가이며 중국공산당원이다. 1931년 1월 17일에 왕밍(王明)(1904~1974)의 극좌 노선 문제를 토론하는 회의에 참가했다가 배신자의 밀고로 국민당에 체포되었다. 1931년 2월 7일에 후예핀(胡也頻)(1903~1931), 인푸(殷夫)(1910~1931), 리웨이썬(李偉森)(1903~1931), 펑컹(馮鏗)(1907~1931)을 포함한(이들과 러우스를 '좌련오열사(左聯五烈士)'라 한다) 23명의 동지와 함께 상하이 룽화(龍華)의 국민당 경비사령부에 의해 비밀리에 살해되었다. 함께 희생된 펑컹과는 연인 사이였다.

203 옮긴이:《루쉰 전집 제13권 먼 곳에서 온 편지 · 서신 1》, 33쪽 참고.

1933년 5월 1일, 상하이에서 찍은 루쉰. 그가 입고 있는 스웨터는 쉬광핑이 직접 짠 것이다.

따스한 가정생활을 했다. 후기 제자들의 회상 속에서 그의 이미지는 더욱 충만하고 생동적이었다. 그는 전사이고 작가였을 뿐만 아니라 그들이 존경하는 '선생님'이었으며, 동시에 세심하고 사려 깊은 남편이자 가끔은 아이의 응석을 받아주는 아버지이고, 유머러스하고 자상한 노인이었다. 주안과 살던 때와 비교하면, 쉬광핑과 살 때의 루쉰은 심리적으로 한결 여유롭고 자유로웠으며, 정신 상태부터 겉모습까지 같은 사람이라고 보기 어려웠다.

멀리 베이핑의 시싼탸오 거처에서 주안은 시어머니와 함께 묵묵히 여생을 보내고 있었다. 그녀는 변함없이 시어머니를 봉양했는데, 여전히 손발은 부지런하고 태도는 공손했지만 표정은 더욱 지쳐 있었다. 위팡의 회고에서 알 수 있듯이 그녀는 자신의 처지를 잘 알고 있었다. 이번에는 밑바닥으로 떨어져 다시는 기어오르지 못할 것이었다. 그녀는 낙담하며 현실을 받아들이는 수밖에 없었다. 적어도 시어머니는 그녀의 보살핌이 필요했고, 저우 씨 집안의 이 맏며느리를 옹호하고 있었다. 이 한평생 시어머니만 그녀를 떠나지 않고 그녀를 저우 씨 네 집안 사람으로 인정했으며, 그녀를 계속 자신의 곁에 두었다. 다른 한편에서 보자면, 시어머니가 늘그막에 장남이랑 떨어져 지내는 고통을 견디는 것도 상당 부분은 자신의 탓이라는 생각이 들었다.

시싼탸오에 사는 두 고부에게 있어서 한 달 중 가장 기쁜 일은 큰선생의 편지를 받고 그가 최근 무슨 일로 바쁜지, 몸은 어떤지, 아이는 어떤지 아는 것이었다. 루쉰은 1926년에 베이징을 떠난 뒤 10년 동안 딱 두 번 베이징에 갔다. 한번은 1929년 11월이었고, 다른 한 번은 1932년 11월에 어머니의 병이 위중하다는 전보를 받았을 때였다. 두 번 모두 혼자 갔으며 급히 떠났다. 루쉰은 어머니와 정이 도타웠으나 10년 동안 그들 모자는 두 번의 짧은 만남을 가졌을 뿐이며, 평소의 연락은 전적으로 서신으로 유지되었다. 주고받은 편지는 그 양이 상당한데, 평균적으로 루쉰과 어머니 사이의 통신은 매달 적게는 한 통에서 많게는 두세 통까지 있었다. 한 통 한 통의 편지를 통해 모자는 베이징과 상하이의 상황을 주고받으며 서로에 대한 그리움을 털어놓기도 했다.

물론 루 부인의 편지는 다른 사람에게 대필을 부탁한 것이다. 루쉰이 떠나기 전에 어머니 옆에는 둘째 저우쭤런 일가가 있었지만, 그는 베이징 거처의 생활을 세심하게 보살폈다. 루쉰의 학생이자 오랜 벗이었던 쑹린(宋琳)[204]은 베이핑에 있는 루쉰의 가족들을 돌봐주었으며, 때로는 편지를 대신 써주기도 했다. 쉬셴쑤는 꽤 오랫동안 시싼탸오에 살면서 집안 살림을 대신 돌봐주었다. 쉬셴쑤는 루쉰 일기에 나오는 '수칭(淑卿)'이다. 일기에 따르면, 루쉰은 1926년 8월에 베이징을 떠날 때부터 1930년 3월에 쉬셴쑤가 베이징을 떠날 때까지 3년 반 동안 쉬셴쑤에게 155통의 편지를 썼으며, 쉬셴쑤도 루쉰에게 100여 통의 편지를 보냈다. 쉬셴쑤와 루쉰 사이에 오고 간 수많은 편지 통수는 그들이 보통 사이가 아닐 거라는 추측을 불러일으켰다. 사실 당시 루쉰과 어머니의 편지는 모두 그녀가 대필해주었고, 대부분은 가신(家信)이었기 때문에 이렇게 편지가 많았던 것도 이상한 일은 아니다.

안타깝게도 이 편지들은 유실되었다. 쉬셴쑤 본인의 회고에 따르면, 1929년 말에 루쉰이 가족을 만나고 상하이로 돌아간 지 얼마 되지 않아 마침 허베이성 다밍현(大名縣)의 제5여자사범학교에 교원이 부족했는데, 한 동창이 함께 가자고 해서 베이징을 떠났다고 한다.[205] 그녀는 떠나기 전에 루쉰에게 받았던 편지를 한 보따리로 묶어 무슨 일이 생기면 찾아보라며 주 씨에게 건네주었으나 그 편지들은 보존되지 못했다. 1949년 이

---

204 쑹린(宋琳)(1887~1952), 자는 쯔페이(子佩) 또는 쯔페이(紫佩)라고 한다. 저장 사오싱 사람으로, 루쉰이 사오싱부 중학당에서 교편을 잡았을 때의 학생이었으며, 사오싱부 중학당에서 동료로 일한 적이 있다. 사오싱이 수복된 후《월탁일보(越鐸日報)》에서 근무하다가 나중에《민흥일보(民興日報)》,《천각보(天覺報)》를 창간했다. 1913년에 베이징에 가서 루쉰의 소개로 경사도서관(京師圖書館) 분관에 들어갔으며, 한동안 베이징 제1감옥 교도관으로 일했다. 1949년 후에도 경사도서관에서 일하다가 1952년에 세상을 떠났다.

205 쉬셴쑤는 허베이로 가 교편을 잡은 지 얼마 되지 않아 같은 학교 교사 위페이화(兪沛華)와 결혼했다. 1931년에 저장 샤오산(蕭山), 항저우(杭州)에서 학생들을 가르쳤다. 1932년 초, 상하이에서 잠시 살다가 같은 해 4월에 청두(成都)로 갔다.

주안과 위 씨네 두 자매의 사진.

후, 그녀가 고거를 정리할 때 주 씨의 상자 안에서 찾지 못했다. 쉬셴쑤와 루쉰 사이의 편지는 이렇게 유실되었다. 그녀가 떠난 것은 루쉰이 1929년에 베이징으로 돌아와 가족들에게 쉬광핑과 동거하는 사실을 밝힌 직후였다. 이로 인해 쉬셴쑤와 루쉰의 관계에 신비감이 한층 더해지며, 이 편지들의 행방이 수상쩍다는 사람도 있고, 심지어 "언젠가는 세상에 알려지기를 바라면서 (……) 아직 세상 어딘가에 있을지도 모른다"[206]라고 생각하는 사람도 있다.

쉐셴쑤가 떠난 후 루 부인은 편지 대필을 위팡에게 부탁했다. 1930년 3월 12일 자 루쉰 일기에는 "오전에 위팡의 편지를 받았다. 어머니를 대

206 난코 슈이치(南江秀一), 〈쉬셴쑤에 관한 몇 가지 사색(關於許羨蘇的幾點思索)〉, 《서성(書城)》 1994년 제11기.

신해 쓴 것이었다"[207]라고 적혀 있다. 위팡은 1935년 6월에 베이핑을 떠나 항저우에서 일할 때까지 루 부인의 편지를 대신 써 주었다. 물론 위 씨 자매가 시간이 없으면 다른 사람에게 부탁하기도 했다.

루쉰이 어머니에게 쓴 편지는 완전히 전통적인 격식에 따라 아주 공손한 말투를 쓰고 있어서, 루뤠이가 선비 집안 출신이며 한때 대갓집 규수였다는 사실을 떠오르게 한다. 어머니가 루쉰에게 보낸 편지는 현재 남아 있지 않지만, 위팡의 회고에 따르면 첫머리의 호칭은 '위차이(豫才)'라 부르고 "어미가[母]"라고 서명했다고 한다. 루쉰이 어머니에게 보낸 편지는 일반적으로 자신의 근황, 저우젠런의 근황, 쉬광핑과 하이잉 모자의 상황 등을 보고하는 내용이었다. 다음은 1932년 7월 2일에 그가 어머니에게 보낸 편지다.

> 모친 대인의 슬하에서 삼가 아룁니다. 조금 전에 6월 26일에 보내신 편지를 받고 모든 것을 알게 되었습니다. 하이잉은 이제 다 나았고, 다시 살이 올라 병이 나기 이전과 별 차이가 없습니다. 다만 아직 죽을 먹고 있는데, 내일모레부터는 밥을 먹일 계획입니다. 아이는 장난치는 것을 좋아합니다. 얼마 전, 아이에게 아동용 목공 완구 세트를 사주었더니 요즘 매일 못을 박으며 놀고 있습니다. 그렇지만 곧 싫증을 내게 되겠지요. 최근에도 자주 아이를 데리고 공원에 나갑니다. 집에서도 정말 정신이 사나울 정도로 시끄럽게 놀기 때문입니다. 동봉한 사진은 우리 집 근처입니다. 집은 이미 다 복구되어 전쟁의 흔적

207 옮긴이: 《루쉰 전집 제18권 일기 2》, 루쉰전집번역위원회 옮김, 서울: 그린비출판사, 2018년, 233쪽 참고.

주안과 저우 씨 네 세 자매의 사진. 저우쭤런과 하부토 노부코에게는 징쯔(靜子, 일본식 발음은 시즈코)와 뤄쯔(若子, 와카코)라는 두 딸이 있었으며, 저우젠런과 하부토 요시코 사이에선 쥐쯔(鞠子, 마리코)라는 딸이 하나 있었다. 뤄쯔는 1929년 11월, 열다섯의 나이에 병으로 세상을 떠났다. 이 사진은 1929년 11월 이전에 찍은 것으로 보인다.

을 찾아볼 수 없습니다. 가운데 서 있는 사람이 하이잉을 안고 있는 하이마입니다. 너무 작게 찍혀서 잘 보이지 않습니다. 상하이는 점점 더워지고 있습니다. 콜레라가 크게 유행했는데, 지금은 좀 사그라들어서 곧 없어질 것 같습니다. 저와 하이마는 모두 잘 지내니 걱정 마십시오. 셋째는 이미 상하이로 돌아왔는데, 하반기에 갈지는 아직 정해지지 않았습니다. 저는 다른 곳에 할 수 있는 일이 있다면 아무래도 가지 않는 게 맞는 것 같습니다. 지금의 학교는 안정적으로 학생들을 가르치며 밥을 벌어먹을 수 있는 곳이 거의 없기 때문입니다. 이에 문안을 드리오니 평안하시기 바랍니다.

7월 2일 아들 수(樹) 올림

하이마와 하이잉도 함께 인사 올립니다 [208]

208 옮긴이: 《루쉰 전집 제13권 먼 곳에서 온 편지 · 서신 1》, 393~394쪽 참고.

루쉰은 어머니가 손자를 사랑하고 그의 성장에 관심이 많다는 것을 알았기 때문에 편지를 쓸 때마다 하이잉의 근황을 잊지 않고 보고했다. 물론 '모 부인'도 옆에서 다른 사람이 읽어주는 편지를 조용히 들으리라는 것도 알고 있었다. 루쉰은 편지 외에도 때때로 하이잉의 사진을 보내 노인네의 그리움을 달래주었다. 상하이 쪽에서도 베이징에서 보낸 오리 간장조림, 말린 나물 등과 같은 특산물과 특별히 손자에게 사준 옷가지 등을 자주 받았다. 거리가 너무 멀어서 보내온 음식에 가끔 곰팡이가 슬기도 했다.

상하이에서 지내는 거의 10년 동안 루쉰은 주안에게 편지를 쓴 적이 없었다. 그는 딱 한 번 편지에서 '부인이 보낸 편지'를 언급했다.

> 16일 자 편지에는 부인이 보낸 편지가 들어 있었습니다. 커밍의 둘째 아들이 상하이에서 일하고 있는데, 너무 힘들고 아픈 데도 많아서 베이징의 집으로 불러서 일을 찾아보고 싶다며 제 의견을 물었습니다. 커밍의 아들 셋은 모두 상하이에 있는데, 셋째 아들은 셋째(저우젠런)가 추천해 인쇄소에 들어갔습니다. 둘째 아들도 노력은 했으나 잘 되지 않았습니다. 저는 생계를 위해 타지를 떠돌 수밖에 없으며, 일정한 재산이 조금도 없어 소위 하루 벌어 하루 먹고사는 셈이라 자신조차도 내일이 어떻게 될지 모릅니다. 베이징의 집을 떠난 지 꽤 오래되어서 자세한 사정도 모르고 앞일도 모릅니다. 그러니 이러한 일에 관해서는 부인이 스스로 생각해서 정해도 되겠습니다. 저는 이의가 없으며 무슨 주장을 할 수도 없습니다. 이상을 전해주시기 바랍니다.[209]

---

209 1934년 5월 29일 루쉰이 어머니에게 보낸 편지, 《루쉰 전집》 제13권, 128쪽. (옮긴이: 《루쉰 전집

1933년의 가족사진.

주안은 무슨 생각에서인지 1934년 5월 16일에 루쉰에게 편지를 보내 친정 조카를 베이징으로 불러 양자로 삼자고 했다. 후일 주지런(朱吉人)의 회고에 따르면, 그때는 주지궁(朱積功)이 이미 세상을 떠난 뒤였기 때문에 사실 주안이 양자로 삼으려던 사람은 자신이었다고 했다. 주안이 사오싱을 떠날 때 주지런은 겨우 일곱 살이었는데, 고모와 조카 사이가 아주 친밀해 그를 함께 데려가고 싶어 했다. 쓸쓸한 삶을 살았던 주안이 이

제15권 서신 3》, 191~192쪽 참고.)

런 생각을 하는 것도 당연하다. 루쉰은 그녀에게 직접 답장을 보내지 않고, 어머니에게 "베이징의 집을 떠난 지 꽤 오래되어 자세한 사정도 모르고 앞일도 모릅니다. 그러니 이러한 일에 관해서는 부인이 스스로 생각해서 정해도 되겠습니다. 저는 이의가 없으며 무슨 주장을 할 수도 없습니다"라는 의견을 전할 뿐이었다. 이를 통해 그의 찬성하지 않는 태도를 쉽게 엿볼 수 있다.

베이징에서든 상하이에서든 루쉰은 일반적으로 주 씨네 집안 사람들에게 예의를 갖췄으며 도울 수 있는 일은 도와주었다. 이는 주안이 유일하게 위로를 느끼는 부분이었을 것이다.

1914년, 주안의 먼 친척 주순청(朱舜丞)이 베이징에 오자 루쉰은 그를 따뜻하게 맞아주었다. 주순청의 상황에 대해서는 알려진 바가 거의 없는데, 1914년 베이징에서 학업 등의 일로 잠시 머물렀던 것으로 보인다. 루쉰의 일기에도 가끔 주순청이 등장한다. 1914년 2월 7일, 루쉰은 주순청의 편지와 소가 들은 떡 한 접시를 받았다.[210] 그 후 주순청은 루쉰을 여러 차례 방문했으며, 루쉰이 그에게 식사를 대접하기도 했다. 4월 15일에는 "주순청이 그 아우와 함께 와서 볜이팡(便宜坊)[211]에 가서 식사를 대접했다"[212]라고 일기에 썼으며, 5월 30일에는 동료의 식사 초대에 주순청도 함께 데려갔다. "저녁에 창이전(常毅箴)이 그의 집으로 초대했다. 쉬지쉬안(徐吉軒), 치서우산(齊壽山), 쉬지상(許季上), 다이루링(戴蘆舲), 치보강

210 옮긴이: 《루쉰 전집 제17권 일기 1》, 155쪽 참고.

211 옮긴이: 베이징의 유명한 카오야(烤鴨) 음식점. 명나라 영락(永樂) 14년(1416년)에 개업했으며, 취안쥐더(全聚德)와 쌍벽을 이룬다.

212 옮긴이: 《루쉰 전집 제17권 일기 1》, 166쪽 참고.

(祁柏岡), 주순청이 동석했고, 아홉 시에 읍관(邑館)으로 돌아왔다."[213] 주순청도 루쉰과 몇 차례 편지를 주고받았는데, 9월 30일 자 일기에 다음과 같이 적혀 있다. "저녁에 주순청이 보낸 편지를 받고 4원을 빌려주었다. 컨디션이 별로 좋지 않은 것이 감기인 것 같다. 밤에 키니네 작은 환을 두 알 먹었다."[214] 주순청이 빌려간 4원이 귀향길의 여비였는지는 알 수 없으나, 이때 이후로 루쉰의 일기에는 주순청에 대한 언급이 없다.

1919년 말에 루쉰의 온 가족이 베이징으로 이사를 간 후, 주 씨 집안에서는 주커밍이 나서서 편지를 썼고, 주안이 동생에게 보내는 답장은 루쉰이 나서서 답장을 보냈다. 그러므로 그의 일기에는 "주커밍이 보낸 편지를 받았다"와 "주커밍에게 편지를 보냈다"라는 기록이 종종 있다. 주커밍은 1920년 9월과 1921년 9월 두 차례 베이징에 누나를 보러 왔다. 루쉰 일기에 기록된 그의 행적을 보면 때로는 쉬저우(許州)에 가고 때로는 둥양(東陽)에 있었는데, 그도 그의 아버지와 마찬가지로 생계를 위해 동분서주하는 모양이었다. 베이징 시기 루쉰 일기에는 다음 두 번의 송금 기록이 있다. 한 번은 1924년 9월 2일 "주커민에게 편지와 50원을 부쳤다"[215]이고, 다른 한 번은 1925년 11월 13일 "오후에 주 씨 댁에 축의금 10원을 부쳤다"[216]이다. 1925년 11월은 주안 어머니의 생신이라 축의금을 보냈을 것이다.

1930년 전후로 주 씨 집안은 사정이 더욱 악화되었다. 앞서 말한 바와

---

213 옮긴이: 《루쉰 전집 제17권 일기 1》, 174쪽 참고.

214 옮긴이: 《루쉰 전집 제17권 일기 1》, 194쪽 참고.

215 옮긴이: 《루쉰 전집 제17권 일기 1》, 650쪽 참고.

216 옮긴이: 《루쉰 전집 제17권 일기 1》, 724쪽 참고.

같이, 1922년에 주안의 친정은 고택을 이미 팔아버리고 다른 곳에서 셋방살이를 할 수밖에 없었으니, 그만큼 주커밍의 상황이 참담했음을 알 수 있다. 주커밍은 4남 1녀를 낳았는데, 장남 주지런(朱吉人)(1912~1995, 주지청(朱積成) 또는 주지천(朱稷臣)이라고도 한다), 차남 주지궁(朱積功)(1915~1933?), 삼남 주지허우(朱積厚)(생몰년 미상), 사남 주지진(朱積金)(1923~1994), 딸 주완전(朱晩珍)(1930~)이다.[217] 주지런의 훗날 회상에 따르면, 그들 가족은 당시 매우 어려운 처지였기 때문에, 형제들이 학업을 포기하고 상하이로 가서 생계를 꾸려야 했다.

1926년, 주지런은 15세에 가정형편이 어려워 학업을 중단하고 어머니 지인의 소개를 받아 상하이에서 견습생으로 일할 준비를 했다. 당시 둘째 동생은 항저우 저장 성립(省立) 제5중학교에 다니고 있었고, 셋째 동생은 현에 있는 제2소학교를 다니고 있었으며, 넷째는 입학 전이었고 여동생은 어렸다. 노인과 아이까지 여덟 식구가 생활하기 어려워 루쉰에게 도움을 구하고 싶었지만 끝내 입을 떼지 못했다.

1931년에 주커밍이 사오싱에서 병으로 사망했다. 주지런은 아직 견습 기간이 끝나지 않아 둘째 동생의 학비 마련에 어려움이 생겨서 고모 주안을 통해 당시 상하이 상무인서관(商務印書館)에서 일했던 저우젠런에게 둘째 동생이 중학교를 졸업할 때까지만 학비를 해결해달라고 부탁했다.

1932년에 할머니가 중풍으로 돌아가셨다. 같은 해 견습 기간이 끝났

---

217 양즈화(楊志華), 〈주커밍과 주 씨 형제에 관하여(關於朱可銘及朱氏兄弟)〉, 《루쉰 연구 동태(魯迅硏究動態)》 제79기(1988년 11월).

지만, 월급 받은 돈으로는 가계를 유지하기 어려워 어쩔 수 없이 화양(華洋) 양말 공장 주인에게 둘째 동생 주지궁이 상하이의 공장에서 머무르며 일자리를 찾을 때까지 돌봐달라고 간청했다. 또한, 저우젠런을 통해 상무인서관에서 수습생을 모집하기를 기다렸다. 뜻밖에도 시험에서 떨어지자 둘째 동생은 병을 얻어 사오싱으로 돌아갔고 우울증으로 죽었다. 저우젠런은 나중에 그의 셋째 동생 주지허우를 민우인서사(民友印書社) 등에서 일할 수 있도록 소개해주었다.[218]

주커밍이 병에 걸려 사망한 후 주 씨 집안의 가정(家政)은 장남 주지런이 주관했다. 저우 씨 집안과 주 씨 집안의 서신 연락도 당연히 그가 지속했다. 1930년 9월부터 1931년 6월까지 루쉰 일기에는 루쉰과 주 씨 집안의 의례적 교제와 경제적 지원 등의 기록이 여섯 번 나오는데, 모두 주지런이 나선 것이었다. 유감스럽게도 이 편지들은 현재 하나도 남아 있지 않다. 루쉰 일기를 보면 주 씨 집안에 어려움이 생겼을 때 루쉰이 여러 차례 송금하여 도와주었음을 알 수 있다.

> [1930년 9월] 6일. (……) 셋째에게 부탁해서 상무인서관을 통해 사오싱의 주지청(朱積成)에게 100원을 송금했다.[219]

> [1931년 5월] 28일, 맑음. 정오가 지나서 주지천(朱稷臣)의 편지를 받았다. 그

218 양즈화, 〈주지런과 주안 그리고 루쉰(朱吉人與朱安及魯迅)〉, 《상하이 루쉰 연구(上海魯迅研究)》 제4기.

219 옮긴이: 《루쉰 전집 제18권 일기 2》, 261쪽 참고.

주커밍의 셋째 아들 주지허우. 이 사진은 주안의 유품이다.

의 부친 커밍이 음력 사월 초열흘에 세상을 떠났다고 했다.

29일, 맑음. 오전에 중국은행을 통해 주지천에게 100원을 송금했다.[220]

[1932년 12월] 29일. (……) 오전에 사오싱으로 80원을 부쳤다.[221]

220 옮긴이: 《루쉰 전집 제18권 일기 2》, 306쪽 참고.

221 옮긴이: 《루쉰 전집 제18권 일기 2》, 405쪽 참고.

[1933년 1월] 31일. (……) 오후에 사오싱으로 50원을 부쳤다.[222]

루쉰이 주 씨 집안에 보낸 돈은 대부분 의례적인 것이었지만, 가족의 정을 나타내기도 한다. 1931년 5월, 주커밍은 50대 초반의 나이에 병으로 세상을 떠났다. 이 전후로 루쉰은 두 번이나 100원을 사오싱으로 부쳤다. 1932년과 1933년의 송금은 주안 어머니의 병환과 사망 때문이었을 것이다. 이에 대해 주 씨 집안에서도 매우 감격하며 여러 차례 사오싱의 토산품을 보내 감사를 표했다. "주지천이 말린 생선 한 채롱, 말린 죽순과 말린 나물 한 채롱을 선물했다. 셋째가 전달해주었다."[223] "오후에 사오싱 주 씨 댁에서 부친 술지게미에 절인 닭, 말린 죽순 등 도합 한 채롱을 받았다."[224] "주커밍 부인이 오리간장조림 두 마리, 말린 생선 한 마리를 선물로 보냈다."[225]

1936년 그는 병에 걸린 후 〈"이것도 삶이다"……("這也是生活"……)〉라는 글을 썼는데, 첫머리에 친척 아이에 대해 언급했다.

내 친척 아이 하나가 고등학교를 졸업한 뒤에 갈 곳이 없어서 양말 공장에서 견습공으로 일했다. 가뜩이나 마뜩찮은 터에 일이 많고 힘들어 일 년 내내 거의 쉴 틈이 없었다. 그 아이는 자부심이 강하여 게으름을 피우려고 하지 않았으며, 이렇게 일 년 넘게 버텼다. 그러던 어느 날 갑자기 주저앉으며 제 형에

---

222 옮긴이: 《루쉰 전집 제18권 일기 2》, 423쪽 참고.

223 옮긴이: 1931년 6월 9일 일기. 《루쉰 전집 제18권 일기 2》, 309쪽 참고.

224 옮긴이: 1933년 2월 12일 일기. 《루쉰 전집 제18권 일기 2》, 425쪽 참고.

225 옮긴이: 1935년 1월 26일 일기. 《루쉰 전집 제18권 일기 2》, 601쪽 참고.

게 이렇게 말했다. "힘이 하나도 없어요."

그는 그 뒤로 일어나지 못했다. 집으로 돌아와 드러누운 채 아무것도 먹으려 하지 않고, 꼼짝도 하지 않고 입도 벙긋하기 싫어했다. 예수교회 의사를 청하여 진찰했더니, 아무런 병은 없지만 온몸에 피로가 쌓여 고칠 방법이 없다고 했다. 자연히 뒤따라오는 것은 조용한 죽음이었다.[226]

이 아이가 둘째 주지궁이다. 주지궁도 루쉰에게 편지를 쓴 적이 있었다. 주 씨 집안 사정을 잘 알았던 천원환에 따르면, 사실 주지궁이 앓았던 것은 간염이라 했다. 주지런은 요절한 동생을 이렇게 회상했다. "공부를 잘해서 루쉰이 학비까지 보내주었는데, 안타깝게도 새파랗게 젊은 나이에 사오싱에서 병으로 죽었다." 이 젊은이의 죽음에 대해 루쉰은 일종의 안타까움을 느꼈다. 주지런은 이렇게 말했다. "고모는 우리 조카들에게 매우 잘 해주셨지만, 자격지심이 있어서 항상 우리에게 가능한 한 루쉰을 찾아가 귀찮게 하지 말라고 당부하셨다. 저우젠런은 상하이 상무인서관에서 편집자로 일했는데, 고모와 나는 중요한 일이 생기면 모두 그를 통해 루쉰과 연락했다." 주안은 루쉰과의 사이가 좋지 않았기 때문에 친정 식구들이 그에게 자꾸 폐를 끼치지 않기를 바랐다. 루쉰은 이런 부분에서 비록 주안에게 애정이 없고 나중에는 함께 살지도 않았지만, 어쨌든 결국에는 한 가족이었기에 주 씨 집안에 무슨 일이 생기면 도울 수 있는 일은 될 수 있는 대로 도왔고 수수방관하지 않았다.

---

226 옮긴이: 〈"이것도 삶이다"……〉, 《루쉰 전집 제8권 차개정잡문 · 차개정잡문 2집 · 차개정잡문 말편》, 759~760쪽 참고.

슬픔 — 루쉰의 죽음

1936년 10월 19일 새벽 5시경, 루쉰은 상하이에서 56세의 나이로 세상을 떠났다. 임종 전 그의 곁을 지킨 사람은 쉬광핑, 저우젠런과 일본 간호부뿐이었다. 상하이의 각 신문은 이날 잇달아 "중국 문단의 큰 별이 졌다"라는 소식을 보도했으며, 베이핑 시싼탸오의 집에서도 곧 이 비보를 접하게 되었다. 이에 대해 저우쭤런은 다음과 같이 회고했다.

> 어머니는 아들을 몹시 사랑하셨지만, 필요한 때는 꾹 참고 견딜 줄도 아셨다. 나는 아직도 루쉰이 세상을 떠났을 때를 기억한다. 상하이에서 내게 전보로 통지해 어머니께 알려드려야 했는데, 나는 순간 어찌할 바를 몰라 베이핑도서관으로 쑹쯔페이(宋子佩)를 찾아가 그에게 먼저 알린 후 함께 가자고 했다. 가서도 바로 말하기가 그래서 한참 지나서야 하려던 말을 꺼냈는데, 별일이 없자 두 사람은 그제야 마음을 놓았다. 어머니께서는 "이미 어느 정도 예상했다. 너희 둘이 같이 온 걸 보면 예삿일 같지는 않은데, 그렇게 시간을 끌며 중요하지 않은 말만 하니, 그럴수록 더욱 맏이에 관한 일로 왔을 거라 짐작했다"

라고 말씀하셨다.[227]

저우쭤런은 전보를 받은 후 노모에게 어떻게 말해야 할지 몰라서 거듭 주저했다. 그렇다면 저우쭤런은 언제 전보를 받았는가? 루쉐이와 주안 고부 두 사람은 언제 알았는가? 이것은 원래 특별히 규명하거나 고증할 필요가 없는 일인데, 어떤 연구자들은 주안이 22일에야 이 사실을 알았다고 진지하게 말한다. 또, 주안이 소식을 먼저 알았지만 시어머니가 큰 충격을 견디지 못할까 봐 슬픔을 애써 참으며 집안의 신문을 몰래 감추었다는 둥 생생하게 묘사하는 사람도 있는데, 이는 아마도 상상이 많이 가미된 것으로 사실과는 차이가 있을 것이다.

10월 20일 자《세계일보(世界日報)》의 보도는 다음과 같다.

> 기자는 고우재(苦雨齋)에서 저우쭤런을 처음으로 방문했는데, 온 이유를 밝히자 저우쭤런은 척연하게 말했다. "정말로 형님이 세상을 떠나셨다는 소식은 오늘 아침 여덟 시쯤에 제가 셋째 동생 젠런의 전보를 받고 알았습니다. 전보에는 노모께서 연세가 높으시니 될 수 있는 대로 모르시게 하라고 당부했습니다. 저는 전보를 받은 후 같은 고향 출신인 쑹린(宋琳) 군(쑹린은 현재 베이핑도서관의 회계를 맡고 있다)에게 상의하러 갔습니다. 나쁜 소식은 끝내 감추기 어려우니 쑹 군에게 부탁해 전보를 가지고 알리러 갔습니다. 노모께서 이 비보를 들으시고 가슴 속에 사무치셨을 슬픔을 가히 짐작할 수 있습니다."

227 저우쭤런,《지당 회고록》, 596쪽.

타오위안칭(陶元慶)이 그린 루쉰의 초상. 루쉰이 세상을 떠난 뒤
시싼탸오의 빈소 앞에는 이 초상화가 모셔져 있었다.

이는 20일 자 신문이지만, 일반적으로 기자는 하루 전에 당사자를 인터뷰해야 제시간에 기사를 보낼 수 있다. 또, 10월 21일 자 《베이핑신보(北平晨報)》에서는 "루쉰의 죽음은 당일 그의 동생 저우젠런(현 상무인서관 편집자)이 여기로 전보를 보냈다"라고 보다 명확히 말했다. 따라서 실상은 저우쭤런이 19일 당일에 전보를 받았고, 이날 루쉰 일가와 친분이 있는 쑹쯔페이와 함께 시싼탸오로 찾아가 큰형의 사망 소식을 알렸을 것이다. 다시 말해, 고부 두 사람은 루쉰이 세상을 떠난 날 바로 이 비보를 들은 것이다. 쉬서우창의 회고에 따르면, 그도 19일 오전에 루쉰이 세상을 떠났다는 전보를 받았다. 루쉰의 사망 소식이 상하이에서 베이핑으로 전해지는 데는 2~3일씩이나 걸리지 않았던 것으로 보인다. 루쉰의 장례식은 상하이에서 거행되었고, 차이위안페이와 쑹칭링(宋慶齡)(1893~1981), 우치야마 간조 등으로 '루쉰 선생 장례위원회'가 구성되었다. 그의 유해는 사망 당일 오후 만국(萬國) 장례식장으로 이송되어 빈소가 마련되었다. 20~22일에 각계 인사들이 루쉰의 마지막 모습을 보기 위해 찾아왔으며, 22일 오후 수천수만 명으로 구성된 장례 행렬이 그의 영구가 만국공묘로 운구되어 천천히 매장되는 것을 목송했다.

베이핑 측의 시싼탸오 집에도 20일부터 빈소를 마련해 조문 온 친지와 친구들을 맞이했다. 손님들은 남쪽 방 거실 벽에 타오위안칭(陶元慶)이 그린 루쉰 초상이 걸려 있고, 초상화 아래쪽에는 책상과 그 위에 문방구, 담배, 간식 등 루쉰이 생전에 즐겼던 것들이 놓여 있는 모습을 보았다. 주안은 소복을 입고 향을 피우며 모락모락 피어오르는 푸른 연기 속에서 남편의 영혼을 추모했다.

루쉰의 죽음은 고부 두 사람 모두에게 큰 충격이었다. 당시 베이핑에 있던 루쉰의 친구 쉬서우창, 서우주린(壽洙鄰), 쑨푸위안(孫伏園), 선젠스(沈兼士), 마유위(馬幼漁), 차오징화(曹靖華), 주쯔칭(朱自淸) 등은 여러 방식으로 조문하거나 특별히 방문하여 두 노인을 위로했다. 쑨푸위안의 회고에 따르면, 그는 21일 베이징에 도착하여 22일 시싼탸오에 갔다. 그는 루쉰 선생의 거실에 원래 타오위안칭 선생이 그린 목탄 초상화가 걸려 있던 것을 보았는데, 약간 가운데로 옮겨놓은 것 같았다고 했다. 이 초상 앞에는 책상이 있었고, 그 위에는 녹차, 궐련, 문방구 등이 놓여 있었다. 그와 셋째 동생 춘타이(春苔)가 영전에 절한 후 저우 부인(주안)을 따라 저우 노부인(루쉰의 모친)을 만나러 갔다. 노부인은 그를 보더니 자연스레 슬

베이징 시싼탸오 루쉰 고거의 거실 겸 장서실. 루쉰이 세상을 떠난 후 이곳에 빈소가 마련되었다.

픔을 참지 못하고 상심하며 탄식했다. "수명으로 따지면 56세도 짧은 편은 아니지. 내 명이 너무 길었을 뿐이야. 내가 작년에 죽었다면 올해 아무것도 몰랐을 게 아닌가?" 주안의 애절한 표정도 손님들에게 깊은 감동을 주었다.[228]

서우주린은 삼미서옥(三味書屋)의 훈장 서우징우(壽鏡吾)의 차남으로, 1914년에 베이징으로 와 평정원(平政院)에서 기록과 주임 겸 문서과 사무비서를 지냈다. 루쉰이 세상을 떠난 후 그는 아내와 함께 자주 두 고부를 위로하러 갔다. 그에 따르면, "주 부인은 루쉰의 제사를 지낼 때 특별히 준비하는 음식이 있었는데, 흰 마를 얇게 썰어 달걀과 밀가루를 묻혀 기름에 튀겨낸 것으로, 루쉰이 평소에 좋아하여 루쉰떡[魯迅餅]이라 불

228 쑨푸위안, 《루쉰 선생에 관한 두세 가지 일(魯迅先生二三事)》, 후난인민출판사, 1980년, 8쪽.

렀다."[229] 주안은 루쉰이 얼마나 비범한 사람인지 알지 못했고, 루쉰의 사업에 대해서는 더더욱 이해하지 못했지만, 그녀는 자기 나름의 방식으로 마음속 감정을 표현하고 있었다.

쑹린의 아들 쑹수(宋舒)도 시싼탸오에 가 왕사모님을 뵈었다. 그녀는 두 눈시울이 붉었지만 눈물을 흘리지 않았으며, 마음이 괴로워도 미소를 짓고 있었다. 루쉰 이야기가 나오자 그녀는 "큰선생이 이렇게 일찍 죽은 것은 너무 과로하고 화를 잘 냈기 때문이야. 욕을 하면 아주 심하게 했지만, 그것은 다른 사람이 그의 심기를 건드려서지. 그는 욕하는 글을 쓰기 전에 이미 혼자 화가 나서 죽을 지경이었는데, 그러니 정말 화가 머리끝까지 나서야 욕을 했던 걸세."[230] 자식을 잘 알기는 어머니만 한 사람이 없다더니 아들을 사랑하는 루 부인의 마음이 언사에 잘 나타난다.

루쉰의 사망으로 인해 평소 손님이 뜸했던 시싼탸오 21호 집에는 갑자기 방문객이 줄지어 늘어서고 기자들의 발길이 끊이지 않았다. 오랜 세월 외부와 거의 단절된 세상에서 살아온 주안의 슬픈 표정은 조문객 모두에게 깊은 인상을 남겼고, 그녀의 이름과 이미지가 베이핑, 난징 등지의 신문에 처음으로 등장하기도 했다.

비교적 일찍 루쉰의 사망 소식을 접한 베이핑《세계일보(世界日報)》 기자는 19일 당일 바다오완으로 가 저우쭤런을 인터뷰한 뒤, 또다시 시싼

229 서우주린(壽洙鄰), 〈루쉰에 대한 이야기(我也談談魯迅的故事)〉, 《루쉰 연구자료》 제3집, 229쪽, 문물출판사(文物出版社), 1979년판.

230 쑹수(宋舒), 〈루쉰의 모친께서는 "루쉰은 화가 머리끝까지 나서야 욕을 한다"라고 말씀하셨다(魯迅的母親說"魯迅是氣極了才罵人的")〉, 1936년 11월 3일 《민국학원원간(民國學院院刊)》 제7기(베이핑)에 수록.

탸오로 가 주안을 만났다. 이튿날, 〈저우 부인이 슬픈 심정을 서술하다(周夫人述悲懷)〉라는 제목의 기사가 실렸다.

> 주 여사는 이미 쉰여덟 살의 나이로 늙고 지쳐보였다. 쪽머리를 하얀 끈으로 묶었는데 눈물이 그렁그렁하며 애통한 감정을 남김없이 드러냈다. 기자와 몇 마디 의례적인 인사말을 나눈 후, 주 여사는 사오싱 말로 다음과 같은 이야기를 했다. 2주 전에 그(루쉰)가 상하이에서 편지를 보내 책을 찾아서 부쳐달라고 했으며, 최근 몸이 점차 회복되고 열도 내려서 이미 주사를 끊었고, 나흘 전에는 또 편지를 보내어 체력이 더욱 좋아졌다고 했는데, 뜻밖에도 우리가 기뻐서 안심하는 사이 오늘 아침에 갑자기 비보를 접하게 되니 원통하다는 것이다. 본인은 원래 그날 남쪽으로 내려가 분상(奔喪)하려고 했으나, 팔순이 넘은 시어머니께서는 여생이 바람 앞의 촛불과도 같은데, 이 소식을 들으시고 더욱 상심하신 데다 모시는 일을 남에게 맡길 수도 없어서 사실상 떠나기가 어려우니 정말 어찌할 바를 모르겠다고 했다. 기자는 주 여사가 상심이 너무 크고 정신이 없어서 감히 길게 이야기하지 못하고 자리에서 일어나 작별을 고했다.

이 기사를 보면 주안도 남쪽으로 내려가 분상하려고 했던 것 같다. 그의 사고방식으로 보면 당연히 '정실'인 자신이 직접 나서서 장례를 치러야 했지만, 현실적으로 어려운 상황이어서 그녀도 한동안 "어찌할 바를 모르며" 난감했다. 쉬광핑의 회고에 따르면, 루 부인은 처음 비보를 들었을 때는 침착하게 행동하며 별로 울지 않았지만, "나중에는 걷지도 못해 한 걸음 옮기는 데도 부축이 필요했다"고 했다. 시어머니의 연세가 많고 몸이 약해서 상하이에 가는 것은 자연히 비현실적이었다.

난징 《신민보(新民報)》 기자는 19일 밤에 시싼탸오를 찾아가 주안을 만나고, 이튿날 〈루쉰의 베이핑 가족 방문기(魯迅在平家屬訪問記)〉라는 제목의 기사를 실었다.

기자는 저우쭤런 선생 댁에서 나온 후, 궁먼커우(宮門口) 시싼탸오에 사시는 루쉰 선생의 어머니 저우 노부인과 루쉰의 본부인을 방문했다. 문을 두드리자 하녀 세 명이 나와 닫힌 문 뒤에서 물었다. "뉘시오?" "누구를 찾으시오?" "무슨 일로 오셨소?" 기자가 질문에 답하자 그녀들은 안에서 소곤거리며 여전히 믿지 못하는 눈치였다. 으슥한 깊은 골목에 사는데, 밤에 낯선 사람이 불쑥 찾아와 문을 두드리면 의심하지 않을 수 없을 것이다!

나중에 루쉰 부인이 나와서 기자가 찾아온 이유를 거듭 해명한 후에야 문을 열어주었다. 하녀가 등불을 들고 기자를 응접실로 안내하고, 루쉰 부인은 이때 들어가서 어머님께 아뢰었다. 응접실은 장식이 단순했다. 가운데 네모난 테이블이 하나 있고, 그 위에는 남은 밥과 반찬이 놓여 있었으며, 안은 약간 어수선해보였다. 사방의 벽에는 큰 책장이 네 개 있었는데, 안에는 선장본(線裝本)이 대부분이었다. 어떤 질에는 《금석췌편(金石萃編)》[231]이라 쓰여 있었고, 나머지는 세트로 된 선장본으로 어떤 종류에 속하는지는 알 수 없었다. 그 밖에 일본어와 서양어로 된 책도 있었지만 선장본만큼 많지는 않았다. 부인의 말에 따르면, "이 책은 전부 큰선생(즉 루쉰, 형제 가운데 맏이이기 때문이다)의 것으로, 필요한 일이 있을 때 편지를 써서 찾으면 여기에서 그에게 부쳐주고,

231 옮긴이: 청나라 학자 왕창(王昶)(1724~1806)이 역대의 금석문(金石文)을 수집 연구한 책이다.

필요 없을 때는 그가 다시 이곳으로 부쳤다"라고 한다.

동쪽 벽면에는 화가 타오위안칭(타오쓰진(陶思瑾)의 형)이 루쉰이 베이핑에 살던 시절(1926년)에 그려준 목탄 초상화가 걸려있었다. 길이 약 60센티미터, 너비 약 30센티미터로 루쉰 선생은 양복을 입고 여전히 마른 모습이었다. 기자는 본래 루쉰 선생의 사진을 구하고 있었는데, 이 초상화는 한 시대를 떠들썩하게 했던 고(故) 타오위안칭 화백의 작품으로 당시 무척 마음에 들었으나, 나중에 부인의 말씀을 들으니 오늘 그 초상화로 위패를 만들어 제사를 지낼 예정인데 루쉰 선생의 큰 사진은 그것뿐이라고 하여 기자는 원래의 생각을 단념할 수밖에 없었다. 20분쯤 되었을 때, 루쉰 부인은 북쪽 방에서 나와 기자에게 루쉰 선생의 비교적 최근 사진 두 장을 가져다주었다.

루쉰 부인은 몸집이 왜소하고 안색이 수척했으며 눈에는 매우 슬픈 기색이 비쳤다. 커피색에 흰 꽃이 달린 짧은 겹저고리와 바짓부리를 묶은 푸른 바지를 입고 하얀 신발에 하얀 양말을 신었으며, 머리에는 작은 쪽머리를 올리고 하얀 끈으로 묶고 있었다. 자리에 앉은 후 어떤 하녀가 안에서 물담뱃대를 가지고 들어왔다. 부인은 물담배를 피우며 이야기를 시작했다. 부인은 저장 사오싱 사람으로 루쉰 선생과 같은 현 출신이었다. 그녀가 베이핑에 온 지 이미 14년이 되었는데, 처음에는 바다오완에서 살다가 나중에 이곳으로 이사했다. 부인은 루쉰과 이미 4년 동안 만나지 못했지만, 그가 매주 편지를 보냈다. 루쉰 선생의 병세에 대해서는 일주일 전에 받은 편지에서 의사 두 명이 그를 치료해주었는데 경과가 좋아서 입맛도 정상으로 돌아오고 전보다 살이 쪘다고 하더니, 이렇게 빨리 돌아가실 줄은 몰랐다고 했다. 여기까지 말하고 부인의 목소리가 낮아지면서 약간 흐느끼더니 슬퍼서 거의 말을 하지 못했다. 중간에 잠깐 멈추었다가 그녀는 다시 말을 이어나갔다. 루쉰이 교육부 첨사로 있을 때는 건강이 좋았는데, 그 후로 글을 쓰는 데 신경을 너무 많이 써서 심장병이 생기고 결국 되돌릴 수 없었다고 했다. 뒷일과 관련해 그녀는 아직 아무런 계획이 없으며, 전적으로 루쉰의 셋째 동생 저우젠런이 상하이에서 처리하고 있다. 그녀는 상하이에 갈 계획이 없는데, 이곳에 계신 시어머니가 올해 여든이시고 매사 보살핌이 필요해 떠날 수 없으며, 상하이에 가도 별로 쓸모가 없을 것이라고 했다. 대화를 한 지 이미 30분이나 지나서 기자가 일어나 작별을 고하자, 부인은 마지막으로 아주 정중하게 말했다. "돌아가셨는데도 명성을 전해주셔서 감사합니다!"

시싼탸오 21호는 작은 사합원(四合院)으로 북쪽 방 세 칸은 고부가 기거하는 곳이고, 빈소는 남쪽 방 거실에 마련되었다. 루 부인은 상심이 너무나 커서 각 신문사 기자들이 방문해도 모습을 나타내지 않았던 것 같다. 주안은 30분 동안 기자에게 루쉰의 사망 전 상황을 이야기했다. 상하이에 가서 장례를 치를 것인지에 대해 그녀는 시어머니가 연세가 많으셔서 자신이 옆에서 돌봐야 하기 때문에 상하이에 갈 계획이 없다고 분명히 밝혔다. 기자에게 이런 말을 했을 때 그녀의 마음속에서 온갖 복잡한 심경이 맴돌았음은 두말할 나위 없다. 그녀가 다른 사람에게 대필을 부탁해 저우젠런에게 보낸 편지에는 다음과 같이 쓰여 있었다.

19일에 전보가 멀리서 날아와 당신의 큰형이 19일 새벽녘에 마침내 세상을 떠났다는 소식을 듣고 몹시 놀랐습니다. 한평생 고생하시다 이렇게 돌아가시다니 옛일을 회상하면 살고 싶지 않을 만큼 슬픕니다. 홀몸으로라도 남하하여 마지막 모습을 한 번 뵌 연후에 지하로 그를 따라가고 싶지만, 모두들 대의를 생각하라고 타이릅니다. 선부(先夫)께서는 돌아가셨다고 하나 당상(堂上)께서 아직 건재하시고 바람 앞의 촛불과도 같은 여생을 누군가 돌봐드려야 하니, 만약 작은 일에 연연한다면 오히려 남들의 비웃음을 초래할 것입니다.

이는 다른 사람이 대신 써준 것이지만 그녀의 진실한 심리를 반영한다. 그녀는 자신이 대국적인 차원에서 전체 국면을 고려해야 하며, "작은 일에 연연"하여 루쉰이 다른 사람에게 웃음거리가 되게 해서는 안 된다는 것을 알고 있었다.

《베이핑신보》의 기자 '제푸(介夫)'는 20일 아침 일찍 시싼탸오 거처로 달려가 루쉰의 유가족을 방문했다. 21일, 《베이핑신보》에는 〈중국 명작가 루쉰 부인 방문기(中國名作家魯迅夫人訪問記)〉라는 기사를 실었다.

어제 아침은 바람도 불지 않고 무더운 가을 햇볕이 왁자지껄한 이 거리를 비추고 있었다. 차와 말들은 여전히 예전처럼 쏜살같이 달리고 있었지만, 이 오래된 도시에서는 모든 사람이 비통한 표정으로 신문에 실린 불행한 소식을 주시하고 있었다. 필자가 궁먼커우 시싼탸오 21호에 도착했을 때, 문 앞에는 수많은 사람이 이 불행한 소식을 이야기하고 있었다. 옛날에는 이 위대한 작가의 집이 바로 여기에 있었다는 사실을 몰랐기 때문이다. 그리 크지 않은 이 저택의 세 칸짜리 북쪽 방에는 루쉰의 어머니와 본부인이 살고 있었고, 세 칸짜리 남쪽 방은 루쉰이 예전에 베이핑에 머물 때 글을 쓰던 곳으로, 사방의 책장에는 선장본과 중국어, 일본어로 된 책이 가득 꽂혀 있었다. 어제 이곳은 자연스레 추모의 공간이 되었다. 동쪽 벽에는 길이 약 60센티미터, 너비 30센티미터의 초상화가 걸려 있었는데, 이는 타오위안칭이 1926년에 루쉰이 베이핑에 있을 때 그려준 것이라고 한다. 그림 속 그의 모습은 여전히 그렇게 말랐으며, 그 앞의 긴 탁자 위에는 제물이 놓여 있었다. 방안은 숙연한 분위기로 가득 차서 필자는 한동안 침묵을 지켰다. 루쉰의 부인도 매우 수척한 모습이었는데, 나이를 보니 벌써 반백이 넘었다. 부인은 하얀 신발에 하얀 양말을 신고, 하얀 끈으로 바짓부리를 묶고 있었으며, 머리에는 작은 쪽머리를 올리고 역시 하얀 끈으로 묶고 있었다.

필자가 먼저 조의를 표하자, 부인은 몹시 슬픈 기색을 띠며 이렇게 말했다. "저우 선생님께서 돌아가셨을 때의 상황은 이미 각 신문에 보도되었습니다. 베이핑의 가족들은 지금 별 의견이 없습니다. 상하이에는 절친한 친구들이 많아서 그를 위해 모든 것을 처리해주고 있고, 여기 계신 어머님은 여든이 넘으셔서 항상 누군가 보살펴 드려야 하기 때문에 당분간은 저도 상하이로 떠날 수 없답니다!" 부인은 사오싱 사람으로, 저우 선생과 같은 현 출신이다. 민국 2년(1913년)[232]에 결혼해 베이핑에 온 지 이미 14년이 되었으며, 루쉰과는 3년 넘게 만나지 못했다. 부인이 여기까지 이야기했을 때 마침 루쉰의 아우 지당노인(知堂老人)(저우쭤런)이 왔다. 이에 필자는 루쉰 선생에 관한 다른 일들을 알아보기 위해 그에게 모든 것을 물어봤다. (하략)

이 밖에 11월 1일 자《실보(實報)》반월간에는 루쉰의 어머니와 주안이 함께 찍은 사진과 루쉰의 빈소를 지키는 주안의 독사진이 실렸다. 이상과 같은 보도들은 루쉰 가족에 대한 민중의 관심을 나타내고 있으며, 주안의 슬픔을 진솔하게 기록했다. 기자들의 눈에 비친 주안은 하얀 머리

232 기사에 오류가 있다. 광서 32년(1906년)이 맞다.

끈으로 쪽머리를 묶은 작고 야윈 노부인이었다. 그녀는 울먹이는 어조로 기자들에게 루쉰이 세상을 떠나기 전후의 상황을 거듭 설명했으며, 루쉰의 죽음에 대해 끝없는 슬픔을 드러냈다. 구식 부인인 그녀는 지나간 세월 속에서 남편의 사랑을 하루도 받지 못했으며, 그들 사이에는 메울 수 없는 골이 있었지만 그녀는 한결같이 남편의 상황에 주의를 기울이며 그가 보낸 모든 편지를 또렷이 기억했다. 외부인들 앞에서 털끝만큼의 원망도 토로하지 않았고, 조금의 흐트러진 모습도 보이지 않았으며, 전통적인 여성의 '온유돈후'한 면모를 드러냈다.

루쉰이 세상을 떠난 후, 시싼탸오 쪽에서는 쉬광핑이 베이징으로 돌아와 함께 살기를 바랐다. 루쉰이 사망한 해에 쉬광핑은 서른여덟이었으며, 사랑하는 아들 하이잉은 겨우 일곱 살이었다. 루쉰은 임종 한 달 전에 쓴 〈죽음(死)〉[233]이라는 글에서 유언 아닌 유언을 남겼다. 그중 두 가지는 가족에 대한 당부라고 볼 수 있는데, 첫 번째는 "나를 잊고 자신의 삶을 살아라"이고, 두 번째는 "아이가 자라서 재능이 없으면 소소한 일을 찾아 생계를 꾸리게 하고, 절대로 허울뿐인 문학가나 예술가 노릇은 하지 않게 하라"다. 혹시라도 자신이 없으면 처자식이 어떻게 살아야 하는지 그 역시 고민했던 것으로 보인다. 물론 그의 마음속 아내는 쉬광핑이었다.

루쉰이 세상을 떠난 후 주안은 저우젠런에게 편지를 한 통 썼는데, 쉬광핑이 베이징으로 오길 바란다는 것이 주요 골자였다.

233 옮긴이: 〈죽음〉의 우리말 번역은 《루쉰 전집 제8권 차개정잡문 · 차개정잡문 2집 · 차개정잡문 말편》, 770~776쪽 참고.

루뤠이와 주안. 사진은 원래 1936년 11월 1일 자《실보》반월간 제2권 제2기에 실렸으며, "베이핑의 고거에 사는 루쉰의 노모 루 씨"와 "루쉰의 본부인 주 씨"라는 설명이 있다.

셋째 서방님 보십시오

(……) 어머님께서 연로하신데 이런 변고를 당하시니 몹시도 비통한 마음을 해소하기 어렵습니다. 하물며 이 형수는 말주변이 없어서 더욱 어찌할 바를 몰랐는데, 다행히 처(車) 부인 아가씨와 허썬(和森) 아주버님[234]께서 잇따라 베이핑으로 오셔서 다방면으로 위로하시어 겨우 슬픔을 억누르실 수 있었습니다. 그러나 다섯 번 제7일마다 제사를 지낼 때 또다시 울음을 그치지 않으실 것을 생각하면, 형수는 이러지도 저러지도 못하겠습니다. 그러다 어머님

234 옮긴이: 처 부인 아가씨는 처겅난(車耕南)의 부인으로 루쉰의 둘째 이모 루롄(魯蓮)의 딸이며, 허썬은 루쉰의 큰이모 루치(魯琪)의 아들로 모두 루쉰의 이종사촌이다.

빈소를 지키는 주안의 사진. 사진은 원래 1936년 11월 1일 자 《실보》 반월간 제2권 제2기에 실렸으며, "루쉰 베이핑 고거의 서재는 지금 이미 빈소로 바뀌었다"라는 설명이 있다.

께서 평소 광핑 동생과 하이잉을 예뻐하시는 것에 생각이 미치니, 만약 (그 둘이) 기꺼이 베이핑에 와서 아침저녁으로 같이 살겠다면, 위로는 어머님의 마음을 위로하고 아래로는 고인을 안심시킬 수 있을 것입니다. 거듭 생각하다가 허썬 아주버님과 상의했는데, 둘째 서방님이 바로 제 동생에게 부탁해 광핑 동생에게 날을 잡고 이삿짐을 꾸려 하루빨리 돌아오라고 대신 말씀하셨습니다. 출발하는 날짜가 정해져서 미리 알려주면 이 형수는 길을 깨끗이 치우고 맞을 준비를 할 것이며, 조금도 섭섭하게 하지 않을 것입니다. 거처할 곳은 동원(東院)(푸청쥔(傅承浚)의 집)이나 서원(西院)(허썬 아주버님이 세낸 집)을 다시 세내거나 형수의 방을 내주고 제가 다른 곳으로 옮겨도 됩니다. 모든 가재도구는 제가 대신 준비해줄 것입니다. 어쨌든 광핑 동생과 저는 같은 뜻 같은 처지로, 동고동락하며 어머님을 모시고 아들을 가르치고 키움으로써 하늘에 있는 넋을 위로하는 것이야말로 진심에서 우러나오는 저의 역할임을 특별히 성의를 다해 아뢰옵니다. 만약 그래도 광핑 동생이 주저한다면 최대한 조건을 제시해달라고 전해주십시오. 형수는 받아들이지 못할 것이 없으니, 감히 셋째 서방님께 저를 위해 보증해주십사 부탁드립니다. 앞에서 말씀드린 일은 형수가 멀리서 걱정하지 않을 수 있도록 번거로우시더라도 대신 애써 주시기 바랍니다. 이에 특별히 평안하시기를 축원하옵니다.

형수 씀(1936년 10월)

주안의 이 편지는 쉬광핑에게 직접 쓴 것이 아니라 저우젠런을 통해 "광핑 동생이 날을 잡고 이삿짐을 꾸려 하루빨리 돌아오"기를 바란 것이다. 그녀가 자신과 쉬광핑의 사이를 자매로 부르는 것은 엄연히 루쉰의 정실로 자처하는 것으로, 주안의 구식 사고방식을 반영한다. 쉬광핑이 답변했는지는 모르겠지만, 현대 여성으로서는 도저히 이런 처분을 받아들일 수 없으며 구식 가정의 구성원이 되기는 더욱 싫었을 것이다. 자신과 루쉰의 관계에 대해 쉬광핑은 일찍이 다음과 같은 고백을 한 적이 있다.

우리는 남녀가 함께 살면서 당사자 외에는 그 어떤 부분도 구속할 수 없다고 생각했다. 서로 의기투합해서 동지처럼 대하며, 서로 친밀하고 서로 존중하며, 서로를 신뢰한다면 어떤 상투적인 격식도 필요 없다. 우리는 일체의 봉건예교를 타파해야 한다고 하지 않았던가? 따라서 서로의 어떤 면이 마음에 들지 않는다면 절대로 다투거나 법적으로 해결할 필요도 없다. 나 자신은 항상 자립해서 먹고살 수 있도록 준비하고 있으니, 함께 살 필요가 없어진다면 곧

각자의 길을 가는 것이다.[235]

쉬광핑에게 있어 당초 루쉰과의 동거는 애정에서 비롯된 것으로, 이른바 명분을 초월한 것이었다. 루쉰이 세상을 떠난 후 그녀는 루쉰 전집의 출판과 편집에 전력을 다하여 선생의 작품과 사상을 널리 알리는 것을 자기 후반생의 사업으로 삼았다. 그녀는 저우젠런을 통해 루쉰의 어머니에게 장래에 대한 자신의 계획을 털어놓고 북상할 수 없는 이유를 완곡하게 설명했다. 동시에 루쉰 전집을 출판하기 위해 저작권을 자신에게 위임해달라고 부탁했다. 이에 대해 루 부인이 나서서 다음과 같이 대답했다.[236]

며느리 광핑 보거라

어제 차오펑(喬峰)의 편지를 받고 네가 내 걱정을 하는 것을 알았다. 네가 위차이(豫才)와 함께한 지는 겨우 10년밖에 안 되었지만, 부지런히 집안일을 돌보다가 지금 병이 나서 일어나지 못하고 있으니, 백발 노모와 젖먹이가 모두 너를 힘들게 했기 때문이라, 내 너를 생각하면 가엽고도 고맙구나. 예전에는 위차이가 편지를 해서 네가 다시 편지를 쓸 필요가 없었는데. 너희 모자의 생활상을 나는 몹시 염려하고 있으며 또 모든 것을 깊이 알고 싶단다. 하이잉은 어려서 글을 쓸 수 없으니 나는 네가 자주 편지를 보내주기만 바랄 뿐이다. 무

235 쉬광핑, 〈「루쉰 연보」의 자초지종〉, 《쉬광핑 문집》 제2권, 382쪽. 원래 1940년 9월 16일 상하이 《우주풍》 을간 제2권 9기에 수록.

236 1936년 11월 3일 루뤠이가 쉬광핑에게 보낸 편지, 《루쉰 연구 자료(魯迅硏究資料)》 제16집, 톈진인민출판사, 1987년, 3~4쪽.

은 고초가 있든지 간에 될 수 있는 대로 알려다오. 나는 항상 너를 이해할 수 있단다. 네가 내년 봄에 하이잉과 함께 와서 가족의 즐거움을 나눌 수 있다면 실로 내 마음을 얻을 것이요, 더할 나위 없이 좋겠구나. 장차 어느 곳에 기거할 예정인지 편지로 미리 알려준다면 내가 준비하마. 너는 본래부터 일 처리에 분별이 있었으니 네가 어떻게 주장하든 나는 동의하지 않는 것이 없다. 위차이의 인세는 전혀 개의치 않으니 쑹 선생과 쉬 선생이 왔을 때 나는 그들에게 너랑 차이위안페이 선생과 상의해서 처리하라고 했다. 네가 잠시 아이디어를 내지 못하겠다면 차오평과 상의하면 되니 걱정하지 말거라. 요컨대, 이후 나와 너는 고부지간이니 둘이 지나치게 예의를 차리지 말자꾸나. 나는 다만 너희들이 건강하고 생활이 안정되어 하늘에 있는 위차이의 영혼이 안심할 수 있기만을 바랄 뿐이다. 이곳의 지인들은 모두 위차이의 아들이 잘못될 리 없다고 하지만, 앞으로 잘 가르쳐 사람을 만드는 것은 전적으로 네게 달려있다. 생각건대 지금 네 상황이 힘들고 불쌍하지만, 하이잉이 장성하기만 하면 너는 곧 저우 씨 집안의 공신(功臣)이자 나처럼 노마님이 될 수 있단다. 너는 위차이에게 탄복하여 한 평생을 따랐으니 지금 위차이는 죽고 없지만 각국 문인들의 추앙을 널리 받고 있다. 너는 영웅을 초창기에 알아보았으며 역시 여장부라 할 수 있으니, 이미 일부 사람들이 너를 칭찬하고 있구나. 죽은 사람은 죽은 사람이니 위차이가 보고 싶고 불쌍해도 소용이 없다. 지금 내 마음은 오직 너와 하이잉에게로 옮겨갔을 뿐이다. 큰며느리도 잘 알고 있으며 역시 너와 하이잉을 그리워하고 있다. 사람들이 내게 비탄에 잠겨도 소용이 없다고 온갖 방법으로 타이르니 겸허하게 받아들이기로 했단다. 이제 나는 네가 먼 곳으로 눈을 돌려 너무 슬퍼하지 않기를 바란다. 자주 편지를 주고받으며 너는 나를 위로해주고 나도 너를 달래주자꾸나. 다행히 너도 줄곧 나를 잘 알고 있으니 나도 체면 차리지 않겠다. 이만 줄이마.

어미 씀(1936년 11월 3일)

루쉰 생전의 절친한 친구 쑹쯔페이(宋子佩)와 쉬서우창(許壽裳)의 주선으로 루 부인은 루쉰 전집의 저작권을 쉬광핑에게 주기로 동의했으며, 루쉰의 작품을 수집 · 정리하려는 쉬광핑의 계획에 큰 지지를 표명했다. 이후 쉬광핑은 루쉰을 대신하여 어머니와 계속 편지를 주고받으며 수시로 안부를 전했다. 1937년 7월, 주안은 루쉰 전집을 출판하는 일에 대해 처음으로 쉬광핑에게 편지를 썼는데, 이 편지도 위탁서였다.[237]

징쑹(景宋) 여사께

선부(先夫) 루쉰의 유집(遺集)이 전부 상무인서관에서 출판된다는 소식을 듣고 이 언니는 크게 찬성합니다. 모든 진행과 계약서 작성 등은 여사께서 전권을 가지고 가까운 장래에 그 서관과 직접 상의해 처리해주시기 바랍니다. 여사께서 베이핑으로 돌아오실 날짜가 정해지거든 노부인께서 걱정하시지 않도록 미리 알려주시기 바랍니다. 그 밖의 모든 것은 전부 만나서 이야기하기를 기다리겠습니다. 이에 평안하시길 기원하며, 하이잉도 건강하기를 바랍니다.

언니 주 씨 삼가 옷깃을 여미며

7월 2일(1937년, 원본 편지는 상무인서관으로 보냄)

237 1937년 7월 2일 주안이 쉬광핑에게 보낸 편지, 《루쉰 연구 자료》 제16집, 22쪽.

이 위탁서를 대필해준 사람은 쑹린(쑹쯔페이)인데, 그가 쉬광핑에게 첨부한 또 다른 편지에는 다음과 같이 쓰여 있었다. "큰선생님의 유집(遺集) 출판 날짜가 정해지니 이루 말할 수 없이 기쁩니다. 큰사모님 측에는 이미 설명을 드렸고, 이에 그분의 뜻에 따라 위탁서 한 통을 대신 써서 동봉하니 확인해보십시오. 이 일은 당연히 선생께서 전권으로 처리하셔야 합니다. 큰사모님께서도 확실히 이해하셨으니 세간에서 헛소문을 퍼뜨릴 수 없을 것입니다."[238] 편지의 "큰사모님"은 주안을 가리키며, 이를 통해 주안이 루쉰 전집 출판에 적극적인 태도를 보였음을 알 수 있다. 이 편지에서도 주안은 여전히 쉬광핑이 아이를 데리고 하루빨리 베이핑으로 돌아오기를 바랐다. 그러나 그로부터 닷새째 되는 날 7·7사변이 일어났으며, 얼마 되지 않아 일본인의 군화가 베이핑을 짓밟았다. 라오서(老舍)(1899~1966)의 《사세동당(四世同堂)》에서 묘사된 것처럼, "날씨는 더웠지만, 전국의 민심은 서늘했다. 베이핑이 함락된 것이다!" 시국이 어수선하니 두 노인의 생활은 더욱 어려워졌다. 슬픔 뒤에는 더 큰 슬픔이 기다리고 있었다.

238 1937년 7월 2일 쑹린이 쉬광핑에게 보낸 편지, 《루쉰 연구 자료》 제16집, 23쪽.

역경 — 시싼탸오의 여주인

시어머니의 유언

루쉰이 세상을 떠난 후, 주안과 시어머니 두 사람은 서로를 의지하며 살았다. 그녀들의 수입원은 주로 쉬광핑이 보내오는 루쉰 저작 인세와 전에 모아둔 저축이었다. 쉬광핑의 효심에 대해서는 루뤠이도 항상 편지에서 기쁨과 안도를 나타냈다. "부쳐준 돈은 잘 받았다. 이 돈을 받았을 때 네가 얼마나 어렵게 조달했을지 상상하면 마음이 편치 않지만, 내게 이런 며느리가 있다는 것에 기쁘기도 하구나."[239] 그러나 시국이 험악하여 베이핑이 함락된 지 일 년 만에 물가는 날로 오르고 백성들의 생활이 몹시 힘들었다. 시싼탸오에서도 저축이 이미 바닥이 나서 두 노인의 생활은 궁지에 빠졌다. "이곳은 아직 조용하지만 물가가 하루가 다르게 올라 쌀과 석탄이 거의 두 배로 올랐단다."[240] "베이핑은 현재 모든 물건이 너무 비싸

239 1937년 11월 5일 루뤠이가 쉬광핑에게 보낸 편지, 《루쉰 연구 자료》 제16집, 30쪽.

240 1938년 7월 7일 루뤠이가 쉬광핑에게 보낸 편지, 《루쉰 연구 자료》 제16집, 45쪽.

서 쌀, 석탄, 채소가 모두 이전보다 두세 배나 올랐다. 아무리 절약하더라도 매달 생활비가 80원은 있어야 하는구나."[241]

다행히 루쉰 생전에 친분이 두터웠던 많은 인사들이 있는 힘껏 그의 유족을 돌보았다. 특히 리지예(李霽野)[242]는 루쉰의 유족을 위해 많은 일을 했는데, 현재까지 남아 있는 그가 쉬광핑에게 보낸 편지를 보면 인정이 많고 의리 있는 사람임을 알 수 있다. 1937년 11월 그가 아직 톈진에 있었을 때, 쉬광핑의 편지를 받자마자 차오징화(曹靖華)에게 100원을 빌려 베이징에 있는 창웨이쥔(常維鈞)에게 부탁해 루쉰의 가족들에게 전달했다. 1938년 가을에 리지예는 푸런대학(輔仁大學)에 초빙되었는데, 쉬광핑이 혼자서 힘들게 온 집안의 생계를 책임지고 있는 것을 보고, 그녀에게 저우쭤런과 비용을 공동분담하자고 상의할 것을 건의했다.

9월 5일 자 편지는 일찌감치 도착했습니다. 궁먼커우에는 며칠 전에도 창웨이쥔 형과 간 적이 있습니다. 노부인들께서는 기력이 아주 좋아 보였습니다. 다만 경제적인 측면에서 둘째 선생은 올해 겨우 15원을 용돈으로 보냈을 뿐입니다. 그들 부부가 돌아가며 격월에 한 번씩 가보지만 잠시 앉았다가 올뿐, 아이들은 찾아뵙지도 않습니다. 생활비는 기껏해야 양력 연말까지 쓸 수 있다고 합니다. 둘째 선생이 여기저기서 돈을 빌린 것도 사실이라고 합니다. 그

241 1938년 11월 8일 루뤠이가 쉬광핑에게 보낸 편지, 《루쉰 연구 자료》 제16집, 46쪽.

242 리지예(李霽野)(1904~1997년), 안후이 훠추현(霍邱縣) 사람으로 1924년 겨울에 루쉰과 알게 되어 미명사(未名社) 동인이 되었다. 일찍이 《망원(莽原) 주간》을 편집했으며, 번역 작품으로는 《제인 에어(簡愛)》 등이 있다. 젊은 시절 창작과 생활 등에서 루쉰의 도움을 받은 적이 있다.

는 현재 쿵더(孔德)[243]에서 매달 100~150원, 옌징(燕京)에서 80원을 받고 있습니다. 본인 말로는 기금회 역서(譯書)는 이제 하지 않는다고 하는데, 소문에 의하면 (베이징 괴뢰) 교육부에서 매달 200원을 받는다고 합니다(하지만 이것은 조사를 해봐야 하며 아니라고 하는 사람도 있습니다). 펑이(저우쭤런의 장남)는 쿵더와 옌징에서 학생들을 가르치며 급료도 100원 이상 받을 것입니다. 둘째 선생이 자발적으로 책임지기를 기다리는 것은 가망이 없을 것 같고, 노부인도 그를 찾아가려 하지 않으시니 편지를 쓰실 때 당신이 상하이에서 돌볼 방법이 없다고 말씀해보십시오(이미 부친 돈에 대해서도 말씀해보십시오). 최근에 방법이 없으니(제가 전달한다고 말씀하실 필요는 없습니다) 그에게 형편껏 한 달에 얼마씩 부담해달라고 하시고, 답장이 어떻게 오는지 보고 다시 다른 방법을 상의해봅시다. 기진맥진 지치신 것을 보니 할 말이 있으면 빨리 이야기해서 영구적인 방법을 의논해보는 것이 좋겠습니다.[244]

쉬광핑은 리지예의 조언을 따라 저우쭤런에게 편지를 썼다.[245] 루쉰이 세상을 떠난 후, 루 부인은 저우쭤런에게 이렇게 말했다. "둘째야, 앞으로 나는 너밖에 의지할 곳이 없구나" 그러자 저우쭤런이 내뱉은 말은 "저도 고달픕니다. 저도 고달픕니다"였다. 노부인은 당시 "둘째가 말주변이 없다"라며 기분이 좋지 않았다. 사실 "나도 고달프다"는 저우쭤런의 말

---

243 옮긴이: 베이징대 유명 교수 마위칭(馬隅卿) 등이 민국 10년(1921년)에 설립한 신식 학교. 프랑스 실증주의 철학자 오귀스트 콩트(Auguste Comte, 중국식 이름 쿵더孔德)의 이름을 따서 지었다.

244 1938년 9월 23일 리지예가 쉬광핑에게 보낸 편지, 《리지예 문집(李霽野文集)》 제9권, 백화문예출판사(百花文藝出版社), 2004년, 13쪽.

245 《쉬광핑 문집(許廣平文集)》 제3권, 326~327쪽 참고.

이 사실이 아니라고는 할 수 없다. 루쉰이 살아 있을 때 어머니의 생활비는 거의 큰형이 부담하고, 저우쭤런은 용돈만 조금 드릴 뿐이었다. 루쉰이 죽자 저우쭤런은 더 이상 이렇게 홀가분하게 얽매이지 않고 있을 수 없었다. 적어도 노모의 생활에 대해서는 수수방관할 수 없었다.

저우쭤런은 쉬광핑의 편지에 답장하지 않았지만, 다음 편지에서 저우쭤런이 이후 시싼탸오의 생활비 일부를 분담하겠다는 태도를 분명히 밝혔음을 알 수 있다. 루 부인은 쉬광핑에게 다음과 같은 편지를 썼다.

현부(賢婦) 징쑹 보거라

일전에 편지 한 통을 부쳤는데 받았으리라 생각한다. 리(李) 선생과 창(常) 선생이 추석에 집에 와 책 출간 상황에 대해 언급했는데, 나 역시 그로 인해 초조하구나. 지금은 시대가 이러하니 온갖 물건이 몹시 비싸져서 상하이 거처도 유지하기 쉽지 않을 것이다. 바다오완의 둘째도 이 가운데 어려운 사정을 잘 알고 있으며, 이후 베이핑 거처의 일상 비용 일부를 그가 자발적으로 부담하여 관리할 것이라고 설명했단다. 다만 큰애 이름 아래 베이핑과 상하이의 세 사람은 기쁨과 슬픔이 서로 연관되어 있으며 마지막에는 꼭 하나가 되어야 한다. 현부는 고명(高明)해서 나를 조금도 걱정시키지 않을 것이다. 내 건강도 괜찮고 거리도 조용하니 걱정하지 말거라. 하이잉은 요새 어떻게 지내느냐? 염려하지 않도록 내게 알려주면 좋겠구나. 여기까지 쓰마.

어미 씀. 10월 17일(1938년)

만년의 루뤠이.

편지의 리 선생과 창 선생은 리지예와 창웨이쥔을 가리킨다. 그들은 루 부인에게 상하이 쪽의 상황을 이야기했다. 당시 '고도(孤島)' 상하이[246]에 살았던 쉬광핑도 생활이 곤궁하기는 마찬가지였다. 전란 시기에 출판업이 부진하여 루쉰 저작의 인세가 종종 지체되었으며, 베이핑과 상하이

246 옮긴이: 1937년 8월 13일 제2차 상하이사변이 발발하여 상하이가 끝내 함락된 11월부터 1941년 12월 태평양전쟁 발발 전까지의 시기를 가리킨다. 일본에 점령되지 않은 조계지 일부가 피점령구역에 둘러싸인 '외딴 섬[孤島]'과 같은 형국을 이룬다고 하여 붙여진 이름이다.

간의 송금환 수수료가 크게 올라 환으로 송금하는 것도 어려웠다. 협의를 거쳐 1939년 1월부터 쉬광핑은 매달 주안의 생활비 40~50원을 부담했다. 상하이와 베이핑 간의 송금환이 몹시 어려웠기에, 쉬광핑은 리지예에게 다달이 필요한 만큼 시싼탸오에 생활비를 보내달라고 부탁했고, 쉬광핑은 다시 모은 돈을 리지예에게 인편으로 보내거나 방법을 강구하여 송금했다. 이 돈에 저우쭤런이 매달 부담하는 50원을 더해 두 노인은 근근이 생활했다. 이 시기에 베이핑에 있던 선젠스(沈兼士), 리지예 등은 두 노인의 생활에 관심을 가지고 찾아가 살피며 돈을 보냈다.

> 어제 시싼탸오에 갔는데, 노부인께서 약간 두통이 있으셨으나 그리 심각하지는 않았습니다. 1월의 생활비로 둘째 선생이 50원을 보냈는데, 어머니만 부양하는 것인지 두 사람 몫으로 충분하다고 여긴 것인지 잘 모르겠습니다. 젠스 선생이 15원을 주었고 제가 도합 40원을 먼저 보냈으니, 이번 달은 문제없을 것입니다. 앞으로 저희가 달마다 방법을 강구해볼 터이니 우선은 여기에 마음 쓰시지 마십시오. 사모님께서 당신에게 편지로 집안의 상황을 설명하라고 부탁하셨으니, 당신은 편지로 당분간 (송금)할 수 없으며 이미 제게 이렇게 해달라고 부탁했다고 말씀하십시오. 사양하실 필요 없습니다. 치(齊) 선생이라는 사람의 형편이 좋아 젠스 선생이 그를 찾아가 볼 생각입니다. 이후로는 우선 이렇게 유지하면 될 것 같습니다. 푸런(輔仁)의 한 학생이 기념금 30원을 받았는데, 젠스 선생이 그에게 맡겨 모금한 것입니다. 지금 여기에 먼저 모아놨다가 나중에 빌려 쓸 수 있습니다.[247]

---

247 1939년 1월 6일 리지예가 쉬광핑에게 보낸 편지, 《리지예 문집》 제9권, 16쪽.

리지예의 이 편지는 저우쭤런이 총격을 당한 일에 대해서도 언급하고 있다. "둘째 선생이 양력설에 위험한 일을 당하여 인력거꾼 한 명이 죽고, 방문했던 친구 한 명(선치우(沈啓無))이 중상을 당했으며, 그 자신은 복부에 단추가 하나 깨지고 피부에 약간의 가벼운 상처를 입었습니다. 그를 습격한 원인은 확실치 않습니다." 이어서 3월 14일 자 편지에서는 "둘째 선생이 '가족을 위해' 베이징대학 도서관 주임 직명을 맡아 봉급을 받았다고 들었습니다. 생각건대 50원을 그만 보내기는 미안할 것입니다. 따라서 지금의 돈은 오랫동안 유지하기 충분합니다." 이 시기의 저우쭤런은 이미 나쁜 길로 빠져들고 있었다.

일본군의 군홧발 아래 베이핑 서민들의 생활은 나날이 어려워졌다. 하루가 다르게 물가가 치솟는 것을 보고, 그동안 낙관적이었던 루 부인도 편지에서 다음과 같이 한탄했다. "세상이 험난하고 무섭구나!" 때때로 뜻하지 않은 지출이라도 생기면 리지예에게 잠시 돈을 좀 빌려달라고 하지 않을 수 없었다. "큰며느리가 어제 리 선생이 있는 곳에 가서 은화 50원을 빌려 왔단다. 그 역시 따로 편지로 알릴 것이라 생각한다."[248] "리 선생이 지난달 아들을 낳았는데, 큰며느리가 5원짜리 선물을 사서 직접 전해주었다. 리 선생이 명절 전에도 선물을 보내와서 정말 너무 고마웠단다."[249] 주안도 돈을 마련하기 위해 전족을 한 작은 발을 돌볼 겨를도 없이 이리저리 뛰어다녔다.

1940년 초, 루 부인은 쉬서우창에게 당시의 곤궁함을 하소연하는 편

---

248 1939년 2월 2일 루뤠이가 쉬광핑에게 보낸 편지, 《루쉰 연구 자료》 제16집, 50쪽.

249 1939년 6월 26일 루뤠이가 쉬광핑에게 보낸 편지, 《루쉰 연구 자료》 제16집, 56쪽.

지를 썼다. "요새 쌀과 밀가룻값이 평소보다 열 배까지 비싸지고, 다른 물건들도 모두 대여섯 배 이상 올랐으니 얼마 되지 않는 40원으로 어떻게 나눠 쓰겠는가? 구제책이 없다면 실로 끼니를 거를 수도 있다네. 위차이(豫才) 부인은 20년 넘게 내 시중을 들었는데, 이 늙은 몸이 곤궁하여 고통스러움을 보고 슬퍼하지 않을 수 있겠는가?"[250] 이 시기에는 베이핑과 상하이 양쪽 모두 어려웠고 약간의 오해도 생겼다. 쉬서우창과 리지예 등은 모두 쉬광핑의 고충을 잘 이해했으며, "저우 선생이 세상을 떠난 후 전적으로 제수씨 한 사람에게 사후의 일 처리를 의지하여 아들을 정성껏 키우고 역서와 저서 및 전집을 각각 출판"[251]했음을 지적했다. 리지예는 4월 7일에 쉬광핑에게 보낸 편지에 다음과 같이 썼다.

> 이쪽 생활비가 증가한 것도 확실한 사실입니다. 큰사모님 말씀에 따르면, 왕사모님의 50원에서 20원은 당신 용돈으로 남겨둬야 하고 30원을 생활비로 쓰는데, 하인 한 명의 급료와 식비가 거의 절반을 차지한답니다. 이것저것 따질 수도 없고, 먹고 싶어 하는 것은 꼭 사야 하며, 어떨 때는 꽤 비싼데 사 왔다고 다 먹는 것도 아니어서 큰사모님도 자주 난처하시다고 합니다. 예전에 가정불화가 있었고, 왕사모님 성품도 완고하여 바다오완에는 아쉬운 소리를 하지 않으려고 하십니다. 상하이 측에 저축이 있을지도 모른다고 의심하고 실제로 어려움도 있어서 악의적인 이간질이 쉽게 힘을 얻습니다. 우리가 이 점을 간파한다면 그분들을 너무 탓하거나 슬퍼하며 스스로 괴로워할 필요가

250 1940년 3월 9일 루뤠이가 쉬서우창에게 보낸 편지, 베이징 루쉰박물관 소장.

251 1940년 4월 9일 쉬서우창이 쉬광핑에게 보낸 편지, 《루쉰 연구 자료》 제16집, 63쪽.

베이징 시싼탸오 루쉰 고거에 진열된 루웨이의 방. (2007년 3월 필자 촬영)

> 없습니다. 따라서 이 점에 관해서는 슬픔을 애써 억누르시고 하이잉을 위해 건강에 유의하시기 바랍니다.[252]

리지예의 편지를 통해 알 수 있듯이 당시 시싼탸오의 생활비는 70원이었고, 하녀 두 명까지 쓰고 있어서 당연히 넉넉하다고는 할 수 없었지만, 바다오완에서도 가끔 어머니를 위해 쌀과 석탄을 보내왔다.

리지예의 편지에는 이런 이야기도 있었다. "돌아가신 스승님과 왕사모님에 대해서는 우리가 이렇게 해보았기에 안심할 수 있습니다. 만약 오해가 여전하다면, 우리도 애석하지만 돌아가신 스승님을 위해 '의무를 다하며' 이렇게 힘닿는 데까지 할 뿐입니다." 루쉰이 세상을 떠난 후 리지

---

252 1939년 4월 7일 리지예가 쉬광핑에게 보낸 편지, 《리지예 문집》 제9권 19~20쪽.

예는 중간에서 돈을 이체해주는 사람으로서 확실히 적지 않은 애를 썼다. 1941년 12월에 태평양전쟁이 발발하자 일본 헌병이 곳곳을 수색하여 1942년에 창웨이췬이 체포되었고, 푸런의 일부 교사들도 체포되었다. 1943년 1월에 리지예는 베이핑을 떠나 여러 곳을 전전하다 충칭에 도착했다. 이때의 '고도' 상하이도 사실상 일본군의 통제 속에 떨어졌으며, 수많은 문화계 진보 인사들이 일본 헌병대에 체포되었다. 쉬광핑도 12월 15일에 구속되어 두세 달 동안 옥고를 치렀다. 이 경험에 관해서는 그녀의 회고록《재난 전후(遭難前後)》에 자세히 기술되어 있다. 쉬광핑의 체포로 인해 우리가 현재 볼 수 있는 루뤠이와 쉬광핑의 통신은 1941년 9월 30일이 마지막으로, 이후 양측은 연락이 끊어졌다.

힘든 세상살이 속에서 루뤠이는 걱정에 잠긴 만년을 보냈다. 그녀는 장남을 잃고 멀리 상하이에 있는 셋째 저우젠런과 며느리, 손자를 그리워했으며, 저우쭤런이 무거운 가계의 부담을 짊어진 채 한 걸음씩 진창에 빠져드는 것을 속수무책으로 지켜보았다. 1943년 4월 22일, 그녀는 마음속에 우환을 안고 87세를 일기로 세상을 떠났다. 저우쭤런이 만년에 다시 쓴《돌아가신 어머니 일대기(先母事略)》에는 어머니가 임종하시던 날에 자신이 썼던 일기를 초록했다.

> 22일, 맑음. 오전 6시에 노부코와 함께 어머니를 뵈러 갔는데 정황이 좋지 않았다. 열한 시에 집에 돌아왔다. 오후 두 시에 다시 어머니를 뵈러 갔는데 임종이 가까웠다. 다섯 시 반에 결국 영면에 드셨다. 18일에 뵈었을 때 이번에는 영영 이별이라고 되풀이하여 말씀하시더니 뜻밖에도 이렇게 될 줄은 몰랐는데 슬프도다. 다만 오늘은 병세가 안정되고 정신이 맑으시며 평온히 입적하

셨으니 그런대로 위안이 되었다. 아홉 시에 돌아왔다.[253]

루뤠이는 죽기 전에 자신에게 매달 주던 용돈을 자신이 죽은 후에도 평생 자신을 모신 며느리에게 계속 지급하라고 저우쭤런에게 신신당부했다. 주안에게도 이것은 다른 사람과는 무관한 그녀의 돈이니 꼭 받으라고 당부했다. 저우쭤런의 일기에 따르면, 그녀의 영구는 우선 가흥사(嘉興寺)에 머물렀다가 이듬해 6월 19일에 서쪽 교외 반징촌(板井村) 묘지에 매장되었다. 주안이 시어머니의 마지막 가시는 길을 보내드린 후 시싼탸오에는 마치 의지가지없는 인간 세상에 떠다니는 한 조각 외로운 배와 같은 그녀의 고독한 그림자만 남았다.

루쉰 장서 매각 사건

어머니가 돌아가신 후 당시 이미 일본에 부역한 저우쭤런이 만형수의 생활비 일부를 부담하고 있었다. 처음에는 매달 100원이었으나 물가가 상승하면서 150원, 200원까지 올랐다. 주안은 저우쭤런의 돈을 받는 것이 내키지 않았지만, 그 돈으로도 기본적인 생활을 유지하기 힘들어 그녀의 생활은 극도로 가난했다. 이로 인해 그녀는 저우쭤런의 조언에 따라 루쉰의 장서를 팔기로 결정했다. 저우쭤런은 베이징도서관에 장서 목록

253 저우쭤런, 《지당 회고록》, 597~598쪽.

을 만들게 하고 라이쉰거(來薰閣)[254]에 위탁하여 판매할 준비를 했다.[255]

1944년 8월 25일 자《신중국보(新中國報)》에 이 소식이 실리자 쉬광핑이 듣고는 걱정으로 애를 태우며 오랫동안 소식을 전하지 않았던 주안에게 곧바로 편지를 써서 만류했다.

주 여사님께

며칠 전 신문에서 "베이핑에 있는 루쉰 선생의 가족이 그의 장서를 매각할 예정이며 목록을 가지고 다니면서 사람들에게 상담한다"라는 기사가 실린 것을 보았습니다. 도대체 이 일의 상세한 정황이 어떠한지 짐작해보니, 만약 사실이라면 분명 여사님께서 생활이 어려워 어쩔 수 없이 이렇게 하신 것 같습니다. 생전에 교육 · 문화사업에 힘쓰셨던 루쉰 선생께서 돌아가신 후 국내외 인사들은 그분을 애석해하고 기념했으며, 따라서 저는 그분이 상하이에 남기신 서적, 옷, 가재도구들을 있는 힘을 다하여 보존하며 조금도 잃어버리지 않으려고 했습니다. 저는 여사님께서도 분명 이 뜻에 찬성하실 것이라 생각합니다. 여사님의 생활에 관해서는 루쉰 선생의 사후 6~7년 동안 저는 그분이 살아계실 때처럼 방법을 강구하여 돌보아드렸고 하루도 중단한 적이 없었습니다. 다만 재작년(민국 31년) 봄 이후, 제가 큰 병을 앓았고 나중에는 송금환이 불편해 상점, 은행, 우체국도 송금이 안 되고, 자주 부탁했던 친구도 베이핑을

254 옮긴이: 베이징 류리창(琉璃廠)에 있는 유명한 고서점. 청 함풍(咸豐) 연간(1851~1861)에 고금(古琴) 가게로 개업했다가 민국 원년(1912년)에 서점으로 바뀌었다.

255 왕시룽(王錫榮)의 〈저우쭤런은 루쉰의 장서를 노렸는가(周作人覬覦魯迅的藏書)〉 참고. 왕시룽,《저우쭤런 생애 의안(周作人生平疑案)》, 광시사범대학출판사, 2005년, 261~274쪽.

떠난 탓에 잠시 원조가 끊겼습니다. 하지만 여사님을 잊은 적은 없으며, 늘 셋째 서방님께 물어보곤 했습니다. 나중에 여사님의 편지를 받았다는 소리를 듣고 여사님의 근황을 알게 되었습니다. 저도 셋째 서방님께 부탁해 사방으로 송금할 방법을 알아보았지만 하지 못했으니 이는 정말 어쩔 수 없는 일이었습니다. 루쉰 선생의 직계가족은 몇 명 되지 않는데, 여사님은 연세도 많으시고 저는 아직 비교적 젊으니 좀 더 고생할 수 있습니다. 제가 더 고생스럽더라도 될 수 있는 한 여사님을 보살필 것이니 반드시 비용을 마련하여 송금해드리겠습니다. 한 달에 최대로 절약해서 얼마면 생활하실 수 있겠습니까? 사실대로 말씀해주십시오. 비록 이곳의 제 생활 부담은 여사님보다 훨씬 크지만요. 여사님은 혼자시지만 저희는 둘이고, 여사님은 자택에 살고 계시지만 저희는 세를 내야 합니다. 여사님 곁에는 지위와 재력이 있는 쭤런 둘째 서방님이 계시니, 우리 곁에 계시는 청빈하고 본인 돌볼 겨를도 없는 젠런 셋째 서방님보다 훨씬 낫습니다. 쭤런 둘째 서방님은 예전에 제가 제때 원조하지 못할 때 기꺼이 도와주셨습니다. 지금도 그분께 먼저 빌려달라고 하고 나중에 저희가 다시 방법을 강구해 갚을 수도 있을 것 같습니다. 저도 이미 그분께 편지를 보냈으니 제발 책을 팔지 마시고 루쉰 선생의 물건을 잘 보존해서 모두가 기념할 수 있게 해주시기 바랍니다. 이는 또한 루쉰 선생의 사후 우리가 마땅히 해야 할 책임입니다. 이 편지를 받아보시고 빨리 답장을 보내셔서 여사님의 의견과 최저한도의 생활비를 상세히 말씀해주시면, 저는 최선을 다해서 여사님을 보살필 것이니 제 성의를 믿어주십시오. 하이잉은 올해로 열다섯 살이 되었습니다. 성실하고 충직해서 자주 여사님의 안부를 묻습니다. 교통만 다시금 편리해진다면 저희는 언제고 여사님을 뵈러 가고 싶습니다. 사실 북상하고 싶은 마음은 언제나 있었습니다. 루쉰 선생 생전에는 말할 것도 없고, 돌아가신 지 얼마 되지 않아 어머님 팔순 생신 때, 저희는 갈 채비를 다 했다가 그때 하이잉이 병이 나는 바람에 취소했습니다. 작년에 어머님께서 돌아가셨을 때도 당연히 가보아야 했지만, 뜻밖의 일이 생겨 바로 여비를 마련하지 못해서 가지 못했습니다. 어쨌든 여사님께서 홀로 쓸쓸하심을 저희도 늘 생각하고 있답니다. 건강에 유의하시고 속히 답장해주시기 바랍니다. 그럼 평안히 지내십시오.

쉬광핑, 8월 31일(1944년)

동시에 쉬광핑은 변호사에게 의뢰해, 같은 해 9월 10일 자 《신보(申報)》에 다음과 같은 성명을 발표했다.

루쉰 선생께서는 평생 문화사업에 종사하셨으며 돌아가신 후 온 나라가 애도함에 따라 그분의 모든 유물은 우리 가족 전체가 잘 보존하여 국민이 기념할 수 있게 해야 합니다. 하물며 법률로 말해도 유산은 분할 전까지는 공동 소유물이므로 단독으로 처분할 수 없고, 그렇지 않으면 효력이 발생하지 않는다고 법률에 명문으로 규정되어 있습니다. 만약 베이핑에 있는 루쉰 선생의 가족이 사사로이 무단으로 유물을 매각한 사실이 있다면 광핑 등은 절대로 인정하지 않을 것입니다.

상하이에 사는 루쉰 생전의 절친한 벗 우치야마 간조는 주안이 루쉰의 장서를 매각하려 한다는 소식을 듣고, 자신이 이를 막아야 할 책임이 있다고 느끼고 베이징에 있는 주안에게 편지를 썼다. 이 편지는 남아 있지 않은 것 같으며, 우리는 주안이 대필을 부탁한 답장에서 우치야마 선

생의 고심을 엿볼 수 있을 뿐이다. 편지 전문은 다음과 같다.[256]

우치야마 선생님께

우리가 만난 적은 없지만, 예전에 루쉰 선생이 늘 우치야마 선생님의 도덕과 학문을 칭송했기에, 제 의식상으로는 항상 선생님에 대해 익숙하고 경탄해온 것 같습니다. 이제 선생님께서 아낌없이 가르침을 내려주시어 도의 정신을 증거하시니 유달리 감격스럽습니다! 제 개인적인 신세는 본래 말할 가치도 없지만, 늘그막에 목숨을 부지하기 위해서는 선생님께 솔직하게 요점만 간추려 말씀드리지 않을 수 없으니, 선생님께서 가장 공정한 우정으로 제 모든 것을 동정해주시기 바랍니다.

루쉰은 생전에 저와 제 시어머니 저우(周) 노부인의 생활비를 매달 미리 부쳐주었고, 설이나 명절에는 언제나 각별히 넉넉하게 보내었으며, 별도로 1천여 원의 저축이 있어서 불시의 우려에 대비했습니다. 저도 제 천직을 다하여 각 방면에 절약했고, 루쉰이 세상을 떠난 후에는 시어머니의 뜻을 받들어 저축해두었던 돈을 달마다 떼어서 집안의 생활비로 썼습니다. 당시 쉬서우창이라는 선생이 쉬광핑 여사를 대신하여 루쉰 선생 전집의 출판권을 달라고 부탁하러 와서는, 쉬 여사가 이후로 베이징 거처에 생활비를 부칠 것이며 부족함이 없게 하겠다고 보증했습니다. 동시에 쉬 여사도 편지로 판권을 달라고 하며 대단히 호의를 표했습니다. 저는 무능함에 자괴감을 느끼고 흔쾌히 승낙했습니다. 위탁 수속을 전부 부친 이후 쉬 여사는 어떻게 처리했는지 아직까

256 1944년 9월 23일 주안이 우치야마 간조에게 보낸 편지, 베이징 루쉰박물관 소장.

지 알리지 않았고, 저 또한 물어보지 않았습니다. 민국 28년(1939년) 겨울이 되었을 때, 생활비가 부족하여 제 시어머니 저우 노부인이 쉬 여사에게 사정을 참작해 매달 20원을 더 보내줄 것을 편지로 상의하셨지만 뜻을 이루지 못하셨습니다. 이후 시어머니의 용돈은 모두 저우쭤런 선생이 담당했습니다. 은전 이외에도 쌀과 밀가루, 석탄을 자주 보내왔고, 과일과 떡까지 있어야 할 것은 다 있었으며 집도 수리했습니다. 민국 31년(1942년) 5월에는 매달 제 앞으로 보내주었던 40~50원마저 없어져 장신구와 옷가지를 팔아 남몰래 메울 수밖에 없었습니다. 민국 32년(1943년) 3월에 제 시어머니 저우 노부인이 돌아가시자 모든 장례비용은 전적으로 쭤런 선생이 맡으셨고, 여전히 제게 매달 150원을 보내주셨으니 실로 감격했습니다! 비록 이 정도의 돈은 한 잔의 물로 한 수레의 장작에 붙은 불을 끄려 하는 격이었으나, 저도 과부족을 따지며 제 욕심만 부릴 수는 없었습니다.

생활비는 나는 듯이 치솟고, 저의 채무도 하루가 다르게 불어나 4천여 원이 되었으니, 저는 정말 융통할 수가 없습니다!

저는 38년 동안 시어머니를 모셨고 마지막 가시는 길을 보내드렸습니다. 저도 올해 이미 예순여섯이 되었습니다. 평생 따뜻하게 입고 배불리 먹기만을 바랄 뿐 다른 욕심은 조금도 없습니다. 해는 저물고 막다른 길에 이른 지금도 명예와 신용이 소중하다는 것만큼은 잘 알고 있습니다. 그러나 하루하루 생활고가 신용과 명예보다 더 심각하니, 어찌해볼 도리 없이 다급하게 책을 팔아 빚을 갚고 목숨을 부지하고자 했습니다. 만약 한 가지라도 계책이 있었다면 당연히 구하려고 해보았지만 얻지 못했기 때문이니 무엇 때문에 이런 하책(下策)을 쓰겠습니까?

현재 베이징의 물가 수준은 상하이보다 아래에 있지 않을 것입니다. 지난달

《화베이신보(華北新報)》에 일인당 매달 최저생계비가 600원이 든다는 기사가 실렸습니다. 저는 또한 늙고 병약하니 밥 짓고 청소하는 갖가지 잡일에 식모를 한 명 고용하지 않을 수 없습니다. 이로 인해 한 달에 최저한도로 1,000원 정도는 지출해야 하니 저같이 수입이 전혀 없는 사람은 정말이지 "어찌할 바를 모르겠습니다!"

선생님께서 기꺼이 정의를 위해 공정한 말씀을 하시어 제 빚이 깨끗이 청산되고 생활이 끊어지지 않게 해주신다면, 그때 당신께 감사하는 저의 마음은 붓과 먹으로 묘사할 수 없을 뿐만 아니라, 하늘에 계신 루쉰 선생의 넋도 오랜 친구의 보살핌에 감사할 것입니다. 두서없이 쓴 이런 말들로 선생님께서 제게 주신 관심에 대한 답장을 대신하겠습니다. 구체적인 방법이 생긴 후에 다시 한번 회답을 주시면 감사하겠습니다. 건강하십시오.

저우주(周朱) 씨, 9월 23일(1944년)

이 편지에서 생계 능력이 전혀 없는 노부인의 처량한 만년의 처지를 느낄 수 있다. 주안의 편지는 모두 남에게 대필을 부탁한 것인데, 어떤 학자는 이 편지를 대신 써준 사람이 저우쭤런일 것이라고 지적한다.[257] 이 편지의 문장을 보면, 이 편지를 쓴 사람은 문화적 소양이 상당하며, 주안의 사정에 익숙할 뿐만 아니라 그녀의 내면세계를 잘 이해하고, 쉬광핑에 대한 주안의 미묘한 감정을 잘 알고 있다. 편지는 루쉰과 우치야마 간조가 교분이 두텁다는 사실을 확실히 이해하고 있으며, 우치야마 간조가 무

257 기시 요오코(岸陽子), 〈사랑과 증오를 넘어 — 루쉰 서거 후의 주안과 쉬광핑(超越愛與憎 — 魯迅逝世後的朱安與許廣平)〉.

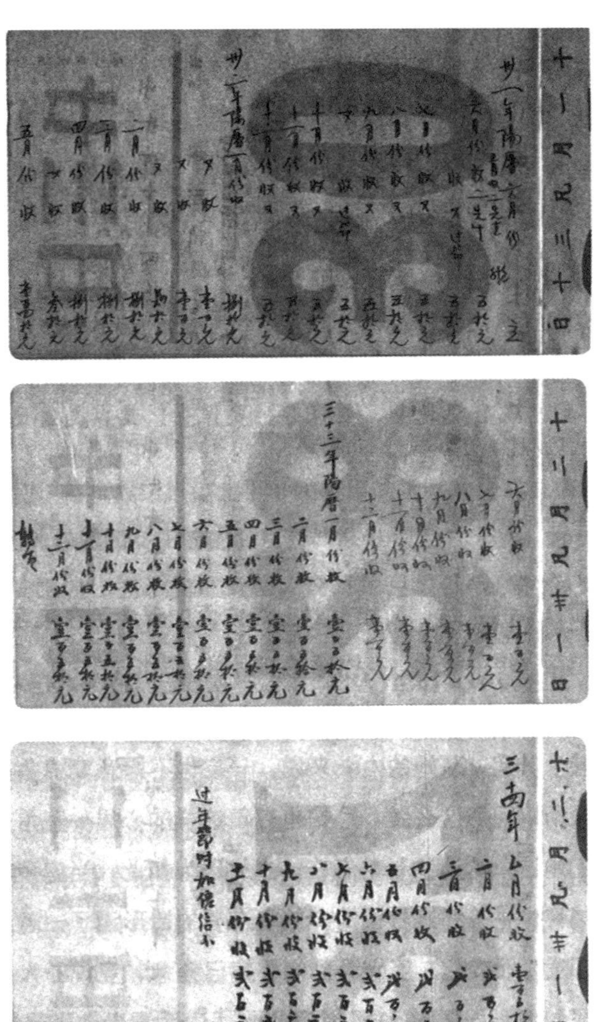

저우쭤런에게 받은 금액 수령 기록 (3페이지).

시할 수 없는 인물임을 잘 알고 있다. 그 밖에 쉬광핑을 언급한 부분에서는 소송 대리인의 드러내지 않고 에두르는 독설이 느껴진다. 동시에 편지는 저우쭤런의 원조를 지나치게 강조했다.

루쉰의 장서가 매각될 수 있다는 소식을 들은 상하이 문화계 진보 인사들은 모두 초조해했다. 쉬광핑과 우치야마 간조가 나서서 편지를 써서 말렸을 뿐만 아니라, 그해 10월에는 탕타오(唐弢)와 류저민(劉哲民) 두 사람을 추천하여 베이징에 보내 만류했다. 이 일의 경위에 대해서는 탕타오의 〈「베이징에서의 열흘」 해설(《帝城十日》解)〉과 〈저우쭤런에 관하여(關於周作人)〉에 비교적 상세하게 기록되어 있다. 그들은 10월 10일에 상하이에서 출발해 베이핑에 도착한 후 일일이 서신을 보내, 한편으로는 자오완리(趙萬里)에게 고서의 판로를 막아달라고 부탁하고, 한편으로는 쑹쯔페이(宋紫佩)를 방문했다. 탕타오와 류저민은 10월 15일에 쑹쯔페이와 함께 시싼탸오로 가서 주안을 만났다.

> 그날 쑹쯔페이가 저민과 나를 데리고 시싼탸오 21호에 갔을 때, 날은 이미 저물어 황혼이었다. 주 부인과 원래 루 부인을 시중들던 식모가 진지를 들고 계셨는데, 두 노인은 우리를 보시더니 손에 들고 있던 밥그릇을 내려놓으셨다. 안에는 국물같이 묽은 죽이 있었고, 식탁 위의 접시에는 짠지 몇 조각이 있었다. 주 부인은 몸집이 왜소하고, 좁고 긴 얼굴에 남방의 중년 여성들이 잘 쓰는 검은 벨벳 두건으로 머리를 감싸고 계셨는데 야무져 보였다. 우리가 상하이에서 왔다는 말을 들으시자 그분의 얼굴빛은 금방 어두워졌다.
>
> 쑹쯔페이가 온 뜻을 설명하고 내가 상하이 가족과 지인들의 장서에 대한 의견을 몇 마디 덧붙였다. 그녀는 듣고 나서 한마디도 하지 않다가 잠시 후 쑹쯔

페이를 향해 말했다.

"자네들은 항상 루쉰의 유물은 보존해야 한다, 보존해야 한다 말하는데, 나도 루쉰의 유물이라네! 나도 좀 보존해주게나!"

말씀하시는데 약간 감정이 격해지신 듯한 모습이었다.[258]

장기간의 궁핍한 생활에다 상하이 측에 대한 오해까지 겹쳐 손님 앞에서 주안의 감정은 매우 격해진 것 같았다. "루쉰의 유물"이었다 해도 곤궁한 세월 속에서 그녀는 오랫동안 세상 사람들에게 잊히었다. 온갖 괴로움과 슬픔으로 그녀는 비통한 절규를 토했다. 사실 그녀도 마음속으로는 틀림없이 루쉰의 장서를 팔아버리고 싶지 않았을 것이다. 그녀가 장서를 팔겠다고 동의했던 데에는 아마 이로써 사람들에게 그녀라는 '유물'의 존재를 상기시키고 싶었던 마음이 있었을 것이다. 바로 그러했기 때문에 탕타오가 일본 헌병이 쉬광핑 등을 체포했던 사정과 하이잉의 상황을 들려주자 그녀의 태도가 즉시 변했던 것이다. 그녀는 하이잉의 병이 완쾌되었다는 말을 듣고는 큰선생에게 혈육이라고는 하이잉 하나인데, 왜 베이핑으로 데려와 그녀에게 보여주지 않느냐고 말했다. 이에 분위기가 전환되면서 장서 매각 문제도 순조롭게 해결되었다.

탕타오에 따르면, 당시 두 노인(집에는 식모 왕 어멈이 한 명 더 있었다)의 생활비는 매달 연준표(聯準票, 연합준비은행 발행) 9,000원으로 화폐 가치가 남방에서 통용되던 저비표(儲備票)(왕기(汪記), 중앙저비은행 발행)보

258 탕타오(唐弢), 〈「베이징에서의 열흘」 해설 — 쉬광핑의 「루쉰의 친필과 장서의 경위」에 관한 약간의 보충(〈帝城十日〉解 — 關於許廣平的〈魯迅手迹和藏書的經過〉的一點補充)〉, 《신문학사료(新文學史料)》 1980년 제3기.

다 낮았다. 당시 지출은 억 단위, 만 단위로 9,000원은 친척이나 친구를 방문할 때 과일이나 과자를 살 수 있는 비용밖에 되지 않았다. 저우쭤런은 예전대로 혼자가 된 형수에게 매달 150원을 주었다. 루쉰은 생전에 매달 생활비로 150원에서 200원을 부쳐주었으며, 저우쭤런은 루 부인에게 용돈 15원을 주었다. 화폐 제도의 변동으로 물가가 폭등하자 나중에 15원을 연준표 150원으로 환산한 것이다.

당시 일본인이 장악했던 화베이(華北) 지역에 통용되던 화폐는 연합준비은행이 발행한 연은권(聯銀券), 즉 탕타오가 말한 '연준표'였다. 연합준비은행은 1938년 초에 창설되었는데, 항일전쟁이 끝난 후 베이핑에서 통용되던 화폐가 바로 '연은권'이다. 탕타오에 따르면, 당시 주안과 식모의 생활비는 연준표 9,000원이 필요하다고 했는데, 반면 주안이 9월 23일에 우치야마 간조에게 쓴 편지에 따르면, "한 달에 최저한도로 1,000원 정도는 지출해야" 한다. 여기에서 말하는 "1,000원 정도"도 당연히 연은권을 의미할 것이다. 두 사람이 말하는 숫자는 차이가 커서 분명 맞지 않는다. 그렇다면 당시 베이핑의 생활수준은 어땠을까? 적어도 일인당 한 달에 얼마가 있어야 생활 유지가 가능했을까?

주안은 우치야마 간조에게 보낸 편지에서 "지난달 《화베이신보(華北新報)》에 일인당 매달 최저생계비가 600원이 든다는 기사가 실렸습니다"라고 언급했다. 1944년 5월 7일 자 《화베이신보》에는 마침 "가장 가난한 소학교 교원"이라는 글이 실렸다. 이 기사에 따르면, 1943년과 1944년 소학교 교사의 급여는 수십 원에서 백여 원으로 차이가 있었다. 4인 가구의 경우, 매달 식량과 석탄, 방세, 물 구입 등 기초 생활비 지출이 연준표로 최저 787원인 반면, 소학교 교사 일인당 급여와 수당은 250원을 넘지 않았다.[259] 이는 당시 보통 사람의 소득 수준이 적게는 수십 원에서 많게는 200~300원에 불과했음을 설명한다. 이것으로 겨우 입에 풀칠하며 가족을 부양했으니 당연히 부족했으나, 전쟁 시기에는 모두의 생활수준이 크게 떨어졌다. 또한 《화베이신보》의 특별 기사에 따르면, 1944년 상반기의 상황은 천임급(薦任級)[260] 관리의 수입(급여 및 수당 등)은 가장 많은 경우 매달 640원이었으며, 천임 과원(科員)은 400여 원에 불과했다. 위임관(委任官)의 봉급은 120원이며 수당을 더하면 매달 240원을 받았다. 고용직 공무원[雇員]의 임금은 50원으로 매달 190원을 받았다.[261] 다시 말해, 1944년 상반기에 소득이 비교적 높은 사람도 600여 원이었다. 시간이 한참 흐른 뒤에 탕타오는 "당시 지출은 억 단위, 만 단위로 9,000원은 친척이나 친구를 방문할 때 과일이나 과자를 살 수 있는 비용밖에 되지 않았"으며, 저우쭤런이 만형수에게 준 150원은 그와 류저민이 시산(西山)을 오가는 삼륜차 비용도 되지 않는다고 회고했는데, 여기에는 시간의 차이와 물가의 차이가 있을 것이다. 베이징 기록보관소[檔案館] 소장 〈베이징 도매물가 조사보고서〉에

---

259 궈구이루(郭貴儒), 장퉁러(張同樂), 펑한장(封漢章), 《화베이 괴뢰 정권 사고: '임시정부'에서 '화베이 정무위원회'까지(華北僞政權史稿: 從"臨時政府"到"華北政務委員會")》, 사회과학문헌출판사, 2007년, 360쪽.

260 옮긴이: 민국 시기 행정 관원 등급 중 하나로, 베이양(北洋) 정부와 난징 국민정부는 행정 관원을 특임(特任), 간임(簡任), 천임(薦任), 위임(委任)의 4등급으로 나누었다. 천임관은 관서(官署) 장관이 대총통(또는 국민정부 주석)에게 추천하여 임명을 요청했다. 베이양 시기의 천임관은 주로 각 부 참사(參事), 첨사(僉事), 비서, 서기관(書記官), 회계 감사관[審計官], 검찰관(檢察官), 재판관[推事], 과장 등이었고, 난징 국민정부 시기의 천임관은 주로 비서, 과장, 편집 심사자[編審], 성 직할시 시장, 천임급(薦任級) 과원(科員) 등이었다. 천임관은 자격 제한이 있었는데, 문관(文官) 고등고시에 합격했거나, 현직 최고급 위임관(委任官)으로 3년 이상 근무했거나, '관등법(官等法)', '임용법'에 규정된 기타 자격을 갖춘 자만 천임관이 될 수 있었다.

261 《화베이신보》 특별 기사, 궈구이루 등, 앞의 책, 363쪽에서 재인용.

따르면, 1937~1945년 베이핑 시민 생활필수품의 물가 변동 상황이 집계 되었는데, 1944년 12월 물가는 다음과 같다(연은권 기준).

> 간장 320원/100근, 양배추 1.46원/1근, 숙주 4원/1근, 두부 1원/1근, 땅콩 22원/1근, 설탕 170원/100근, 찻잎 27,000원/100근, 수건 60원/1장, 아스피린 7원/1알.

이 표에 따르면, 1943년에 비해 물가가 두 배에서 열 몇 배 올랐다.[262] 이 상승폭도 당연히 놀라운 것이지만, 화폐 가치가 만 단위라는 것은 항일전쟁 승리 후의 일이다. 화폐 가치가 억 단위라는 것은 1948년 국민당 정부가 금원권(金圓券)을 발행한 이후로, 어쨌든 같은 시간대가 아니다.

사실에 기초해 말하자면, 시어머니가 1943년에 돌아가신 후 주안은 처음에 저우쭤런에게 매달 150원을 받았는데, 여기에 집을 임대한 돈을 더하고 다시 돈을 조금 더 빌리면 대략 최소한의 생활은 유지할 수 있었다. 물론 이는 루쉰이 살아있을 때와 비교하면 한참 궁핍한 생활이었다. 그녀가 진 4,000원이라는 빚도 적은 숫자는 아니었다. 일본 괴뢰정부가 베이핑을 통치하던 8년 동안 물가가 큰 폭으로 상승했고, 특히 일본이 투항하기 전 1년은 물가 상승률이 혀를 내두를 지경이었다. 1944년이 되었을 때 주안의 생활에 큰 어려움이 생겼음을 알 수 있다. 1945년에 물가가 수십 배에서 수천 배까지 폭등한 것에 비하면 최악의 상황은 아니었지만,

---

262 천징(陳靜), 〈윤함시기 베이핑 일본 괴뢰정부의 금융시스템 및 약탈 수단(淪陷時期北平日僞的金融體系及掠奪手段)〉, 《항일전쟁연구(抗日戰爭硏究)》 2002년 제3기.

이런 정세에서 원래 생계 능력이 없었던 주안은 생활고가 더욱 심해졌으며 심리적으로도 더욱 당황스럽고 취약했다.

물론 이는 그녀의 주관적인 느낌이었을 뿐만 아니라 그녀의 저녁 식사에 묽은 죽과 짠지 몇 조각밖에 없었다는 것은 그녀의 생활수준을 적나라하게 보여준다. 물가가 계속 오르는데도 저우쭤런은 '용돈'만 200원으로 올려주었을 뿐이었고, 주안도 절대로 그에게 돈을 올려달라고 하지 않았기에 주안과 늙은 하녀 두 사람의 생활은 문제가 되었다. 게다가 저우쭤런의 도움은 그녀가 보기에도 명분이 서지 않는 것이었기에 탕타오가 저우쭤런이 주는 돈이 "확실히 너무 적다"라고 말하자, 주안은 이렇게 대답했다.

> 나는 그런 뜻이 아니네. 알다시피 선생께서 살아계실 적에는 둘째 서방님에게 한 푼도 요구하신 적이 없었어.

> 150원은 바라지 않아. 나는 방법이 없어서 책을 판 것이네.

> 나는 살아서는 저우 씨 집안 사람이고 죽어서는 저우 씨 집안 귀신이네. 나는 어머님께서 말씀하시는 대로 따랐고 결코 거역한 적이 없었어.

이 말들을 자세히 음미해보면 그녀의 심정을 느낄 수 있다. 그녀는 예전에 큰선생이 부양할 때 자신에게 언제나 후하고 관대했던 것을 떠올렸으며, 그녀의 말 속에는 큰선생에 대한 그리움이 가득 했다. 루쉰 생전에는 저우쭤런에게 한 푼도 받지 않았을 텐데, 그가 베푸는 도움을 받아야 하는 신세가 되어 남의 눈치를 보며 살아야 하다니 그녀는 말할 수 없는 굴욕감을 느꼈다.

그녀도 자존심이 있으며 스스로 방법을 강구할 수 있다면, 차라리 이 돈을 받지 않았을 것이다. 탕타오는 상하이에 돌아간 후에 그녀의 편지를 받았다. 편지에서 그녀는 곤궁과 어쩔 수 없는 사정을 다시 한번 하소연했다.[263]

탕 선생 보시게나

근래 나는 생활의 위협을 느껴 의복과 장신구를 팔아 썼다네. 물가는 여전히 치솟고 있어 빈손으로는 도저히 지탱하기 어려우니, 부디 돌아가신 남편 생전에 청렴하고 스스로 억제했던 뜻을 생각하고 미망인의 곤고함과 의지할 곳 없음을 불쌍히 여기어, 여생을 유지할 수 있도록 나를 대신하여 쉬 여사와 신속하게 원조 계획을 세워주시기 바라네. 나 또한 부끄러움을 모르고 자중할 줄 모르는 사람이 아니라, 이미 고희가 가까운 나이에 늙어서 죽지도 않고 생활 능력이 전혀 없어서 여전히 꼬리를 흔들며 동정을 구걸해야 하니, 고요한 밤에 홀로 생각하노라면 몹시 부끄러워서 얼굴이 붉어진다네. 또한, 양해해 주시기를 바라며 간절히 기도하네. 그런데 상하이의 물가는 더욱 비싸고 생계도 어려우니, 만약 실로 도와줄 수 없다면 조속히 대책을 세울 수 있도록 도와주시기 바라네. 날씨는 춥고 날이 저물어가는데 시국은 갈수록 급박해져서 정세가 가만히 앉아서 죽기를 기다리는 것도 마땅치가 않네. 이에 특별히 상의드리며 선생의 평안을 기원하네. 부디 혜서(惠書)를 간절히 기다리겠네.

저우주(周朱) 씨(1945년)

263 1945년에 주안이 탕타오에게 보낸 편지. 원본 편지에는 구체적인 날짜가 없다. 베이징 루쉰박물관 소장.

탕타오는 이 편지를 쉬광핑에게 전달하며 다음과 같은 편지를 동봉했다.

> 상술한 베이핑의 상황은 대체로 정확합니다. 다만 송금환이 아직 통하지 않았으니 선생님이나 시디(西諦) 선생 (정전둬(鄭振鐸)를 말함) 께서 젠스(兼士) 선생에게 빨리 편지를 보내 방법을 강구해달라고 부탁할 수 있을지 모르겠습니다. 편지 어투에 의하면 아직 돈을 받지 못한 것 같습니다.[264]

당시에는 우편배달 루트가 원활하지 않았으므로 주안이 목이 빠지게 기다리는 송금이 아직 도착하지 않자 남에게 이 독촉 편지를 부탁한 것으로 보인다.

1944년에 이미 66세 노인인 주안은 연로하고 몸이 약한 데다가 불행히도 난세를 만나 가산을 팔아 생계를 이어가려던 것도 어쩔 수 없는 일이었다. 쉬광핑 등이 나서서 말렸으니 다행이었지, 그렇지 않았다면 루쉰의 유물은 그대로 흩어졌을 것이며, 그 결과는 상상조차 할 수 없다. 쉬광핑은 루쉰의 장서 등 유물을 보존하기 위해 자신의 생활도 상당히 어려운 상황 속에서 끊임없이 돈을 보내며 그녀의 생계를 책임졌다. 이로부터 주안과 쉬광핑의 편지가 끊이지 않았는데, 처음에는 편지를 하이잉에게 보냈다가 나중에는 '쉬 여사'에게 직접 보내게 되었다. 하이잉에게 보내는 편지에서 그녀는 쉬광핑의 도움에 수차례 고마움을 표시했다. "상하이도 온갖 물가가 치솟아 생활난이 가중되고 있는데 어머니께서 구제할 대책을 마련해주시니, 나는 그것을 받아 굶주림과 추위 걱정은 없지만 진심으

264 1945년 12월 28일 탕타오가 쉬광핑에게 보낸 편지, 베이징 루쉰박물관 소장.

로 감사하면서도 송구스럽단다. 실로 이루 말할 수 없구나."[265] 또한, 하이잉에게 "일찍부터 노력하여 가문을 빛내어 네 아버지를 위해 영광을 더하고 내 평생의 치욕을 씻어다오"[266]라고 격려했다. 이에 대해 저우하이잉(周海嬰)은《나와 루쉰의 70년(我與魯迅七十年)》에서 이렇게 적었다. "나는 주안을 한 번도 본 적이 없기 때문에 무슨 인상을 말할 처지가 못 된다. 그러나 그녀가 어머니와 주고받은 편지를 보면 나를 무척 예뻐했음을 알 수 있다. (……) 나는 그녀가 마음속으로 나를 제사를 물려받을 사람으로 생각했다는 것을 안다." 확실히 그러했다.

스스로 고생할지언정 구차하게 얻진 않으리

1945년 8월 15일, 일본이 무조건 항복을 선언했다. 8년에 걸친 항전이 끝났고 베이핑은 마침내 자유를 얻었다. 라오서가《사세동당》에서 묘사한 것처럼, "일본인이 일장기를 내리고 중국 국기로 바꾸었다. 행진도 축포도 환호도 없었지만 국기는 사람들에게 위안을 주었다." 마침내 침략자를 몰아내니 모두의 마음이 후련하고 미래에 대한 희망으로 가득 찼다.

이해 12월 6일, 저우쭤런은 국민당 정부에 체포되어 베이핑 파오쥐(炮局) 골목의 감옥으로 보내졌다. 이는 주안이 1946년 1월 3일에 하이잉에게 보낸 편지에서도 언급되었다. "둘째 선생이 매국노라는 명목으로 지

265 1945년 11월 24일 주안이 저우하이잉(周海嬰)에게 보낸 편지,《루쉰 연구 자료》제16집, 72~73쪽.
266 1945년 11월 27일 주안이 저우하이잉에게 보낸 편지,《루쉰 연구 자료》제16집, 73쪽.

난달 6일에 체포되어 아직까지 위험에서 벗어나지 못하고 계시단다. 지금 구제할 방법을 찾아보고는 있지만 아직 성과가 없구나. 요사이 바다오완 집에는 이미 헌병들이 살고 있다." 1936년에 루쉰이 세상을 떠난 후, 바다오완의 집문서는 저우쭤런, 저우젠런, 주안 세 사람의 명의로 바꾸었다. 저우쭤런이 수감되자 그녀는 바다오완 부동산이 몰수될까 봐 자신의 지분을 하이잉의 명의로 돌리기로 했다. "여기에 예비 약정서를 한 장 동봉하니, 이 집에 대해 장차 필요한 곳이 있을지도 모른단다. 대체로 심리(審理)가 확정되기를 기다려야 비로소 방법이 생길 것이다." 그녀는 또한 "최근《세계일보(世界日報)》에 큰선생의 후사에 대한 기사가 가끔 실리는데, 소식을 듣고 11일과 12일 자 이틀 치 신문을 구입했다. 필요하다면 다시 오려서 보내주마. 사실 별로 관계가 없고 우편에 분량 제한이 있어서 동봉하지 않았단다." 그녀는 글을 읽을 줄 몰랐지만, 신문에 큰선생에 관한 보도가 실리는지 염두에 두었으며 이틀 치 신문을 특별히 구입했다.

지난번 루쉰 장서 매각 사건 때문인지, 항전이 끝난 후 주안의 처지는 많은 사람들의 동정과 관심을 불러일으켰다. 루쉰 생전에 절친했던 친구들과 사회 인사들이 잇달아 그녀를 찾아와 돈을 건넸다. 주안은 이런 일들을 일일이 편지로 상하이 측의 쉬광핑에게 알렸다. 사회적인 기부에 대해서는 일반적으로 정중히 거절하고 받지 않았다. "이달 20일에는 베이핑 민강보관(民强報館) 주쉐궈(朱學郭) 군이 집을 방문해 크고 작은 지폐 두 장을 내놓았는데, 연준표로 약 1,500원 정도 되었단다. 좀 더 많을 수도 있는데, 당시에는 사양하며 받지 않았기 때문에 확실히 보지 못했다. 그가 네 아버지의 작품을 달라고 했는데 베이징 거처에는 남은 게 없어서 이미 거절했다. 같은 달 23일에는 조선예술극단 이사장 서정필(徐廷弼) 군이

와서 법폐(法幣) 4,000원을 주었는데, 받을 명분이 없어 이것도 완곡하게 거절했다. 내 생활비는 이미 네가 있는 곳에서 마련해 보내주고 있으니, 비록 빠듯하긴 해도 네 아버지의 명예를 생각하면 아무런 관련도 없는 단체나 기관의 기부를 함부로 받을 수는 없다. 만약 네 아버지를 위해 도서관 설립 등과 같은 기념사업을 계획한다면 전체 계획과 구체적인 방법이 있어야 적합할 것이니 스스로 고생할지언정 구차하게 얻진 않을 것이다. 이는 너의 장래 전도와도 관계가 있단다."[267]

루 부인이 생전에 줄곧 구독했던 《세계일보》는 항일전쟁이 끝난 후 루쉰 유족의 생활에 큰 관심을 보이며, '명주(明珠)'판에 루쉰 유족에 대한 지원을 호소하는 글(본서 '부록 3' 참고)을 잇달아 게재했다. 1945년 12월 19일, 하이성(海生)의 〈루쉰 선생의 유족과 장서를 위해 최선을 다하자(爲魯迅先生的遺族和藏書盡一點力吧)〉가 발표되면서, 곧바로 '슈무(朽木)'라고 서명한 응답서와 '인윈(因雲)'이라고 서명한 편지가 도착하며, 명주판을 중심으로 "모금 운동을 일으켜서 실질적인 원조로 삼자"라고 제의했다.

12월 29일, 《세계일보》 '명주'판의 편집자 궁예창(弓也長)은 하이성 선생과 함께 시싼탸오에 사는 주안을 직접 찾아갔다. 그들이 만난 예순일곱 살의 루쉰 부인은 일어설 때 비틀비틀했으며, 키가 매우 작았는데, 검은색 솜바지를 입고 짧은 솜저고리 위에 파란 덧저고리를 걸쳤으며, 덧저고리 겉에는 검은 천으로 만든 양가죽 조끼를 입고 있었다. 이미 하얗게 센 머리카락은 작은 쪽머리를 틀고 있었고, 낯빛은 누리끼리했다. 그들

267 1945년 12월 27일 주안이 저우하이잉에게 보낸 편지, 베이징 루쉰박물관 소장.

이 들어갔을 때 주안은 마침 식사를 하고 있었다. 어슴푸레한 전등 하나가 손님들이 식탁 위의 음식을 잘 볼 수 있도록 비추었다. 수숫가루로 만든 워터우(窩頭: 잡곡 가루를 속이 움푹 패게 빚어서 찐 빵)가 반쪽 남짓 놓여 있었고, 배춧국 한 사발에는 새끼손가락 굵기의 밀가루로 만든 수제비(어떤 사람은 이것을 '보위(撥魚)'라 부른다)가 들어 있었다. 그 밖에 새우 기름에 볶은 오이 한 접시와 접시 가장자리에는 마찬가지로 새우 기름에 절인 작은 빨간 고추 두 개가 놓여 있었고, 절인 배추 한 접시, 삭힌 두부 한 접시가 있었다. 고기도 없고 기름기도 없고, 노인에게 필요한 영양이 충분하지 않았다. 그녀는 손님에게 교통의 불편함과 물가의 폭등에 관해 이야기하며 이렇게 말했다. "8년이면 백성들도 견딜 만큼 견뎠는데, 지금도 그다지 태평하진 않구려!" 그녀는 몸이 늘 좋지 않아서 이제 피는 토하지 않지만 자꾸 숨을 헐떡였다. 루쉰 부인의 생활이 이처럼 궁핍한 모습을 보자, 두 손님은 모두 마음이 무거워지면서 루쉰 유족에 대해 일말의 의무를 다해야겠다고 생각했다.

궁예창의 〈루쉰 부인을 방문하다(訪問魯迅夫人)〉가 발표된 이후 사회적으로 큰 반향을 불러일으켰다. 많은 독자들이 원고와 편지를 보내 루쉰 유족의 생활과 루쉰 장서, 전집 출판, 루쉰기념관 건립 등의 문제에 관해 의견을 발표하고 계책을 내놓았다. 또한, 수많은 열성적인 인사들이 돈을 부쳐와 《세계일보》는 한 달도 되지 않아 법폐 5,800원을 걷었으며, 베이핑에 있는 루쉰 가족에게 헌납할 예정이었다.

《세계일보》의 열성적인 모금에 대해 주안은 상하이 측의 동의 없이는 어떠한 원조도 받지 않을 것이라고 밝혔다. 그녀는 루쉰 유족에 대한 원조를 호소하는 글이 실린 신문 스크랩을 쉬광핑에게 보내서 취할 태도를 상의했다. "나는 원래 신문을 보지 않아서 다른 사람에게 부탁해 두 부를 찾았단다. 이에 특별히 스크랩해 보내니, 앞에서 말한 두 건에 대해 신문에 게재하여 감사를 표해야 할지, 앞으로 또 오는 사람이 있으면 어떻게 대처해야 할지, 네 어머니와 상의하여 방침을 정하고 싶다. 편지로 알려주면 그대로 따르마. 네 아버지 생전의 오랜 친구 이름으로 보내오는 것은 받아도 되는지 모르겠구나."[268]

쉬광핑은 편지를 보내 그녀가 자신이 옳다고 믿고 처리한 방식에 대해 찬사를 표했다.[269]

주 여사님께

일전에 보내주신 편지는 모두 잘 받았습니다. 여사님의 생활이 어려우시다는 것은 잘 알고 있습니다. 모을 수만 있고 송금할 방법이 있다면 어떻게든 방법을 강구할 것입니다. 예전에 송금이 쉽지 않다는 것을 알고 항일전쟁 승리 전에 라이쉰거(來薰閣) 천(陳) 선생님께 부탁하여 법폐 2만 원을 이체했으며, 오늘은 또 상하이은행에 의뢰하여 법폐 2만 원을 송금했으니 모두 4만 원입니다. 얼마 전에 또 다른 사람에게 부탁하여 15만 원을 송금했으니, 세 차례에 걸쳐 모두 19만 원입니다(모금하고 빌리는 것이 쉽지 않으니 몇 달 동안 아껴서 써 주시기 바랍니다). 편지에서 외부의 기부를 함부로 받지 않겠다고 말씀하셨는데, "스스로 고생할지언정 구차하게 얻진 않을 것이다"라고 하시며 이렇게

268 1945년 12월 27일 주안이 저우하이잉에게 보낸 편지.

269 1946년 1월 18일 쉬광핑이 주안에게 보낸 편지, 《루쉰 연구 자료》 제16집, 77쪽.

전반적인 국면을 고려하실 수 있음에 깊이 탄복합니다. 이 몇 년 동안 저 역시 그처럼 모든 생활을 함부로 하지 않았습니다. 요컨대, 여사님의 생활은 제가 최선을 다해 방법을 강구할 것이니 흔들리지 않으시기 바랍니다. 사회가 구조해야 할 사람은 아주 많으니 우리까지 다른 사람을 신경 쓰게 해서는 안 됩니다. 신문에 의하면, 어떤 사람이 거금을 기부하여 장서를 사들여 양임공(梁任公)(량치차오)의 방법을 모방하여 도서관에 두고 싶다고 하는데, 저희는 찬성하지 않습니다. 큰선생님의 작품, 장서, 가재도구를 남에게 선물하는 것도 찬성하지 않습니다. 이는 여사님께서도 찬성하지 않으시리라 생각합니다. 누군가 말을 꺼내면 정중히 거절하시면 됩니다. 저희는 잘 지내고 있으니 걱정하지 마십시오.

안녕히 지내십시오.

쉬광핑, 1월 18일(1946년)

이 몇 년 동안 그녀들의 통신에서 알 수 있듯이, 주안은 외부의 원조를 대부분 고사하고 소수의 경우에만 받아들였다. 한번은 루쉰 생전의 절친한 친구 선젠스(沈兼士)가 연준표 5만 원(법폐 1만 원)을 보냈는데, 루쉰 생전에 그와 교분이 있었기 때문에 받았다.[270] 또 한번은 1946년 설날 전에 누군가가 장제스(蔣介石)의 희사를 보내왔다. "24일에 중앙당부 정옌펀(鄭彦棻) 비서장이 집에 왔는데, 장 위원장을 대신해서 법폐 10만 원을 희사했습니다. 저는 받지 않으려고 했으나 '장관이 내리신 것은 감히 사양하는 게 아니다', '다른 사람의 것은 받지 않더라도 위원장의 뜻은 꼭 받

270 1945년 11월 27일 주안이 저우하이잉에게 보낸 편지, 《루쉰 연구 자료》 제16집, 73쪽.

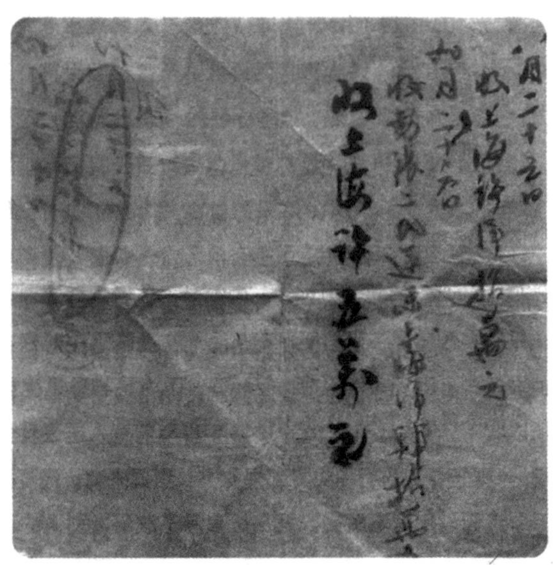

쉬광핑에게 받은 금액 수령 기록.

으셔야 한다'라며 제게 치료비와 생활비를 보태주는 것이니 받아두라고 해서 제가 대신 감사를 전하면 그만이라 정 군의 말이 예의에 맞는듯하여 받았습니다." 이는 1946년 2월 1일에 주안이 쉬광핑에게 보낸 편지로, 이 날은 섣달 그믐날이었다.

루쉰이 세상을 떠난 후 쉬광핑은 그가 남긴 종이 한 장 글자 한 자도 목숨처럼 여기며, 루쉰 전집을 정리 출판하는 작업에 몸과 마음을 다하여 루쉰의 유물을 보존할 수 있도록 만전을 기했다. 주안은 특별히 자기주장이 있는 것은 아니었지만, 그래도 옳고 그름을 가릴 줄 알았으며 쉬광핑의 의견을 따르고자 했다. 어떤 학자가 지적한 대로, "쉬광핑은 루쉰의 저작뿐만 아니라 루쉰이 평생의 심혈을 기울여 구사회 전체와 투쟁을 벌였던 모든 궤적, 루쉰의 삶의 궤적 전체를 하나의 유산으로 삼아 최선을 다해 보전하고자 했다. 루쉰의 일생을 유산으로 삼아 계승하려는 깊은 뜻을 주안이 이해하지 못했을지는 몰라도, 루쉰의 명예를 지키기 위해 그녀도 줄곧 가난의 고통을 이겨냈다."[271] 주안이 쉬광핑에게 보낸 편지에서 우리는 항일전쟁 이후 화폐 가치의 하락, 온갖 물가의 상승을 알 수 있으며, 그녀의 기본적인 생존은 항상 큰 문제였다. 1946년 8월 22일, 항일전쟁이 끝난 지 일 년 뒤, 그녀는 하이잉에게 보내는 편지에 다음과 같이 적고 있다.[272]

> 네 어머니가 7월 20일에 보내신 편지는 잘 받았다. 이렇게 신경을 써 주시니 감사하구나. 돈이 송금되었을 때 나도 편지를 보냈는데 이미 받았으리라 생각한다. 베이핑의 물가는 한동안 하락하더니 요즘 다시 오르려는 것 같다. 쌀은 품질이 가장 떨어지는 것도 한 근에 700원이 넘고, 밀가루는 품질이 좋지 않은 것이 600원 정도이며, 좁쌀은 한 근에 300여 원, 옥수수 가루는 한 근에 200여 원, 알탄 백 근에 2,600원, 땔감은 한 근에 100여 원이란다. 요즘 시국이 또 낙관적이지 않으니 사람들이 들으면 아무래도 견디기 어려울 것이다. 일은 나 혼자 할 수 없어 어쨌든 한 명은 고용해야 하니, 다른 잡비는 계산하지 않아도 매일 최소 두 근 이상의 양식이 필요해 내가 일전에 비축해둔 약간의 양식도 거의 다 떨어져 간다. 베이핑은 근래 큰비가 많이 내려 집도 수리해야 하는데, 어제 미장이가 와서 보더니 숙련공의 일당은 5,000원, 견습공은 3,000여 원으로, 최소 3만여 원이 든다고 한다. 내 발은 이미 다 나았단다! 그래도 많이 걸으면 아직 아프다. 기침, 천식은 잘 낫지 않아서 3~5일에 한 번

271 기시 요오코, 〈사랑과 증오를 넘어 — 루쉰 서거 후의 주안과 쉬광핑〉.

272 1946년 8월 22일 주안이 저우하이잉에게 보낸 편지, 《루쉰 연구 자료》 제16집, 82쪽.

은 재발한다. 나는 지금 조금이라도 돈을 쓰는 것이 정말 괴롭단다. 항상 네 어머니를 신경 쓰시게 하는데, 늘 얼마 쓰지도 못하고 항상 부족하구나. 예전에 리 선생[273]이 매달 50원씩 보내줄 때는 쓰기 충분했는데, 지금은 그 돈으로 사오빙(燒餠: 동글납작한 밀가루 반죽을 화덕 안에 붙여서 구운 빵) 하나밖에 살 수 없으니 정말 천양지차가 있다. 너와 네 어머니가 최근 찍은 사진이 있으면 한 장 보내다오. 정말 보고 싶구나.

그녀가 쉬광핑에게 보낸 편지는 거의 늘 물가가 높아 돈을 금방 쓴다고 탄식하는 내용이었다. 그녀는 그들 모자를 그리워하며 쉬광핑에게 사진을 보내달라고 했다. 사진을 받은 후에 그녀는 다음과 같이 답장했다.[274]

쉬 여사께

편지와 사진 모두 잘 받았네. 자네 기력은 좋아 보이지만 좀 늙고 마르신 것 같으이. 모두 일 때문에 과로하신 탓일 테지. 하이잉도 많이 컸습디다. 사진을 봐서 매우 반가웠고 두 사람을 축복했소. 두 차례에 걸쳐 보내주신 60만 원은 진작에 받아서 쌀과 밀가루, 석탄 사는 데 썼네. 나는 돈을 벌 능력이 없으니 최대한 아껴 써야지. 베이핑은 요사이 물가가 안정된 편이라네. 최저한도로 더 이상 오르지만 않아도 천만다행인데, 나라의 내전이 끝나야 서서히 좋아지겠지. 여기는 날씨도 좋고 나도 잘 지내니 걱정하지 마시게나.

---

273 리 선생은 곧 리지예(李霽野)를 말한다.

274 1946년 10월 18일 주안이 쉬광핑에게 보낸 편지, 《루쉰 연구 자료》 제16집, 86쪽.

다른 일은 다음에 이야기하세.

잘 지내시게.

저우주(周朱) 씨 배상, 10월 18일(1946년)

매년 루쉰의 기일이 되면 사회 각계에서 각종 기념식이 열릴 때, 주안도 시싼탸오 집에서 루쉰이 생전에 즐겨 먹었던 음식을 영전에 바치고, 그를 위해 향을 피우고 묵도하며, 자신만의 방식으로 망부(亡夫) 루쉰에 대한 그리움을 표현했다. 루쉰 사망 10주기에 그녀는 쉬광핑에게 다음과 같은 편지를 보냈다.

쉬 여사께

그저께 팡(龐) 여사가 장(張) 여사와 함께 보내온 법폐 40만 원은 이미 잘 받았으니 안심하시게. 신경 써 주셔서 고마우이. 어제는 큰선생의 10주기 기일이라 이곳의 지인들이 선물을 보내와서 그들에게 점심을 먹고 가라고 붙잡았네. 장 여사, 팡 여사에게서 자네의 머리카락이 하얗게 세었으나 몸은 건강하고 하이잉도 많이 컸다고 들었다네. 지금쯤 학교는 개학했겠지! 어제 또 신문사 기자 몇 명이 방문했는데, 나는 그때 보지 못하였네. 나중에 다시 온다고 했다는데, 이 일은 아주 성가시다네. 내 건강은 괜찮으니 걱정하지 마시고, 다른 이야기는 다음에 하세. 잘 지내시게.

저우주(周朱) 씨 배상, 10월 1일(1946년)[275]

---

275 《루쉰 연구 자료》 제16집, 85쪽. 루쉰의 10주기를 기념한 일은 1946년 9월 28일에 펑쯔강(彭子

이상의 통신에서 처음에 쉬광핑에게 강한 경계심을 품었던 주안은 지금 '쉬 여사'를 진심으로 신뢰하고 있음을 알 수 있다. 주안은 쉬광핑이 돈을 부쳐 자신의 생계를 부양하는 것에 감사하며, 무슨 일이 생기면 그녀를 찾아 상의하는 등 진정으로 그녀를 의지할 만한 가족으로 여겼다. 쉬광핑도 주안의 곤경을 진심으로 이해하며, 전후 모든 사람의 형편이 어려웠음에도 불구하고 모든 방법을 강구해 생활비를 부쳐 그녀의 기본적인 지출을 보장했다. 이때부터 사상도 교양도 판이한 두 여성은 루쉰에 대한 공통의 사랑에서 비롯해 손을 잡고, 격동의 세월 속에서 루쉰의 장서를 보존할 책임을 함께 짊어졌다.

1946년 10월 하순, 쉬광핑은 마침내 북상하여 수년간 떨어져 있었던 시싼탸오 집에 돌아갔다. 이 작은 사합원에 들어서자 그녀는 모든 것이 너무도 낯설어서 놀랍게 바라보았다. 말끔히 정돈되어 있던 작은 정원은 이미 쇠락한 모습이 보였고, 검은 칠을 한 대문은 이미 군데군데 벗겨지고, 입구에는 '롼허썬(阮和森) 의원'이라는 동 팻말이 걸려 있었다. 대문 천장도 산산조각이 났고, 문 안에는 크고 작은 각종 짠지 항아리가 가로 놓여 있었으며, 온 마당이 어수선해 안에 사는 식구가 적지 않음을 한눈에 알아볼 수 있었다. 알고 보니, 루쉰의 셋째 이종사촌형 롼허쑨(阮和孫) 일가가 한집에 살고 있었던 것이다. 북쪽 방과 입구의 동쪽 방 한 칸을 자신이 쓰는 것 빼고는, 나머지 남쪽 방 크고 작은 네 칸과 서쪽 방 한 칸은 롼씨 일가에게 세를 주었다. 롼허쑨은 한때 막우(幕友)였으며, 중국 전통 의학을 알아 이 시기에 의원을 차렸다. 그에게는 산셴(善先), 사오셴(紹

岡)이 쉬광핑에게 보낸 편지에 언급되어있다. "노부인은 10주기가 다가오자 몹시 마음 아파하셨는데, 그녀는 음력을 기념해서 구월 초닷새, 즉 내일 제사를 지낼 것이라고 말씀하시며 눈물을 글썽이셨습니다."

先), 야오셴(耀先) 등 자녀가 많아 이 집은 쉬광핑이 상상했던 것처럼 스산하지 않고 오히려 상당히 번잡하고 떠들썩했다.

쉬광핑은 베이징에 머무는 동안 루쉰의 장서를 점검하고 정리했다. "나는 10월 24일부터 11월 5일까지 거의 2주 동안, 매일 이 책 상자 근처에 처박혀 하나씩 열어보고 먼지를 털고 포장하고, 다시 나프탈렌 몇 개를 넣은 후에 다시 밀봉했다." 책 정리를 마치고 몇몇 친구들을 방문한 후에 쉬광핑은 곧 귀로에 올랐다. 상하이로 돌아간 후, 그녀는 〈루쉰 고거와 장서(魯迅故居和藏書)〉를 써서 1946년 12월에 《문회보(文匯報)》에 발표했다. 글에서는 루쉰의 장서를 정리한 경위만 기술했을 뿐 주안에 대해 언급하지는 않았지만, 그녀의 이번 베이징 행은 분명 주안을 찾아보기 위한 목적도 있었다. 그녀가 돌아간 뒤, 주안은 편지에 다음과 같이 썼다. "자네가 돌아간 후 마음이 몹시 안 좋네. 자네에게 할 말이 많았는데 그때는 한 마디도 생각이 나지 않았어. 먹을 것을 사서 몸을 보양하라고 했던 자네의 호의를 받들어, 지금 자네의 말대로 하고 있다네."[276]

20년이 흘러 루쉰이 세상을 떠난 지 10주기가 되었을 때, 백발이 성성한 두 여인은 라일락 나무가 하늘거리는 정원에서 재회했다. 그 감회는 말로 표현하기 어려웠다. 이것이 그녀들의 최후의 만남이었다.

---

276 1946년 11월 24일 주안이 쉬광핑에게 보낸 편지, 《루쉰 연구 자료》 제16집, 90쪽.

에필로그 — 샹린댁의 꿈

쓸쓸한 죽음

1947년 섣달 그믐날, 베이징에는 근래에 보기 드문 큰 눈이 내려 석 자나 쌓였으며 날씨가 예사롭지 않게 추웠다. 시싼탸오의 뜰은 하얀 눈으로 덮였다. 주안은 설을 쇠기 전에 큰 병을 앓았다가 이제 크게 호전된 참이었다. 그녀는 남쪽 채에 사는 오촌 조카 롼사오셴(阮紹先)을 불러, 상하이에 있는 쉬 여사에게 오늘 40만 원을 받았으며 자신의 병도 좋아져 이제 자유로이 걸어 다닐 수 있게 되었으니 안심하라는 편지를 대신 써달라고 부탁했다. 그녀가 한마디 하면 조카가 한마디를 받아 적었는데, 병을 앓은 이래 오랫동안 이렇게 기운이 난 적이 없었기 때문에 그녀는 기분이 유쾌했다.[277]

불과 한 달여 만에 멀리 상하이에 있는 쉬광핑은 주안이 남에게 부탁한 편지 한 통을 또 받았다. 이 편지는 주안의 유서로 볼 수 있는데, 전문

277 1947년 1월 27일 주안이 쉬광핑에게 보낸 편지, 《루쉰 연구 자료》 제16집, 94~95쪽.

(全文)은 다음과 같다.

쉬 선생에게

병이 난 지 3개월이 되었는데 병세가 나날이 좋아지고 있다네. 양의학은 진료를 받아도 호전되지 않아 중의로 바꾸어 진료받고 있는데, 심장이 쇠약해지고 나이가 든 데다 병이 깊어 치료가 쉽지 않다고 하네. 좋아질 수 없다면 병원에 입원하지 않으려고 생각하네. 죽은 후에 쓸 관은 목재가 좋아야 하고, 베이핑에 오래 있을 필요가 없으니 상하이로 가서 큰선생과 합장해야겠네. 옷은 흰 저고리와 바지 한 세트, 파란 솜저고리와 바지 한 세트, 짧은 겹저고리 한 벌, 푸른색 긴 겹저고리와 바지 한 세트, 바지 두루마기 한 벌, 하늘색 실크 블라우스 한 벌, 감청색 외투 한 벌, 남색 치마 한 벌, 진홍색 이불 한 장, 솔기 트임 노란 이불 한 장, 분홍색 이불 한 장, 푸른색 둥근 모자 한 개, 관 한 개, 초혼주머니 한 개가 있어야겠네. 49재까지 제공되어야 하네. 하이잉이 곁에 없지만, 두 조카들도 부르지 않을 계획이네. 이 일은 자네와 셋째 선생께서 적당히 처리해주시게나. 내가 병이 위중해지면 이곳에서 누군가의 보살핌을 받고 전보로 알려야 하네. 할머니와 할아버지의 일은 제때에 금전으로 부조해야 하네.

저우주(周朱) 씨 씀, 민국 36년 3월 1일

8년 항일전쟁의 고단한 세월을 겪은 예순아홉 살의 주안은 나이 들고 쇠약하여 고질병이 들었다. 그녀는 자신이 머지않아 세상을 뜨게 될 것을 깨닫고 남에게 편지를 써달라고 부탁하여 죽은 후의 일을 쉬광핑에게 당부했다. 편지에서 그녀는 상하이의 묘지에 루쉰과 합장하겠다고 말하고, 비록 친조카가 두 명 있지만 저우 씨 네 집안 사람들, 즉 쉬광핑, 저우젠런, 하이잉이 나서서 자신의 장례를 처리해주기 바란다고 밝혔다. 이는 주안이 마지막으로 자신이 "살아서는 저우 씨 집안 사람이고 죽어서는 저우 씨 집안 귀신"임을 강조한 것이었다.

베이징에서 오랫동안 살았음에도 불구하고, 주안은 고향 사오싱의 풍속을 되새기며, 입관할 때 입는 옷, 덮을 이불 등에 대해 상세하게 주문했다. 사오싱의 관습에 따르면, 환자의 병세가 위독해서 회복될 가망이 없을 때, 일찌감치 준비해 둔 임종 때 갈아입을 옷을 아직 숨이 붙어 있는 틈을 타 재빨리 갈아입혀야 하는데, 이를 속칭 '뒤돌아보기[回首]' 의상이라 불렀다. 일단 숨이 끊어지면 급히 갈아입혀도 늦는다. 숨이 끊어질 때 입고 있던 옷을 죽어서도 입게 되기 때문이다. 따라서 임종 때 옷을 갈아입는 것은 매우 중요한 절차다. 일반적인 상황에서는 임종하는 사람을 위해 수의 열세 벌과 이불과 요 최소 일곱 채를 만들어야 한다.[278]

이 편지를 받고 쉬광핑은 마음이 착잡했다. 한편으로 그녀는 곧장 주안에게 100만 원(당시의 화폐 가치)을 부치고 그녀를 위로하는 편지를 썼다. "치료를 받으시면서 옷도 계속 만드세요. 서두르시는 것은 좋지만 절대 조급해하지 마세요. 연세가 들면 병이 생기고 여기저기 편치 않으신 게 자연스러운 일이니까요. 착한 사람은 하늘이 돕는다고 하니 날씨가 따뜻해지면 점점 좋아지실 거예요."[279] 한편, 그녀는 베이핑에 있는 수탁인

---

278 《사오싱 풍속 간지(紹興風俗簡志)》, 사오싱 시 · 현 문련(文聯) 편집 · 인쇄, 126~127쪽.

279 1947년 3월 3일 쉬광핑이 주안에게 보낸 편지, 《루쉰 연구 자료》 제16집, 97쪽.

베이징 시싼탸오 안뜰에서 찍은 주안의 전신사진.

에게 다음과 같은 편지를 보냈다. "장례는 '묻어버리고 말아라'라는 루쉰의 뜻에 맞게 간소하고 검소하게 해주세요." "다만 환자의 기분이 울적하고 '루쉰 정신'을 이해하기 어려울지 모르니 이 상황에서 그분께 먼저 의견을 물으실 필요는 없습니다."[280]

쉬광핑은 멀리 상하이에 있었기 때문에 주안이 병을 앓은 후로는 주로 베이핑에 있는 지인들이 다방면으로 주는 도움에 의지했다. 쑹쯔페이와 시싼탸오에 사는 롼허쑨 일가 이외에도 항일전쟁에서 승리한 후에

280 1947년 4월 1일 쉬광핑이 우(吳) 원장과 쉬(徐) 선생에게 보낸 편지. 《루쉰 연구 자료》 제16집, 100쪽. 우 원장은 우위헝(吳昱恒)으로 당시 베이핑지방법원 원장이며, 쉬 선생은 쉬잉(徐盈)으로 당시 《대공보(大公報)》 기자다.

는 루쉰 일가와 평소 교분이 있었던 셰둔난(謝敦南)[281]과 그 가족 그리고 류칭양(劉淸揚) 여사[282] 등이 쉬광핑의 부탁을 받고 그녀를 대신하여 주안에게 돈을 전달하고 보살펴주는 등 애를 많이 써주었다. 셰둔난의 부인 창뤠이린(常瑞麟)은 쉬광핑과 톈진여자사범학당 시절의 친한 동창으로, 쉬광핑의 부탁을 받고 자주 찾아와서 돌봐주었다. 류칭양은 사회 활동가로서 업무가 바쁜 와중에도 금전 관리를 도왔으며, 특별히 주안을 보기 위해 시싼탸오에 가곤 했다. "그때 환자를 보니 마음이 너무 좋지 않았어요. 천식으로 숨 쉬는 것도 편치 않고 얼굴과 온몸이 부었으며, 먹고 마시는 것도 이미 많이 줄어서 그 모습을 보노라니 어찌나 불쌍하던지! 이렇게 고생하느니 차라리 일찍 죽는 게 낫겠다고 모두가 생각하지만, 정작 본인이 살고 싶은 마음이 몹시 간절해 더욱 절박하게 주사를 맞고 고치려고 한답니다."[283]

주안은 설 전에 발병해 병세가 날로 심각해졌는데, 3월 16일에 쉬광핑에게 보낸 편지에서 자신의 병상(病狀)을 자술했다. "허벅지까지 발이 붓고 양 볼이 붉어졌으며, 처음에는 밤에만 숨이 차더니 나중에는 아침에도 숨이 차고 요새는 온종일 숨이 찬다네." 5월 중순이 되자 그녀의 병세

281 셰둔난(謝敦南)(1900~1959), 이름은 이(毅), 자는 둔난이며, 안시현(安溪縣) 찬네이향(參內鄕) 위안탄촌(圓潭村) 사람이다. 그의 부인 창뤠이린(常瑞麟)(자는 위수(玉書), 1900년생)은 쉬광핑과 톈진여자사범학당 시절의 친한 동창이다. 1926년 이후 셰둔난과 창뤠이린은 일자리를 찾아 헤이룽장(黑龍江)에 갔으며, 그 후로 루쉰, 쉬광핑과 줄곧 연락을 주고받았다.

282 류칭양(劉淸揚)(1894~1977), 톈진 사람. 5·4운동 시기 즈리(直隸) 여자사범학당 동학 궈룽전(郭隆眞)(1894~1931), 덩잉차오(鄧穎超)(1904~1992)(저우언라이(周恩來)의 부인) 등과 함께 톈진여성계애국동지회[天津女界愛國同志會]를 만들어 회장으로 선출됐다. 1921년 중국공산당에 가입했으며, 1944년에 충칭에서 중국민주동맹(中國民主同盟)에 가입해 민주동맹의 중앙위원과 여성위원회 주임이 됐다.

283 1947년 6월 9일 류칭양이 쉬광핑에게 보낸 편지, 베이징 루쉰박물관 소장.

는 더욱 악화되었다. "병세는 전과 같이 매일 밤 열두 시 즈음의 상황이 비교적 심각하다네. 두 다리는 언제나 차가워서 거의 자기 것 같지가 않지만 방법이 없네. 숨이 차서 너무 괴로울 때면 의사를 불러 주사를 한 대 놓아야만 하는데, 나도 이 병을 고칠 수 없다는 것을 알고 있네."

6월 23일에 쉬광핑에게 보낸 마지막 편지에서 그녀는 다음과 같이 말했다. "내 병은 낫기가 쉽지 않을 것 같네. 그러나 의사의 견해로는 갑자기 크게 위험할 정도는 아니라는데, 참 난감허이. 병으로 인한 고통 때문에 때로는 의사를 불러 주사를 맞기도 하는데, 그러면 잠깐은 좀 나아진다네. 자네가 나를 돌보아준 것은 평생 잊지 못할 걸세. 자네 혼자 두 집 생활비를 부담해야 하고, 또 지금같이 물가가 급등한 때에는 참으로 난처하다네."

자신에게 살 날이 며칠 남지 않았음을 안 주안은 임종 전에 며칠 동안 옆집의 푸(傅) 부인에게 부탁해 옷가지와 물건 목록을 작성했다(이 목록은 1947년 7월 22일에 환사오셴이 쉬광핑에게 보낸 편지에 동봉되었다).[284]

리넨 안감 한 쌈과 남색 명주 바짓감 한 쌈은 쉬(許) 선생에게 선물.

한백옥(漢白玉) 일곱 개, 비취 팔찌 한 쌍, 명주 솜이불 한 채, 낙타털 솜이불 한 채, 붉은 명주 이불 한 채, 표백한 침대보 한 장, 모포 한 장, 가죽 무릎담요 한 장, 투톤 하늘색 리넨 두 쌈, 가죽조끼 한 벌, 흑자주색 외투 한 벌, 꽃무늬 단자(緞子) 겹바지 한 벌, 담청색 긴바지 한 벌, 꽃무늬 단자 장삼(長衫) 한 벌, 호두나무색 견직물 장삼 한 벌, 담청색 비단 홑바지 한 벌, 검은색 작은 솜

284 주안이 지인들에게 선물하는 옷가지와 물건 목록은 베이징 루쉰박물관에 소장되어 있다. 1947년 7월 22일 환사오셴이 쉬광핑에게 보낸 편지에서 이 목록을 언급하고 있다.

저고리 한 벌, 흑자주색 실켓 솜저고리 한 벌, 검정색 중간사이즈 솜저고리 한 벌, 테이블보 한 장, 흰 천 한 쌈, 안감 기모 작은 겹저고리 한 벌, 커튼 두 벌, 모기장 세 개, 명주 솜옷 한 벌, 털실옷 두 벌, 털 내복 바지 한 벌, 리넨 이불 홑청 한 벌, 천조각 장식 침대보 한 장, 크고 작은 천으로 만든 장삼 네 벌, 담청색 리넨 치마 한 벌, 이불과 요 보따리 한 덩이, 얇은 비단 겹저고리 한 벌, 찻잎 담는 주석캔 한 쌍.

협의서와 집문서는 모두 상자 안에 넣고 잠갔으며, 열쇠는 쑹 선생과 롼 부인이 보관하고 있음.

옷가지와 물건 선물 목록

검정색 비단 코트, 연자주색 짧은 비단 적삼 (쑹 부인에게 선물)

짙은 남색 리넨 옷감 한 벌 (쑹 선생에게 선물)

모피로 안감을 댄 윗옷 한 벌, 인견 적삼 한 벌, 흰 광목 침대보 한 장 (주지런에게 선물)

안감 기모가 달린 망토 한 벌 (둘째 동서에게 돌려줄 것)

구리 보온병 한 개 (둘째 서방님, 둘째 동서)

물 담뱃대 한 자루 (큰 도련님에게 돌려줄 것)

안감 기모 비단 겹두루마기 한 벌 (큰 아가씨에게 선물)

작은 궤짝 하나 (둘째 동서에게 돌려줄 것)

흰 비단 장삼 한 벌 (셋째 아가씨에게 선물)

리넨 흑자주색 명주 바지 한 벌 (손녀에게 선물)

검은 비단 치마 한 벌, 하얀 비단 홑적삼 한 벌 (손녀에게 선물)

비단 솜두루마기 한 벌 (큰 도련님 부인에게 선물)

검정색 솜두루마기 한 벌 (롼 부인에게 선물)

검정색 명주 바지 한 벌 (롼 부인 며느리에게 선물)

자수 견직물 한 벌 (롼원셴(阮筠先)에게 선물, 이미 증정)

연자주색 명주 바지 한 벌 (롼원셴에게 선물)

짙은 남색 리넨 옷감 한 쌈 (둘째 도련님, 셋째 도련님에게 선물)

호두나무색 견직물 덧저고리 한 벌 (푸(傅) 부인에게 선물)

담청색 리넨 바지 한 벌 (푸원옌(傅文彦)에게 선물)

검정색 리넨 망토 한 벌 (서원(西院)의 장(張) 어멈에게 선물)

리넨 솜두루마기 한 벌, 바지저고리 한 세트 (둘째 동서네 리(李) 어멈에게 선물)

호두나무색 주름 겹두루마기 한 벌, 바지저고리 한 세트 (둘째 동서네 하인 리(李) 씨에게 선물)

내가 덮었던 헌 솜이불과 요, 헌 옷가지, 물건 등은 내가 죽은 후에 나를 보살펴주었던 어멈들에게 나누어 주길.

이 두 가지 목록은 주안 평생의 재물을 망라하고 있으며, 그녀가 임종 전에 걱정하고 감사하고 친근했던 사람들을 포괄하고 있다. 이들 가운데 첫 번째는 당연히 쉬광핑과 하이잉이었으며, 그 밖에 쑹쯔페이와 그의 부인, 그녀의 친정 조카 주지런, 저우쭤런 일가, 롼사오셴 일가, 옆집 푸 부인 일가 및 그녀를 수년간 보살펴 주었던 식모 등등이 있었다. 오늘날까지 남아 있는 이 목록은 사람들에게 일말의 위안을 준다. 어쨌든 루쉰의 가족으로서 주안 늘그막에 그토록 많은 사람들이 열심히 그녀를 보살폈으며 그녀의 외로움을 달래주었던 것이다. 그녀는 구식 여자이면서 동시에 착한 여자였다. 지극히 고통스러운 일생을 보내고도 마음속에 고마움과 따뜻함을 간직한 채, 자신이 남긴 옷가지와 이불로 살아 있는 사람들에게 따뜻함을 선사하고 싶어 했다.

의심할 바 없이 구식 여성인 주안은 자신의 장례를 어떻게 처리할지, 누가 그녀의 제사를 지낼지, 앞으로 누가 그녀에게 지전을 태워줄 것인지를 가장 걱정하고 있었다. 그녀는 3월 1일에 쉬광핑에게 편지를 써달라고 부탁해 자신의 뒷일을 정중하게 당부하는 한편, 롼 부인에게 장례 준비를 대신 해달라고 거듭 당부했다. 롼 부인은 죽은 다음 루쉰과 합장해달라는 요구가 불가능하다는 것을 잘 알면서도 그녀를 안심시키기 위해 영구를 잠시 저장(浙江) 이위안(義圓)에 안치했다가 기회를 봐서 다시 남쪽으로 돌아갈 방법을 찾겠다고 둘러댔다. 6월 24일이 되자 그녀는 온몸이 부어 바로 눕지도 못했고, 몸을 뒤척이는 것도 누군가 도와줘야만 했다. 밤중에는 자주 헛소리를 하다가 깨어나면 곁을 지키고 있던 사람에게 꿈에서 죽은 지인들을 만났다고 말했다.[285] 평생을 외롭게 살았던 주안으로서는 당연히 사람이 죽은 후에도 영혼이 있어서 죽은 가족이 다시 모일 수 있기를 바랐을 것이다. 하지만 이것으로 정말 그녀의 일생이 위안과 해탈을 얻을 수 있을까? 샹린댁[祥林嫂]처럼 "사람이 죽은 뒤에 영혼이 있는지 없는지"에 대해 마음속에 한 가닥 의문이 스쳐 지나가지는 않았을까? 아마도 그녀는 다른 세상에서 헤어졌던 가족들과 한자리에 모여 살 수 있

285 이상의 내용은 1947년 3월 27일과 6월 24일 롼사오셴이 쉬광핑에게 보낸 편지에 의거한 것이다. 《루쉰 연구 자료》 제16집, 99~100쪽, 105~106쪽 참고.

으며, 평생 고생한 만큼 보상받을 수 있다고 믿었을지도 모른다.

그녀는 임종하기 하루 전날 쑹린(宋琳)을 병상에 불러달라고 부탁했다. 당시 그녀의 정신은 상당히 또렷했으며, 그녀는 쑹 선생에게 쉬광핑에게 다음 두 가지를 전해달라고 거듭 간청했다. 첫째는 영구를 남쪽으로 옮겨 큰선생 곁에 묻어달라는 것이고, 둘째는 7일마다 밥과 물을 올리고, 35일째 되는 날에는 그녀를 위해 경을 읽어달라는 것이었다. 주안의 유언에 대해 쑹린은 쉬광핑에게 보내는 편지에 다음과 같이 썼다.

> 제가 생각건대, 첫째는 선생님께서 장시간에 걸쳐 검토하셔도 될 것 같습니다. 둘째는 비용도 얼마 들지 않으니 그 뜻에 따라 영혼을 위로하심이 어떨까 합니다. 그녀가 병이 났을 때 친하고 믿을 만한 사람이 하나도 없어 상황이 실로 불쌍했습니다. 저를 보자 결국 눈물범벅이 되어서는 큰선생을 그리워하고 선생님을 그리워하고 하이잉을 그리워했습니다. 이런 상황에서는 저도 위로밖에 할 수 없었습니다. 여기까지 말하고 나니 저 또한 마음이 아픕니다.[286]

그녀는 생전에 줄곧 시어머니를 모셨으며, 뭇사람도 그녀가 루쉐이 옆에 묻히는 것이 가장 좋은 귀결이라고 생각했는데, 그녀가 이와 같은 유언을 남긴 것이다. 이 또한 그녀가 자신의 일생을 부정하는 의미는 아니었을까? 죽을 때까지도 그녀는 루쉰 곁에 있을 수 있다는, 최소한 죽어서는 받아들여질 것이라는 환상을 품고 있었다. 그녀는 자신이 봉건 혼인의 희생자라는 사실을 시종 깨닫지 못했다. 이런 광경은 탄식을 자아낸다.

---

286 1947년 7월 9일 쑹린이 쉬광핑에게 보낸 편지, 《루쉰 연구 자료》 제16집, 107~108쪽.

1947년 6월 29일, 주안은 69세를 일기로 생을 마감했다. 베이핑에 있는 지인들이 그녀의 상제(喪制)를 처리했다. 장례식은 검소하게 했지만, 그녀의 염원에 따라 그녀가 세상을 뜬 다음 날 스님을 모시고 독경하며 불공을 드렸다. 이날 현장에는 쑹린, 롼 씨네 사람들, 셰둔난의 부인 창뤠이린, 하부토 노부코와 장남 저우펑이 등이 참석했다.[287] 쉬광핑은 "노부인의 묘소 옆에 땅을 사서" 그녀를 루쉰의 어머니와 함께 반징촌(板井村)에 있는 묘지에 매장하기를 원했지만 뜻을 이루지 못했다. 나중에 쑹린 등과 저우펑이가 의논한 결과, 그녀를 시즈먼(西直門) 밖의 보복사(保福寺)에 잠시 장사 지냈다.[288] 그녀는 살아생전에 평생 루 부인을 모셨지만, 사후에는 시어머니 곁을 지키지 못했다.

그녀가 죽은 후 쉬광핑은 베이핑의 지인들에게 시싼탸오 고거 안에 있는 루쉰의 장서와 물품을 잘 보호해 달라고 부탁했다. 이 물품 목록은 창뤠이린이 기재한 것으로 롼사오셴이 쉬광핑에게 보낸 편지에 동봉되어 있었다.[289]

---

287 1947년 6월 30일 류완루(劉婉如)가 쉬광핑에게 보낸 편지, "라이(賴) 부인, 푸(傅) 부인, 쑹(宋) 선생 및 뉴(鈕) 부인이 모두 (장례를) 돌보았으며, 저우 씨 댁의 일본 부인과 큰아들도 있었습니다. 관이 좋았는데, 라이 부인이 처리하고 푸 부인이 장부를 기록했으며 뉴 부인이 모든 것을 다 뛰어다녔으니, 대체로 좋은 셈이었습니다." 편지에서 '라이 부인'은 '롼(阮) 부인'인 것으로 보인다. 원본 편지는 베이징 루쉰박물관에 소장되어 있다.

288 보복사(保福寺) 묘지는 저우쭤런 집안의 또 다른 묘지다. 1948년에 매국노의 재산으로 간주되어 몰수되었으며, 주안의 묘지는 '문화대혁명'의 '사구(四舊)'(구사상 · 구문화 · 구풍속 · 구습관의 4악(惡)) 타파 운동 때 훼손되었다. 서쪽 교외 반징촌 묘지에는 루쉰의 어머니가 안장되어 있으며, 그 옆에는 며느리 하부토 노부코와 하부토 요시코, 손자 저우펑싼(周豊三)(1922~1941)(일본식 발음은 도요조. 저우젠런의 둘째 아들로 스무 살에 큰아버지 저우쭤런이 보는 앞에서 총으로 자살했다)과 손녀 저우뤄쯔(周若子)(1929년 11월에 열다섯 살의 나이에 병으로 세상을 떠났다) 네 사람이 같이 있다.

289 1947년 7월 10일 롼사오셴이 쉬광핑에게 보낸 편지, 《루쉰 연구 자료》 제16집, 108쪽.

주안은 세상을 떠난 후 홀로 외딴 보복사에 묻혔다. 오늘날의 베이징 보복사 일대는 도로가 넓고 빌딩이 숲을 이루고 있어서 지명이 남아 있는 것을 제외하면 모든 것이 바뀌었다. (2009년 4월 필자 촬영)

3단 책상 한 개, 대나무 침대 한 개, 노란 가죽 상자 한 개(책 보관), 큰 나무의자 두 개, 책꽂이 한 개, 2단 서랍장 한 개, 차 탁자 한 개, 3단 서랍장 한 개, 3단 책장 두 개(책 보관), 책꽂이 한 개, 6단 서랍장 한 개, 책장 한 개(책 보관), 책상 등 한 개, 차 탁자 네 개, 옷상자 여섯 개, 삼각대 한 개, 큰 장롱 2층 한 세트, 상납용 철제함 두 개, 등나무 의자 여섯 개, 침대 깔판 네 개, 다기 한 세트(상자 한 갑, 다호 한 개, 잔 한 개), 사각 탁자 한 개, 항아리 한 개, 크고 작은 테두리 무늬 그릇 일곱 개, 홍목 의자 네 개, 세숫대야 받침 한 개, 크고 작은 꽃무늬 테두리 그릇 네 개, 찬장 한 개, 걸상 두 개, 작은 밥공기 열아홉 개, 거울과 서랍이 두 개 달린 화장대 한 개, 홍목 사각 걸상 열 개, 접시 여덟 개, 팔걸이 의자 한 개, 옷걸이 한 개, 색깔 접시 여덟 개, 등나무 원탁 한 개, 나무상자 열

개(책 보관), 테두리 무늬 접시 다섯 개, 난로 두 개, 책 상자 여덟 개(책 보관), 국그릇 두 개, 서랍 두 개 달린 탁자 세 개, 하얀 가죽 상자 네 개(책 보관), 바닥 달린 작은 화분 두 개, 작은 찻잔 여섯 개, 찻주전자 한 개, 긴 그릇 한 개, 알루미늄 국자 여덟 개, 쇠 국자 네 개, 작은 숟가락 여섯 개, 자기 숟가락 아홉 개, 유리컵 두 개, 간장 주전자 한 개, 간장 종지 두 개, 술잔 열세 개, 뚜껑 달린 법랑 양푼 한 개, 새 보온병 한 개, 낡은 보온병 두 개, 구리 보온병 한 개, 파란 사기 쟁반 한 개, 석회 화분 한 개, 테이블보 두 개, 크고 작은 물 주전자 세 개, 우유 냄비 한 개, 긴 테이블 한 개, 나무상자 한 개, 높은 걸상 한 개, 2단 서랍장 한 개, 담뱃대 네 자루, 물독 세 개, 곤로 두 개, 가마솥 여섯 개, 뚝배기 세 개, 도마 한 개, 시루 한 개, 김장 단지 한 개.

이상의 각 물건은 모두 셰 부인이 조사하고 점검한 후 기록해달라고 부탁한 것이다.

이 물품 목록은 아주 자질구레한데, 대략 분류하자면 가구, 루쉰의 책장과 책 상자 및 솥, 그릇, 바가지, 화분과 같은 생활용품이 주를 이룬다. 그중에서 눈길을 끄는 것은 '담뱃대 네 자루'로, 이는 주안 생전의 유일한 사치품이었을 것이다.

〈주안 소전(朱安小傳)〉

주안이 세상을 떠난 지 꼭 한 달 만에 난징의 《신민보(新民報)》에 〈주부인의 쓸쓸한 죽음(朱夫人寂寞死去)〉이라는 제목으로 그녀 임종 전에 관한 기사가 실렸다. 이 글은 그녀가 죽기 전 음성과 웃는 모습을 기록했으며, 그녀에 대한 세인들의 평가를 남겼다.

《신민보》 기자에 따르면, 그들은 주안이 죽기 하루 전날 시싼탸오를 방문했다. 당시 그녀는 병세가 이미 매우 심각했지만 정신은 맑았으며, 한참 동안 자세히 보고 나서야 "못 알아볼 뻔했네요"라고 확신하며 말했다. 기자가 찾아온 이유를 설명하자, 그녀의 야윈 얼굴에 한 가닥 미소가 떠오르며 말했다. "앉으세요. 염려해줘서 고마워요." 그녀는 쑤저우 말[290]로 자신의 병세를 호소했다. "내 병은 나을 희망이 없어요. 온몸이 붓고 관절에 이미 염증이 생겼어요. 돈이 없어서 며칠에 겨우 한 번 주사를 맞을 수 있지요. 선생의 유품은 죽어도 팔기 싫고, 옮기고 싶지도 않아 내 나름대로 최선을 다하고 있답니다." 그녀는 기자에게 자신의 고독한 삶에서 유일한 반려자는 왕 어멈이라고 말하기도 했다. 왕 어멈이 온 지는 20여 년이 되었는데, 루쉰이 살아 있을 때부터 그녀 곁을 지켰다. 현재 모든 것을 그녀가 주관하며, 충성스럽고 인내심이 강해서 그녀가 없었다면 자신은 더욱 외로워서 일찍 죽었을지도 모른다고 했다.

그녀는 자신과 루쉰의 관계에 대해 이렇게 말했다. "저우 선생은 나한테 결코 나빴다고 할 수 없어요. 서로 다투지도 않았고 각자의 삶을 살았을 뿐이죠. 저는 선생을 이해해야 해요." 그녀는 쉬광핑에 대해서도 언급했다. "쉬 선생은 제게 정말 잘해주었어요. 제 생각을 이해하고, 저를 부양하기 위해 끊임없이 돈을 부쳐주었죠. 물가가 치솟으니 당연히 충분하지 않아서 스스로 더 아껴 쓸 수밖에요. 하지만 그녀는 정말로 좋은 사람이

290 기자의 오류로, 사오싱 말이 맞다.

에요." 그녀의 죽기 전 여한은 하이잉을 본 적이 없는 것이라고 했다. "하이잉이 얼마나 똑똑한지 아세요? 기회가 있다면 보고 싶군요." 기자가 루쉰의 서재와 안뜰을 둘러보고 싶다고 말하자, 그녀가 말했다. "아, 기자 양반, 저우 선생의 서재와 안뜰을 보고 싶으신가요? 이런! 정원은 이미 황량해진 지 오래랍니다. 내가 돌볼 마음의 여유가 없다 보니 그분이 가장 좋아하시던 벚나무가 벌레 먹어 죽었는데, 작년에야 베어버렸지요. 모든 게 변했어요, 기자 양반." 기자가 보니, 루쉰이 손수 심은 오렴자(五斂子) 나무가 용마루보다 높고 푸른 잎이 우거져 서쪽 채의 절반을 가리고 있었다. 루쉰이 서재로 썼던 창밖은 작은 안뜰로 그가 손수 심은 복숭아나무와 버드나무 그리고 우물이 하나 있었는데, 그 당시 그가 어떻게 그곳에 앉아 불후의 작품을 썼는지 상상해볼 수 있었다. 애석하게도 이 작은 안뜰은 오랜 세월 가꾸지 않아 수목이 연이어 말라 시들고 덩굴풀이 무성하게 자라 이미 매우 너저분하게 되었다. 기자가 집을 둘러보고 작별인사를 하자 그녀는 연신 잘 가라고 인사했다.

이튿날, 루쉰 부인 주안이 사망했다는 소식이 전해졌다. 기자는 다음과 같이 그녀의 일생을 탄식했다. "주 부인은 쓸쓸하게 살다가 쓸쓸하게 죽었다. 쓸쓸한 세상에 이렇게 쓸쓸한 사람이 하나 사라졌다." 그러면서 그녀의 일생에 대해 꽤 공평한 평가를 내렸다. "루쉰 선생의 본처 주 부인이 병으로 돌아가셨다. 그녀는 69년을 소리 없이 살다가 지금 또 소리 없이 세상을 떠났다. 하지만 그녀는 확실히 존경할 만한 일을 한 가지 했다. 루쉰이 사망한 후 그녀는 아무리 가난에 찌들어도 차마 루쉰 선생의 유물을 팔지 않았으니, 우리가 이 시대의 성자의 유물을 추모하고 참배할 때, 이러한 유물을 보존해주신 주 부인의 고심에 누군들 감사하지 않을 수 있

南京新民報日刊

中華民國三十六年七月二十九日

訪魯迅舊宅

手植洋桃亭亭如蓋 庭院冷落蔓草叢生

朱夫人寂寞死去

魯迅書齋

許廣平暫難北上

臨死遺憾 未見海嬰

漢口通訊

蝴蝶組黨拐賣婦女 跳江自殺蔚成風

주안의 사망 소식이 실린 1947년 7월 29일 자 난징《신민보》

겠는가?”[291]

1년 뒤에 베이핑에서 출판된《신민보》에는 그녀의 ‘소전(小傳)’과 세상을 떠나기 전 사진 한 장이 다시 실렸다. 사진과 ‘소전’의 제공자는 ‘썬(森)’으로, 같은 집에 살았던 롼허썬(阮和森)(롼허쑨, 阮和孫)일 수도 있고, 루쉰 일가와 아주 절친한 사이였던 쑹린(宋琳)일 수도 있다. 쑹린의 이름에도 마침 나무 목(木) 자가 세 개 들어가기 때문이다. 어쨌든 주안과 매우 잘 아는 사람일 것이다. 기사의 제목은 〈루쉰 부인(魯迅夫人)〉으로 전문은 다음과 같다.

291 이상은 〈주 부인의 쓸쓸한 죽음(朱夫人寂寞死去)〉에서 인용. 원문은 1947년 7월 29일 자 난징《신민보》에 수록.

루쉰 선생이 부인과 불화했다는 것은 모두가 다 아는 사실이다. 나중에 루쉰 선생은 상하이로 가 쉬광핑 여사와 동거했으나, 베이핑에 살았던 주 부인은 침묵을 지켰다. 루쉰이 세상을 떠난 후 쉬 여사도 이 노부인의 처지가 딱함을 알고 늘 약간의 인세를 나누어주었다. 지난해 여름 루쉰의 오랜 친구들이 주 부인의 사망 소식을 전했다. 일이 있은 후 누군가 궁먼커우 시싼탸오[292]에 방문했는데, 그녀가 살았던 곳이 너무 청빈해서 많은 감회를 일게 했다.

루쉰 부인의 사진은 본지에 예전에 한 차례 게재된 적이 있는데, 작은 사진을 확대한 것이라 아주 뚜렷하다고 할 수 없었다. 이에 다시 썬(森) 군이 보내온 주 부인의 사진 한 장을 소전에 첨부한다. 우리는 또다시 게재할 가치가 있다고 생각해 글 왼편에 사진을 넣어 다시 제판(製版)했다. 그 소전을 뒤에 함께 나열한다.

주 씨 부인은 사오싱 명문가의 자손으로 광서(光緖) 5년 7월에 태어났다. 부친의 휘(諱)는 아무개인데, 형명지학(刑名之學)에 정통하여 지방에서 명성이 자못 높았다. 부인은 태어날 때부터 총명하고, 바느질과 자수에 능숙했으며, 예법을 잘 지켜 부모가 손바닥 위의 구슬처럼 사랑했다. 그런 까닭에 사위를 고르는 데 지나치게 까다로워 스물여덟 살이 되어서야 같은 마을의 저우위차이(周豫才)(루쉰)에게 시집갔다. 부인은 부드러운 기색과 맑은 목소리로 아침저녁으로 문안 인사를 드리며 시어머니 루 부인 섬기기를 수십 년을 하루같이 했다. 민국 31년 봄, 시어머니가 병으로 돌아가셨다. 부인은 여러 달 동안 꾸준히 직접 탕약 수발을 들었다. 부인은 여자가 재능이 없는 것을 미덕으로

292 원문은 얼탸오(二條)이나 시싼탸오(西三條)로 바로 잡는다.

魯迅夫人

1948년 3월 24일에 베이핑 《신민보》에 게재된 〈주안 소전(朱安小傳)〉.

여겼으며, 글자를 알지 못하고, 낳은 자식이 없었기 때문에 남편 루쉰은 늘 상하이에 거주했다. 그러나 부인은 순종하였으며 처음부터 원망하지 않았다. 항일전쟁 승리 이후에는 물가가 폭등하여 부인은 루쉰의 인세를 일부 얻는 것으로는 스스로 살아갈 방법이 없었다. 장제스 주석이 하사한 법폐(法幣) 10만 원을 받아 얼마 남지 않은 목숨을 연명할 수 있었으니 다행이라 할 것이다. 민국 36년 6월, 부인은 베이징 거처에서 병으로 사망했으니 향년 69세였다. 오호라! 부인은 생전에 가치를 헤아릴 수 없는 문인에게 의지했지만, 문인은 의지할 만하지 않구나. 살인적인 물가에 지식인도 아침에 저녁의 일을 장담할

수 없으니, 그녀 또한 어찌 가난하지 않고 죽을 수 있었겠는가! (사진은 썬(森) 군이 본지에 제공)

문언체로 쓰인 이 소전은 주안의 한탄스러운 일생을 동정 어린 어조로 돌아보았다. 주안에게 '죽음'은 확실한 해탈일지도 모른다. 정세가 격변했던 20세기에 그녀는 전족을 한 작은 두 발로 비틀거리며 인생길을 걸었고, 고통스러운 외침을 내뱉은 적도 있었다. 이제 그녀는 마침내 편안히 쉴 수 있게 되었다. 소전은 다음과 같이 탄식했다. "오호라! 부인은 생전에 가치를 헤아릴 수 없는 문인에게 의지했지만, 문인은 의지할 만하지 않구나." 이 '의지'라는 한 단어가 주안의 비극적 일생의 근원을 말해주고 있지는 않은지? 이름 없는 구식 여성으로서 그녀의 존재는 비천할지도 모른다. 하지만 루쉰의 그림자, 또는 루쉰의 유물로서는 잊히려야 잊힐 수 없다.

에필로그

1991년에 출판된 《상하이 루쉰 연구(上海魯迅研究)》에 양즈화(楊志華)의 〈주지런과 주안 그리고 루쉰(朱吉人與朱安及魯迅)〉이 실렸다. 이 글에 따르면, 주안 사망 40주년이었던 1987년에 상하이 루쉰기념관으로 주지런 선생이 기증한 주안의 말년 사진 한 장이 전달되었다고 한다. 앞서 설명한 바와 같이 주지런은 주안의 남동생 주커밍의 장남으로 1912년에 태어났으며, 고모 주안과 관계가 아주 돈독해 주안이 한때 그를 양자로 입양하려고 했을 정도였다. 이 글에서는 그와 고모의 후기 왕래를 언급하고 있다.

1936년 9월에 주지런은 사오싱으로 돌아와 결혼했는데, 결혼 후 아내가 함께 상하이로 가고 싶어 하지 않아 사오싱의 부모님 집에서 기거했다. 10월 초에 주지런이 상하이로 돌아가고 얼마 지나지 않아 루쉰의 사망 소식을 듣고 만국 장례식장에 가서 루쉰의 마지막 모습을 참배했다. 고모가 루쉰과 관련된 어떤 행사에도 친척 신분으로 참가하지 말라고 편지로 당부한 적이 있었기에, 루쉰이 세상을 떠난 후 주지런은 일반인으로서만 조문했다.

1937년에 중일전쟁이 시작되자 주지런은 온 가족이 실직하여 각자가 스스로 생계를 도모할 수밖에 없었다. 주지런은 베이핑의 고모 집으로 가서 취직하고 생계를 도모하려고 했다. 그러나 마땅한 직업을 구하지 못한 뒤 1943년까지 사오싱과 상하이 두 곳을 오가며, 사오싱 토지행정측량처에서 임시 대서인, 상하이 화양(華洋) 양말 공장 영업부에서 임시직으로 일했다.

1943년 봄, 주지런은 일정한 직업이 없어 다시 고모 집으로 들어갔다. 주안과 노부인의 만류로 잠시 두 노인을 모시고 베이징에 머물며 고향의 특산품이나 간식 등을 사러 나가는 것을 도왔다. 머지않아 4월 22일에 노부인이 돌아가시면서 고모의 생활은 더욱 가난하고 고달파졌다. 그녀는 주지런에게 처자식을 베이징으로 데려와 함께 살자고 설득했으나, 반년 넘게 집에서 한가롭게 지내면서 직업을 구하지 못했기 때문에, 그는 다시 상하이로 돌아가 일자리를 찾고자 했다. 고모가 실정을 알게 된 후 남에게 소개를 부탁해 탕산(唐山)으로 일하러 가게 되었다. 주안과 주지런은 함께 생활하면서 돈독한 정을 쌓았으며, 고모와 조카 사이는 모자 사이를 능가했다. 주지런이 떠날 때 주안은 특별히 자신이 예순세 살 때 집 안뜰에서 찍은 사진을 조카에게 기념으로 선물했다. 1944년 1월, 주지런은 탕산 지방 검찰처의 고용직 공무원(필사)으로 갔다. 큰 명절이 돌아올 때면 가끔 베이징으로 고모를 찾아가곤 했다. 이듬해 가을 겨울에 지방 검찰처가 잠시 해산되자 그는 베이징으로 가 복직을 기다렸다가 1946년 초여름이 되어서야 다시 탕산으로 돌아가 탕산검찰처에서 일했다. 상하이에 계신 어머니와 동생들로부터 상하이로 돌아와 취업할 것을 독촉하는 편지를 끊임없이 받고, 그해 연말 고모의 양해를 구한 후 상하이로 갔다. 이번 이별이 그와 고모의 영이별이 될 것을 누가 알았으랴.

1947년 1월, 주지런은 톈진에서 배를 타고 상하이로 돌아가 강남조선소에서 임시직으로 일했다. 반년도 되지 않아 고모가 병으로 돌아가셨다는 비보를 듣고 비통함을 금치 못했다. 친히 가서 장례를 치르지 못했기 때문에 평생토록 한이 되었다. 얼마 지나지 않아 임시직에서도 해고되고, 조그만 장사(담배 노점)로 하루하루를 보내야 했다. 불행하게도 8월 중순

주안의 예순세 살 무렵의 사진. 베이징 시싼탸오 집 안뜰에서 촬영했다. 사진의 뒷면에 "1941년 음력 11월 19일 63세 때"라고 날짜가 적혀 있다. 이 사진은 주안이 자신의 친정 조카 주지런에게 선물한 기념품으로, 주지런은 1987년에 고모 타계 40주년을 맞아 이 사진을 상하이 루쉰기념관에 기증했다.

버스에 치여 깔리는 바람에 왼쪽 하지를 절단하고 불구가 되었다.

1949년 이후, 고향 친구들의 보살핌을 받아 어느 가내 공장에서 잡무를 보았다. 이 공장은 1956년 공사합영(公私合營)[293] 때 상하이 가정용

293 옮긴이: 자본주의에서 사회주의로 이행하는 과정에서 나타난 반관반민(半官半民)의 기업 형태를 말한다.

화학품 공장에 합병되었으며, 주지런은 이 공장에서 1972년에 은퇴했다.

이 글에서 우리는 외롭게 살았던 주안의 말년에 주 씨 집안의 이 친정 조카가 그녀의 곁을 지키며 어느 정도 위로를 주었음을 알 수 있다. 필자는 주지런이 나중에 계속 상하이에 살았다는 사실을 알고, 그 후손을 찾아가 보고 싶은 마음이 생겼다. 수소문 끝에 주지런의 주소를 얻게 되었으나, 그는 1995년에 이미 세상을 떠났다. 게다가 요 몇 년 동안 상하이는 곳곳이 철거되어 고층 빌딩으로 많이 바뀌었기 때문에 주 씨 댁이 일찌감치 이사가 버린 것은 아닐지 걱정이 앞섰다.

놀랍게도 둥위항로(東余抗路) 일대는 오래된 성곽의 옛 모습을 그대로 간직하고 있었다. 즐비하게 늘어선 상점들과 도로 양옆에서 채소와 잡화를 파는 노점상들이 이곳에 특별한 삶의 숨결을 불어넣고 있었다. 이는 철거를 앞둔 현지 주민과 외래 인구가 섞여 있는 지역 특유의 분위기였다.

필자는 910호 언저리부터 번지수에 주의를 기울였다. 필자가 찾던 주소에 가까워질수록 가슴이 더욱 두근거리며, 혹시 내가 찾는 그 번지가 철거되었을까 봐 조마조마했다. 주지런의 후손들이 이미 이사해버린 것은 아닌지 걱정도 되었다. 그렇다면 수많은 인파 속에서 그들을 찾기란 쉽지 않을 것이다. 이번 여정에서 꼭 새로운 자료를 얻을 수 있는 것이 아님을 알았지만, 주안의 후손들을 만나 자유롭게 몇 마디 나눌 수 있기를 바랐다.

한 세탁소 앞에서 나는 분주한 발걸음을 멈추었다. 지번은 없었지만, 앞뒤 번호를 세어보니 이곳이 분명했다. 세탁소 주인에게 물어봤는데, 두 내외는 외지인이었다. 그들은 옆으로 난 철문을 통해 위로 올라갈 수 있다고 알려주었다. 철문을 밀고 들어가니 복도에 오토바이가 한 대 있었다. 다소 가파른 나무 계단을 걸어 올라가는데, 반쯤 올랐을 때 어떤 중년 남자가 나와서 내게 누구를 찾느냐고 물었다. 주 씨 성을 가진 주지런 댁을 찾는다고 대답하자, 그의 표정이 부드러워지며 나를 집 안으로 안내했다.

이렇게 세월이 흘렀는데도 주 씨 댁이 아직 이곳에 살고 있다니, 나는 안도의 한숨을 내쉬었다! 나는 지체 없이 따라 들어갔다. 이곳은 2층 길가에 있는 방으로 채광이 좋았다. 방은 약 10제곱미터 남짓한 면적에 아주 작았고, 안에 있는 가구들은 세월의 흔적이 묻어났다. 베란다가 길을 향해 나 있었는데, 부엌은 바로 이 베란다에 있었다. 나는 주인에게 찾아온 이유를 설명하고, 주지런과 무슨 관계인지 물었다. 그는 주지런의 사위로 차이(蔡) 씨라고 했다. 주지런과의 관계로 인해 주안, 즉 처대고모의 일에 대해 어느 정도 알고 있었다. 그는 장인어른께서 주안에 대해 자주 말씀하시곤 했다고 했다. 우리 고모가 루쉰에게 시집을 갔는데, 루쉰이 인정하긴 인정했지만 공개하지는 않았다는 것이었다.

내 질문에 차이 선생은 다음과 같이 대답했다. 주지런 삼형제와 여동생은 모두 상하이에 살았는데 서로 간에 왕래가 별로 없었다. 셋째 동생은 외지에서 돌아온 후 집안의 다른 형제들과 사이가 소원해졌고, 나중에 어디론가 떠나버렸다고 했다. 지금 삼형제는 모두 돌아가시고 여동생 주완전(朱晚珍)만 계신데, 여든이 넘으셔서 옛날 일을 잘 기억하지 못하실 것이라 했다. 주지런 부인의 성함은 옌아다(嚴阿大)(상하이 말 발음으로는 '니아두'인데, 이름만 들어도 집안의 맏이임을 알 수 있다)인데 딸을 한 명 데리고 주지런에게 시집 왔다. 앞서 1남 1녀를 두었고, 주지런과 결혼해 주페이잉(朱佩英)을 낳았다. 주페이잉은 올해 쉰, 차이 씨는 쉰여섯으로 모두 중졸이었다. 그들에게는 스물세 살짜리 아들이 하나 있는데 이미 취직했

주지런의 가족사진. 왼쪽부터 오른쪽으로 주지런, 옌아다, 주페이잉. (주페이잉 제공)

다고 했다. 내가 처음 방문했을 때 주페이잉은 집에 없었고, 두 번째 방문해서야 주안의 친정 조카손녀인 주페이잉을 만날 수 있었다.

차이 선생은 그 당시 그들도 집을 분배받았는데 지역이 외진 곳이었다고 했다. 주지런은 길을 건널 때 한쪽 다리가 트롤리버스에 깔려 부러졌는데, 당시 제대로 치료하지 않아 장애를 입었다. 그는 외진 곳에 살면 불편할까 봐 이사하지 않았다. 그렇게 여기에서 수십 년을 살았다. 차이 선생의 집은 원래 페이훙로(飛鴻路)에 있었는데, 철거되는 바람에 이곳으로 이사를 왔다고 했다. 그는 내가 주안의 전기를 쓰고 싶다고 하자, 예전에는 사오싱 루쉰기념관 등지에서 자료를 보내왔는데, 요 몇 년 동안 보내오지 않았다고 했다. 주지런이 세상을 떠난 후 연락이 끊겼기 때문일 것이다. 그들은 대고모와 관련된 자료를 간직하고 있었는데, 이는 모두 주지런이 생전에 수집한 것이었다. 그중 일부는 분명 각지의 루쉰기념관에서 증정한 것이었다.

차이 선생과 작별인사를 나눌 때, 나는 이 집의 구조를 가늠해보았다. 2층은 다른 집과 바짝 붙어 있었고, 위에 3층 방이 하나 더 있어서 다른 가구가 살고 있었다. 복도에 설치된 전기계량기를 보면, 이 건물에는 위층부터 아래층까지 최소 네 가구가 살고 있었다. 주거 여건을 개선하기 위해서는 철거를 기다리는 수밖에 없지만, 내심으로는 이곳이 좀처럼 철거되지 않아 주지런의 후손을 찾을 수 있어서 다행이었다.

좁디좁은 계단을 내려와 철문을 밀고 거리로 나온 나는 주안의 조카 주지런이 수십 년 동안 머물렀던 이 거리와 길 쪽으로 난 허름한 베란다를 카메라에 담았다. 주 씨 댁은 일찍이 사오싱의 명문가로, 주커밍 일가는 대략 1935년에 온 가족이 상하이로 이사했다. 그 후로 그 후손들은 상하이라는 시끄러운 도시에서 부침을 거듭하며, 상하이 구석구석으로 흩어져 각자의 경험으로 또 다른 역사를 쓰고 있다.

부록 1

주안의 가계도

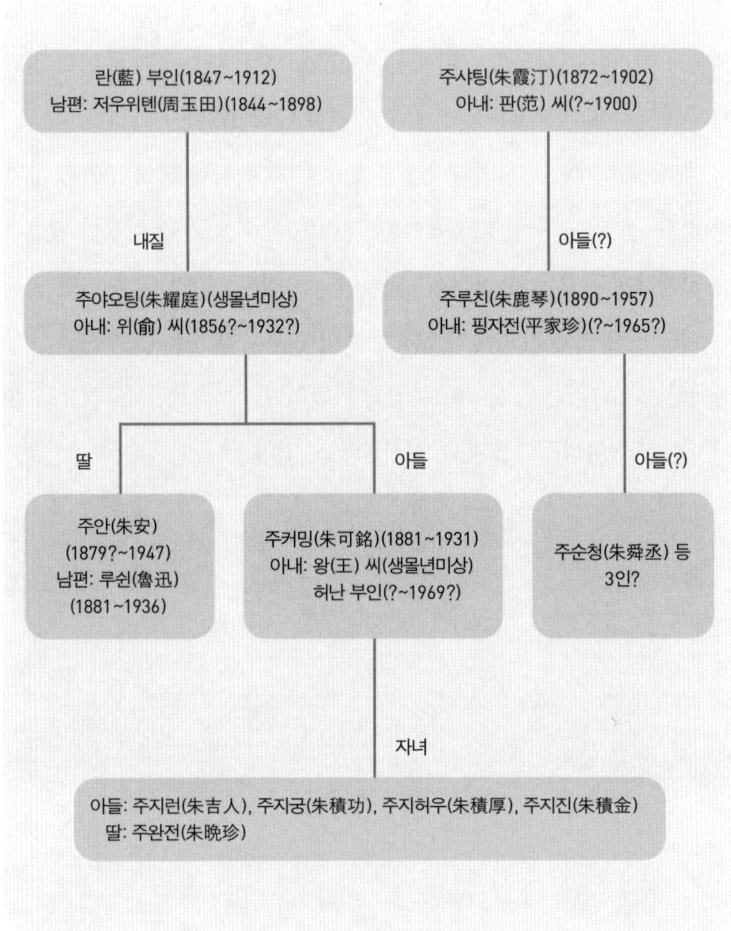

란(藍) 부인(1847~1912)
남편: 저우위톈(周玉田)(1844~1898)
주샤팅(朱霞汀)(1872~1902)
아내: 판(范) 씨(?~1900)
내질
아들(?)
주야오팅(朱耀庭)(생몰년미상)
아내: 위(俞) 씨(1856?~1932?)
주루친(朱鹿琴)(1890~1957)
아내: 핑자전(平家珍)(?~1965?)
딸
아들
아들(?)
주안(朱安)
(1879?~1947)
남편: 루쉰(魯迅)
(1881~1936)
주커밍(朱可銘)(1881~1931)
아내: 왕(王) 씨(생몰년미상)
허난 부인(?~1969?)
주순청(朱舜丞) 등
3인?
자녀
아들: 주지런(朱吉人), 주지궁(朱積功), 주지허우(朱積厚), 주지진(朱積金)
딸: 주완전(朱晚珍)

부록 2

루쉰의 가계부(1923년 8월 2일~1926년 2월 11일)

계해년(癸亥年)(1923년)

민국 12년 음력 유월 스무날 좐타(磚塔) 골목 61호로 이사

유월

스무날	알탄 백근 8적	0.412	
	쇠화로	1.400	
스무하루	집세(두 달치)	16.000	
	식모	2.000	
	잡비	4.000	
스무이틀	쌀	3.200	
스무닷새	그릇	0.400	
스무엿새	잡비	1.000	
	양초	0.160	
스무이레	알탄	0.412	
스무여드레	잡비	1.000	
	총계	29.984 (내방전(內房錢) 2인분)	

칠월

초이틀	집세(이달치)	8.000	
초사흘	물	1.000	
초나흘	잡비	1.000	
	석탄	0.402	
초이레	잡비	1.850	2.000
초열흘	쌀	6.400	
	잡비	1.000	
열하루	석탄	0.403	

열이틀	잡비	1.000
열이레	석탄	0.430
	잡비	2.000
스무날	식모	2.000
스무하루	잡비	2.000
스무닷새	잡비 갈탄 백 근	2.000
스무아흐레	숯과 동이	2.000
그믐	잡비	2.000
	총계	33.680

팔월

초하루	집세	8.000
	석탄	0.450
초이틀	쌀	7.000
	잡비	1.000
초나흘	물	1.000
초여드레	석탄과 땔나무	1.000
초아흐레	잡비	1.000
열나흘	잡비	3.000
열닷새	간장	0.300
열엿새	잡비	1.000
열여드레	남방 특산	1.620
열아흐레	잡비	1.000
스무이틀	식모	2.000
스무사흘	잡비 갈탄 백 근	3.000
스무아흐레	잡비	2.000
	총계	33.730

구월

초하루	집세	8.000
초닷새	잡비 갈탄 백 근	2.000
초이레	닭 여섯 개+세 개	2.000
초여드레	물	1.000
초열흘	숯	1.000

열하루	잡비	2.000
열나흘	잡비	2.000
열여드레	잡비	2.000
스무날	식모	3.000
	쌀	7.000
스무이틀	잡비	1.000
	건어(乾魚)	0.520
스무나흘	잡비	3.000
스무이레	잡비	2.000
그믐	아궁이 설치	3.350
	석탄	1.400
	총계	41.270

시월

초하루	집세	8.000
	석유	2.000
초사흘	잡비	2.000
초엿새	땔나무	1.000
	잡비	2.000
초열흘	잡비	2.000
열닷새	물	1.000
열여드레	잡비	2.000
스무날	식모	1.000
스무하루	잡비	2.000
스무여드레	잡비	2.000
그믐	쌀	14.400
	배송료	0.100
	총계	39.500

십일월

초하루	집세	8.000
	잡비	2.000
초닷새	잡비	2.000
초여드레	잡비	2.000

열하루	잡비	2,000
열사흘	석유	2,000
	잡비	2,000
열여드레	잡비	2,000
스무하루	식모	2,000
스무사흘	잡비	2,000
	땔나무	1,000
스무나흘	잡비	3,000
스무이레	물	1,000
	흙 운반차세	1,000
	총계	32,000

십이월

초하루	집세	8,000
	잡비	2,000
초엿새	잡비	2,000
초아흐레	잡비	5,000
열닷새	잡비	1,000
열엿새	쌀	7,200
열이레	잡비	2,000
스무날	잡비	2,000
스무하루	식모	2,000
스무닷새	잡비	4,000
	석유	2,000
그믐	잡비	1,000
	식모 명절 상여금	1,000
	인력거꾼 명절 상여금	1,000
	총계	40,000

금년 6개월 열흘 동안 도합 249원 7각 4푼 사용.
매월 평균 39원 4각 3푼 사용.

갑자년(甲子年)(1924년)

민국 음력 갑자년

정월

초사흘	집세	8.000
초닷새	잡비	3.000
초아흐레	잡비	2.000
초열흘	땔나무	1.000
	물	1.000
열이틀	잡비	2.000
열이레	잡비	2.000
열아흐레	식모	2.000
스무하루	잡비	2.000
스무닷새	잡비	2.000
스무아흐레	잡비	2.000
	총계	27.000

이월

초하루	집세	8.000
초닷새	잡비	2.000
초열흘	잡비	2.000
열나흘	잡비	2.000
열여드레	석유	2.000
	잡비	2.000
스무날	식모	2.000
스무하루	잡비	2.000
스무나흘	잡비	2.000
스무이레	쌀	14.400
	배송료	0.060
스무여드레	잡비	2.000
	총계	40.460

삼월

초하루	집세	8,000
초이틀	물	1,000
	잡비	2,000
초이레	잡비	2,000
초열흘	잡비	4,000
	숯	1,000
열엿새	잡비	2,000
스무날	잡비	2,000
스무하루	식모	2,000
스무사흘	잡비	2,000
스무엿새	잡비	2,000
	총계	30,000

사월

초이틀	석유	2,400
초나흘	집세	8,000
	잡비	1,600
초이레	잡비	2,000
열하루	잡비	4,000
열나흘	잡비	2,000
열여드레	잡비	2,000
열아흐레	식모	2,000
스무하루	잡비	2,000
스무사흘	식모	0,500
	잡비	3,000
스무닷새	잡비	2,000
스무여드레	잡비	2,000
	말린 새우살	0,500
	총계	33,000

오월

초이틀	잡비	2,000
초나흘	잡비	2,000

초이레	잡비	2.000
초열흘	잡비	2.000
열사흘	잡비	2.000
열닷새	잡비	2.000
열이레	잡비	2.000
스무날	식모	2.500
스무이틀	쌀	14.800
	밀가루	3.100
	배송료	0.100
	잡비	2.000
스무닷새	잡비	5.000
스무아흐레	잡비	2.000
그믐	식모 판(潘) 씨	2.500
	총계	46.000

유월

초이틀	잡비	2.000
초나흘	석유	2.250
	잡비	2.000

이하 잊어버림[失記]

팔월

초하루	땔나무	1.000
초사흘	잡비	3.000
초이레	잡비	2.000
초열흘	석유	2.300
열하루	잡비	5.000
열이틀	명절 상여금	3.000
열닷새	잡비	2.000
열여드레	잡비	2.000
스무날	식모	3.000
스무하루	잡비	5.000
스무나흘	잡비	2.000
스무이레	잡비	5.000

	총계	35,300

구월

초사흘	석탄	3,000
초닷새	잡비	5,000
초이레	쌀 이백 근	34,000
	밀가루	3,100
초열흘	잡비	2,000
열이틀	잡비	5,000
열닷새	석유	2,300
	잡비	5,000
열아흐레	잡비	5,000
스무날	식모	3,000
스무사흘	석탄 일 톤	13,000
	배송차량비	1,200
	잡비	2,000
스무엿새	잡비	5,000
	총계	88,600

시월

초하루	잡비	2,000
초나흘	잡비	2,000
초이레	아궁이 설치	7,300
	잡비	4,000
열이틀	잡비	2,000
열닷새	잡비	5,000
열아흐레	알탄	3,000
스무날	식모	3,000
스무하루	잡비	5,000
스무사흘	석유	2,300
스무나흘	잡비	2,000
스무엿새	잡비	2,000
스무여드레	잡비	3,000
그믐	무연탄	1,000

	찻잎	2,000
	총계	45,600

십일월

초이틀	잡비	5,000
초이레	잡비	5,000
초여드레	알탄	1,000
초아흐레	잡비	5,000
열나흘	잡비	5,000
열여드레	잡비	5,000
열아흐레	생신 축하금	3,000
	식모	3,000
스무사흘	무연탄	1,000
스무닷새	석유	2,300
스무여드레	알탄	4,000
	땔나무	4,000
스무아흐레	찻잎	1,000
	총계	44,300

십이월

초이틀	잡비	5,000
초사흘	무연탄 일 톤	13,500
	배송차량비	0,700
초아흐레	잡비	5,000
열사흘	잡비	5,000
	남방 특산	5,000
열나흘	식모	3,000
열닷새	찻잎	2,000
열이레	쌀	16,600
	밀가루	3,550
열여드레	잡비	5,000
	햄	4,000
스무하루	잡비	10,000
스무엿새	잡비	5,000

스무여드레	석유	2.300
	잡비	2.700
스무아흐레	식모 수고비	2.000
	총계	90.350
매월 평균 생활비		48.061원

을축년(乙丑年)(1925년)

민국 음력 을축년

정월

초열흘	잡비	5.000
열엿새	잡비	5.000
열아흐레	찻잎	2.000
스무날	알탄	3.000
	식모	3.000
스무이틀	잡비	5.000
스무아흐레	잡비	5.000
	총계	28.000

이월

초사흘	잡비	5.000
초이레	연탄	5.000
초아흐레	잡비	2.000
열닷새	잡비	10.000
스무날	식모	3.000
스무이틀	쌀	15.800
	배송료	0.100
스무사흘	찻잎	2.000
스무닷새	잡비	5.000
	총계	47.900

삼월

초하루	잡비	10,000
초여드레	잡비	5,000
열사흘	알탄	2,000
열엿새	잡비	10,000
스무날	식모	3,000
스무이레	잡비	10,000
	총계	40,000

사월

초이틀	쌀	15,800
초엿새	잡비	5,000
초아흐레	잡비	10,000
열하루	찻잎	1,000
스무날	식모	3,000
스무이틀	잡비	10,000
	총계	44,800

윤사월

초사흘	잡비	10,000
초엿새	찻잎	3,600
열이틀	쌀	15,800
	밀가루	3,700
열사흘	잡비	10,000
열아흐레	잡비	10,000
스무날	식모	3,000
그믐	잡비	10,000
	총계	66,100

오월

초나흘	식모 명절 상여금	2,000
	찻잎	2,100
초아흐레	잡비	10,000

스무날	식모	3,000
	잡비	10,000
스무여드레	잡비	10,000
	총계	37,100

유월

초닷새	쌀	15,800
	배송료	0,200
초엿새	잡비	10,000
열이틀	잡비	10,000
스무날	식모	3,000
스무하루	잡비	10,000
스무아흐레	잡비	10,000
	총계	59,000

칠월

초여드레	잡비	10,000
초열흘	집 수리	8,000
열엿새	석유	2,200
열이레	찻잎	2,200
열여드레	잡비	5,000
스무하루	쌀	15,800
	밀가루	3,700
	식모	2,500
스무이레	잡비	10,000
	총계	59,000

팔월

초닷새	잡비	10,000
초이레	석탄 이 톤	32,000
	석탄 배송차량비	2,000
열이틀	잡비	5,000
열나흘	명절 상여금	2,000

열엿새	잡비	10,000
스무하루	잡비	10,000
스무사흘	식모	2,500
스무아흐레	쌀	15,800
	밀가루	3,450
	배송료	0,200
그믐	잡비	10,000
	총계	102,950

구월

사일	잡비	10,000
칠일	알탄 천 근	6,000
열하루	잡비	15,000
열이레	쌀 두 포대	33,000
열여드레	잡비	10,000
스무날	식모	2,500
스무하루	잡비	10,000
스무아흐레	아궁이 설치	12,000
	총계	98,500

시월

초사흘	잡비	10,000
초아흐레	잡비	10,000
열이레	잡비	10,000
스무날	식모	2,500
스무나흘	잡비	10,000
스무아흐레	잡비	10,000
	총계	52,500

십일월

초닷새	찻잎	2,400
	잡비	10,000
열하루	잡비	10,000

열나흘	알탄	5,000
열아흐레	생신 축하금	2,000
	잡비	10,000
스무하루	식모	2,500
스무사흘	잡비	10,000
	총계	51,900

십이월

초이틀	잡비	10,000
초닷새	잡비	10,000
초엿새	쌀 두 포대	33,000
초여드레	잡비	10,000
열하루	식모	5,000
열나흘	석탄	10,000
열엿새	잡비	10,000
스무사흘	잡비	10,000
스무여드레	잡비	10,000
스무아흐레	명절 상여금	2,000
	총계	110,000
매월 평균 생활비		66,645원

부록 3

항일전쟁 후 베이핑 《세계일보(世界日報)》 '명주(明珠)' 판 주안 관련 보도

루쉰 선생의 유족과 장서를 위해 최선을 다하자

하이성(海生)

루쉰 선생이 중국의 위대한 문호(文豪)이자 사상가, 문화 투사, 청년들의 스승이라는 점은 누구나 인정할 것이다. 그가 죽은 지 이미 9년이 되었지만 아직도 수많은 사람에게 존경받고 있다.

하지만 그의 부인인 백발이 성성한 노부인은 여전히 베이핑에 살면서(주소는 시쓰(西四) 패루 궁먼커우(宮門口) 시싼탸오(西三條) 21호다) 극도로 가난하고 고생스러운 삶을 살고 있다. 금년 여름 나는 한 친구의 부탁을 받고 부인에게 돈을 보내기 위해 그녀를 만났다. 그때 그녀는 병을 앓으며 각혈하고 있었는데, 이는 매일 잡곡을 먹어 영양이 부족하기 때문이었다. 그녀는 고달픈 처지를 슬프게 호소하며 "죽지 못해 산다"라는 처참한 말을 내뱉었다.

루쉰 선생 생전의 장서는 여전히 그녀가 보존하고 있었다. 그녀는 한때 팔 뜻이 있었다가 나중에 지인들의 만류로 그만두었다. 하지만 그녀는 도저히 어쩔 수 없을 때는 다 팔아버리는 수밖에 없다고 내게 말했다.

이것은 생각지도 못한 일이었다. 루쉰 선생과 같은 한 시대의 문호가 죽은 후에 그의 유족이 이렇게 처량한 나날을 보내고 있다니! 우리는 그를 우리 청년들의 스승이라 여기며 그의 발자취를 따라 앞으로 나아가고 있는데, 그의 유족이 생활고에 쪼들리며 고통스럽게 허덕이는 모습을 가만히 지켜볼 것인가? 우리는 루쉰 선생이 생전에 그렇게나 심혈을 기울여 수집한 장서를 보존하기 위해 최선을 다하지 않을 수 있겠는가?

문화 투사가 국가와 민족을 위해 자신의 건강을 해치며 사신(死神)에게 목숨을 빼앗겼으니, 그의 위대한 공적은 만고불후의 것이다. 그러나 아무도 힘겨운 삶을 사는 그의 유족을 돌보지 않고 위로와 원조가 조금도 없다면, 이것이 공정한가? 따라서 나는 의지할 데 없이 외로운 루쉰 부인을 우리가 구제해야 한다고 여러분에게 호소하고자 한다. 우리는 루쉰 선생을 잊지 않았으며, 그에게 '살고 싶어도 살 수 없고 죽고 싶어도 죽지 못하는' 유족이 있다는 사실을 잊지 말아야 한다.

편집자의 말: 본문에서 언급된 루쉰 부인은 저우수런(周樹人) 선생의 본처를 말한다. 현재 상하이에 거주하며 수런 선생의 외아들 하이잉(海嬰)을 기르는 쉬광핑(許廣平) 여사는 다른 루쉰 부인으로, 듣자 하니 그녀의 생활도 극히 곤궁하다고 한다.

1945년 12월 19일 자《세계일보》(베이핑)에 수록

루쉰 유족 지원에 응답한다

슈무(朽木)

편집자 선생 귀하.

12월 19일 자 '명주'에 실린 하이성(海生) 군의 〈루쉰 선생의 유족과 장서를 위해 최선을 다하자〉는 글에 극구 동감하며 첫 번째로 찬성을 표합니다. 우리는 어떻게 해서든지 루쉰 선생의 유족을 도와야 하며, 지금이 바로 그 일을 할 때입니다.

올해 루쉰 선생 서거 9주기를 맞았지만, 우리는 공개적으로 기념회를 열거나 어떤 기념식도 거행하지 못했고, 심지어는 루쉰이라는 두 글자도 감히 입 밖으로 꺼내지 못했습니다. 냉정하게 말하자면 적들이 두려워서라고 할 수 없습니다. 그들도 늘 루쉰을 언급하기 때문입니다. 오히려 적의 나팔수들이야말로 가장 대단합니다. 실로 마음 아프나, 이 또한 루쉰 선생의 위대함을 더욱 뚜렷이 보여준다고 하겠습니다.

올해, 이 경사스러운 승리의 해, 광복의 해에 루쉰 선생의 9주기를 기념해야 하지 않겠습니까! 그러나 아직 그럴 수 없는 것이 실로 우리의 마음을 아프게 합니다. 루쉰은 이미 중국과 관계가 없어진 것 같습니다. 일부 신문의 특별란[副刊]에서 기념문을 다투어 싣거나 전재하기도 했지만 모두 보잘것없었습니다. 그렇지만 청년들의 열정은 매우 감동적이었습니다. 허나 루쉰을 기념하자고 크게 외칠 때, 비록 루쉰이 위대하고 우리에게 소중한 교훈을 남겼지만, 그 불쌍한 유족을 돌아봐야 함을 직시해야 합니다. 외로운 부인은 루쉰 선생이 애지중지하던 장서와 함께 처량하고 고통스러운 세월을 보내며, "죽지 못해 산다"라는 뼈아픈 말을 외치고 있습니다. 루쉰 선생을 경애하는 우리와 같은 청년들은 느끼는 바가 조금도 없단 말입니까!

교육부 특파원이 이번에 명령을 받고 베이징으로 와 모든 문화 교육 기관을 접수하며 상황이 거의 마무리되었습니다. 가장 이상한 점은 중국 최고 작가의 유족이 아무도 돌봐주지 않아 힘겹고 비참한 나날을 보내고 있다는 사실을 그가 기억해내지 못했다는 것입니다. 사실 솔직히 말해서 선공(沈公)(선젠스(沈兼士))도 한때 루쉰 선생의 지기 중 한 명이었으니, 이 정도 개인적인 관계라면 잊어서는 안 되는 것 아닙니까! 저는 부인을 대신해 선공에게 보시를 구하는 것이 아닙니다. 아니, 아니, 저는 그럴 의사가 전혀 없습니다. 미상불 이 기회를 빌려 정부를 대표해 그녀를 위문하면 되지 않습니까! 그녀가 무지하고 무식한 부인일지 모르지만, 그를 통해(물론 루쉰 선생의 선대부인도 계셨습니다) 많은 귀중한 문헌들을 보존할 수 있었으며 산실되지 않고 적에게 빼앗기지 않았으니, 이는 우리나라의 광채가 아닙니까! 그 밖에 루쉰기념관을 짓는 것은 여하튼 나중의 일입니다.

작년 겨울, 상하이에 루쉰 선생의 유족이 선생 생전의 장서를 팔려고 한다는 소문이 파다했습니다. 그때는 정말 손에 땀을 쥐게 했지만, 나중에 다행히 소동이 잠잠해졌습니다. 그리하여 멀리 상하이에서 돈을 가지고 온 사람도 있었고, 아끼던 장서를 팔아 루쉰 선생의 유족에게 헌납한 사람도 있었습니다. 정말 감격스럽고 눈물겨우니 문화계의 전사라고 해도 과찬이 아닙니다!

끝으로 다음과 같이 외치고자 합니다. 우리 모두 루쉰의 유족을 지원하는 데 "있는 힘껏 전력을 다합시다!"

슈무(朽木) 배상

1945년 12월 26일 자《세계일보》(베이핑)에 수록

루쉰 부인을 방문하다

궁예창(弓也長)

12월 19일, 본지는 하이성 선생의 〈루쉰 선생의 유족과 장서를 위해 최선을 다하자〉라는 글을 발표해, 루쉰 선생을 잊은 적 없는 사람들의 주의를 불러일으켰다. 23일에는 슈무 선생의 응답하는 편지를 받고 〈루쉰 유족 지원에 응답한다〉라는 제목으로 26일 자 '명주'에 게재했다. 26일에는 '명주'를 중심으로 "모금 운동을 일으켜서 실질적인 원조로 삼자"라고 제의하는 인윈(因雲) 선생의 편지를 받았다. 27일에는 또 하이성 선생의 〈다시 루쉰 부인을 방문하다〉가 도착했는데, 요 며칠 사이에 낯선 손님 두 명이 루쉰 부인을 방문했다고 한다. 한 명은《민강보(民强報)》기자 주쉐궈(朱學郭)였고, 한 명은 조선극인예술협회 이사장 서정필(徐廷弼) 선생이었다. 두 사람은 부인을 위문하는 것 이외에 각각 돈을 조금 드렸지만 부인은 받지 않았다. 28일, 나는 하이성 선생에게 전화를 걸어 루쉰 부인을 방문하는 데 함께 가달라고 부탁했다. 독자들을 대표해 부인에게 위로의 뜻을 전하는 한편, 인윈 선생이 편지로 부탁한 돈을 전달하기 위함이었다. 그날 오후는 하이성 선생이 실로 너무 바빠 29일 오후에 루쉰 부인을 함께 방문하기로 약속했다.

29일은 맑았지만 몹시 추웠다. 오후 네 시 반에 하이성 선생과 시단(西單)의 한 커피숍에서 만난 뒤 삼륜차 두 대를 타고 황혼 무렵 궁먼커우(宮門口) 시싼탸오(西三條)의 저우 씨 댁에 도착했다. 북쪽에 자리 잡고 남쪽을 향한 검은 대문이었는데, 그 골목의 서쪽 끝에 있었다. 집에는 적어도 두 가구가 더 사는 것 같았는데, 루쉰 부인은 세 칸짜리 북쪽 채에 살고 있었다. 방에 들어서자 루쉰 부인은 마침 식사를 하고 있었다. 그녀가 비틀거리며 일어서자 하이성 선생이 나를 루쉰 부인에게 소개했다.

영양이 부족한 저녁 식사

어슴푸레한 전등불 아래 가장 먼저 보인 것은 식탁 위의 음식이었다. 수숫가루로 만든 워터우(窩頭)가 반쪽 남짓 놓여 있었고, 배춧국 한 사발에는 새끼손가락 굵기의 밀가루로 만든 수제비(어떤 사람은 이것을 보위(撥魚)라 부른다)가 들어있었다. 그 밖에 새우 기름에 볶은 오이 한 접시와 접시 가장자리에는 마찬가지로 새우 기름에 절인 작은 빨간 고추 두 개가 놓여 있었고, 절인 배추 한 접시, 삭힌 두부 한 접시가 있었다. 이것이 바로 루쉰 부인의 그날 저녁 식사였다. 고기도 없고 기름기도 없고, 노인에게 필요한 영양이 충분하지 않았다!

부인은 키가 매우 작았는데, 검은색 솜바지를 입고 짧은 솜저고리 위에 파란 덧저고리를 걸쳤으며, 덧저고리 겉에는 검은 천으로 만든 양가죽 조끼를 입고 있었다. 이미 하얗게 센 머리카락은 작은 쪽머리를 틀고 있었고, 낯빛은 누리끼리했다. 그러나 두 눈만큼은 말할 때 반짝반짝 빛이 났다.

동정 어린 관심에 감사하다

내가 먼저 찾아온 취지를 설명하자, 루쉰 부인은 연달아 몇 번이고 "황송합니다"라고 말하며, 루쉰 선생과 그녀 자신에게 동정 어린 관심을 가져준 모든 사람에게 대신 감사를 전해달라고 했다. 이후에 나는 인원 선생의 편지와 동봉한 법폐(法幣) 400원을 내놓았다. 부인은 편지를 받아서 방 밖으로 나가더니 같은 집에 사는 어떤 선생에게 보여주고, 돌아오면서 아쉽게도 성(姓)이 없고 이름도 실명이 아닌 것 같다고 말했다. 그 400원은 시종 받으려고 하지 않으며, 후의는 감사하지만 돈은 받을 수 없다고 말했다. 그동안 생활은 상하이의 쉬(許) 선생(쉬징쑹(許景宋) 여사)이 보내주는 돈에 의지했기 때문에, 상하이 측의 동의가 없으면 다른 지원금은 받기 어렵다는 것이었다. 엊그제, 주 선생과 서 선생의 호의로 인해 부인은 이미 상하이에 편지를 보냈다고 한다.

선젠스(沈兼士)의 지원이 있었다

루쉰 부인은 또 최근에 선젠스 선생이 보낸 돈 국폐(國幣) 5만 원을 받은 적이 있다고 말했다. 이 돈은 본래 상하이의 쉬 선생이 선 선생에게 전해달라고 부탁한 것인데, 선 선생은 당시에 그 돈을 받지 못하고, 베이핑에 가면 반드시 루쉰 부인에게 약간의 돈을 보내겠다고만 했다. 결과적으로 돈은 보냈지만, 이는 쉬 선생이 맡긴 것이 아니라 선 선생 본인이 몇몇 오랜 친구들과 함께 모아서 보낸 것이었다.

부인이 묵고 있는 세 칸짜리 방에서 동쪽 칸은 잠자는 곳이고, 서쪽 칸은 루쉰 선생의 장서가 있는 곳이며, 가운데 칸이 일상생활 공간, 즉 밥을 먹고 손님을 만나며 편히 쉬는 곳이다. 가운데 칸 뒤쪽으로 조그맣게 딸린 방이 하나 있는데, 루쉰 선생이 집에 계실 때 집필하거나 책을 읽으시던 곳이라고 한다. 방안에는 동쪽 벽 쪽에 책상과 그 앞에 등나무 의자를 놓았으며, 북쪽 벽에는 큰 유리창이 두 개 있었는데, 창밖으로 보이는 빈 뜰에는 대추나무 같은 것들이 심겨 있었다. 부인에 따르면, 이 방은 원래 모습 그대로 보존되어 있으며, 루쉰 선생 생전의 배치에서 조금도 움직이지 않았다고 한다. 이 방을 보노라니 나도 모르게 북쪽 창문 아래에서 루쉰 선생이 인류를 위해 고된 글쓰기를 하시는 모습이 떠올랐다.

하이잉은 올해 열일곱

부인은 올해 예순일곱으로 루쉰 선생보다 두 살이 많다. 하이잉은 루쉰 선생의 외동아들로 열일곱 살이 되었다고 한다. 부인은 베이징 말투가 약간 섞인 사오싱 사투리를 썼기에, 나는 하이성 선생의 통역에 의지해야 완전히 알아들을 수 있었다.

루쉰 부인과는 약 한 시간가량 대화를 나누었다. 부인은 교통의 불편함과 물가의 폭등에 관해 이야기하며 이렇게 말했다. "8년이면 백성들도 견딜 만큼 견뎠는데, 지금도 그다지 태평하진 않구려!" 말을 마치고는 냉소적으로 웃더니 이어서 또다시 몇 차례 기침을 했다. 부인은 요 며칠 동안 줄곧 몸이 좋지 않아 자주 천식이 있지만 더 이상 각혈은 하지 않는다고 말했다. 부인의 건강과 나이를 생각하고, 다시 그 영양가가 충분하지 않은 식사를 생각하니 할 말이 없는 것 같았다.

여섯 시가 넘어서 하이성 선생과 함께 부인에게 작별인사를 했다. 부인은 문 앞까지 배웅 나와 루쉰 선생과 그녀 자신에게 관심을 가져준 모든 사람에게 대신 감사를 전해달라고 끊임없이 말했다. 살을 에듯 추운 바람을 맞으며 어두운 시싼탸오를 걷노라니 하늘가에 큰 별이 반짝이는 것 같았다. 하이성 선생은 아무 말도 하지 않았고, 나도 침묵을 지켰다.

이렇게 방문해서 이렇게 졸렬한 글을 써놓고는 루쉰 선생과 그의 외롭고 쓸쓸한 유족에 대해 우리의 의무를 다했다고 할 수 있을까?

1945년 12월 31일 자《세계일보》(베이핑)에 수록

인원(因雲) 선생의 편지

궁예창(弓也長) 선생 귀하.

루쉰 선생은 돌아가셨지만, 선생의 유족은 선생의 장서를 팔아야 할 정도로 가난하고 "죽지 못해 산다"라고 외치는 지경에 이르렀습니다.

친구들, 청년들이여! 소련의 고리키를 생각하지 말고, 어찌어찌할지 생각하지 마십시오! 여러분이 정말 그렇게 생각한다면 너무 유치하고 슬프다 못해 우스꽝스럽습니다.

청년의 친구들이여! 우리에 대한 루쉰 선생의 열정과 기대를 생각해 보십시오! 우리는 선생을 기념하고 선생에게 보답하고 선생을 위로하기 위해, 우리의 모든 힘을 다하여 우리의 의무를 이행하기를 바랍니다!

법폐 400원을 동봉하오니 루쉰 선생의 유족에게 전해주시기 바랍니다.

인원, 11월 21일

인원 선생님, 루쉰 부인께서 법폐 400원을 받으려 하지 않으시니 그 금액을 어떻게 처리할지 알려주십시오.

궁예창 배상

1945년 12월 31일 자《세계일보》(베이핑)에 수록

슈무(朽木) 선생의 편지

편집자 선생 귀하.

루쉰 선생의 유족에 관한 원고가 간행되었는데, 사실 제 마음속에는 아직도 다음과 같은 생각이 어렴풋이 남아있습니다. 즉, '명주'를 중심으로 모금 운동을 일으켜서 실질적인 원조로 삼는 것입니다. 귀하의 의견은 어떠신지 모르겠습니다. 이만 줄이겠습니다. 건필하시기 바랍니다.

슈무 배상, 12월 26일

1945년 12월 31일 자《세계일보》(베이핑)에 수록

뜨거운 인정

궁예창

뭐니 뭐니 해도 이 세상에는 아직도 뜨거운 인정이 있는 것 같습니다!

루쉰 선생의 유족과 장서에 대한 문제에 있어서 우리를 더욱 훈훈하게 합니다!

작년 연말, 하이성, 슈무, 인원 선생의 호의에 따라 우리는 마땅히 해야 할 일, 즉 루쉰 부인을 방문했습니다. 보잘것없는 방문기를 쓴 뜻은 어떤 사람을 대신하여 호소한다기보다는 이러한 문제를 좀 더 명확하고 자세하게 제시하고자 함이었습니다. 우리에게는 독자들의 조언을 기다리며 사람들을 위해 열심히 봉사하겠다는 결의가 있었습니다.

과연 곧이어 이 문제에 대한 수많은 반응이 뒤따랐습니다. 물론 이 수많은 반응은 우리에게 수많은 기쁨을 주었지만, 이 기쁨은 조금도 사적인 감정에 치우친 것이 아니었습니다.

서신과 투고에서는 모두 한목소리로 루쉰 부인의 생활비와 아들의 교육비를 모금하자는 것에 찬성하고 있었습니다. 자금 마련에 관해서는 극히 구체적이고 확실한 방법들이 제기되었습니다. 남겨진 장서 등에 대해서는 양임공(梁任公)(량치차오)의 장서에 썼던 방식을 본떠 국가 기관이 보존의 책임을 지는 것이 가장 바람직하다고 주장했습니다. 괴테처럼 대할 수 있다면 더 좋을 것입니다.

기부금의 수령에 대해 이야기하자면, 당연히 상하이의 쉬징쑹(許景宋) 선생의 의견을 들어야 할 것입니다. 루쉰 부인이 상하이 측의 동의 없이는 도움을 받아들이기 곤란하다고 표명하지 않았습니까? 슈무 선생의 편지에 따르면, 이미 쉬 선생에게 편지를 썼다고 합니다. 동시에 루쉰 부인 측에서도 상하이에 편지를 부쳤다고 들었습니다. 생각건대, 머지않아 모두 후속 결과가 있을 것입니다.

이 밖에도 루쉰 전집 완질본을 출판하고, 나이 든 여자아이를 구해 일흔이 가까운 루쉰 부인을 모시게 하자는 제의가 있었습니다. 이 두 가지에 대해서는 다시 의논해봐야 할 것 같습니다. 특히 전자는 현재 유족이 보유하고 있는 판권과 관련 있기 때문입니다. 그러나 이로써 모두가 이 문제에 대해 노심초사하고 있음을 알 수 있습니다.

8일에 우리는 또 조선극인예술협회 서정필(徐廷弼) 선생이 보낸 법폐 4,000원을 받았습니다. 그는 "루쉰 선생의 위대함을 널리 알리고 그 유족을 돕기 위해 광범위한 운동을 개시"하길 원한다고 덧붙여 말했습니다. 서 선생은 자신의 동지들과 조선 청년의 입장에서 이 운동에 참가하여 "중한 국교와 문화 교류"에 "미약한 뜻이나마 다하고 싶다"라고 했습니다. 그 4,000원을 "이 운동의 기본으로 삼자"라는 것입니다. 우리는 먼저 서 선생과 같은 이국의 동지와 그의 동지인 조선 청년들에게 감사를 표해야 할 것입니다. 그 4,000원은 예전에 인원 선생이 우리에게 전해달라고 맡겼다가 루쉰 부인이 받지 않은 법폐 400원과 함께, 우리가 이미 9일 진청(金城)은행 시청(西城) 예금처에 당좌예금으로 저축했습니다(통장 17339호). 다시 후속 결과를 기다려보고자 합니다.

이하, 오늘과 내일 모레는 이 문제와 관련해 우리가 받은 편지와 투고 원고의 요점을 추려 발표하겠습니다. 이것은 매우 소중한 기록, 뜨거운 인정이 담긴 소중한 기록으로 기억될 것입니다!

날씨가 몹시 추운데, 이 따스한 온기를 삼가 지킵시다!

1946년 1월 《세계일보》(베이핑)에 수록

루쉰 유족에 대한 모금 운동을 일으키자 이미 별편으로 쉬광핑의 동의를 구함

슈무

궁예창 선생 귀하.

오늘 작년 말일 자 '명주'에 실린 귀하의 글 〈루쉰 부인을 방문하다〉를 읽고 이루 말할 수 없는 감동을 받았습니다. 몇 통의 편지에서 루쉰 선생의 유족 문제에 관해 조금 언급했다고 친히 하이성 선생과 함께 루쉰 선생 부인을 직접 방문하시다니 정말 탄복을 금치 못합니다! 그러나 이것으로 저는 견문을 조금 더 넓힐 수 있었으니, 부간(副刊)의 편집자는 원고를 보고 문장을 엮기만 하면 되는 것이 아니라 할 수 있는 모든 일을 해야 하는군요. 제가 이런 말씀을 드리는 것이 선생께 아첨하는 것이라는 오해는 하지 마시기를 바랍니다. 수많은 신문의 부간은 이런 글을 간행하지 않을 뿐만 아니라, '루쉰'이라는 두 글자를 더러운 것이라도 되는 양 피하기만 하니, 이 또한 탄식을 금할 수 없습니다!

선생의 글은 제게 많은 일을 알게 하셨는데, 사실 그것은 다른 많은 독자도 몹시 알고 싶어 하는 바였습니다. 선생께서 문장의 말미에 "이렇게 방문해서 이렇게 졸렬한 글을 써놓고는 루쉰 선생과 그의 외롭고 쓸쓸한 유족에 대해 우리의 의무를 다했다고 할 수 있을까?"라고 말씀하셨는데, 제 생각에는 자기 겸양의 표현 이외에 이렇게 고쳐야 할 것입니다. "우리가 글이나 끄적거리며 루쉰 선생의 유족에 대해 간략히 언급해놓고 루쉰 선생과 그의 외롭고 쓸쓸한 유족에 대해 우리의 의무를 다했다고 할 수 있을까?” 이렇게 하면 범위가 훨씬 넓어집니다. 하지만 저도 제 자신을 먼저 집어넣지 않을 수 없습니다.

하이성 선생에 따르면, 낯선 손님 두 명이 루쉰 부인을 방문했다고 하고, 오늘 또 인원 선생의 편지를 읽으며 법폐 400원을 부인께 전해달라고 선생께 맡긴 사실을 알았습니다. 부인께서 받지는 않으셨지만, 이는 모두 피눈물과 같은 기부임을 인정해야 할 것입니다. 선생의 글에 이르기를, 쉬광핑 선생의 동의를 얻지 못하면 누구의 돈도 받을 수 없다고 했습니다. 이는 사실 인정상 당연한 수순으로 이상할 것이 없습니다. 일전에 저는 선생께 두 번째 편지를 보낸 후, 또 상하이의 쉬 선생에게 항공우편을 부쳐 루쉰 선생 유족에 대한 북방 청년들의 관심을 언급하며, 우리가 특히 베이핑의 루쉰 선생 유족에 대해 기부운동을 시작할 수 있도록 허락해달라고 동의를 구했습니다. 아울러 그녀의 근황에 대해서도 문의했습니다. 오늘 선생께서 쓰신 글을 보고는 이 운동, 즉 루쉰 선생 유족에 대한 기부금 발기 운동이 이미 광범위하게 전개되고 있음을 확인했습니다. 물론 저는 가까운 시일 내에 꼭 이뤄지기를 바라며 ‘명주’는 이 책임에서 벗어날 수 없습니다. 저는 선생의 지시에 무조건 따를 것이고, 이 위대한 일을 완성할 수 있도록 있는 힘을 다하여 돕겠습니다! 그럼 이만 줄이겠습니다. 안녕히 계십시오!

슈무, 1946년 1월 《세계일보》(베이핑)에 수록

루쉰의 유족과 장서에 대하여

주쉐궈(朱學郭)

이달 19일 자 '명주'에 실린 하이성 선생의 〈루쉰 선생의 유족과 장서를 위해 최선을 다하자〉라는 글을 읽고, 나는 《민강보(民强報)》의 기자라는 명의로 루쉰 부인을 한 번 방문한 적이 있다. 갈 때는 한 가지 방법이 있을 것 같았다. 원래는 루쉰 부인의 동의를 얻은 후에 모금 운동을 일으키려고 했다. 상당한 금액이 모여 그녀의 생활비로 쓸 수 있을 것이며, 또한 유족에게 장서를 베이핑도서관에 기증하도록 부탁해 량치차오 선생 장서의 예를 본떠서 특별 전시실을 열어 진열하여 후세 사람들이 영원히 우러러 읽을 수 있도록 하는 것이다. 금액이 더 많아진다면 방 안의 가구와 물건을 모두 사들여 루쉰 선생이 그곳에서 책 읽고 글 쓰던 때의 모습대로 진열할 수 있을 것이다. 독일이 괴테에게 한 방법처럼 그것을 국가적인 기념물로 만든다면 더 좋을 것이다.

루쉰 부인을 만난 후 나는 원래의 계획에 대해 입을 열지 않았다. 루쉰 부인은 존경과 사랑을 받을 만한 인물이라고 생각했기 때문이다. 그녀는 생활이 힘들었지만, 방법이 없는 지경에 이른 것은 아니었다. 그녀는 원조를 받으려 하지 않았고, 장서도 그녀의 손에서 흩어지지 않을 것이다. 사는 집은 자력이며, 그녀 생전에는 당연히 그곳에서 살아야 한다.

1946년 1월 《세계일보》(베이핑)에 수록

여전히… 루쉰 선생에 관한 문제

궁예창

루쉰 선생의 유족과 장서에 관한 문제는 본지의 끊임없는 발표와 토론 이래, 많은 독자의 주의를 끌었던 것이 사실이다. 그러나 이 문제의 핵심, 즉 우리가 기다리고 있는 후속 결과는 상하이 측 쉬징쑹 선생의 의견에 달려 있다. 이 문제에 대한 최초의 응답자 슈무 선생이 편지로 알려온 바에 의하면, 이미 쉬 선생에게 편지를 보냈다고 한다. 우리는 쉬 선생이 곧 답장을 보내올 것이라 생각하여 계속 기다리고 기다렸다.

이렇게 기다리는 동안 우리는 거자오셴(葛敎先), 양진샹(楊晉祥), 위안지(元幾), 주잉(朱英), 왕융칭(王永青), 장톄푸(張鐵夫), 쑹스(宋實), 녜이위안(聶逸園), 쉬자오원(徐昭文) 여러 선생의 서신이나 투고를 받았고, 위안하이(左海), 우칭(吳青), 쒜이화이핑(遂懷平) 세 선생의 송금을 받았다. 이로써 이 문제가 여전히 계속 발전하고 있으며 기다림으로 인해 해소되지 않았음을 알 수 있다.

오늘까지 첫 번째로 송금한 인원 선생부터 계산해서 우리가 차례로 받은 송금은 인원 선생의 400원, 서정필 선생의 4,000원, 쮜하이 선생의 1,000원, 우칭 선생의 200원, 쒜이화이핑 선생의 200원으로, 도합 법폐 5,800원이다.

이 5,800원은 모두 우리가 진청(金城)은행 시청(西城) 예금처에 예금했다(통장 17339호).

슈무의 편지

23일, 우리는 또다시 슈무 선생의 편지를 받았는데, 원본의 내용은 다음과 같다.

궁예창 선생 귀하.

오늘 쉬광핑 선생의 편지를 받았는데, 편지에 따르면 우리가 그렇게 하는 것을 원치 않는다고 합니다. 참고하실 수 있도록 편지 원본을 동봉합니다. 저는 자연스레 약간 실망을 느꼈습니다. 전에 우리는 최소한 쉬 선생도 우리가 베이핑의 유족에게 도움을 주는 것을 허락할 것으로 생각했기 때문입니다. 하지만 쉬 선생이 원하지 않으니 방법이 없었습니다. 그래도 저는 처음부터 끝까지 우리가 모두 선의라고 생각하며, 선생께서 말씀하신 것처럼 "조금도 사적인 감정에 치우친 것이 아니었습니다." 우리가 이렇게 한 것은 바로 루쉰 선생에 대한 존경 때문입니다. 루쉰 선생 서거 8주기 기일에 저는 글을 써서 베이핑시에 있는 루쉰 선생의 고거를 잊지 말자고 한 적이 있습니다. 즉 앞으로 루쉰 선생을 위해 기념관, 도서관을 지을 때 상하이뿐만 아니라 상하이보다 더 중요한 베이핑 고거가 있다는 것입니다. 게다가 베이핑 시의 유족은 선생 생전 장서의 보관인입니다. 우리는 선생 생전의 장서에 관심이 있으니 자연히 그 보관인에게도 관심을 두게 된 것입니다. 당연한 일 아닙니까?

쉬 선생에 관해서라면, 그녀가 우리가 이렇게 행동하는 것을 원하지 않는 것은 그녀 나름의 고심이 있을지도 모르며, 그녀의 내심도 선량하다고 믿습니다. 우리가 이렇게 하는 것도 선생의 유언과 저촉되는 부분이 없다고는 할 수 없습니다. 우리가 이것 때문에 실망할 필요는 없습니다. 적이 생각건대 다른 할 일이 아직 많습니다. 쉬 선생이 말한 대로 "각 방면에서 구조를 기다리는 것이 개인의 일보다 중요합니다." 사실상 더 큰일이 더 작은 일보다 중요할 따름입니다. 선생의 고견은 어떠신지요? 이만 줄이겠습니다. 삼가 평안하시기 바랍니다.

슈무 올림, 1월 22일

징쑹의 의견
동봉된 쉬 선생의 편지는 다음과 같다.

슈무 선생 귀하.
삼가 가르침을 받자오며, 루쉰 가족의 생활에 두터운 관심을 가져주시니 대단히 감사합니다. 베이핑 측의 생활은 마땅히 미력을 다해야 합니다. 만약 선생님들처럼 사회적으로 현명하고 명망이 높으신 분들께 염려를 끼친다면 실로 몸 둘 바를 모르겠습니다. 항일전쟁 승리 이후 각 방면에서 구조를 기다리는 것 가운데 개인의 일보다 중요한 것이 실로 많기 때문입니다. 삼가 이에 속마음을 늘어놓으며, 귀하의 평안하심을 기원합니다!

쉬광핑 올림, 1월 18일

그렇다면 이 세 가지 문제, 특히 유족들의 생활에 관한 부분은 슈무 선생이 말한 대로, "쉬 선생이 원하지 않으니 방법이 없"는 것 같다. 그러면 우리가 받아서 맡아둔 5,800원은 어떻게 처분해야 할까? 송금한 사람의 의견을 물어보고 결정해야 할 것이다. 그러므로 돈을 부친 다섯 분께서 조속히 우리에게 지시해 주시기 바란다.

장서와 전집 출판, 루쉰기념관 건립 등의 문제에 관해서는 이제 이쯤에서 보류해두어야 할 것 같다. 어제 우리는 산산(珊珊) 선생의 투고를 받았는데, 모두 로맹 롤랑(Romain Rolland)(1866~1944)에 관한 일을 이야기하고 있었지만, 생각건대 오늘날 우리의 상술한 문제에 대해 참고가 될 수도 있을 것 같다. 그래서 그 원고를 이 글의 뒤에 싣도록 한다.

슈무 선생은 편지에서 이렇게 말했다. "우리가 이것 때문에 실망할 필요는 없습니다. 적이 생각건대 다른 할 일이 아직 많습니다. 쉬 선생이 말한 대로 '각 방면에서 구조를 기다리는 것이 개인의 일보다 중요합니다.' 사실상 더 큰일이 더 작은 일보다 중요할 따름입니다. 선생의 고견은 어떠신지요?" 그렇다면 루쉰 선생의 유족과 장서 문제에 관심을 갖는 모든 독자분들께 우리도 "선생의 고견은 어떠신지요?"라고 물어야 하지 않을까?

로맹 롤랑 우인회(友人會)가
이달 초 파리에서 결성

산산(珊珊)

이달 20일, 국제문예살롱에서 열린 좌담회에서 베이핑 주재 프랑스 영사 서양화(佘敭華) 씨를 만났다. 서 씨는 '명주'의 애독자로 루쉰 유족에 대한 기부금 문제 등에 대해 깊은 동정의 뜻을 나타냈다. 그러다 파리에서는 이미 이달 초에 '로맹 롤랑 우인회'라는 조직이 설립되었다는 이야기를 듣게 되었다. 이 조직은 롤랑 씨의 따님을 중심으로 롤랑 씨의 저서 전집 출간과 롤랑 씨의 저작 원고 및 서찰의 수집 정리 등에 종사할 것이다. 아울러 가까운 미래에 로맹 롤랑 전용관을 만들고자 한다. 지금은 롤랑 씨의 유족을 위해 모금 운동을 벌이고 있다. 전용 기념관의 주소로 말하자면, 롤랑 씨가 오래 머물렀던 스위스에 세울 것 같다고 한다.

서 씨의 말을 듣고 나도 모르게 우리의 루쉰 선생과 그 유족 생각이 났다. 그렇다면 지금 '루쉰 우인회'와 같은 조직이 필요하지 않을까? 나는 이와 같은 문제를 제기하여 모두가 참고할 수 있도록 하고자 한다.

1946년 1월 27일 자 《세계일보》(베이핑)에 수록

루쉰 장서 매각 문제[294]

1. 루쉰 장서 매각 예정설

8월 25일, 본지《신중국보(新中國報)》에〈루쉰 장서 매각설이 돌아(魯迅藏書有擬出售說)〉라는 뉴스가 실렸다.

우리나라 근대 대문호인 루쉰 선생은 생전에 베이징에서 가장 오래 머물렀으며, 남쪽으로 내려간 이후에도 여전히 베이핑으로 돌아가 오래 거주할 예정이었다. 그리하여 평생 여기저기에서 사 모은 국내외 서적과 탁본 등은 모두 베이징 거처에 모아두었으며, 남하한 후에도 계속 사 모은 것들을 수시로 베이징으로 보내어 소장하고 있는 서적이 꽤 많았다. 루쉰 선생이 별세한 후 차이위안페이(蔡元培) 등 기념 위원회는 전집 출판 이외에도 우리나라 문화 연혁 연구에 참고가 되도록 그가 소장하고 있던 탁본 등을 영인할 계획이었다. 루쉰 선생이 탁본을 소장했던 목적은 일반적인 골동품 애호가와는 달리 골동품이라고 해서 사적인 감상용으로만 간주한 것이 아니었기 때문이다. 중일전쟁 이후 계획은 실행될 수 없었다. 최근 들리는 바에 의하면, 베이핑에 있는 루쉰 선생의 가족이 그의 장서를 매각할 예정이며 목록을 가지고 다니면서 사람들에게 상담한다고 한다. 문화에 관심 있는 사람들은 그것을 듣고, 중일 당국과 문화계가 그 원형을 보존하여 후대에 보여줄 수 있으며, 이 시대 문호의 자취가 산실

---

294 루쉰 사망 이후, 상하이 방면에서는 루쉰의 사후 판권, 루쉰 장서 매각 문제 및 주안의 생활고 등에 관해 보도가 있었다. 그중 몇몇 타블로이드 신문의 보도는 사실에 부합하지 않는 점이 많다. 증보 개정판에서는 다음의 세 가지 보도를 보충하여 독자가 참고할 수 있게 했다.

될 걱정이 없기를 간절히 바란다고 했다.

2. 탕어(唐諤): 문화재 보전과 문화 중흥

어제 본지에 베이핑에 있는 루쉰 선생의 가족이 그의 장서를 매각할 예정이라는 내용이 실렸다. 이 소식은 곧바로 다음의 두 가지 문제를 연상하게 했다. 첫째, 루쉰 선생 같은 이 시대 문호의 자취가 산실되게 해서는 안 되며, 보전의 책임은 그 가족의 개인적인 일만이 아니다. 그것이 산실되도록 내버려둔다면 그것은 죄악이다. 둘째, 베이핑에 있는 루쉰 선생의 가족은 단 한 명뿐이므로 장서를 매각하려 한다면 생활고임이 틀림없다. 그런데 왜 한 사람의 생활조차 장서를 매각해야 유지되는 것일까? 이는 또한 누구의 책임인가?

근대 다른 국가의 예를 들어보자. 문인학자 생전에 그에 대한 정부 및 사회의 우대는 말할 것도 없고, 사후의 영예와 기념은 더욱 융숭하여(국장을 치르는 경우도 많다), 생전의 주택, 용구, 서적 등은 항상 원상태를 유지하여 후세 사람이 추모할 수 있게 한다. 그가 남긴 직계가족의 생활이 '끼니를 잇지 못하는' 일은 애당초 일어나지 않는다. (자손의 경우는 별개의 일이지만, 때때로 '아내가 예쁘면 처갓집 말뚝에 절을 한다'며 그들을 특별히 부양하는 사람도 있다.) 중국에서는 정치가 청명한 시절에는 존경하는 인물에 대해 풀 한 포기 나무 한 그루와 같이 사소한 것도 소중히 보호한다. 《시경(詩經)》〈국풍(國風)〉에 팥배나무[甘棠]를 노래한 시나 현산(峴山)의 타루비(墮淚碑)는 천고에 미담으로 전해져 내려온다. 뒤로 더 내려오면 엄자릉(嚴子陵)의 낚시터, 사고우(謝皋羽)가 통곡했던 조대(釣臺)와 같이 후세 사람도 소중히 보호하고 간혹 찾아왔을 때 배회하며 차마 떠나지 못했다.

루쉰 선생의 문장 기개와 문화적 공적에 비추어볼 때, 세계 문호의 반열에 올려놓아도 손색이 없으며, 고대 문인 일사(逸士)에 견주어도 훨씬 뛰어나다. 그를 공경하고 우러르는 사람은 국내에 두루 널렸을 뿐만 아니라 국외 인사도 흠모한다. 지금 그가 세상을 떠난 지 불과 9년도 되지 않았으니, 시신이 이제 겨우 식고 무덤가에 심은 나무가 아직 싹이 돋지도 않았는데, 그가 평생 모은 장서가 산실된다면 이 얼마나 가슴 아프고 부끄러운 일인가!

중일전쟁 이래, 전란의 불길이 도처에 번져 역사적 · 문화적 가치 있는 문화재가 산실되거나 훼손된 것이 많다. 평소에 문화학자의 유물도 생전이든 사후든(특히 사후에) 산실되는 경우가 적지 않다. 하지만 이런 상황은 루쉰 선생이 남긴 장서와 다르다. 전란이 일어났을 때는 치안이 유지되지 않기 때문에 문화재 산실은 인력으로 예방하거나 저항할 수 있는 일이 아니다. 이는 치안이 확립된 대도시와는 환경이 사뭇 다르다. 또, 어떤 문인학자들은 평소 자신이 소장하고 있는 서적 등에 대해 전혀 무관심하고 정리를 하지 않아, 세상을 떠난 후 유실되기도 한다. 우리 사회 상황으로 말하자면, 열심히 지키려는 사람이 있더라도 미처 구해내 지킬 수 없다. 그러나 루쉰 선생은 평생 그의 서적 등을 매우 아꼈으며, 서적과 탁본 소장이 평생 유일한 취미로 수시로 정리했고, 또 세상을 떠난 후 전문가의 정리를 거쳐 매우 상세한 목록이 있기에 보존하는 일은 아주 간단하고 쉽다. 전화(戰火)가 베이핑을 덮쳤던 민국 26년(1937년)이 아니라, 질서가 회복된 지 7년이 지난 오늘날 산실된다면, 정치와 문화의 책임을 더는 남에게 전가하기 어려울 것이다.

최근 몇 년간 문화를 떠벌리는 일이 꽤 많았으며, 문화 건설을 호소하는 각종 간행물과 서적도 적지 않게 발행되었다. 그런데 과연 이렇게 많은 출판물에서 문화적 가치가 있는 것이 몇 퍼센트나 될까? 누구도 비교적 높은 점수의 답을 할 수 없을 것이다! 단순히 선전만 하는 것은 물론 문화라고 할 수 없으며, 경비 정산을 위해 간행하는 것은 더더욱 문화라 할 수 없다. 그러나 우리가 접하는 것 중에는 이런 것이 유독 많다.

'문화'라는 두 글자의 정확한 정의는 '생활의 축적'이어야 한다. 전시(戰時)는 생활을 변화시키기도 했거니와 새로운 생활 방식을 창조했다. 하지만 전쟁은 목적이 아닌 수단이기 때문에 전시 생활은 일종의 과도기적 생활이며, 더 높은 수준의 생활을 얻기 위해 낮은 수준의 생활 방식을 견뎌야 하는 것이다. 따라서 전쟁 시기에는 문화 수준이 떨어지기 마련이다. 전시의 문화사업도 너무 지나친 기대를 갖지 말고 두 가지만 하면 '무죄를 선고'할 수 있다. 어떤 두 가지일까? 문화의 지속을 소극적으로 유지하면서, 자재와 힘을 적극적으로 저축하여 전후를 대비하는 것이다.

이런 말을 하면 혹자는 너무 소극적이라거나 전시의 문화사업을 지나치게 경시한다고 생각한다. 심지어는 지금은 위대한 시대이니, 누구나 이 거대한 용광로 속에서 오랫동안 이겨내어 찬란한 문화를 만들어내야 한다고 말할지도 모른다. 이는 어쩌면 맞는 말이다. 사마천은 〈태사공자서(太史公自序)〉에서 문화사상 이정표가 될 만한 대작을 많이 들었는데, 이는 모두 곤궁과 고통 속에서 성공한 것이며, 그의 《사기(史記)》도 그러하다. 사실 이 수많은 대작은 저술 당시에는 주목을 받지 못했으며, 사마천의 《사기》도 후한 말엽에는 '비방서'로 여겨졌다.

(중략)

개인적인 견해로는 여야를 막론하고 오늘날의 문화사업에서 가장 중요한 일은 현존하는 문화재의 보전이라고 생각한다. 각종 자료를 수집해 저장하여 머지않은 훗날의 문화사업을 위해 쓸 만한 자료를 많이 준비해야 한다. 바꾸어 말하자면, 우리나라 문화의 앞날을 위해 원기를 많이 보존해서 나중에 문화를 중흥시킬 때 도움이 되도록 하자는 것이다. 이는 아주 쉽게 할 수 있는 일이고, 반드시 해야만 하는 일이다. (8월 26일 《신중국보》 '특별 칼럼')

3. 쥔이(君宜): 루쉰 장서 매각설

보도에 따르면, 베이핑에 있는 루쉰 선생의 가족이 그의 장서를 매각할 예정이라고 한다. 그 소식을 듣고 무척 실망했다. 문인은 대체로 가난해서 저서가 자신의 키만큼 많이 쌓여도 생전에는 늘 가난과 병마에 시달리고 사후에는 그 유족을 더 이상 보호할 방법이 없다. 루쉰 선생은 평생 강직하고 고집이 세서 동정을 구걸하지 않았고, 평생 입고 먹을 것을 아끼며 서적을 수집하는 것 말고는 다른 취미가 없었다. 따라서 수집한 것이 비록 정본(精本), 선본(善本)은 아니지만 대부분 유용하고 가치 있는 전적이다. 루쉰 선생은 평생 베이핑을 몹시 사랑하여 늘 이곳에 오래 살려고 했기 때문에 남쪽으로 내려간 이후에도 수집한 것을 수시로 상자에 담아 북쪽으로 보냈다. 매각설이 사실이라면 선생의 자취는 산실되고 문화계의 일대 재앙이 될 것이다. 또한, 세계 각국은 학자를 극진히 우러르지 않음이 없으니, 그가 생전에 살았던 곳과 썼던 물건은 수백 년 후에도 여전히 보전되어 후세 사람들이 찾아와 추모할 수 있다. 우리나라는 모든 일이 낙후되어 이에 대해 말할 수 없지만, 루쉰 선생과 같이 탁월하게 일가를 이룬 사람이 죽은 지 10년도 채 되지 않았는데 그 자취를 보전할 수 없다면 "귀갑(龜甲)과 옥이 궤 안에서 깨졌다"라는 느낌을 받지 않을 수 없을 것이다.

베이핑에 있는 루쉰 선생의 가족은 치밍(啓明) 노인(저우쭤런) 외에 전처 한 사람뿐으로 본래는 선생의 노모와 함께 살았다. 루쉰 선생 생전에는 베이신서국(北新書局)에서 매월 200원가량의 인세를 부쳐주었다. 중일전쟁 이후 치밍 노인은 고향에 장기간 머물렀는데, "노모와 과부 형수가 있었기" 때문이다. 지금 노모는 이미 돌아가셨고, '과부 형수' 한 분만 남았는데, 생활비 또한 극히 제한적이다. 어찌 치밍 노인 오늘날의 지위로 '과부 형수' 한 분을 보살피지 못해 루쉰 선생의 자취를 팔아야만 먹고살 수 있겠는가? 이는 백 번을 생각해도 이해하지 못할 일이다. (8월 26일 자 《해보(海報)》 제2판)

4. 쉬광핑: 공고

타오아이청(陶愛成) 변호사가 루쉰(저우수런) 선생의 가족 쉬광핑과 저우하이잉을 대신해 알림.

루쉰 선생의 가족 쉬광핑과 저우하이잉이 표명한 바에 따르면, "8월 25일 자 《신중국보》에 '베이핑에 있는 루쉰 선생의 가족이 그의 장서를 매각할 예정이며 목록을 가지고 다니면서 사람들에게 상담한다'라고 실린 것을 듣고 나서 몹시 놀랐습니다. 루쉰 선생께서는 평생 문화사업에 종사하셨으며 돌아가신 후 온 나라가 애도함에 따라 그분의 모든 유물은 우리 가족 전체가 잘 보존하여 국민이 기념할 수 있게 해야 합니다. 하물며 법률로 말해도 유산은 분할 전까지는 공동 소유물이므로 단독으로 처분할 수 없고, 그렇지 않으면 효력이 발생하지 않는다고 법률에 명문으로 규정되어 있습니다. 만약 베이핑에 있는 루쉰 선생의 가족이 사사로이 무단으로 유물을 매각한 사실이 있다면 광핑 등은 절대로 인정하지 않을 것입니다. 외부에서 진상을 알지 못하고 매수했다가 분쟁을 일으킬까 심히 걱정스러우니, 특별히 귀 변호사를 위임해 신문에 성명을 대신 게재합니다"라 하여 공고와 함께 이와 같이 알린다. (9월 10일 자《신보(申報)》)

공고

베이핑에 있는 루쉰 선생의 가족이 장서를 매각한 것에 관한 자료, 예컨대 장서 매각 목록의 일부, 판매자의 성씨와 팔아버린 실정에 대해 아는 바가 있으면 외지 독자분들의 편지나 투고를 바랍니다. 본지는 문화를 수호하고 문화유산을 보위하는 입장에서 순전히 객관적인 태도로 선별·집록해서 발표하고자 합니다. — 편집실

1944년 10월 10일 자《문예춘추(文藝春秋)》 제1기(상하이)에 수록

장(蔣) 주석, 루쉰 부인 위문!!
본지 베이핑 주재 기자가 편지로 호소,
베이핑 시 정부가 명에 따라 10만 원을 전달해

하이옌(海燕)

지난달 28일, 상하이 전신국에서 41180번의 특별 송고를 보내왔다. 본지의 베이핑 주재 기자 허하이성(何海生) 군이 보내온 뉴스 리포트였다. 글은 다음과 같다.

> 상하이 《하이광(海光)》 주보사(週報社) 동인 보십시오. 장 주석께서 베이핑에 오셨을 때 제가 편지로 루쉰 부인 베이핑 생활의 가난하고 고생스러운 현 상태를 편지로 진술했습니다. 어제 정옌펀(鄭彦棻) 비서장이 린이대학(臨沂大學) 보습반 주임 천위핑(陳雨屏)을 대동하여 저우 씨 댁을 찾아가 위문하고, 장 주석을 대신해 10만 원을 전달했습니다. 그 밖의 일은 즉시 편지로 상세히 설명해드리겠습니다.
>
> — 허하이성 올림

이는 매우 뜻깊은 일이다. 특히 장 주석께서 가난한 노인을 긍휼히 여겨 도우시고, 멀리까지 그 덕의(德意)를 빠뜨리지 않으시니 감격을 금할 수 없다.

뒤이어 허 군의 빠른 항공우편도 이튿날 도착했다. 상황을 보니 대체로 다음과 같았다.

노부인의 생활이 너무 가난하고 고생스럽다

문화계의 거인 루쉰 선생이 타계한 후 그의 부인은 여전히 베이핑 시쓰(西四) 패루 궁먼커우(宮門口) 시싼탸오(西三條) 21호에 살고 있다. 하지만 노부인은 홀로 외로이 매우 가난하고 힘든 삶을 보내고 있다. 비록 상하이의 쉬광핑 여사가 자주 생활비를 부쳐오지만, 끊임없이 오르는 베이핑 물가를 따르지 못해 그녀는 늘 매우 궁핍한 환경에 빠졌다. 그래서 매일 잡곡, 무쪽, 깨장 등 영양가 없는 음식만 먹는다. 이는 당연히 노인에게 적당하지 않아서 그녀는 늘 병마에 시달리고 있다.

지난번 장 주석이 베이핑에 오셨을 때 신문고 편지함을 설치해 인민들이 모든 고통을 진정할 수 있게 하셨다. 허 군은 즉시 본지 기자의 명의로 특별히 루쉰 부인의 청빈한 현 상태를 상술하는 편지를 써서 구제를 요청했다. 루쉰 선생은 중국의 가장 위대한 문화 투사였기에, 우리는 모두 그의 유족이 처량한 세월을 보내고 있는 모습을 빤히 바라보고만 있을 수는 없다. 이는 전체 사회 문제이긴 하지만, 자본가가 가난한 자에게 작은 은혜를 베푸는 의미와는 전혀 다른 것이다. 따라서 허 군은 정의를 위해 바른말을 하며 장문의 편지를 한 통 써서 시쓰 패루의 신문고 편지함에 넣었다. 아무도 진정하지 않는다면 주석께서 어떻게 아시겠는가?

베이핑 시민이 미담으로 전하다

나중에 충칭(重慶)으로 돌아가신 주석께서 오래지 않아 허 군의 편지를 살펴보셨다. 아울러 즉시 베이핑 시 정부에 서신을 하달하여 지시에 따라 처리할 것을 명령하셨다! 24일 아침, 시 정부의 정옌펀 비서장은 린이대학 보습반 주석 겸 베이징대학 교수 천위핑 씨를 대동하여 저우 씨 댁을 찾아가 특별히 루쉰 부인에게 은근한 위로의 뜻을 전하고, 주석을 대신해 국폐(國幣) 10만 원을 증정했다.

나중에 베이핑시 민중이 이 일을 알고 미담으로 전했다! 허 군이 이 소식을 듣게 된 것은 이튿날 저녁 특별히 루쉰 부인을 찾아갔기 때문이다. 그때 그녀는 막 저녁 식사를 하고 있었다. 하지만 평소와는 달리 홍사오러우(紅燒肉: 살코기와 비계가 반반씩 섞인 돼지고기를 간장과 설탕 베이스 양념에 뭉근하게 졸인 음식)와 쌀밥을 먹고 있었다!

1946년 2월 6일 자《하이광》제10기(주보, 상하이)에 수록

루쉰 부인의 베이핑 생활
쉬광핑이 생활비 제공, 저우쭤런 주택은 봉쇄

스언(施恩)

루쉰 선생은 돌아가셨고, 저우쭤런은 화베이 괴뢰 조직의 교육총판(教育總辦)을 지냈다는 이유로 당국에 체포되어 수감된 지 이미 두 달이 되었다! 루쉰 선생의 본부인은 지금까지도 베이핑에서 가난하고 힘겨운 생활을 하고 있다. 최근 친구가 베이징에서 왔는데, 친구의 집이 마침 루쉰의 베이핑 궁먼커우 시싼탸오 고거와 인접해 있어서 루쉰 부인과는 잘 아는 사이였다. 루쉰 부인은 매달 생활비를 쉬광핑 쪽에서 받았다. 그녀는 올해 이미 60여 세가 되었는데, 몸은 매우 여위었지만 정신은 아주 건장했다. 집은 루쉰이 직접 구매한 부동산이며 구매한 지 이미 30년이 되었다. 집은 넓었으며, 객실 뒤로는 루쉰이 생전에 저서를 집필하던 방이 있었다. 벽에는 루쉰의 사진과 초상화를 걸어놓았으며, 책장 안에는 여러 일어 서적이 어지럽게 꽂혀 있어 10여 년 전 루쉰이 책상 앞에 앉아 있을 때와 똑같았다.

루쉰 부인은 인척 몇 명과 한집에 살고 있어서 그리 적막하지 않았다. 저우쭤런이 체포된 후 바다오완(八道灣) 주택은 헌병이 지키고 있었으며, 그의 일본 부인은 여전히 곁채에 살고 있었다. 루쉰 부인은 때때로 찾아가 조금씩 도와주었다. 대체로 저우쭤런은 펜대에 의지해 생계를 유지했기에, 그가 투옥된 후 가족들의 생활은 몹시 어려웠다.

1946년 3월 23일 자《콰이훠린(快活林)》제8기(주간, 상하이)에 수록

참고문헌

회고록

1. 위다푸(郁達夫), 〈루쉰을 추억하며(回憶魯迅)〉, 원래 1939년 3월부터 8월까지 상하이 《우주풍(宇宙風)》 을간(乙刊)에 연재(위다푸, 《루쉰을 추억하며 — 위다푸가 말하는 루쉰 전편(回憶魯迅 — 郁達夫談魯迅全編)》, 상하이문화출판사, 2006년판에 수록).
2. 쑨푸위안(孫伏園), 〈루쉰에 관하여 — 쿤밍문예가협회의 루쉰 서거 3주기를 기념하는 대회 석상에서(關於魯迅 — 於昆明文協紀念魯迅逝世三周年大會席上)〉, 1939년 10월(《쑨 씨 형제가 말하는 루쉰(孫氏兄弟談魯迅)》, 신성출판사(新星出版社), 2006년판에 수록).
3. 쉬광핑(許廣平), 〈「루쉰 연보」의 자초지종(〈魯迅年譜〉的經過)〉, 원래 1940년 9월 16일 상하이 《우주풍(宇宙風)》 을간(乙刊) 제2권 9기에 수록(《쉬광핑 문집(許廣平文集)》 제2권, 장쑤문예출판사(江蘇文藝出版社), 1998년판에 수록).
4. 쑨푸위안, 《루쉰 선생에 관한 두세 가지 일(魯迅先生二三事) · 루쉰 선생을 잃고 슬피 울다(哭魯迅先生)》, 충칭작가서옥(重慶作家書屋), 1942년 초판.
5. 어우양판하이(歐陽凡海), 《루쉰의 책(魯迅的書)》, 문헌출판사(구이린부전가(桂林府前街) 14호) 1942년 초판.
6. 징유린(荊有麟), 《루쉰에 대한 단편적인 추억(魯迅回憶斷片)》, 상하이잡지공사(上海雜志公司), 1943년 11월 초판(《루쉰 회고록 · 전문서(魯迅回憶錄 · 專著)》(상권), 베이징출판사, 1999년판에 수록).
7. 린천(林辰), 〈루쉰의 혼인 생활(魯迅的婚姻生活)〉, 《루쉰사적고(魯迅事迹考)》(1945년 3월)에서 발췌(《루쉰전(魯迅傳)》, 푸젠인민출판사(福建人民出版社), 2004년판 부록에 수록).
8. 쉬서우창(許壽裳), 〈죽은 벗 루쉰에 대한 인상(亡友魯迅印象記)〉, 어메이출판사(峨嵋出版社) 1947년 10월판.
9. 마스다 와타루(增田涉), 〈루쉰과 쉬광핑의 결혼 문제(魯迅與許廣平結婚的問題)〉, 《루쉰의 인상(魯迅的印象)》 1949년 초판에서 발췌(중국어본은 후난인민출판사(湖南人民出版社) 1980년판).

10. 쉬광핑,《기쁨과 위안의 기념(欣慰的紀念)》, 인민문학출판사, 1951년판.
11. 저우샤서우(周遐壽)(저우쭤런),《루쉰의 집안(魯迅的故家)》, 상하이출판공사, 1953년 3월판(《루쉰 회고록 · 전문서》(중권), 베이징출판사, 1999년판에 수록).
12. 차오쥐런(曹聚仁),《루쉰 평전(魯迅評傳)》, 홍콩세계출판사, 1956년판.
13.《루쉰 가승과 숨은 일화(魯迅家乘及其佚事)》, 천윈포(陳雲坡) 기록, 내부 자료, 1958년, 베이징도서관 소장.
14. 저우관우(周冠五),《루쉰 종친과 35년간(1902~1936년)의 사회적 환경을 회고하며(回憶魯迅房族和社會環境35年間(1902~1936))》, 인민문학출판사 내부 자료, 1959년(저우관우 지음, 니모옌(倪墨炎), 천주잉(陳九英) 선별 편집,《루쉰 가문과 당시 사오싱 민속 — 루쉰 당숙 저우관우의 루쉰 회고 전편(魯迅家庭家族和當年紹興民俗 — 魯迅堂叔周冠五回憶魯迅全編)》, 상하이문화출판사, 2006년판에 수록).
15. 저우쭤런,《지당 회고록(知堂回想錄)》, 홍콩 삼육도서문구공사(三育圖書文具公司), 1970년판.
16. 쉬셴쑤(許羨蘇),〈루쉰 선생을 회상하며(回憶魯迅先生)〉,《루쉰 연구 자료(魯迅研究資料)》 제3집, 문물출판사(文物出版社), 1979년판.
17. 서우주린(壽洙鄰),〈루쉰에 대한 이야기(我也談談魯迅的故事)〉,《루쉰 연구 자료》 제3집.
18. 쉬친원(許欽文),《『루쉰 일기』 속의 나(《魯迅日記》中的我)》, 저장인민출판사(浙江人民出版社), 1979년판.
19. 탕타오(唐弢),〈「베이징에서의 열흘」 해설 — 쉬광핑의 「루쉰의 친필과 장서의 경위」에 관한 약간의 보충(〈帝城十日〉解 — 關於許廣平的〈魯迅手迹和藏書的經過〉的一點補充)〉,《신문학사료(新文學史料)》 1980년 제3기.
20. 위팡(俞芳),《기억 속의 루쉰 선생(我記憶中的魯迅先生)》, 저장인민출판사, 1981년판.
21. 저우푸탕(周芾棠),《향토기억록 — 루쉰의 지인이 기억하는 루쉰(鄉土憶錄 — 魯迅親友憶魯迅)》, 산시인민출판사(陝西人民出版社), 1993년판.
22.〈쉬광핑 왕래 서신 선집(許廣平往來書信選)〉,《루쉰 연구 자료》 제16집, 톈진인민출판사(天津人民出版社), 1987년판.
23. 탕타오,〈저우쭤런에 관하여(關於周作人)〉,《루쉰 연구 동태(魯迅研究動態)》 1987년 5월호.

24. 〈천원환이 이야기한 주안 친정 등의 상황(陳文煥談朱安母家等情況)〉, 추스슝(裘士雄) 기록 정리, 미간행 원고(1990년 11월).
25. 〈주지런이 고모 주안 등의 상황에 대해 이야기하다(朱吉人談姑母朱安等情況)〉, 추스슝 기록 정리, 미간행 원고(1990년 11월).
26. 쑨푸위안, 〈주안과 루쉰의 한바탕 충돌(朱安與魯迅的一次衝突)〉, 《루쉰 연구 월간(魯迅研究月刊)》 1994년 제11기.
27. 저우쭤런, 《저우쭤런 일기(周作人日記)》(상), 다상출판사(大象出版社), 1996년판.
28. 저우젠런(周建人) 구술, 저우예(周曄) 기록, 《루쉰 집안의 몰락(魯迅故家的敗落)》, 푸젠교육출판사(福建教育出版社), 2001년판.
29. 리지예(李霽野)가 쉬광핑에게 보낸 편지(《리지예 문집(李霽野文集)》 제9권, 백화문예출판사(百花文藝出版社), 2004년판에 수록).
30. 장넝경(張能耿), 《루쉰 지인 탐방록(魯迅親友尋訪錄)》, 당건독물출판사(黨建讀物出版社), 2005년판.
31. 《산인 바이양 주 씨 족보(山陰白洋朱氏宗譜)》, 상하이도서관 소장.

논저

32. 다케우치 요시미(竹內好), 《루쉰(魯迅)》, 1944년 초판(다케우치 요시미 지음, 쑨거(孫歌) 편집, 리둥무(李冬木) · 자오징화(趙京華) · 쑨거 옮김, 《근대의 초극(近代的超克)》, 싼롄서점(三聯書店), 2005년판에 수록).
33. 오자키 호츠키(尾崎秀樹), 〈루쉰의 구식 결혼을 둘러싸고 — 가공의 연인들(圍繞着魯迅的舊式婚姻 — 架空的戀人們)〉, 일본 《분가쿠(文學)》 1960년 5월호.
34. 다카키 도시에(高木壽江), 〈루쉰의 결혼과 사랑(魯迅的結婚與愛情)〉, 일본 《루쉰의 벗 모임 회보(魯迅之友會會報)》 제13기.
35. 청광린(程廣林), 〈루쉰의 구식 결혼 문제에 관한 일본의 연구(日本人關於魯迅舊式結婚問題的探討)〉, 《중국현대문학연구총간(中國現代文學研究叢刊)》 1980년 제3집.
36. 지산(稽山)(추스슝), 〈루쉰과 주안 여사 및 그들의 혼인 문제(魯迅和朱安女士以及他倆的婚姻問題)〉, 《사오싱사전학보(紹興師專學報)》 1981년 제2기에 수록.
37. 장시진(蔣錫金), 〈자제소상혼인설(自題小像婚姻說)〉, 《신원(新苑)》 1981년 제3기.

38. 쉐쮀이즈(薛綏之) 책임편집, 《루쉰 생애 사료 휘편(魯迅生平史料彙編)》 제1집, 톈진인민출판사, 1981년판.
39. 지산(추스슝), 〈루쉰과 주안 혼인 문제 사료 보충 설명(魯迅和朱安婚姻問題史料補敍)〉, 《사오싱사전학보》 1982년 제1기.
40. 추스슝, 《본부인 주안(元配夫人朱安)》, 미간행 원고.
41. 리장(李江), 〈루뤠이와 주안 사진 두 장(魯瑞、朱安照片兩幀)〉, 《루쉰 학술지(魯迅學刊)》 제3기(1982년 4월).
42. 쉐쮀이즈 책임편집, 《루쉰 생애 사료 휘편》 제3집, 톈진인민출판사, 1983년판.
43. 추스슝, 〈루쉰과 시끌벅적한 롼 씨네(魯迅與嘯唫阮家)〉, 《루쉰 연구 자료》 제11기, 인민출판사, 1983년판.
44. 인궈차오(殷國超), 〈루쉰과 주안(魯迅與朱安)〉, 《중국현대문학연구총간》 1983년 제3기.
45. 위이추(余一卒), 〈주안 여사(朱安女士)〉, 《루쉰 연구 자료》 제13집, 톈진인민출판사, 1984년판.
46. 사오싱 시 · 현 문련(文聯) 편집 · 인쇄, 《사오싱 풍속 간지(紹興風俗簡志)》, 1985년.
47. 양옌리(楊燕麗), 〈주안은 어디에 매장되었나?(朱安埋在哪里?)〉, 《루쉰 연구 동태》 1985년 제6기.
48. 장쯔창(張自强), 〈루쉰과 주안의 구식 혼인 체결 연대 고증(魯迅與朱安舊式婚姻締定年代考)〉, 《기념과 연구(紀念與硏究)》 제9기(1986년 12월).
49. 예쯔(葉子), 〈루쉰 어머니의 나무침대(魯迅母親的木床)〉, 《루쉰 연구 자료》 제16기, 톈진인민출판사, 1987년판.
50. 주샤오인(祝肖因), 〈루쉰의 구식 혼인에 관한 몇 가지 문제(關於魯迅舊式婚姻的幾個問題)〉, 《루쉰 연구 월간》 1987년 제9기.
51. 양즈화(楊志華), 〈새로 발견된 루쉰의 일본 시절 사진 한 장(新發現的一幀魯迅在日本時的照片)〉, 《루쉰 연구 동태》 제72기(1988년 4월).
52. 양즈화, 〈주커밍과 주 씨 형제에 관하여(關於朱可銘及朱氏兄弟)〉, 《루쉰 연구 동태》 제79기(1988년 11월).
53. 양즈화, 〈주안과 루쉰(朱安與魯迅)〉, 《사오싱 루쉰 연구 특집(紹興魯迅硏究專刊)》 제9기(1989년 6월).
54. 주샤오인, 〈「석화사율」은 구식 결혼과 관련 있나?(〈惜花四律〉是否與舊式婚姻有關?)〉, 《상하이 루쉰 연구》 제3기, 상하이백가출판사(上海百家出版社),

1990년판.

55. 추스슈, 〈중국 전통 결혼에 대한 루쉰의 '타협'과 항쟁에 관한 소고(淺論魯迅對中國傳統婚姻的"妥協"與抗爭)〉, 《사오싱사전학보》 1991년 제3기.

56. 양즈화, 〈주지런과 주안 그리고 루쉰(朱吉人與朱安及魯迅)〉, 《상하이 루쉰 연구(上海魯迅研究)》 제4기, 상하이백가출판사, 1991년판.

57. 장화(張華), 〈『루쉰 가세(魯迅家世)』 만평〉, 《루쉰 연구 월간》 1992년 제7기.

58. 우쥔(吳俊), 〈어머니와 아내 사이에서(在母親與妻子之間)〉(우쥔, 《루쉰 개성심리 연구(魯迅個性心理研究)》, 화둥사범대출판사(華東師大出版社), 1992년판에 수록).

59. 위징롄(兪景廉), 〈'루쉰과 쉬셴쑤'를 말하다(我談"魯迅與許羨蘇")〉, 《루쉰 연구 월간》 1994년 제6기.

60. 난코 슈이치(南江秀一), 〈루쉰의 본처: 주안(魯迅元配: 朱安)〉, 《서성(書城)》 1994년 제2기.

61. 난코 슈이치, 〈쉬셴쑤에 관한 몇 가지 사색(關於許羨蘇的幾點思索)〉, 《서성》 1994년 제11기.

62. 마루오 츠네키(丸尾常喜), 〈주안과 쯔쥔(朱安與子君)〉(마루오 츠네키 지음, 친궁(秦弓) 옮김, 《사람과 귀신의 갈등 — 루쉰 소설 분석(人與鬼的糾葛 — 魯迅小說論析)》, 인민문학출판, 1995년판에 수록).

63. 〈주안은 토끼띠(朱安屬兎)〉, 《루쉰 연구 월간》 1996년 제5기.

64. 장톄정(張鐵錚), 〈지당의 만년 일화 한 다발(知堂晩年軼事一束)〉(천쯔산(陳子善) 엮음, 《저우쭤런 이야기(閑話周作人)》, 저장문예출판사, 1996년판에 수록).

65. 우창화(吳長華), 〈평범함 속에 정신을 엿보다 — 루쉰 가계부 독후기(平凡之中見精神 — 魯迅家用帳讀後記)〉, 《상하이 루쉰 연구》 제7기, 상하이백가출판사, 1996년판.

66. 리윈징(李允經), 〈주안에게 이별을 고하다 —「죽음을 슬퍼하며(傷逝)」 재해석(向朱安告別 — 〈傷逝〉新探)(《루쉰의 감정 세계(魯迅的情感世界)》, 베이징공업대학출판사, 1996년판에 수록).

67. 예수쒜이(葉淑穗), 〈베이징 루쉰 고거 주안의 방(北京魯迅故居中的朱安居室)〉(예수쒜이, 《루쉰의 유물로 루쉰 알기(從魯迅遺物認識魯迅)》, 중국인민대학출판사, 1999년판에 수록).

68. 마티지(馬蹄疾), 〈사랑 없이 죽어간 주안(在無愛中死去的朱安)〉, 《루쉰 삶 속의 여성(魯迅生活中的女性)》, 지식출판사, 1996년판.

69. 장넝정, 〈'공개구혼'과 '연애'("徵婚"與"戀愛")〉, 《사오싱 학술지(紹興學刊)》 1999년 제6기.
70. 장넝정, 장콴(張款), 〈루쉰의 본부인 주안(魯迅的原配夫人朱安)〉(《루쉰 가세(魯迅家世)》, 당건독물출판사, 2000년판에 수록).
71. 기시 요오코(岸陽子), 〈사랑과 증오를 넘어 — 루쉰 서거 후의 주안과 쉬광핑(超越愛與憎 — 魯迅逝世後的朱安與許廣平)〉, 《루쉰 세계(魯迅世界)》 2001년 제4기.
72. 왕시룽(王錫榮), 〈'문호'인가 '부호'인가 — 루쉰은 돈이 얼마나 있었나("文豪"還是"富豪" — 魯迅究竟有多少錢)〉(《루쉰 생애 의안(魯迅生平疑案)》, 상하이사서출판사(上海辭書出版社), 2002년판에 수록).
73. 왕시룽, 〈저우쭤런은 루쉰의 장서를 노렸는가?(周作人覬覦魯迅的藏書?)〉(《저우쭤런 생애 의안(周作人生平疑案)》, 광시사범대학출판사, 2005년판에 수록).
74. 가오옌이(高彦頤, Dorothy Y. Ko), 《규방의 선생들: 명말청초 강남의 재녀 문화(閨塾師：明末清初江南的才女文化)》, 장쑤인민출판사(江蘇人民出版社), 2005년판.
75. 야마다 게이조오(山田敬三), 〈나도 루쉰의 유물이다 — 주안 여사에 관하여(我也是魯迅的遺物 — 關於朱安女士)〉(야마다 게이조오 고희 기념 논집 간행회 엮음, 《남강북조 논집 — 중국문화의 전통과 현대(南腔北調論集 — 中國文化的傳統與現代)》, 도쿄, 2007년 7월에 수록)
76. 리둥쉬안(李東軒), 〈주쯔칭과 루쉰 약설(朱自清與魯迅略說)〉, 《상하이 루쉰 연구》 2007년 여름호, 상하이문예출판사, 2007년판.
77. 추스슝, 〈루쉰이 공전(公田) 매도에 참여한 〈공동의단(公同議單)〉에 관하여(關於魯迅參與絶賣"公田"的〈公同議單〉)〉, 《상하이 루쉰 연구》 2008년 여름호, 상하이사회과학원출판사, 2008년판.
78. 장예쑹(張業松), 〈어두운 밤의 고통과 상상(暗夜的苦痛與想像)〉(《문학수업과 문학연구(文學課堂與文學研究)》, 푸단대학출판사(復旦大學出版社), 2008년판에 수록).

79. 〈저우부인이 슬픈 심정을 말하다(周夫人述悲懷)〉, 1936년 10월 20일 자《세계일보(世界日報)》(베이핑).
80. 제푸(介夫), 〈중국 유명 작가 루쉰 부인 방문기(中國名作家魯迅夫人訪問記)〉, 1936년 10월 21일 자《베이핑신보(北平晨報)》.
81. 〈루쉰의 베이징 가족 방문기(魯迅在平家屬訪問記)〉, 1936년 10월《신민보(新民報)》(난징).
82. 〈쉬광핑이 루쉰 선생의 모든 유작을 정리하는 책임을 맡아, 외부의 온갖 소식은 전부 풍설이야(許廣平負責整理魯迅先生全部遺作, 外間種種消息都是謠傳)〉, 1936년 11월 27일 자《뎬성(電聲)》제5권 제47기(주간, 상하이).
83. 〈상하이 부인과 베이핑 부인 간의 다툼, 루쉰 유작 및 전집에 분규가 일어나, 저우쭤런이 직접 나서서 남하하여 교섭할 예정(上海夫人與北平夫人之爭, 魯迅遺作及全集起紛糾, 周作人將親自出馬南下交涉)〉, 1936년 12월 18일 자《뎬성》제5권 제50기.
84. 〈루쉰 서거 후 쉬광핑 여사와 주 부인은 이견이 없어, 내년 봄에 만나 집안일을 의논코자 해(魯迅逝世後許廣平女士和朱夫人併無異議, 準備明春會面商討家事)〉, 1937년 1월 1일 자《시대생활(時代生活)》제5권 제2기(톈진).
85. 〈문학 유산을 위해 루쉰의 두 부인이 크게 다퉈, 저우쭤런은 중재도 소용없이 양쪽에서 욕만 먹어(爲了一筆文學遺産, 魯迅的兩夫人大起鬪爭, 周作人調停無效兩面受氣)〉, 1937년 4월 2일 자《뎬성》제6권 제13기.
86. 쓰마싱(司馬星), 〈루쉰 부인에 관하여(關於魯迅夫人)〉, 1943년 1월 20일 자《만세(萬歲)》제1기(반월간, 상하이).
87. 〈문화 기사: 베이핑에 있는 루쉰 장서를 가족이 매각하려 한다는 설이 있어(文化報道: 魯迅留平藏書有由其家屬出售說……)〉, 1944년 9월 10일 자《잡지(雜志)》제13권 제6기(상하이).
88. 〈루쉰 선생 장서 매각 문제(魯迅先生藏書出售問題)〉, 1944년 10월 10일 자《문예춘추(文藝春秋)》제1기(상하이).
89. 〈루쉰 장서 매각 문제(魯迅藏書出售問題)〉, 1944년 10월 10일 자《두 해(兩年)》(문예춘추 총간의 하나).
90. 솽런(霜人), 〈루쉰의 장서를 그리며(懷魯迅藏書)〉, 1945년 2월 15일 자《글벗(文友)》제4권 제7기(상하이).

91. 원옌(聞言), 〈루쉰 장서 매각 문제(魯迅藏書出售問題)〉, 1945년 10월 21일 자 《광화주보(光華週報)》 제1권 제6기.
92. 하이성(海生), 〈루쉰 선생의 유족과 장서를 위해 최선을 다하자(爲魯迅先生的遺族和藏書盡一點力吧)〉, 1945년 12월 19일 자 《세계일보》(베이핑).
93. 슈무(朽木), 〈루쉰 유족 지원에 응답한다(響應援助魯迅遺族)〉, 1945년 12월 26일 《세계일보》(베이핑).
94. 궁예창(弓也長), 〈루쉰 부인을 방문하다(訪問魯迅夫人)〉, 1945년 12월 31일 자 《세계일보》(베이핑).
95. 〈인윈 선생의 편지(因雲先生來信)〉, 1945년 12월 31일 자 《세계일보》(베이핑).
96. 〈슈무 선생의 편지(朽木先生來信)〉, 1945년 12월 31일 자 《세계일보》(베이핑).
97. 궁예창, 〈뜨거운 인정(火熱的人情)〉, 1946년 1월 《세계일보》(베이핑).
98. 슈무, 〈루쉰 유족에 대한 모금 운동을 일으키자(對魯迅遺族希能發起捐款運動)〉, 1946년 1월 《세계일보》(베이핑).
99. 주쉐궈(朱學郭), 〈루쉰의 유족과 장서에 대하여(關於魯迅的遺族與遺書)〉, 1946년 1월 《세계일보》(베이핑).
100. 궁예창, 〈여전히 루쉰 선생에 관한 문제(依然是關於魯迅先生的問題)〉, 1946년 1월 27일 자 《세계일보》(베이핑).
101. 하이옌(海燕), 〈장(蔣) 주석, 루쉰 부인 위문!!(蔣主席慰問魯迅夫人!!)〉, 1946년 2월 6일 자 《하이광(海光)》 제10기(주보, 상하이).
102. 스언(施恩), 〈루쉰 부인의 베이핑 생활(魯迅德配夫人在平生活)〉, 1946년 3월 23일 자 《콰이훠린(快活林)》 제8기(주간, 상하이).
103. 다무(大木), 〈루쉰의 두 부인(魯迅的兩位夫人)〉, 1946년 5월 13일 《지푸(吉普)》 제26기(주간, 상하이).
104. 실명(失名), 〈주석께서 루쉰 본부인 구제자금을 지급해(主席撥款救濟魯迅原配夫人)〉, 1946년 10월 22일 자 《하이싱(海星)》 제27기(주보, 상하이).
105. 무성(無聲), 〈쉬광핑이 루쉰의 전처를 만나러 옛 수도에 가다(許廣平故都訪魯迅前妻)〉, 1946년 12월 1일 자 《신상하이(新上海)》 제44기.
106. 페이잉(飛螢), 〈루쉰 두 부인 간의 다툼!(魯迅兩夫人之爭!)〉, 1947년 2월 24일 자 《하이톈(海天)》(주보) 신3기.
107. 〈쓸쓸하게 돌아가신 주 부인(朱夫人寂寞死去)〉, 1947년 7월 29일 자 《신민보》(난징).
108. 〈루쉰 부인(魯迅夫人)〉, 1948년 3월 24일 자 《신민보》(베이핑).

역자후기

루쉰이라는 거목의 그늘에 가려 실제보다 더 왜소하고 박복해 보이는 여인, 그것이 몇 장 남지 않은 주안의 사진을 마주하며 드는 생각이었다. 시집온 첫날부터 남편의 사랑이라곤 받아본 적 없이 반평생을 시어머니 봉양에 바쳤지만, 그 공로를 인정받기는커녕 위대한 인물의 흠결로 간주되어 오랫동안 언급조차 금기시된 얄궂은 운명의 소유자. 그녀의 헌신 덕분에 루쉰 삼형제가 후고지우(後顧之憂)를 덜며 각자의 분야에서 뜻을 펼칠 수 있었다지만 들러리의 삶에서 존재 가치를 찾는 것은 어딘지 서글프다. 하지만 루쉰의 본처라는 타이틀이 없었다면 주안은 사람들의 시선을 이만큼도 끌지 못했을 것이라는 점 또한 부인할 수 없다.

이 책의 참고문헌 '관련 기사' 목록에 있는, 1930년대 상하이에서 출간된 영화 전문 주간지《뎬성(電聲)》에 자극적으로 뽑힌 기사 제목만 보아도 알 수 있듯이, 주안과 쉬광핑의 관계는 사람들의 입방아에 오르내리기 좋은 소재이다. 저자는 자칫 아침 드라마식 전개로 흐르기 쉬운 소재를 턱없이 부족한 사료에 근거해 최대한 중립적으로 서술하고 있다. 두 여성의 미묘한 신경전과 갈등은 일본군 점령하 베이징의 살인적인 인플례 속에서 시어머니마저 사망한 후 극심한 생활고에 시달리던 주안이 루쉰의 장서를 매각하려고 하면서 최고조에 달한다. 쉬광핑 측의 반대에 부딪히자 주안은 "나도 루쉰의 유품이라네! 나도 좀 보존해주게나!"라고 절규한다. 이후 서로에 대한 오해를 풀고 루쉰이 남긴 문화유산을 보전하기 위해 한뜻으로 고통을 감내하며 연대하는 모습은 적지 않은 감동을 준다.

일본이 패망한 후 주안의 딱한 처지에 세간의 이목이 집중되며 루쉰 선생 유족에 대한 기부금 발기 운동이 대대적으로 전개되었다. 이때 쉬광핑은 사회에는 처지가 더 어려운 사람이 많다며 자신들에게 사회적 비용이 쏠리는 것을 거절했고 주안도 그 뜻에 동의했다. 그녀들은 루쉰 생전에 친분이 도타웠던 지인들의 정성이 아닌 경우 대부분 정중히 거절함으로써 '루쉰 부인'으로서 품위를 지키고 노블레스 오블리주를 실천하고자 했다. 한편, 주안에게 온정의 손길을 내민 이들의 명단에서 '조선예술극단 이사장 서정필(徐廷弼)'이라는 이름을 보고 한중 교류의 흔적을 발견할 수 있어서 반가웠다.

기억을 더듬어보니 3년 전 이맘때였다. 출판기획자이신 노승현 선생님의 위챗 모멘트에 관심을 표한 것이 이 책의 번역 의뢰로 이어지게 된 것 말이다. 당시는 테헤란로 고층 빌딩으로 출퇴근하던 시절이라 번역 작업은 퇴근 후 휴식과 수면 시간을 줄여가며 할 수밖에 없었다. 심신이 고되긴 했지만, 덕분에 회사 생활을 하는 동안 중국을 공부하는 사람이라는 정체성을 그나마 가까스로 유지할 수 있었다. 그렇지만 탈고는 결국 퇴사 후에나 이루어졌다. 그리고 출판사에 초고를 넘긴 지 2년 가까이 지난 지금에서야 역자 후기를 쓰고 있다. 단독 번역으로는 이 책이 두 번째 역서인데, 한때 전문번역가를 꿈꿨던 것이 무색할 지경이다.

번역은 매력적인 작업이지만 정말 여러모로 가성비 떨어지는 자기와의 싸움이다. 단어 하나의 선택에도 짚신 속 털을 깎는 아버지 짚신 장수의 마음으로 임하고, 옮긴이 주에도 공을 들였지만 끝내 놓고 보니 이게 최선이었나 반성하는 마음이 앞선다. 주안의 사오싱 사투리를 살리고 싶었는데 시간 부족, 깜냥 부족으로 포기한 게 특히 아쉬움으로 남는다. 경인 지방에서만 살았던 내가 원문에서도 드러나지 않는 것을 표현하겠다는 자체가 과욕이지 싶다.

어쨌든 이제는 책의 '출생'을 위해 원고를 손에서 떠나보내야 할 시간이다. 담당 편집자님과 역자가 열심히 교열했는데도 추가로 발견되는 오류는 오롯이 역자가 부족한 탓이다. 멋진 책으로 만들어져 소수라도 흥미롭게 읽어주는 독자를 만날 수 있기를 바랄 뿐이다.

2022년 10월 중순에,

번역자 김민정